파국 이후의 삶

무너져내리는 세상을 위한 지혜와 용기

AweDEI 시리즈 1
파국 이후의 삶: 무너져내리는 세상을 위한 지혜와 용기
지은이/ 브라이언 D. 매클라렌
옮긴이/ AweDEI 기획
펴낸이/ 김준우
초판 1쇄 펴낸날/ 2025년 4월 22일
펴낸곳/ 프로젝트 2050
등록번호/ 제2025-000035호 (2025년 2월 4일)
경기도 고양시 일산동구 고봉로 32-9, 331호 (우 10364)
전화 031-929-5731, 5732(Fax)
E-mail: honestjesus@hanmail.net
Homepage: http://www.historicaljesus.co.kr.
표지 디자인/ 디자인명작
인쇄처/ 조명문화사

Life after Doom: Wisdom and Courage for a World Falling Apart
Copyright ⓒ 2024 by Brian D. McLaren
All rights reserved. Korean Translation copyright ⓒ 2025 by Korean Institute of the Christian Studies. The Korean translation right arranged with Folio Literary Management through Danny Hong Agency. Printed in Seoul, Korea.

이 책의 한국어판 저작권은 Folio Literary Management와의 독점계약으로 한국어판권은 한국기독교연구소가 소유합니다. 저작권법에 따라 국내에서 보호받는 저작물이므로 무단전재와 무단복제를 금합니다.

ISBN 979-11-991987-1-5 04230
ISBN 979-11-991987-0-8 04230 (세트)
값 18,000원

파국 이후의 삶
LIFE AFTER DOOM

무너져내리는 세상을 위한 지혜와 용기

브라이언 D. 매클라렌 지음
AweDEI 기획·옮김

프로젝트 2050

LIFE AFTER DOOM

Wisdom and Courage for a World Falling Apart

by

Brian D. McLaren

New York, NY: St. Martins Essentials, 2024.

Korean Translation by AweDEI Team

이 책은 사남교회(담임 이현우 목사)의
출판비 후원으로 간행되었습니다.

Project 2050

브라이언 D. 매클라렌

브라이언 매클라렌(1956-) 목사는 포스트모던 교회(이머징 처지) 운동의 선구자로, 근본주의 기독교 가정에서 성장했지만, 영문학을 공부하면서 힘겹게 그 신앙에서 벗어났다. 워싱턴 D.C. 근교에 혁신적 교회를 세워 24년 동안 목회하면서 교인 500명의 교회로 성장시켰다. 그러나 인류가 당면한 기후 위기 등 여러 긴박한 위기에도 불구하고 교회가 사소한 문제들로 논쟁하는 것에 지쳐서 저술 활동과 강연에 몰두하고 있다. 이 책 외에 ≪의심 이후의 믿음≫, ≪새로운 기독교≫ 등 20여 권의 책을 발표했고, 음악에도 조예가 깊어 작곡도 했다. 카리 신학대학과 버지니아 신학대학으로부터 명예 신학박사 학위를 받았다. https://brianmclaren.net/.

브라이언 D. 매클라렌의 주요 저술들

≪믿음 찾기≫
≪다시 길을 찾다≫
≪기독교를 생각한다≫
≪예수에게서 답을 찾다≫
≪예수님의 숨겨진 메시지≫
≪새로운 그리스도인이 온다≫
≪나는 준비된 전도자≫
≪저 건너편의 교회≫
Faith After Doubt
The Great Spiritual Migration
A New Kind of Christianity
Why Did Jesus, Moses, the Buddha, and Mohammed Cross the Road?

일러두기

- *Life After Doom: Wisdom and Courage for a World Falling Apart* (2024)의 완역본입니다.
- 저자는 이 책의 순서를 관상 수행의 네 단계에 따라 구성했습니다. 제1부는 지나가도록 놓아두기(letting go), 제2부 그대로 놓아두기(letting be), 제3부 들어오게 하기(letting come), 제4부 풀어주기(setting free) 순서입니다.
- 파국에 대한 불안은 건강한 정신의 증거이지만, 세상은 점점 더 살기 힘든 세상이 되어갈 뿐 아니라, 파국을 초래하는 막강한 정치 경제적 구조 앞에서 개인이 느끼는 무력감은 영혼을 시들게 하며 적극적 행동을 단념하도록 만들기 쉽습니다. 더욱 극심한 혼란과 폭력에 맞서 건강하게 "선한 싸움"을 오래 지속하려면 먼저 우리의 분노와 슬픔을 치유하고, 마음의 욕구와 상처와 편견을 살펴야만 미움 때문에 마음이 피폐해지지 않을 수 있고, "우리 대 그들"이라는 이분법적 사고방식에서 벗어나야 평온을 얻고, '거짓 자기'를 부인하고 '참 자기'의 기쁨을 누리기 위해 관상 수행이 더욱 필요합니다.
- 근본 문제는 보통 우리의 에고가 우리의 생각과 감정을 지배하는 거의 본능적 현상입니다. 종교가 가장 선한 사람들뿐 아니라 가장 악한 사람들을 만들어내는 이유는 종교가 "강도들의 소굴"(마태 21:13)이 될 만큼 악한 자들이 숨기 좋은 곳이며, "인간이 종교적 확신에서 악을 행할 때보다 더 완벽하고 즐겁게 행하는 때는 없다"(파스칼)는 진실 때문입니다. 홀로코스트를 자행한 나치 독일이 학문과 예술, 종교에서 가장 발전한 국가였다는 사실은 근본적으로 우리가 불행과 재난의 책임을 타인에게 전가함으로써 자기의 심리적 부담을 덜어내는 집단적 희생양 찾기처럼, 에고는 자기방어를 위해 자기의 그림자를 남들에게 투사하고, 가짜뉴스를 믿어서라도 자기 확신을 잃지 않으려 한다는 것을 보여줍니다. 극심한 혼란과 국가폭력, 불안과 절망이 심해질수록 에고가 통제하는 생각과 감정에서 벗어나기 위해 마음의 판단을 지나가도록 놓아두고(letting go), 침묵 가운데 머물면서(letting be), 새롭게 일어나는 변화를 수용해야(letting come), 자유를 얻을 것(setting free)입니다.

차례

서론 / 9

제1부: 지나가도록 놓아두기 - 내려가는 길

1장 깨어나는 중입니다 / 23
2장 현실에 오신 것을 환영합니다 / 35
3장 자신의 마음을 돌보셔요 / 53
4장 시인들을 초대하셔요 / 69
5장 이야기가 해로우면, 벗어나셔요 / 83
6장 희망은 복잡해요 / 101

제2부: 그대로 놓아두기 - 통찰을 얻는 장소

7장 보는 방법을 배우기 / 121
8장. 토착민들의 지혜를 찾아서 / 137
9장 성경을 읽지 마셔요(과거의 방식으로는) / 151
10장 좋을 수도 있고, 어쩌면 아닐 수도 있다 / 171
11장 나는 한 개의 촛불 / 187
12장 첫째 단계부터 시작하기 / 203

제3부: 들어오게 하기 - 회복의 길

13장 우리가 처음이 아니다 / 223

14장 안전한 착륙과 새로운 시작을 상상하기 / 235

15장 두세 사람이면 시작할 수 있다 / 251

16장 사는 게 힘들어지면 우리는 더 강해진다 / 269

제4부: 풀어주기 - 민첩한 대응의 길

17장 아름다움이 넘쳐난다 / 281

18장 지금 시대를 살아간다는 의미 / 295

19장 사람들에게 꿈을 말하셔요 / 307

20장 당신의 빛을 발견하고 비추셔요 / 319

21장 우리는 걸어가며 길을 만든다 / 335

후기 / 350

감사의 말씀 / 354

부록 1. 우리의 상황 파악을 위한 최고의 자료들 / 357

    2. 소모임, 수업, 설교, 수련회에서 이 책 사용하기 / 361

    3. 용기 있는 대화를 위한 세 가지 방법 / 365

    4. 당신의 계획 / 367

    5. 어린이들에게 현재 상황에 관해 말하는 방법 / 370

    6. 편향들의 간단한 목록 / 375

〈프로젝트 2050〉과 〈AweDEI 기획〉에 대한 설명 / 384

서론

불안하고 불편하며 원치 않는 느낌

현재 상황은 암담해 보입니다. 그러나 아직은 미래에 대해 희망을 가질 이유가 많습니다. 몇 가지만 이야기해 봅시다. (편집자에게: 당신이 생각할 수 있는 것이 있으면, 희망적인 이야기 몇 가지를 넣어주세요).
— 코미디언 데이브 배리1)

인류는 역사상 그 어느 시대보다 갈림길에 서 있습니다. 한 길은 절망과 완전한 희망 상실로 이어지고, 다른 길은 완전한 멸종으로 이어집니다. 우리가 올바른 길을 선택할 지혜를 얻도록 기도합시다.
— 우디 앨런2)

"사랑의 반대가 무엇인지 아시나요?" "미움이지요"라고 나는 대답했다. "절망이에요." 수녀님이 말했다. "절망이 사랑의 반대입니다."
— 시인 리사 웰스3)

---

1) "Dave Barry's 2022 Year in Review," *The Washington Post Magagine*, December 2022
2) "My Speech to the Graduates," *The New York Times*, August 1979.
3) *Believers: Making a Life at the End of the World* (Farrat, Straus and Giroux, 2021)에서 인용. 내가 즐겨 듣는 팟캐스트 *Contemplify* (August 2, 2023)에서 폴 스완슨이 리사 웰스를 인터뷰한 것을 보라.

오늘 아침에 깨어났을 때도 다시 그 익숙한 불안하고 불편하며 원치 않는 느낌이 들었다. 이 느낌을 도무지 어찌해야 할지 모르겠다. 우리가 이 느낌에 집중하면 마음이 혼란스러워질 거라는 걸 안다. 그래서 무시하거나 억누르려 하지만, 그것 역시 쉽지 않다.

당신은 이 책의 제목을 보고 생각했을 것이다. "내가 이런 책을 읽을 준비가 되어 있나? 나의 불안하고 불편하고 원치 않는 느낌을 오늘은 무시해도 괜찮지 않을까? 어차피 그 느낌은 더 강해지고 끈질기게 지속되며, 우리 인간이 우리의 문명과 우리의 지구를 엉망진창으로 만들어버렸지만, 그걸 구하기 위해 충분히 깊게 또한 충분히 빠르게 변화할 만큼 충분히 신경을 쓰는 사람이 별로 많지 않은 것처럼 보인다는 생각 때문에 생기는 느낌인 걸 어쩌겠나!"

아니면 그보다 더 나쁠 수 있다. 충분히 많은 사람이 그 문제에 신경을 쓰지만, 우리가 충분히 빠르게 의미 있는 변화를 이루기에는 이미 너무 늦었을지 모른다. 파국이 불가피하지만, 우리는 세상이 끝날 때까지 그냥 살고 있다는 느낌이다. 하지만 조금 더 무시해도 괜찮지 않겠어?

친구나 가족 중에 이런 문제에 관심을 갖는 사람은 거의 없다. 그들은 ≪파국 이후의 삶≫(*Life After Doom*) 같은 책을 집어 드는 사람(또는 쓰는 사람!)은 뭔가 심각하게 잘못된 사람이라고 생각한다. 그들은 우리의 불안감을 성격적 결함이나 기분장애로 간주한다. "당신은 뭐가 문제야? 기운 차려!"라고 말하기 때문에 우리는 속마음을 털어놓지 못한다.

뭔가 타고 있으며 뭔가 썩는 냄새를 맡지 못하는 사람들을 비난할 수는 없다. 그들은 금요일까지 버티는 것만도 모든 에너지를 쏟아야 하기 때문이다. 인류문명의 안위라든가, 생명의 그물망이 떨고 있는 공기, 물, 흙이라는 얇고 취약한 층에 대해 두 번 생각할 시간적 여유나 에너지가 없다. 그들에게는 "파국"(doom)처럼 거창하거나 우울하게 만드는 주제의 책을 읽을 마음의 여유는 더더욱 없는 게 확실하다. 당신이 이런 책을 갖고 다니는 걸 보고, 그들의 눈빛이 "당신 지금 뭐 하자는 거야? 차라리 샴페인 문제를 말하지! 내가 걱정하는 건 월말까지 돈이 떨어지지 않을까 하는 건데, 당신은 문명의 붕괴를 염려한다고? 당신 어디 아퍼?"라고 말해도 비난할 수 없다.

때로는 우리 자신도 그렇게 자문한다. 그러나 지금 우리는 그 문제들에 봉착해 있다. 때로 그 문제는 마치 월스트리트의 황소가 우리 가슴 위에 서 있는 것처럼 우리를 짓누른다. 때로는 그게 전염병처럼 조용하게 퍼지면서 우리의 아름답고 푸르고 창백한 행성 전체에서 생명을 삼켜버릴 준비가 된 듯하다.

그렇다. 그건 우리가 느끼는 불안이며, 부드럽게 온몸을 휘감는 슬픔은 단지 우리 자신만을 위한 슬픔이 아니라 모든 사람과 모든 것에 대해 한꺼번에 밀려오는 슬픔이다. 첫째로, 우리는 그걸 우리 목 안에 생긴 덩어리처럼 느낀다. 그게 암이라고 걱정한다. 그런데 그게 우리가 사는 세상보다 훨씬 끔찍한 미래를 살아갈 우리 자녀들과 또한 아직 태어나지 않은 후손들의 목을 조이는 올가미처럼 보인다. 그런 느낌을 받은 건 2021년에 국회의사당이 침탈되었을 때, 또는 2001년에 뉴욕의 쌍둥이 빌딩이 무너져내렸을 때, 또는 1986년 우주선 챌린저가 폭발했을 때였다. 때로 그건 우리를 너무 화가 나고 겁나게 만들며, 때로는 우리가 죽어가는 친구나 애인, 혹은 어머니를 보며 몸부림치는 느낌이다.

우리가 이런 파국을 느끼는 건 적어도 일부는 깨어 있기 때문이다. 더 깨어날수록 그 느낌은 더 심해진다. 다시 잠들기를 바랄 정도다. 어떤 정치인들이 우리가 "깨어나는" 걸 싫어하는 것도 전혀 놀랍지 않다.

우리가 이런 식으로 느끼는 건 우리의 상식과 특별한 감수성 때문이다. 심지어 눈물을 흘리더라도 계속 눈을 뜨고 있는 것은 우리의 도덕적 진지함과 결단이다. 우리도 많은 사람처럼 웃고, 농담하며, 일하고 요리하며 정원을 가꾸고, 교통 정체와 싸우고, 교통 정체를 만들어내며, 취미 생활을 즐기고, 아침에 커피를 마시며, 밤에는 맥주나 더 독한 걸 마실지 모른다. 그러나 우리가 보통 사람들로서 일상을 영위하면서도 우리 모두가 정말로 심각하며 뒤엉킨 난관에 봉착했다는 생각을 떨쳐낼 수가 없다. 우리 문명의 젠가 타워[뉴욕 맨해튼의 250미터 높이 고층빌딩]가 조만간 무너져내릴 것 같은 느낌이며, 모든 게 정상이라는 우리 내면의 성소가 곧 파괴될 것이며, 우리 지구의 기존 질서가 곧 터져버릴 것이며, 우리가 겁내는 최악의 시나리오가 더 이상 상상이 아닌 게 될 거 같은 느낌이다.

우리가 전 지구적 기후 위기로 인한 파국을 생각한다면 그것만으로도 충분히 불행하다. 그러나 전 지구적 과열상태는 단지 꼭대기에 놓인 독성 체리에 불과하며 그 아래에는 아직 제대로 인식되지 않아 손조차 대지 않고 있는 많은 곪은 문제들 더미가 있음을 깨닫게 되었다.

우리는 마치 오랜 세월 동안 지옥 같은 결혼생활을 이어가는 이기적인 부부 같다. 어느 날 오후, 베개 밑에 놓인 쪽지를 발견하고, 안방 옷장이 비어 있으며, 은행 계좌 절반이 사라진 걸 보고, 문득 우리가 예상했던 것보다 훨씬 끔찍하다고 깨닫는다. 그리고 이런 순간이 오는 데 수십 년이 걸렸다는 사실도 깨닫는다.

우리는 브레이크 없이 달리는 기차에 탄 승객들이며, 기차를 운전하는 무책임한 엘리트는 매 순간 더 많은 경제력, 미디어, 정치 권력을 틀어쥔다. 아니 그보다 더 끔찍하다. 우리는 그 기차의 승객들이 아니라, 우리가 지구 전체와 함께 그 기차의 연료인 것이다.

우리는 과열된 감정의 사회적 뒤범벅 속에서 끓고 있는데, 그 과열된 감정은 극단주의자들의 불만, 인종주의, 독선의 폭풍을 더욱 강하게 몰고 올 참이다. 이윤과 구독자 숫자에 사로잡힌 전 지구적 미디어 재벌들은 진실과 해악은 망각한 채 뉴스 속보를 통해 우리를 집중 포격한다. 시민들은 서로 대립하며 양분된 유권자들로서 타락한 민주주의를 구하려고 투표하지만, 비겁한 정치인들은 우리의 긴박한 현재 상황을 이해하기에는 너무 무식하며, 그 상황에 대해 뭐라도 하기에는 너무 무능한 자들임을 계속 입증하고 있다.[4] 우리가 종교를 갖고 있다면, 종교 지도자들 가운데 얼마나 많은 사람이 그 종교를 창시한 예언자들과 닮지 않았으며, 오히려 비겁한 정치인들을 닮아 그들의 무릎 위에서 춤을 추면서 이윤을 쌓고 있는지를 목격할 수밖에 없다.

우리는 더욱 조여오는 난관의 고통스러운 오랏줄을 바라보면서, 그 모든 혼란이 해결하기에는 너무 클 뿐 아니라, 완전히 이해하기에도 너무 크며 너무 뒤얽혀 있다고 느낀다.

파국을 알려주는 공개적 비밀은 어디서나 찾을 수 있다. 나무들은 우리에게 파국을 고하면서 몸을 떨고 운다. 물은 우리에게 파국을 속삭인다. 새들과 곤충들은 가슴을 찢는 침묵으로 자신들의 부재를 말함으로써 파국을 증언한다. 불도저로 밀어버려 새로 빛나는 주택단지로 바뀐 채 잊힌 숲들은 유령들처럼 우리 주변을 배회한다. 비록 정치인들이 자신들의 열기를 쏟아내 우리의 주의를 산만하게 만들려고 노력하지만, 안정을 잃어버린 기후의 뜨거운 바람은 그 오싹한 진실을 우리의 목젖 아래로 불어 넣는다.

젊은이들은 이 불안정한 세상 속에 자녀를 낳아도 되는지 묻고 있다. 우리는 그들이 위태로운 사회 속에 자신들을 낳은 것에 대해 우리를 저주하지 않을까 걱정하는데, 사회가 그들의 머리 위로 붕괴하도록 만든 것이 바로 우리들 부모와 조부모들이기 때문이다.

이미 자녀를 둔 사람들은 아이들 기저귀를 갈아주고, 숙제를 도와주

---

[4] 이 구절은 "우리의 현재 상황"을 묘사한 것으로 이 책에서 계속 나올 것이다.

고, 축구경기와 농구경기에 데려다주고, 청구서를 지불하고, 대학 학자금을 저축하는 데 여념이 없다. 지쳐서 잠자리에 들면서 우리는, 해결하는 것은 말할 것도 없고 아예 생각하거나 말할 힘조차 없는 이런 전 지구적 문제들에 대해 어디에선가 누군가 제발 다루어주길 하나님께 기도한다.

나이가 많은 사람들은 손주들에게 사과 편지를 쓰고 싶어 한다. 우리가 보다 일찍 대처하지 않은 것을 한탄하고 싶은 것이다.5) 그러나 우리가 주저하는 이유는 그들이 아직 다룰 준비가 되어 있지 않은 정보를 미리 알려줌으로써 그들에게 트라우마를 남겨주고 싶지 않기 때문이다. 우리에게 남은 소중한 시간에, 미래 세대를 위해 과연 무슨 변화를 일으킬 수 있을지 의심스럽다.

내가 이런 글을 쓰기 시작한 것은 며칠 전, 내가 지금 살고 있는 플로리다 남부에 뜻밖에 허리케인 이안이 불어닥친 다음이다. (나는 한 해의 아홉 달 동안 플로리다 날씨를 좋아하며, 그곳에 남아 있는 자연환경을 사랑한다. 돈으로 계산할 수 없는 그 아름다운 환경은 매일 조각조각 최고 가격을 부르는 사람들에게 팔려나간다. 내가 여기서 얼마나 더 오래 버틸지는 모른다. 그러나 지금 여기 머무는 것은 "너의 인생이 책 한 권이라면, 플로리다가 금지할 정도로 살아라!"는 말 때문이다.)

허리케인 이안이 휩쓸고 간 후 날씨는 으스스하게 고요했다. 그러나 나는 내 가슴에 파국이 낮게 울렁이는 느낌이 들었다. 우리는 더 강력한 폭풍을 점차 더 많게, 점차 불가피하게 만들고 있기 때문이다. "너는 이걸 나쁘다고 생각하냐? 너는 아직 진짜 나쁜 걸 보지 못했어!"라는 소리가 내 안에서 속삭였다. 나는 이런 느낌을 떨쳐버릴 수 없다. 우리가 안전하고 정상이라고 생각하는 세상은 대격변에서 멀지 않은 혼란이라 그렇다.

---

5) Larry Rasmussen, *The Planet You Inherit* (Broadleaf, 2023)은 그런 편지들이다. 나는 부록 5에 그 편지 하나를 포함시켰다.

정상적인 것은 너무 쉽게 당연한 것으로 간주된다. 우리의 기후와 환경, 정치-경제체제, 사회 규범과 기관들, 병원과 학교, 할 수 있다는 정신과 우리가 공유한 영성은 전기, 상수도, 구글과 아마존의 이용 가능성에 의존하는 것처럼 보인다. 그러나 한 차례의 허리케인이나 산불, 테러리스트의 공격이나 쿠데타, 한 번의 선거 결과, 전쟁 선포, 치명적인 [핵무기 발사] 단추를 누르는 것, 우리에게 면역력이나 백신이 없는 박테리아나 바이러스, 그리고 모든 정상적인 것은 단 한 차례 변화의 폭풍이 큰 파도처럼 밀려와 두들기면 파괴되어 쓸려나갈 것이다.

우리는 "정상"이라는 소중한 것을 당연하게 여겼던 것이 믿기지 않는다. 파국(Doom)은 **사전 외상 스트레스 장애**(pre-traumatic stress disorder)와 같은 것으로서, 기존의 정상적 상태가 무너지고 있지만 새로운 정상(new normal)이 아직 등장하지 않은 상황에서 발생한다. 우리에게 파국은 미래의 특정 시점에서 벌어질 하나의 재앙적 사건이 아니다. 오히려, **현재 우리가 우리 자신과 우리의 후손, 그리고 다른 생명체들을 위험한 미래로 몰아넣고 있다는 사실을 깨닫는 모든 사람이 공유하는 감정적, 지적 경험**이다.[6]

---

6) 편집자 주: 지구 평균 기온 상승 속도는 최소한 지난 6,500만 년 동안 가장 빠르다. IPCC는 지구 평균 기온이 산업화 이전 대비 1.5도 상승하면 생명체들의 멸종률이 14%, 2도 상승하면 18%, 3도 상승하면 29%, 4도 상승하면 39%, 5도 상승하면 48% 멸종할 것으로 예측한다. 그래서 2050년까지 탄소 중립(넷제로)을 이루기 위해 2030년까지 탄소 배출을 절반으로 줄이기로 했다. 그러나 유엔환경계획(UNEP)의 ≪2023년 (온실가스) 생산량 격차보고서≫에 따르면, 151개국이 탄소 감축서약(NDC)을 모두 이행하면, 2050년까지 2.5도 상승할 것이지만, 산유국들은 2050년까지 매년 200억 톤씩 초과해서 생산하는 계획을 현재 추진하고 있다. 제임스 핸슨에 따르면, 1970년부터 2010년까지는 십 년마다 지구 평균 기온이 섭씨 0.18도씩 상승했지만, 2010년 이후에는 0.39도씩 상승했다. 2024년에는 1년 전보다 0.1도 상승했다. 2045년에는 산업화 이전보다 2도 상승하여 "돌이킬 수 없는 임계점들"을 넘게 되며, 산호초 99%가 죽게 될 정도로 생태계에 치명적이다. 2018년 노벨 경제학상을 받은 윌리엄 노드하우스가 지적한 중요 임계점들은 (1) 거대한 빙상의 붕괴, (2) 해양순환의 거대한 변화, (3) 온난화가 더 큰 온난화를 불러오는 피드백 과정, (4) 장기적으로 강화된 온난화 등이다(*The Climate Casino*, New Haven, CT: Yale

우리 중 많은 사람이 개인적 차원에서 이런 파국에 대한 인식을 경험한 적이 있다. 어제까지만 해도 우리는 정상적이고 건강한 삶을 살고 있었다. 그런데 오늘, 혈액 검사, 생체조직 검사, 심장 스캔 같은 두려운 의료 결과를 받아든 순간, 우리는 남은 날들을 세며 유서를 새로 작성하기 시작한다. 우리는 충격, 부정, 분노, 타협, 우울이라는 감정의 순환 속에서 이 새로운 가혹한 현실이 시작된 걸 슬퍼한다. 결국, 우리는 어느 정도 현실을 인정함으로써 내면의 혼란을 잠재울지 모른다. 점차 인생의 마지막 순간을 향해 나아가는 동안, 가족, 친구, 신앙 공동체의 도움으로 우리는 이 혼돈 속에서 의미를 찾으려 할 수도 있다.

요즘엔 점점 더 많은 사람이 슬픔/애도의 단계를 하나의 사회적 경험으로 느끼며, 우리 사회 전체가 충격, 부정, 분노, 타협, 그리고 우울 사이를 끊임없이 오가는 듯하다.7)

이처럼 불안하고, 불편하며, 원치 않는 느낌들이 바로 당신이 이 책

University Press, 2013, 56-66). 일부 과학자들은 "위험한 다섯 가지 임계점" 가운데, 그린란드 빙상 붕괴, 북대서양 해류 붕괴 등의 임계점은 이미 지났을 수 있으며, 1.5도 상승하면 광대한 북부 삼림지대의 변화, 거의 모든 산악 빙하들 해빙 등, 추가로 다섯 가지 임계점들이 지날 수 있고, 2도 상승하면, 16가지 임계점들 가운데 마지막 임계점들마저 지날 수 있다고 본다(*The Guardian*, 2022/9/8). 세계적인 기후학자 마이클 만에 따르면, 2억 5천만 년 전 지구 생명체의 90%가 멸종된 페름기-트라이아스기(P-T) 대멸종 당시의 기온 상승 속도보다 지금은 "100배 빠르며," 해양 산성화 속도는 당시보다 "10배 빠르다." 또한 5천 5백만 년 전, 해저 유공충 절반이 멸종한 팔레오세-에오세 최고온기(PETM) 대멸종 때보다 현재의 기온 상승은 "10배 빠른 속도"다(*Our Fragile Moment: How Lessons from Earth's Past Can Help Us Survive the Climate Crisis*, New York, NY: Public Affairs, 2023, 77-95). 결국 인류 역사상 전대미문의 기후 붕괴와 대멸종 시대에 우리의 과제는, 존 캅 교수가 마지막 책에서 말한 것처럼, 어떻게 하면 0.01%의 생명체라도 더 살아남도록 도울 것인가, 만일 인간이 멸종을 피한다면 어떻게 생태 문명을 이루도록 도울 것인가 하는 과제다(샐리 맥페이그, 김준우 역, ≪불타는 세상 속의 희망 그리스도≫, 생태문명연구소, 2023).

7) 이런 단계가 심리학자 엘리자베스 퀴블러 로스의 ≪죽음과 죽어감≫, 이진 옮김 (청미, 2018)에 나오는 슬픔의 단계들이다.

을 집어 들게 만든 이유일 것이다. 그러나 계속 읽기 전에, 이 책이 누구를 위한 것인지, 그리고 누구를 위한 것이 아닌지를 분명히 하고 싶다.

첫째, 만약 당신이 이미 개인적인 문제, 슬픔, 질병으로 인해 극심한 불안과 우울의 벼랑 끝에 서 있다면, 이 책은 당신을 위한 것이 아니다. 적어도 지금 당장은 아니다. 이미 감당해야 할 것이 너무 많다면, 조금 더 마음의 여유가 생겼을 때 이 책을 읽어도 늦지 않다.

둘째, 만약 당신이 기후변화, 생태학적 한계 초과, 경제적 불평등, 인종적 불의, 종교적 부패 같은 문제들이 그저 거짓이라고 생각한다면, 이 책은 당신을 위한 것이 아니다. 또한, 이 책은 통계와 도표를 통해 지금 상황이 얼마나 나쁜지를 당신에게 설득하려는 책이 아니다. 지금 상황이 얼마나 심각한지에 대해서는 전문 서적들이 따로 있다.[8] 또한 종교적이거나 신학적인 내용이 중심이 되는 책을 기대하는 분들에게도 이 책은 적합하지 않을 것이다. 2장에서 말하겠지만, 나는 오랫동안 목회자로 일했고, 영성을 다룬 책들을 써왔다. 하지만 이 책은 당신이 종교적이든, 영적이든, 세속적이든, 회의적이든 상관없이 한 인간으로서 당신을 위해 쓴 책이다. 우리는 모두 이 혼란 속에 함께 있기 때문이다. 나는 나의 영적 배경이 당신에게 장애물이 아니라 도움이 되도록 최선을 다할 것이다.

《파국 이후의 삶》은, 불안하고 불편하며 원치 않는 미래에 대한 느낌을 **외면하는** 것이 그걸 직시하는 것보다 더 힘들어졌다고 느끼는 모든 사람을 위한 책이다. 우리는 위험한 시대에 접어들었으며, 지혜와 용기, 품격, 그리고 연민으로 그 위험에 대비할 필요가 있다.

이 책이 어떻게 탄생하게 되었는지에 대해 말하겠다. 1장에서 설명

---

[8] 제인 구달(Jane Goodall)은 종종 "사람들이 내 강연에서 통계를 제시하지 않는 것에 대해 많이 감사한다"고 말한다(제인 구달 & 더글러스 아브람스, 《희망의 책》, 변용란 옮김, 사이언스북스, 2024). 그녀의 방식을 따라, 이 책에서도 통계를 최소한으로 사용할 것이다. 현재 상황에 대한 신뢰할 만한 자료는 부록 1을 참고하라.

하겠지만, 나는 약 30년 전부터 현재의 상황에 대해 자각하기 시작했다. 그리고 약 20년 전, 나는 세계적인 위기에 관해 연구하여 책을 출판했다. 그런데 2년 전, 나는 다시 그 주제로 돌아가야 한다고 느꼈고, 최신 데이터를 조사하며 몰입하기 시작했다. 연구를 진행하는 동안, 마치 내 발밑의 땅이 무너지는 듯한 순간들을 경험했다. 전에 한 번도 생각해보지 못했던 것들을 깊이 고민했고, 한 번도 느껴보지 못했던 감정들을 느꼈다. 도대체 왜 이 프로젝트를 시작했는지 스스로 되묻기도 했지만, 결국 이 프로젝트가 나를 선택한 것이라는 생각이 들었다.

나는 수없이 많이 책상에서 일어나 수 마일을 걸었다. 의식적으로 한 걸음 한 걸음을 내딛으며, 이 글이 가리키는 현실들을 깊이 생각했다. 성 아우구스티누스가 말한 "걸으면서 해결된다"(*Solvitur ambulando*)가 맞기를 원했다. 걸을 때마다, 분노와 절망, 두려움, 슬픔, 그리고 말로 표현할 수 없는 신음이 밀려왔다. 나는 단순히 내 감정을 정리하는 것뿐 아니라, 독자들을 어떻게 도울 수 있을지 고민했다. 독자들에게 트라우마를 안겨주고 싶지는 않지만, 그렇다고 현실을 미화하고 싶지도 않기 때문이다. 오늘날처럼 광기의 시대에 필요한 정직하고 친절한 안내를 제공하고 싶다.

이 책을 쓰면서 나는 가장 중요한 것을 간단하고 단순한 말로 요약하게 되었다. 그것은 "도덕적 안내" 또는 "탄력성/회복 만트라"(resilience mantras)라고 부를 수 있을 것이다. 결국 이 책의 본래 개요를 폐기하고, 그 만트라들을 이 책 각 장의 제목으로 선택했다. 이 장들은 익숙한 U형태의 여정이 되어, **지나가도록 놓아두기**(letting go, 내려가는 길)에서, **그대로 놓아두기**(letting be, 통찰을 얻는 장소), **들어오게 하기**(letting come, 회복의 길), **풀어주기**(setting free, 자유를 찾는 민첩한 투쟁의 길)로 가는 여정이 되었다. 이 네 가지 운동은 이 책의 네 부분이 되었다.9)

혼자서 파국(doom)과 춤을 추는 것은 매우 어렵다. 그 때문에 나는 각 장의 마지막에 "친애하는 독자에게" 부분을 포함했다. 일종의 저자의 도움 말 같은 것이다. 거기에는 당신이 일기에 쓸 질문들, 대화의 촉진제, 그리고 대화를 위한 안내가 들어있다. 당신이 이 책을 읽으면서 떠오르는 생각과 느낌을 나눌 수 있는 한두 명의 친구를 찾을 수 있으면 좋겠다. 어쩌면 그들도 이 책을 함께 읽고 싶어 할지도 모르겠다. 이 책을 수업이나 독서 모임에 추천하고 싶다면, 반드시 사람들이 쉽게 빠져나갈 수 있게 할 필요가 있다. 모든 사람을 위한 책이 아니기 때문이다. 그러나 다시 말하지만, 이 책이 필요한 사람에게는 정말로 필요한 책이며, 아직 준비되지 않은 사람도 조만간 준비될지 모른다.

내가 이미 배운 것 하나는 당신이 파국과 춤을 출 때는 파국이 당신을 변화시킨다는 점이다. 그렇다. 파국은 당신을 더 나쁘게 변화시킬 수 있다. 당신은 겁에 질리고, 진이 빠진 채 절망과 냉소, 쓰라림 속에 마비될 수도 있다. 파국이 승리하고 삶이 패배할 수 있다.

그러나 그 춤은 당신을 더 좋게 변화시켜, 더 겸손하고 정직하며, 더 사려 깊고 창조적이며, 더 자비롭고 용기 있게 변화시킬 수도 있다. 더욱 지혜롭고 더욱 친절하며, 더 강하고, 더 연결되며, 더 회복력이 강하며, 더 자유롭고, 더 인간답고, 더 생동감 넘치게 만들 수도 있다.

그래서 우리 모두, 당신과 내가 여러 시간을 함께 보내며, 서로 머리와 가슴을 마주하고, 현실과 함께 춤추는 법을 배울 참이다. 그 현실에는 모든 파국과 기쁨도 있다. 이것이 우리의 출발점이다.

현실에 오신 것을 환영합니다.

---

9) 이런 U 형태의 여정에 관해 좀 더 자세한 것은 Otto Scharmer, *Theory U* (Berrett-Koehler, 2009)를 보라.

친애하는 독자에게,

이 서론을 읽어주어 고맙습니다. 나는 당신이 컴퓨터에서 새로운 문서를 열고, 아래 질문들에 대한 당신의 답을 쓰기를 권합니다. 이 질문들은 당신과 함께 이 책을 읽는 친구들과 나눌 필요가 있는 대화를 시작하는 데 사용할 수도 있습니다.

나는 서론에서 이 책이 모두를 위한 책은 아니지만, 이 책이 필요한 사람에게는 정말로 필요한 책이라고 했습니다. 당신은 이 책이 당신을 위한 책이라고 생각하나요? 왜 그렇거나, 왜 그렇지 않습니까?

당신은 혼자서 파국과 춤을 추어본 적이 있습니까? 당신과 함께 하는 대화 파트너가 있었습니까? 어땠습니까?

우리의 현재 상황과 관련된 슬픔/애도의 단계들에 대한 당신의 경험을 나누어보십시오. 그 충격, 부정, 타협, 분노, 우울, 수용, 의미의 단계 말입니다.

당신은 이 책을 읽고난 후 어떤 유익을 얻을 거라고 생각합니까? 전에 일기를 써본 적이 있습니까? 일기를 쓰면 어떤 유익을 얻을 거라고 생각합니까? 전에 독서 모임에 참여한 적이 있습니까? 독서 모임을 조직하거나 참여하면 어떤 유익함을 경험하게 될까요?

그리고 당신이 이 책을 읽다가 어느 지점에서 감정적으로 압도당하면, 한두 주간 쉬거나, 3장과 4장으로, 13장부터 21장까지로 건너뛰기를 바랍니다. 2장부터 12장까지는 정말 중요하지만, 일부 독자들에게는 마지막 부분을 읽은 후에 다시 중간 부분을 읽는 것이 이해하기 쉬울 수 있습니다.

제1부

지나가도록 놓아두기 – 내려가는 길

1장

깨어나는 중입니다

이 세상에는 이걸 덮어둘 만큼 충분히 큰 양탄자가 없다.

―작가 브릿 레이(Ph.D.)[1]

기후변화를 부인하는 7단계: 1) 사실이 아니다. 2) 우리가 원인이 아니다. 3) 그렇게 나쁘지 않다. 4) 아직 시간이 있다. 5) 해결하기엔 너무 비싸다. 6) 가짜 해결책이 있다. 7) 너무 늦었다: 진작 경고했어야 했다.

―마크 매슬린 교수[2]

나는 당신이 나의 사랑하는 스미스 할아버지를 알았으면 좋겠다. 그는 재미있는 분이셨다. 우리를 웃게 하려고 농담을 하고 마술 같은 걸 하셨다. 가끔 틀니를 빼서 보여주셨는데, 그럴 때마다 사촌들과 나는 완전히 놀라곤 했다. 할머니는 우리가 낄낄거리는 소리를 들으며, 할아버지가 틀니를 가지고 장난치는 모습을 보시고는 "아, 스티브"라고 말하며 고개를 저으면서도 미소를 감추려 하셨다.

할아버지는 연장을 많이 가지고 계셨고, 무엇이든 고칠 수 있으셨다.

---

[1] TED 강연에서 (https://www.youtube.com/watch?v=lDbCEvsYw).
[2] 트위터 (https://twitter.com/ProfMarkMaslin/status/1677228464670212097).

피아노로 래그타임 곡[빠른 박자로 싱코페이션을 많이 사용한 곡]을 연주하실 때면, 손이 흑백 건반 위를 마치 열 마리 쥐를 쫓는 두 마리 고양이처럼 뛰어다녔다. 우리는 방안을 뛰어다니며 어린아이처럼 황홀한 기분으로 춤을 췄다. 춤이 허용되지 않는 보수적인 종교 가정에서 그 순간만큼은 춤을 출 수 있었다.

할아버지는 언제나 "옛날에 … "로 시작하는 멋진 이야기들을 들려주셨다. "1908년에 말이야 …"라든가, "1929년에 말이야 …" 또는 "전쟁 때 말이야 …"라고 하셨는데, 그 전쟁이란 제2차 세계대전을 뜻했다.

이야기를 어떻게 시작하시든지 간에, 할아버지는 거의 항상 "나는 절대 잊지 않을 거야!"라고 말하곤 하셨다.

그는 항상 손수건을 가지고 다니셨다. 작은 주머니칼도.

그는 선의를 발산했고, 가장 단순하면서도 순수한 사랑을 보여주셨다.

언젠가 식사 기도를 하실 때 나는 눈을 뜨고 있었던 기억이 난다. 나는 그의 오른쪽에 앉아 있었는데, 그는 손가락 끝으로 테이블보를 가볍게 두드리고 계셨다. 그의 이마에는 깊은 주름이 있었고, 손의 피부는 거칠었다. 세월의 흔적인 멍과 상처들, 그리고 혈관이 강처럼 흐르는 모습이 보였다. 어릴 적 나의 피부와는 너무나 달랐다. 이제는 내 피부도 그와 닮아간다.

거의 매년 겨울, 할머니와 할아버지는 우리 부모와 나의 형제들과 함께 늦겨울 휴가를 보내기 위해 뉴욕주 북부에서부터 플로리다까지 오래 차를 운전해서 내려오곤 하셨다. 내가 열 살이나 열한 살쯤 되었을 때, 우리 가족은 플로리다 중부의 어느 지역을 지나가고 있었다. 그곳 들판에는 거대한 강철 도요새 같은 것이 위아래로 움직이는 듯한 이상한 기계들이 있었다.

"저게 뭐예요?" 내가 물었다. 할아버지는 그것이 석유를 뽑아내는 유정이라고 설명해 주셨다. 땅속에서 석유를 뽑아내고, 그 석유로 휘발유를 만들어, 나의 부모가 운전하는 1957년형 폰티악의 연료가 되었다.

"그럼 석유를 다 퍼 올리면 어떻게 돼요?" 내가 물었다. 어린애들이 하는 질문이 그렇듯이.

할아버지는 1894년에 태어나, 초등학교 8학년을 마치고 일을 시작하기 위해 학교를 그만두셨다. 똑똑하고 현명했지만, 정규교육을 많이 받지는 못하셨다. 그는 평생 다양한 직업을 가지셨다. 처음에는 말이 끄는 수레를 몰며 채소를 파셨고, 그다음에는 도배공, 피아노 제작자, 제2차 세계대전 당시에는 합판 항공기를 만드는 일, 그리고 자동차 회사 공장 노동자까지 하셨다. 단순하고 실용적인 사람이었고, 독실한 기독교 신자셨다. 내가 석유가 다 고갈되면 어떻게 되느냐고 물었을 때, 그의 대답은 언제나처럼 즉각적이고 순진했다. "그럴 일은 없단다, 브라이언. 주님께서 우리가 필요로 하는 것을 충분히 지구에 두셨으니, 그리스도의 재림 때까지 지속될 거야!"

그 말은 따뜻하고 신앙심이 담긴 대답이었지만, 나는 선뜻 믿을 수가 없었다.

할아버지는 내 삶에 많은 영향을 주셨고, 그가 돌아가신 후 세월이 흐를수록 나는 더욱 그분을 사랑하게 되었다. 하지만 나는 어린 시절부터 할아버지가 살던 시대는 지금과는 다른 시대, 다른 세계였다는 걸 깨닫고 있었다. 할아버지에게 지구는 여전히 상상할 수 없을 만큼 거대했고, 사랑이 많으신 하나님께서 우리를 위해 특별히 만들어 주신 무한한 자원의 보고처럼 보였다. 따라서 전혀 걱정할 필요가 없었다.

열 살이던 나의 정신세계는 전혀 다른 영향들에 의해 형성되고 있었다. 예를 들어, 나는 우주에서 촬영된 최초의 지구 사진들을 보았다. 그 사진들은 나에게 지구가 광대한 어둠 속을 떠다니는, 구름 낀 파란색과 흰색의 작은 공처럼 보이게 했다. 나는 그 작은 공 안에는 한정된 양의 석유와 자원만이 존재한다는 것이 너무나 분명하게 느껴졌다.

그리고 33년이 지나, 나는 대학에서 영어를 가르치는 첫 번째 직업을 떠나, 워싱턴 D.C. 외곽에서 혁신적인 교회의 목회자가 되었다.

어느 일요일, 나는 지구를 보호하는 것이 우리의 도덕적이고 영적인 책임이라고 설교했다. 내게 신앙은 인간의 생태적 책임을 면제해 주는 것이 아니고, 세상의 파국이 가까웠으니 자원을 마음껏 써도 괜찮다는 것을 보증하지도 않았다. 오히려, 삼라만상의 아름다움과 소중함이 인류에게 모든 참새, 야생화, 강, 산, 초원을 돌볼 도덕적 소명을 부여한다고 믿었다. 예배가 끝난 후, 인근 대학교의 한 여학생이 다가와 말했다.

"저는 환경과학을 전공하는 학생이에요. 오늘 설교가 정말 중요하다고 생각해요. 지금까지 어떤 목사님도 이런 말씀을 하시는 걸 들어본 적이 없어요. 그런데 한 가지 궁금한 게 있어요. 목사님은 기후변화에 대해 알고 계시죠?"

"핵겨울, 그러니까 핵전쟁 후에 발생할 지구의 냉각 현상을 말하는 건가요?" 나는 되물었다.

"와우. **지구 온난화에 대해 모르신다고요?**" 그 여학생은 충격을 받은 듯 말했다. 나에게 집에 가서 컴퓨터로 "지구 온난화"를 검색해 보라고 했다. 그날 오후 바로 검색을 했다. 그리고 지난 40년 동안 북극 빙하가 감소한 모습을 보여주는 그래픽을 발견했다. 내 눈으로 북극의 하얀 얼음이 줄어드는 것을 보았고, 그 순간 내 인생은 완전히 바뀌었다.

그로부터 7년 후, 나는 지구 온난화와 환경 문제에 대한 책을 쓰기 시작했다. "우리가 인간종으로서 직면한 가장 큰 문제, 도전, 그리고 위협은 무엇인가?"라는 질문을 탐구하고 싶었다.

그 연구는 우울한 연구 주제처럼 들릴 수도 있다. 그러나 나는 세 가지 이유로 이 질문에 호기심을 가지게 되었다.

첫째, 목사로서 나는 종교적 문제에 진저리가 났다. 예배에서 사용하는 음악 스타일, 내가 지난 설교에서 성경 구절을 해석한 방식, 또는 내가 TV에 나오는 잘생긴 젊은 설교자처럼 역동적이지 않다는 이유로 사람들이 불평하는 것이 싫었다. 사소한 종교적 문제에 대해 큰 논쟁이 벌어지는 상황에 계속 휘말리는 기분이었다. 종교적 사소함은 단순히 지루한 것을 넘어 위험하다고 느꼈다. 우리가 사소한 종교적 문제로 다투는 동안, 지구 온난화 같은 거대한 문제뿐 아니라, 인종차별과 백인우월주의의 부활, 슈퍼 부자들의 권력 축적, 점점 더 강력한 살상 무기의 확산, 그리고 겁을 먹고 쉽게 현혹되는 신자들이 권위주의에 쉽게 빠져드는 것 같은 큰 문제들이 낙타처럼 천막 안으로 들어오고 있다는 생각이 들었다.

둘째, 나는 십 년이 넘는 기간 동안 신학적 재고찰, 즉 오늘날 많은 사람이 "신앙 해체"라고 부르는 과정을 거쳐 왔다. 나는 기독교의 목적과 초점이 사람이 죽은 후 좋은 곳에 가도록 돕는 것이라고 배웠다. 하지만 매주 성경을 다루는 설교자로서, 나는 그런 믿음이 잘못되었다는 확신을 갖게 되었다. 우리가 매주 "아버지의 나라가 오게 하시며, 뜻이 하늘에서 이루어진 것 같이 땅에서도 이루어지게 하소서"라고 기도할 때, 우리가 죽은 후 천국에 가게 해달라고 기도하는 것이 아니라 아직 살아 있는 동안 이 땅에서 더 나은 삶의 방식이 실현되기를 기도하는 것임을 깨달았다. 이 신학적 혁명은 내가 한 번도 해보지 않았던 질문을 하게 만들었다. 하나님이 이 세상에서 일어나는 일들에 관심이 있으시다면, 우리도 마땅히 관심을 가져야 하지 않겠는가? 그렇다면, 이 땅에서 가장 큰 문제들은 무엇인가? 나는 너무 오랫동안 천국의 문제들에 집중해 왔기 때문에, 이제는 지상의 문제들에 대한 집중적인 학습이 필요하다고 느꼈다.

셋째, 내 인생의 중반기에 흔히 일어나는 일이 나에게도 벌어지고 있었다. 나는 더 이상 개인적인 성공과 행복에 집착하지 않고, 나의 네 자녀와 그 이후의 세대들이 성공하고 행복할 수 있을지에 대해 더 많은 관심을 가지게 되었다. 세상이 변해가면서 내 아이들이 자라고, 언젠가 그들 또한 자녀를 갖게 된다면 어떤 세상을 맞이하게 될까?

그래서 2006년, 내가 쉰 살이 되었을 때, 나는 연구 프로젝트를 시작했고, 결국 책으로 이어졌다.

그 책 제목은 ≪모든 것을 바꿔야 한다≫(Everything Must Change, 김선일 역, ≪예수에게서 답을 찾다≫, 포이에마, 2010)였는데, 이 제목은 내가 원래 편집자들에게 제안했던 제목보다 훨씬 점잖은 것이었다. (내가 처음 제안했던 제목은 ≪예수와 자살 기계≫Jesus and the Suicide Machine였다.)

연구하고 글을 쓰던 그해에 나는 우리가 알고 있는 인류문명이 스스로를 파괴하고 있다고 확신하게 되었다. 인류문명은 자살적인, 생태학적으로 치명적인 경로를 따라가고 있으며, 우리가 의존하는 전 지구적 생태계의 붕괴를 향해 나아가고 있었다. 이미 수십억 명을 심각한 위험과 고통 속으로 몰아넣는 길을 걷고 있었고, 비극적으로 가장 취약한 이들이 가장 큰 고통을 겪게 될 것이었다. 그때 내가 그 위험을 과장했다고 증명할 수 있었으면 좋았겠지만, 그렇지 않았다.

책을 마무리할 즈음, 하나의 거대한 질문이 떠올랐다. 그러나 그 질문에는 여전히 답이 없었다. 내가 만난 일부 전문가들은 문명이 붕괴하기 전에 대전환이 일어날 수도 있다는 희망을 품고 있었다. 반면, 이미 너무 늦었으며, 이제는 붕괴 이후 생존자들이 자립적 지역 공동체를 구축하는 데 모든 노력을 집중해야 한다고 믿는 이들도 있었다. 또 어떤 사람들은 붕괴가 너무도 철저해서 전 지구적으로든, 지역적으로든 어떠한 경제도 남지 않을 것이며, 인간도 존재하지 않게 될 것이고, 결국 복잡한 생명체

자체가 거의 사라질 거라고 보았다. 그렇다면 어떤 전문가의 말이 옳은가?

나는 그 질문이 너무도 암울하다고 느껴 책에 포함하지 못했다. 그래서 마치 주머니 속에 넣은 돌처럼, 혹은 내 몸에서 빼낸 총알처럼 품고 다녔다. 그 이후로 나는 이 질문을 깊숙이 간직한 채 거의 누구에게도 말하지 않았다.

목회를 떠난 후, 작가이자 강연자로서 활동하면서 나는 강연을 들으러 오는 목사, 교회 신자들, 그리고 영적인 지향을 가진 사람들 가운데 극소수만이 문명 붕괴에 대한 이야기를 듣고 싶어 한다는 사실을 깨닫게 되었다. (그 사실이 왜 나를 놀라게 했을까?) 그들은 개인, 지역 공동체, 그리고 인류가 현재의 붕괴 전단계의 문명 속에서 살아남도록 돕느라 너무 바빴다. 생존 자체가 이 혼란하고 불안한 시대 속에서 힘겨운 과업이었다. 그래서 종교 단체들이 내 여행 경비, 숙박비, 강연료를 지불하는 이유는 내가 그들에게 현재의 "정상적" 세계와 그 도전에 대한 희망과 실천적 안내를 제공하기를 원하기 때문이다.

하지만 지난 몇 년 동안, 그런 강연을 계속하기가 점점 더 어려워졌다. 내 안의 한 부분은 모든 교황, 주교, 교단 지도자, 목사, 신학교 교수들을 붙잡고 흔들며 이렇게 외치고 싶다. "도대체 무슨 짓을 하고 있는 거요? 세상이 불타고 있는데 신학적인 사소한 문제로 논쟁을 벌인다고? 여섯 번째 대멸종이 진행되고 있는 와중에 오르간 음악과 고풍스러운 건축을 보존하는 문제를 걱정한다고? 왜 모든 것을 재조직하고, 모든 예식을 다시 쓰고, 모든 계층 구조를 재구성하며, 모든 우선순위를 혁신적으로 바꾸지 않는 거요? 그래야만 우리의 소중하고 연약한 지구를 구하기 위해 다시 힘을 모을 수 있지 않겠어요? 당신들은 본래 '구원하는' 일을 하는 사람들이 아닌가요? 이걸 못 보고 있어요? 건강한 지구가 없으면 건강한 사람도 없고, 건강한 교회, 교단, 종교도 없으며, 심지어 오르간 음악도 없을 거란 말이에요!"

하지만 나는 아직 누구에게도 신체적으로나 언어적으로 공격하지 않았다. 그럴 계획도 없다. 나는 깨달았다. 종교뿐 아니라 정치, 경제, 교육, 과학의 세계에서도 상황이 아무리 나빠져도 대부분의 사람은 변하지 않는다는 것을. 그들은 심지어 그것을 알아차리지도 못한다. 그저 최선을 다해 살아가며, 인류의 미래와 지구의 건강을 걱정하는 것이 자신의 책임 범위를 넘어선 문제라고 여긴다. 그들은 누군가가 대신 걱정해 주기를 바랄 따름이다.

아마 몇몇 사람은 스미스 할아버지처럼 생각할 수도 있다. 즉, 과거, 현재, 미래는 이미 하나님에 의해 완전히 예정되어 있기에, 인간은 이런 문제들에 대해 걱정할 필요가 전혀 없다고 믿는 것이다. 어찌 됐든 하나님의 뜻대로 될 것이니까.

하지만 나는 사람들 대부분이 속으로는 나처럼 걱정하지 않을까 생각한다.

그래서 나는 이 책을 계획하기 시작했다. 스스로 얼마나 걱정하고 있는지 숨기고 있는 사람들, 우리가 큰 위기에 처해 있다는 것을 알고 있지만 무엇을 해야 할지, 어떻게 해야 할지 모르는 사람들, 그리고 희망을 가장하는 것이 차라리 현실을 직시하는 것보다 더 힘들다고 느끼는 사람들을 위해서 말이다.

나는 줄어드는 빙하 그래픽이 있는 웹사이트를 클릭했을 때 어떤 기분이었는지를 기억한다. 내가 ≪모든 것을 바꿔야 한다≫(*Everything Must Change*)를 썼을 때, 윌리엄 캐턴(William Catton)의 ≪한계 초과≫(*Overshoot*)를 읽었을 때, 빌 매키븐(Bill McKibben)의 ≪자연의 종말≫(*The End of Nature*)과 ≪붕괴≫(*Falter*)를 읽었을 때 어떤 기분이었는지 기억한다.

다르 자마일(Dahr Jamail)의 ≪지구를 위한 비가≫(*The End of Ice*)를 읽거나 마이클 다우드(Michael Dowd) 또는 시드 스미스(Sid Smith)의 강연을 들었을 때, 내 안에서 일어나는 경고음, 심지어는 공포까지도 기억한다.

내가 깨어나는 과정에서, 더 이상 암울한 통계나 끔찍한 예측을 견딜 수 없다고 느꼈을 때, 나는 자신에게 이렇게 말하는 법을 배웠다. "괜찮아. **나는 깨어나고 있어**. 이것은 하나의 과정이야. 시간이 걸리는 거야." 내가 배운 과정은 낙관과 절망 사이를 오가며 지그재그로 진행되었다. 당신도 마찬가지일 거라고 예상한다. 그래서 나는 우리가 점진적으로 깨어나든, 아니면 몹시 짜증을 내든, 가능한 한 부드럽게 당신을 인도하려 한다.

그래서 우리는 지금 여기에 있다. 우리는 **파국에 대한 감정적, 지적 경험, 즉 우리의 불안정한 상황에 대해 깨어나는 과정**을 공유하고 있다.

우리는 다음과 같은 질문을 탐구할 것이다.

- 우리가 환경적, 사회적으로 직면한 최선의 시나리오와 최악의 시나리오는 무엇인가?
- 문명의 붕괴가 어느 정도 불가피하다면, 우리는 그 아래로 이어지는 울퉁불퉁한 길을 어떻게 타고 내려가야 하는가? 그리고 그 밑바닥은 얼마나 끔찍할 것인가?
- 현실을 부정하려는 유혹에 반복적으로 빠지는 것을 어떻게 관리할 것인가?
- 절망감이 밀려오는 것을 어떻게 다루어야 하며, 낙심하고 압도당하고 어둠 속에 파묻히지 않으려면 어떻게 해야 하는가?
- 최악의 시나리오가 자기실현적 예언(self-fulfilling prophecies)이 되지 않도록 하려면 어떻게 해야 하는가?

- 현재 이용 가능한 데이터를 보면 우리 자신의 죽음과 문명의 붕괴, 심지어는 인류 전체의 멸종을 고려해야 한다. 그럼에도 불구하고 우리가 살아 있는 동안 잘 살 수 있도록 어떻게 대비할 수 있을까?
- 우리의 종교가 현실과 전혀 다른 세계에 사는 것처럼 보일 때, 우리는 어디에서 영적인 지지를 찾을 수 있을까?
- 정치 시스템이 너무나 무력하게 실패하는 상황에서, 우리는 어떻게 의미 있는 행동을 조직할 수 있을까?
- 특별히 풍요와 발전의 시대를 살아온 우리가, 몰락과 붕괴의 미래에 대비하려면 어떻게 해야 할까?
- 우리는 우리의 아이들과 손주들이 세상이 무너져 내리는 것처럼 보이는 이 시대를 살아가면서, 우리가 살아온 삶보다 더 가난하고, 더 불안하며, 더 불편한 삶을 살아야 한다는 사실을 어떻게 받아들이게 도울 수 있을까?

플로리다 중부의 유전 지대를 운전하고 있을 때, 스미스 할아버지의 연세는 지금 내 나이 비슷하셨다. 그는 두 번의 세계대전, 세계적 팬데믹, 그리고 대공황을 겪으셨고, 그 시기에 사다리에서 떨어져 척추를 다치는 사고를 당하셨다. 그 결과, 병원에 누워 오랜 시간을 보내야 하셨다. 그리고 우리가 함께 자동차 뒷좌석에 앉아 있을 때, 그는 사랑하는 아내가 암에 걸려 긴 병마의 길을 걷는 것을 지켜보셔야 하는 여정을 막 시작하려던 참이었다.

그는 기후변화나 생태적 붕괴, 문명의 몰락 같은 것에 대해 알지 못하셨다. 하지만 그는 힘난한 세상을 견디는 방법, 어려움을 극복하는 법, 그리고 모든 상황 속에서도 친절하고 강인한 정신을 유지하는 법을 알고 계셨다. 그것이 바로 내가 이 책을 시작하며 그를 계속 떠올리게 되는 이유이며, 당신도 그를 알았으면 좋겠다고 생각하는 이유다.

> 친애하는 독자에게,
>
> 이 장에서 나는 현재 상황을 깨닫게 된 나의 이야기를 나누면서 나를 소개했습니다. 다음은 당신이 일기 쓰기 과제로 사용하거나 독서 모임에서 대화의 출발점으로 삼을 수 있는 질문들입니다.
>
> 이 장에서 내가 이야기한 내용 중에서 당신의 관심을 끌거나 걱정되었던 부분은 무엇인가요?
>
> 당신에게도 스미스 할아버지 같은 지혜로운 조부모님이나 영감을 주는 인물이 있었나요? 그 관계는 당신에게 어떤 의미였나요?
>
> 당신이 현재 상황을 깨닫게 된 이야기를 들려주세요.
>
> 이 책에서 다룰 질문 목록을 검토하고, 그중에서 세 가지 또는 네 가지 가장 공감되는 질문은 무엇이며, 그 이유는 무엇인가요?

다음 2장으로 넘어가기 전에, 약간 거친 내용을 접하게 될 것임을 미리 대비해야 한다. 이 책에서 내가 가장 깊이 안내하려는 부분이 바로 2장이며, 과학자들과 전문가들이 파악한 현재의 상태에 대한 이야기다. 이 정보는 많은 이들에게 점점 더 강한 절망감을 불러일으킨다.

만약 이런 것에 익숙하지 않다면, 이런 종류의 정보는 강한 감정적, 지적 반응을 일으킬 수 있다. 당신은 지금 이 순간에 그런 반응을 받아들일 준비가 되어 있지 않을 수도 있다. 만약 그렇다면, 3장으로 건너뛰는 것도 하나의 방법이다. 3장에서는 우리가 보통 충격적인 정보에 어떻게 반응하는지를 설명하기에, 그 후 다시 2장으로 돌아올 수도 있다. 당신의 필요에 따라 선택하면 된다. 만약 읽으면서 과도한 스트레스나 불안감을 느낀다면, 잠시 읽기를 멈추고 신뢰하는 가족, 친구, 영적 지도자, 혹은 정신 건강 전문가와 함께 당신의 감정에 대처하기를 권한다.

 만약 읽을 준비가 되었으며 또한 읽고 싶다면, 부디 계속 읽어주기를 바란다. 나는 나쁜 소식을 전해야 하지만, 동시에 좋은 배려심 있는 의사의 태도를 가지려고 노력했다. 하지만 그렇다고 해서 2장을 읽는 것이 쉬울 거라고 장담할 수는 없다. 내가 할 수 있는 것은 오직 최대한 명확하고, 간결하며, 정직하게 전달하는 것뿐이다. 당신이 가장 강하게 느끼는 감정은 안도감일 수도 있다. 우리가 이 문제를 솔직하게 꺼내놓았다는 것에 대한 안도감 말이다. 우리 모두가 더 이상 조부모 세대의 세상에 살고 있지 않다는 것을 우리의 내면 깊은 곳에서는 알고 있기 때문이다.

 이제, 몇 번 깊이 숨을 들이마시고, 편안한 장소를 찾아서 차나 커피 한 잔을 준비하고, 밑줄을 긋거나 메모를 할 수 있도록 펜이나 연필을 곁에 두고, 단순히 동의하거나 반대할 준비를 하는 대신, 혹은 좋아하거나 싫어할 준비를 하는 대신, 내가 제안하고 싶은 것은 이중 호기심을 갖는 것이다. 첫째는 내가 연구한 내용을 바탕으로 무엇을 말하고 있는지에 대한 호기심이고, 둘째는 당신이 왜 그런 반응을 보이는지에 대한 호기심이다.

2장

현실에 오신 것을 환영합니다

20세기 후반까지, 역사 속 모든 세대는 자신들의 아이들과 그 아이들의 아이들도 같은 지구에서, 같은 하늘 아래에서 살아갈 것이라는 무언의 확신 속에서 살아왔다. 각 세대는 그것을 당연하게 받아들였고, 의심 없이 그렇게 믿었다. 하지만 이제 그 확신은 사라졌다. 정치적 신념과 무관하게, 우리는 그것을 잃어버렸다. 그 상실은 측정할 수 없고, 수치화할 수도 없지만, 우리 시대의 핵심적인 심리적 현실이다.
—불교 작가 조안나 메이시

우리의 자멸적인 삶의 방식은 문명의 붕괴를 가속화하고 있다.
—영국 환경운동가 조너선 포릿 경

우리 각자 안에는, 위기를 획책하며 우리의 미래를 먼지로 갈아버리는 기계를 거부하는 인간성이 남아 있다.
—우머니스트 작가 오드리 로드

직면한다고 해서 모든 것을 바꿀 수는 없지만, 직면하기 전까지는 아무것도 바꿀 수 없다.
—미국 작가, 인권운동가 제임스 볼드윈[1]

---

1) *New York Times* 1962년 사설에서 인용. Baldwin과 이 인용에 관해 자세한 것은

파국 이후에도 삶은 존재하지만, 삶에 도달하려면 먼저 파국을 직면해야 한다. 우리 앞에 놓인 가능성 있는 시나리오들은 전혀 유쾌하지 않다. 그래서 많은 사람이 현실을 직면하지 못하게 만드는 것으로 큰돈을 번다. 2장에서는 현실의 암담한 측면을 다룰 것이다. 당신이 이를 회피하고 싶다면, 지금이 그만둘 기회다. 앞서 말했듯이, 나중에 다시 돌아와도 된다. (2장 마지막의 "친애하는 독자에게" 부분에 나오는 네 가지 조언을 사용하는 것도 도움이 될 수 있다.)

우리의 현재 상황에 대해 깊고 폭넓게 주의를 기울여야 하는 직업을 가진 사람들이나 양심적인 사람들 사이에서는 우리가 심각한 난관에 처해 있다는 점에 모두 동의한다. 당신이 이 책을 읽고 있다는 사실만으로도 이미 현실을 직시하는 공동체의 일원임을 시사한다.

이 장에서는 "우리의 현재 상황"에 대한 최선의 분석을 요약하겠다. 이 표현은 우리가 처한 복잡한 현실을 지칭할 때 앞으로 자주 사용할 것이다. 나는 당신이 의사에게 이렇게 말하는 심정이라고 가정하겠다. "솔직하게 말해 주세요, 선생님. 돌려 말하거나 좋은 말만 해주지 마시고요."

그렇다면 먼저 진단부터 시작하겠다. 현재 구조로 유지되는 우리의 글로벌 문명은 불안정하며 지속 가능하지 않다.[2] 생태적으로 우리 문명은 지구가 재생산할 수 있는 것보다 더 많은 자원을 빨아들이고 있으며, 지구가 해독할 수 있는 것보다 더 많은 폐기물을 배출하고 있다. 경제적으로 우리 문명의 금융 시스템은 복잡하게 얽혀 있으며, 취약하며, 지속

---

https://www.npr.org/transcripts/912769283을 보라.
2) 여기서 "문명"이라는 용어는 모든 복잡한 사회를 의미하는 동의어로 사용된다. "우리 문명"을 언급할 때는 세계 경제, 글로벌 미디어 및 문화, 세계 종교, 과학과 교육, 기타 글로벌 제도들로 묶인 현재의 글로벌 문명을 뜻한다. "우리의 현재 상황"이란 우리 문명의 현재 불안정성을 의미한다.

적 경제 성장에 의존한다. 경제 성장이 없다면 금융 시스템은 결국 붕괴할 것이다.3) 하지만 경제 성장을 지속할수록 생태적 붕괴는 더욱 가속화된다. 또한, 현재의 글로벌 경제 시스템은 점점 더 많은 돈과 권력을 이미 그것을 충분히 소유한 사람들에게 집중시키고 있다. 결국 소수의 엘리트들은 사치 속에서 살며 막대한 정치 권력을 공유하는 반면, 수십억 명의 사람은 빈곤 속에서 거의 정치 권력을 갖지 못한 채 살아간다.4) 정치에 대해 말하자면, 우리는 점점 심화되는 생태적-경제적 불안정, 사회적 불안, 갈등을 겪고 있으며, 이런 문제들은 앞으로 더욱 증가할 것이다. 그 결과, 우리의 민주적 정치 체제는 한계점까지 도달할 것이고, 문명이 쇠약해지고 유지 비용이 더 증가하게 될 것이다. 마치 노인이 건강과 안정 상태에서부터 병들고 쇠퇴 단계로 이행하는 것처럼, 우리 문명도 점점 유지하기 어려워질 것이다.

문명의 붕괴 과정은 역사가들이 깊이 연구해 왔다. 그중에서도 조지프 테인터(Joseph Tainter)가 중요한 연구를 남겼다. 간단히 말해, 테인터는 복잡한 사회는 그 핵심 기관들이 문제를 해결하지 못하게 될 때 붕괴한다고 말한다. 그는 여러 역사적 사례를 제시하며, 특히 세 가지 사례에 집중

---

3) 경제 성장은 현대 자본주의에서 필수적이다. 주주들은 수익을 기대한다. 저소득층은 더 나은 임금을 원한다. 부유층은 더 많은 부와 이익을 원한다. 성장 없이 자동화가 진행되면 실업률이 증가하고 사회적 불안이 초래될 위험이 커진다. 또한, 금융 시스템은 이자를 통해 운영되므로 성장이 없으면 대출 상환이 불가능해지고, 채무 불이행이 증가하며, 은행이 파산하고, 금융 시스템이 붕괴할 수 있다. 경제학자들은 탈성장 경제 모델을 구상하려 하지만, 이에 대한 저항은 매우 강하다. 경제 성장은 절대적 규범이며 필수적인 것으로 간주되기 때문이다. 성장에 대한 대안이 존재하지만, 많은 경제 근본주의자들에게는 터무니없거나 상상조차 할 수 없는 것으로 여겨진다. https://en.wikipedia.org/wiki/Economic_collapse. 부록 1에는 추천 자료가 추가로 나와 있다.

4) 미국 내 불평등 상태는 https://inequality.org/facts/income-inequality/를 참조하라. 세계적 불평등은 https://www.imf.org/en/Publications/fandd/issues/2022/03/Global-inequalities-Stanley를 참조하라.

한다. 즉 서로마제국, 중앙아메리카의 마야 문명, 그리고 미국 남서부 사막의 차코 사회다. 각 문명은 문제들에 직면했고 그 문제들을 극복할 때 성장했다. 성장은 새로운 문제들을 만들고, 또 다시 극복하면 더 성장하게 되었다. 그러나 각각의 해결책은 새로운 차원의 복잡한 조직, 인프라, 관료제를 요구하게 되었고, 그 비용은 점점 증가했다. 결국 기존 체제를 유지하는 비용이 너무 커져서 새로운 문제를 해결할 여력이 없어지고, 성장 곡선이 정점을 찍은 후 쇠퇴하기 시작했다.

테인터는 특히 로마제국이 문제 해결에 능숙했다고 설명한다. 로마의 농업 생산량 증가는 인구 증가를 초래했고, 이에 따라 더 많은 식량이 필요해졌다. 로마의 해결책은 인근 국가를 침략하여 식민지화하고, 그들의 토지, 노동력(노예와 속국의 형태), 농업 생산량, 기타 자원(귀금속, 예술, 지식 등)을 착취하는 것이었다.

그러나 이런 식민지들을 유지하는 것은 로마에게 점점 더 큰 비용 부담을 안겨주었으며, 갈수록 더 많은 군인, 주둔지, 통신, 행정 체계가 필요하게 되었다. 이런 기반 시설을 유지하는 데는 점점 많은 세금이 필요했다. 높은 과세는 종종 내부 부패로 이어졌고, 상류층은 세금을 유용하여 개인적 사치를 누리는 반면, 대중은 기본적인 생계를 유지하는 데도 어려움을 겪었다. 높은 세금, 부패, 그리고 경제적 불평등 악화는 사회적 불안을 심화시켰으며, 이는 더 많은 국내 치안과 더욱 엄격한 사회적 통제를 요구하게 되었고, 이는 점점 더 많은 비용이 들었다. 결국 군인 부족 때문에 제국은 충성심이 부족한 용병을 고용해야 했다. 그 결과 군사비는 증가하는 반면 효율성은 떨어졌다. 로마제국의 절정기에 복잡성을 유지하는 비용은 너무 커졌고, 결국 붕괴하기 시작했다. 붕괴는 분열, 외부인의 침략과 약탈, 내부의 반란과 내란, 그리고 인구 감소로 인해 더욱 가속화되었다.

과거의 문명 붕괴는 때로 빠르게 진행되었지만, 그 과정은 흔히 고통스러울 정도로 느리게 진행되었다. 이는 내부 및 외부의 다양한 요인에 따라 달라진다. 문명이 환경과 에너지 자원에 얼마나 많은 피해를 주고 있는가? 비옥한 표토(topsoil)를 침식하거나 파괴하고, 나무를 베어내고, 지하수를 고갈시키거나 오염시키고 있는가? 빈민 계층과 중산층을 착취하고 억압하며, 이미 부와 권력을 너무 많이 갖고 있어서 별로 필요하지 않은 자들에게 몰아서 주고 있는가? 사회가 군사 및 치안 유지에 얼마나 많은 비용을 지출하며, 그에 대한 투자 수익은 어느 정도인가? 사회적으로, 내부의 탐욕, 퇴폐, 부패, 불신, 분노, 그리고 갈등으로 인해 그 사회의 사기와 공동 정체성이 얼마나 약화되고 있는가? 반란, 쿠데타, 내전, 대규모 이주, 금융 위기, 공격과 침략, 전염병과 질병, 기후변화, 그리고 정신 건강 악화로 인해 그 문명이 더욱 약해지고 있는가?

현재의 글로벌 문명이 로마 문명과 비슷한 하향 곡선을 따라 붕괴하는 것을 피하기 위해서는 깊고도 거대한, 유례없는 세계적 변화가 필요하다. 이러한 변화의 깊이와 범위는 개인, 지역 사회, 국가 차원에서 강한 정신적 힘을 요구한다. 이를 위해서는 위대한 창의력, 상상력, 협력, 결속, 품격, 그리고 용기가 필요하다. 그러나 우리의 정신을 강하게 만들어주는 많은 제도와 운동도 혼란 속에 빠져, 분열, 부패, 전체 문명의 질병을 공유하고 있는 현실이다. 현재 우리의 문명은 분열, 부패, 그리고 전체적인 침체 속에서 혼란을 겪고 있다. 암이 퍼져 점점 더 이상 화학요법을 견디지 못하는 암 환자와 같다. 마찬가지로, 우리의 문명도 점점 회복 불가능한 지점에 가까워지고 있으며, 붕괴 전에 변화할 가능성은 점점 줄어들고, 대신 완화 치료가 더 가능성이 높아지고 있다. 사랑받는 어린이 음악가 라피(Raffi)는 많은 이들이 공유하는 불확실성을 이렇게 표현했다. "[기후 과학자들은] 우리가 **지금** 행동하면 기후변화의 최악 시나리오를 막을 수 있다고 말한다. 나는 1989년부터 이에 관여해왔지만, 위협에 걸맞은 조치를 보지 못했다. 그래서 약간 미쳐가는 기분이 든다. 나는 묻는다. 도대체 **우리**는 누구인가? 그리고 **지금**은 언제 끝났나?"5)

이러한 진단은 우리에게 불길한 예측을 제시한다. 즉 우리의 미래는 다음 네 가지 시나리오 중 하나를 따를 가능성이 크다. 이 시나리오들은 책 후반부에서 자세히 다룰 것이다.6) (각 시나리오에 대한 상상력을 자극하는 문학적 또는 영화적 묘사를 제안하고자 한다.)7)

시나리오 1. 우리의 현재 문명은 지구의 생명 유지 시스템을 계속 불안정하게 만들 것이며, 이런 불안정은 문명을 계속 불안정하게 만들고, 환경과 문명 모두에서 하강 소용돌이(downward spiral)를 만들어낼 것이다. 이 위험한 현실에 직면하고, 시민들과 지도자들 가운데 충분히 많은 사람

---

5) 이 인터뷰는 https://substack.com/notes/post/p-125334569.

6) 나는 전문 미래학자가 아니지만, 미래학자 캐시디 데일(Cassidy Steele Dale)의 작업을 높이 평가한다. 그의 미래 예측 방법론에 대한 설명은 https://cassidysteeledale.substack.com/p/how-to-predict-the-future에 있다. 그는 미국 민주주의의 미래에 대한 흥미로운 분석도 제공한다: https://cassidysteeledale.substack.com/p/possible-futures-for-american-democracy. 이 네 가지 시나리오 중 첫 번째 시나리오는 현재의 흐름이 지속되는 경우다. 기존의 추세는 항상 기존의 추진력에 유익하며, 기술 부문의 혁신을 통해서 현재 체제를 유지하는 사람들을 포함해서 이런 추세를 통해 돈과 권력을 얻는 사람들에 의해 뒷받침된다. 따라서 시나리오 1은 현재 시스템을 유지하기 위한 단기적 조치로 인해 장기적 악영향을 초래하는 "체제 지속"이라 할 수 있다. 이러한 부정적인 영향이 커지면서 시나리오 2, 3, 4에서의 위험이 더욱 커지게 된다. 나는 표준적 위험 평가 방식을 따르는데, 이는 시나리오가 발생할 가능성과 해당 시나리오가 초래할 피해의 심각성을 단기 및 장기적으로 균형 있게 고려하는 것이다. 단기 및 장기적으로 가장 심각한 피해를 초래할 가능성이 있는 시나리오는, 그 발생 확률이 낮더라도 진지하게 고려되어야 한다. 그러나 대부분의 표준적인 접근 방식과 달리, 나는 피해를 단순히 현재의 경제적 지표나 정치적 범주로만 평가하지 않는다. 또 인간의 복지를 지구 전체의 복지와 별개의 것으로 고려하지도 않는다. 그 이유는 다음 장들에서 더욱 분명해질 것이다.

7) 케이트 데이비스(Kate Rae Davis)에게 관련된 소설을 언급할 것을 제안해 주어 감사의 뜻을 전한다.

이 각성하여 긴급성, 단결, 지혜를 가지고 대응한다면, 우리의 문명을 변화시키고 환경적 한계 내에서 살아가는 법을 배워 붕괴를 피할 수 있을 것이다. 하지만 이런 변화 과정은 길고 어렵고 혼란스러울 것이기 때문에, 우리는 지속 가능한 새로운 정상 상태에 도달하기까지 수십 년, 혹은 수백 년 동안 많은 격동의 시기를 겪게 될 것이다. 우리는 이 시나리오를 "붕괴 회피 시나리오"(Collapse Avoidance Scenario)라고 부른다. (이 시나리오는 킴 스탠리 로빈슨Kim Stanley Robinson의 소설 ≪뉴욕 2140년≫*New York 2140*과 ≪미래를 위한 직무≫ *The Ministry for the Future*에서 다뤄졌다.)

시나리오 2. 우리 문명은 환경을 안정화하고 그 한계 내에서 살아가기 위해 충분한 긴급성, 단결, 지혜로 대응하지 않을 것이다. 우리의 제도들도 사회 혼란과 쇠퇴의 연쇄 효과를 감당하지 못할 것이다. 그 결과, 우리의 현재 글로벌 문명은 하향식 붕괴를 겪을 것이며, 이는 갑작스럽게 일어날 수도 있지만, 더 가능성이 높은 시나리오는 긴 계단을 한 칸씩 내려가는 것처럼 점진적으로 붕괴하는 것이다. 그 이후, 우리 인구의 일부—50명, 10명, 혹은 최고위층 2% 정도이든—는 심각하게 파괴된 글로벌 생태계 속에서 다시 모여 새로운 공동체를 재건할 수 있을 것이다. 이 공동체들은 현재 문명의 일부 요소를 유지할 수도 있다. 하지만, 생존한 공동체들이 우리의 문명이 여러 면에서 실패한 이유를 배우지 못한다면, 장기적으로는 현재 문명이 저지른 과잉 개발과 붕괴의 경로를 반복하게 될 것이다. 만약 그들이 우리의 붕괴를 통해 지혜를 얻게 된다면, 새로운 의식, 영성, 혹은 가치 체계를 바탕으로 문명을 재건할 것이며, 이것은 우리 종(species)의 역사에서 새로운 장을 여는 계기가 될 것이다. 우리는 이 시나리오를 "붕괴 후 재탄생 시나리오"(Collapse/Rebirth Scenario)라고 부른다.

(이 시나리오는 에밀리 세인트 존 맨델Emily St. John Mandel, ≪11번 역≫ *Station Eleven*과 수전 콜린스Suzanne Collins의 ≪헝거 게임≫ *The Hunger Games*에서 전개되고 있다.)

시나리오 3. 우리의 글로벌 문명이 완전히 붕괴하고, 살아남은 인류는 황폐해진 지구에서 불안정한 미래를 맞이하게 될 것이다. 이 과정에서 우리 문명의 문화적, 기술적 발전의 대부분이 사라질 가능성이 높다. 역사상 가장 추악한 요소들—광범위한 폭력, 지배, 절망, 잔혹함—이 다시 등장할 것이다. 살아남은 자들은 산업화 이후, 자본주의 이후의 삶을 살게 되겠지만, 이는 산업화 이전, 심지어 선사시대의 삶과 비슷한 방식이 될 것이다. 다만 훨씬 더 혹독한 환경적, 문화적 조건 속에서 말이다. 그들은 현재 문명의 잔해를 바라보며, 인류가 얼마나 많은 것을 낭비했는지에 대해 충격을 받을 것이다. 우리는 이를 "붕괴 후 생존"(Collapse/Survival) 시나리오라고 부른다. (이 시나리오는 옥타비아 버틀러Octavia Butler의 ≪씨뿌리는 자의 비유≫ *Parable of the Sower*와 코맥 매카시Cormac McCarthy의 ≪길≫ *The Road*에 등장한다.)

시나리오 4. 지구 환경이 계속 악화됨에 따라, 인류문명은 극도로 파괴적인 붕괴 과정에 빠질 것이다. 이 붕괴 과정에서 필사적인 국가들—특히 독재자들이 이끄는 국가들—은 남아 있는 자원을 착취하고 경쟁자를 제거하기 위해 앞다투어 움직일 것이다. 이 과정에서 환경 파괴는 더 가속화될 것이며, 전쟁이 벌어질 가능성이 높다. 이 전쟁에는 핵전쟁, 화학전, 생물학전이 포함될 수 있다. 이런 문명의 재앙적인, 상호 보장된 자멸 과정은 인류의 완전한 멸종, 또는 거의 완전한 멸종을 초래할 뿐 아니라, 지구의 육상 및 해양 생명체의 상당 부분도 멸종에 이르게 할 것이다. 우리는 이를 "붕괴 후 멸종"(Collapse/Extinction) 시나리오라고 부른다. (애덤 매케이 감독의 영화 ≪돈 룩 업≫*Don't Look Up*과 앨런 와이즈먼 Allen Weisman의 논픽션 ≪인간 없는 세상≫*The World Without Us*이 이 시나리오를 묘사하고 있다.)

당신은 위의 시나리오 중 어느 하나와 입장을 같이할 수도 있지만, 현재의 입장을 일단 가벼운 마음으로 유지할 것을 권한다. 당신은 내가 어디에 속하는지 궁금할 수도 있다. 하지만 지금 그건 중요하지 않다. (다음 장에서 말하겠다.) 지금 중요한 것은 많은 사람이 이러한 시나리오에서 점점 더 높은 단계로 이동하고 있다는 사실을 이해하는 것이다. 즉, 많은 사람이 "붕괴 회피"(시나리오 1) 또는 "붕괴 후 재탄생"(시나리오 2)을 가장 가능성 높은 미래로 여기던 단계에서부터 "붕괴 후 생존"(시나리오 3) 또는 "붕괴 후 멸종"(시나리오 4)을 더 가능성이 높은 미래로 평가하는 방향으로 이동하고 있다는 사실이다.

모든 시나리오에서, 근본적인 문제는 환경이 아니다. 근본적인 문제는 우리 자신이다. 인간이 환경 문제를 갖고 있는 것이 아니라, 환경이 인간 문제를 갖고 있다. (우리는 에너지 문제도 가지고 있다는 사실을 덧붙일 수 있다. 이는 20장에서 더 자세히 살펴볼 것이다.) 우리는 빠르게 성장하고, 복잡하며, 비싸고, 불평등하고, 자원 소모가 많고, 취약하며, 분열되고, 무장된 문명을 건설했다. 이 문명은 환경뿐 아니라 스스로에게도 위협이 된다. 우리가 지구에서 자원을 회복 속도보다 더 빠르게 소비하고, 지구가 해독할 수 있는 속도보다 더 빨리 폐기물을 배출하는 한, 우리는 "한계 초과/과잉 소비"(overshoot) 상태에 놓이게 된다. 우리의 총체적인 인간적 발자국이 지구의 장기적인 수용 능력을 초과할 때, 우리는 마치 얇은 얼음 위를 걷는 것과 같다. 빠르게 균형을 다시 맞추지 않는다면,

어떤 형태로든 파국 시나리오는 불가피할 것이다.

한계 초과는 문명의 원죄라고 부를 수 있다. 성경의 창세기 이야기에서, 최초의 인간이 모든 나무의 열매를 먹을 수 있지만 단 하나의 나무만은 제외된다고 했을 때, 이는 (고대 이야기꾼의 언어로 표현하면) 환경적 한계를 준수하지 않으면 에덴동산의 좋은 삶을 잃게 될 것이라는 경고였다. 그들이 환경적 한계를 지키지 않는다면, 가시와 엉겅퀴가 무성한 들판에서 지쳐가며 고통과 죽음을 맞이할 운명이었다. (이 고대 이야기는 8장과 9장에서 다시 다룰 것이다.) 이 경고와 그것이 담고 있는 메시지는 삼라만상과의 상호 연결성과 상호 의존성을 강조하는 것으로, 이는 수천 년 동안 종교적 통찰과 신비 경험의 핵심이었다. 하지만 오랜 세월 동안 이 메시지는 무시되거나, 잊히거나, 최소화되거나, 심지어 부정되었다.

한계 초과와 붕괴에 대한 경고는 고대 종교 텍스트에만 있었던 것이 아니다. 한계 초과의 위험성은 찰스 다윈의 종종 오해받는 "적자생존" 개념에도 내포되어 있다.[8] 다윈의 "적자생존"은 가장 경쟁적인 자의 생존, 가장 공격적인 자의 생존, 가장 지배적인 자의 생존을 뜻하는 것이 아니었다. "적자생존"이란 자신들의 환경 안에서 가장 잘 적응하는 자들이 생존한다는 뜻이었다. 다시 말해서, 만약 우리가 지구의 생태계에 적응하지 못한다면, 지구의 환경 수용 능력을 초과하면 우리는 멸종할 것이다.[9]

---

[8] ≪갈라파고스 제도: 영적 여정≫(*The Galápagos Islands: A Spiritual Journey*)에서 나는 마르크스주의자들과 자본가들이 어떻게 산업/식민지 시대의 사고방식에 갇혀 다윈의 생물학적 통찰을 경제적 가정에 맞추어 왜곡했는지를 설명했다. 마르크스주의자들과 자본가들 모두 부상하는 산업 경제에서 경쟁이 핵심이라고 보았다. 마르크스주의자들에게는 계급 간의 경쟁이 중심이었고, 자본가들에게는 개인과 기업 간의 경쟁이 중심이었다. 그러나 어느 쪽도 생태학적 현실을 깊이 이해하지 못한 채 경쟁이 이루어졌다. 그 결과, 두 경제체제 모두 우리의 문제를 지속시키고 있다. 우리가 이 두 경제체제를 개혁하거나 대체할 수 있을지는 아직 미지수다.

[9] 많은 사람이 인간은 환경을 조작할 수 있기 때문에 적응력의 진화적 원칙에서 예외라고 생각한다. 예를 들어, 환경이 너무 덥거나 추워지면 우리는 에어컨이나 난방

한계 초과 또는 기후변화, 전염병, 침략과 같은 예상치 못한 재난은 과거의 모든 주요 문명의 파국을 가져온 원인이었다. 오늘날 우리는 침략으로부터 우리를 보호하는 데 막대한 돈을 쓰고 있지만, 전염병으로부터 자신을 보호하는 데는 적은 비용을 들이며, 기후변화와 초과 소비에 대해서는 거의 무관심한 상태로 지내왔다.

현재의 문명이 붕괴한다면, 우리는 지역적이 아닌 전 지구적 문명을 갖고 있기 때문에 독특한 도전에 직면할 것이다. 화성이나 타이탄[토성의 여섯 번째 위성]으로 대규모 이주를 한다는 공상적인 이야기를 제외하면, 우리가 이 하나뿐인 지구 행성을 황폐화시킨다면 더 이상 갈 곳이 없다. 시나리오 4를 따라 생화학 무기와 핵무기를 사용한다면, 우리는 지구를 인간뿐 아니라 수많은 다른 종들에게도 거주 불가능한 곳으로 만들 수 있다.

시나리오 1(붕괴 회피)과 2(붕괴 후 재탄생)를 지지하는 사람들은 정부, 경제, 종교, 학교, 과학적 학문, 언론 및 기타 사회적 구조가 충분히 현명하고, 단결하며, 강력하고, 빠르게 행동할 수 있다고 믿는다. 즉, 최소한 일부 문명이나 발전된 사회를 유지할 수 있다고 생각한다. 반면에, 시나리오 3(붕괴 후 생존)과 4(붕괴 후 멸종)를 지지하는 사람들은 우리의 사회 구조가 현재 문명이 환경을 파괴하는 것을 막을 만큼 충분히 현명하거나 강하지 않다고 믿으며, 결국 지구를 인간이 거의 남지 않은 행성으로 만들 것이라고 예상한다. (이 두 문장을 의도적으로 복잡하게 썼다. 두세 번 읽어 보면 그 의미를 제대로 이해할 수 있을 것이다.)

이 시나리오들 중 어느 것도 유쾌하지 않다. 붕괴 회피는 가장 덜

시설을 설치하면 된다고 생각한다. 하지만 이러한 인간의 예외주의는 여러 면에서 근시안적이며, 그대로 방치된다면 결국 인간이 지구의 아름답고 정교한 생태계를 파괴하고, 후손들은 화성의 식민지처럼 인공 환경에서만 생존해야 하는 상황에 처할 것이다.

불쾌한 시나리오이지만, 이것조차 매우 험난한 과정을 수반하며, 예상치 못한 위험과 단점이 존재한다. 이에 대해서는 10장에서 다시 다루겠다.

이 모든 시나리오는 우리 문명에서 번영을 누려온 사람들에게 특히 불안하게 다가온다. 지난 500년 동안, 전 세계의 인접 지역 문명들을 식민지화하고 하나의 글로벌 문명에 동화시키면서, 선진국에 사는 사람들에게는 지속적인 경제 성장, 정치적 세련됨, 그리고 기술적 발전이 당연한 규범이 되었다. 우리는 이러한 지속적 발전이 전적으로 우리의 독창성 덕분이라고 생각했다. 그러나 우리는 값싼 에너지가 가능했기에 이런 발전이 이루어졌다는 점을 깨닫지 못했다. 처음에는 동물 노동과 노예 노동에서 에너지를 얻었고, 이후 돛대가 높은 배를 이용한 풍력 이용, 그다음에는 약탈한 자원에서, 그리고 마침내 화석연료에서 에너지를 얻었다.

오늘날 우리는 과거에 멸망한 문명의 유적을 발굴하고, 그 유물을 박물관에 전시한다. 하지만 우리 문명이 그들처럼 흥망성쇠를 겪을 가능성을 심각하게 고민하는 사람은 별로 없다.

현재 상황을 깊이 고민하는 사람들은 환경 붕괴를 두려워한다. 그러나 그들은 환경 붕괴의 초기 단계에서 동반될 사회적 붕괴도 그만큼 심각하게 걱정한다. 마지막 빙하가 녹기 훨씬 전, 주요 해류가 완전히 멈추기 훨씬 전, 해수면이 해안 도시를 삼키기 훨씬 전에, 그들은 지구에서 가장 강력한 국가들의 경제와 정부가 연이어 닥치는 충격을 어떻게 견딜 것인지 상상한다. 화재, 폭풍, 홍수, 고갈된 지하 대수층, 황폐해진 토양, 가뭄은 흉작으로 이어질 것이다. 흉작은 식량 부족으로 이어지고, 식량 부족은 대규모 실업과 대규모 이주로 이어지며, 이는 결국 금융 경기 침체와 불황으로 연결된다. 금융 위기는 공급망 붕괴, 보험에 가입할 수 없는 위험 증가, 부채 상환 불가의 증가, 은행 및 통화 붕괴로 이어질 것이다.

그들은 시민 불안이 어떻게 폭발할 것이며, 정부가 이에 대해 강경

진압으로 대응할 것이며, 그로 인해 시민 불안이 더욱 심화되고, 이는 다시 정부의 더욱 강력한 탄압을 초래할 것이라고 상상한다. 정부가 더 이상 가스나 전기의 흐름을 유지하지 못하고, 식료품점에서 저렴한 음식이 사라지며, 병원에 의사와 간호사가 부족하고 약품도 공급되지 않고, 은행이 운영되지 않고, 경찰과 군대가 질서를 유지하지 못하는 상황이 되었을 때, 사람들은 우리가 알고 있는 문명이 빠르게 안정적 상태에서부터 고군분투하는 상태로, 결국 분열되고 붕괴하는 과정으로 넘어가는 것을 상상하게 된다.

즉, 지구가 우리를 파괴하기 훨씬 전에, 우리는 스스로를 파괴하게 된다. 현재 많은 사람이 이러한 시나리오를 생각하지 않으려 하지만, 앞으로 몇 년 혹은 몇십 년이 지나면 점점 더 많은 사람이 기존의 정상 상태가 흔들리고 있음을 깨닫게 될 것이다. 필연적인 발전과 성장, 지속적인 번영이란 것이 마치 사기처럼 느껴지게 될 것이며, 우리는 선택지가 네 가지로 좁혀지고 있음을 알게 될 것이다. 붕괴 회피(Collapse Avoidance), 붕괴 후 재탄생(Collapse/Rebirth), 붕괴 후 생존(Collapse/Survival), 그리고 붕괴 후 멸종(Collapse/Extinction)이다. 이 과정이 진행되면서, 파국의 경험은 지구상 모든 사람의 신경계를 휘몰아치는 태풍처럼 뒤흔들 것이다.

모든 인간은 정상성(normalcy)을 파괴할 수 있는 적수는 없다는 오래된 인식에서 가혹하게 깨어나 뜨겁고 위험하며 추악한 새로운 현실, 즉 무너져내리는 세상에 던져질 것이다.

여전히 많은 사람은 붕괴 회피(Collapse Avoidance)가 가능한 선택지라고 믿는다. 전 세계 석탄 사용량(가장 해로운 에너지원 중 하나)은 지난 10년 동안 거의 변하지 않았다. 하지만 태양광 에너지와 배터리는 10년 전보다 90% 저렴해졌고, 풍력 에너지도 66% 저렴해졌다. 전기차는 신규 자동차 판매량의 약 14%를 차지하게 되었다. 2014년에 과학자들이 예측

했던 최악의 시나리오는 단기적으로 더 이상 가능성이 높지 않다.10)

그러나 점점 더 많은 지식인이 우려하고 있는 것은 "붕괴 회피"가 점점 더 불가능해지고 있으며, "너무 소극적이며, 너무 뒤늦은" 대처방식의 희생자가 되고 있다는 점이다. 환경운동가 데릭 젠슨(Derrick Jensen)은 그의 글 "희망 너머"(Beyond Hope)에서 이 감정을 강렬하게 표현했다.

> 내가 어디서든 환경운동가들에게서 가장 흔히 듣는 말은 "우린 폭삭 망했다"(We're f*cked.)라는 말이다. 환경운동가는 대부분 필사적으로 싸우고 있다. 그들이 가진 모든 도구를, 아니, 보다 정확히 말하면 권력자들이 그들에게 허용한 법적 도구를 사용하고 있다. 이것은 곧 권력을 쥔 사람들이 그들에게 사용할 권리를 준 도구만을 사용할 수 있다는 뜻이며, 결국 근본적으로 무력하다는 뜻이기도 하다. 땅 한 조각을 보호하려 하든, 독성 물질의 제조나 방출을 막으려 하든, 문명화된 인간들이 식물이나 동물을 괴롭히는 것을 막으려 하든 간에 마찬가지다. 때로는 단 한 그루의 나무를 보호하려고 할 때도 있다. … 그러나 환경운동가들이 무엇을 하든, 우리의 노력은 부족하다. 우리는 모든 전선에서 참패하고 있다. 권력을 쥔 자들은 지구를 파괴하려 하고 있으며, 사람들은 대부분 신경 쓰지 않는다.11)

---

10) 적어도 몇몇 지식인들은 시나리오를 4(붕괴 후 멸종)에서 3(붕괴 후 생존)이나 2(붕괴 후 재탄생)로 낮추고 있다. 환경 운동에서의 진전을 보면서, 시나리오 4나 3이 몇 년 전보다는 가능성이 낮아졌다고 본다. 그러나 여전히 미래에 대해 깊이 우려하고 있으며, 불확실한 앞날을 인정하면서도, 미래의 지구는 인류문명이 진화해 온 환경보다 훨씬 더 적대적인 환경이 될 것임을 인식하고 있다. 예를 들어, 2023년 8월 철학자 로버트 라이트와 기자 데이비드 월러스-웰즈의 대화를 참고하라. 그는 《거주 불능 지구》(*The Uninhabitable Earth*, 2019, 김재경 옮김, 추수밭, 2020)의 저자로, 그 인터뷰는 다음 링크에서 확인할 수 있다: https://youtu.be/MCC5LA21-sk?si=iZd5 ZHoLjiHoXAp. 또한 PBS의 "기후변화에 대한 진전이 있었는가?"(Have We Made ANY Progress on Climate Change?)라는 에피소드는 https://youtu.be/vFDnknU0h0s.

그래서 우리는 이곳에 도달했다. 알렉산드로스 대왕이 더 이상 정복할 세계가 없다며 눈물을 흘렸다는 신화처럼, 우리는 데릭 젠슨이 말하는 교착 상태에 놓여 있다.12) 우리는 지속 가능한 성장의 한계를 [이미 오래 전에] 초과했으며, 우리의 주요 이데올로기—정치적, 경제적, 종교적 이념—어느 것도 출구나 해결책을 제공하지 못하고 있다.

어떤 사람들은 데릭 젠슨 같은 사람들이 너무 열심히 일해서 휴식이 필요하다고 생각한다. 그들이 우울증에 걸린 것이라고 한다. 이런 불쌍하고 지친 활동가들은 기술, 자본주의, 시장, 민주주의의 힘이나 인간 정신의 불굴의 힘을 과소평가하고 있다는 것이다.

그러나 그들은 묻는다. 혹시 지구의 80억 명의 인구 중 상당수가 이제 막 깨어나려는 것은 아닐까? 혹시 우리가 알던 "정상"이 사라지면서, 분열되고 집중력을 잃은 사회가 긍정적인 방향으로 나아가 스트레스 속에서 단결과 협력을 향해 움직일 수 있을까? 우리는 겸손해지고 정신이 맑아져 서로를 향해 지혜와 온전한 정신, 연대를 통해 다가갈 수 있을까? 그렇게 된다면 협력적이고 변혁적인 행동이 가능해질까?

핵융합이 모든 문제를 해결해 줄까? 인공지능(AI)은? 비트코인은? 아니면 청교도적인 성 규범과 가부장적 가족 구조로의 회귀가 답일까?

어쩌면 낙관론자들이 옳을 수도 있다. 어쩌면 "붕괴 회피"가 아직 가능할 수도 있다. 어쩌면 인간 기술, 연대, 숙련된 지도력, 그리고 행운(또는 신의 개입)이 붕괴를 피하도록 도와줄지도 모른다.

---

11) 원문 링크: https://orionmagazine.org/article/beyond-hope/.
12) 알렉산드로스가 울었다는 이야기는 고대의 왜곡된 버전일 가능성이 높다. https://www.theparisreview.org/blog/2020/03/19/and-alexander-wept/. 그 이야기가 허구일지라도 중요한 점은 식민지 확장 문명과 깊이 연결된다는 것이다. 이러한 문명들은 끊임없이 확장하고 약탈하지 않으면 생존할 수 없으며, 정복할 땅이 없으면 과잉 소비와 붕괴를 피할 수 없다는 것이다.

하지만, 우리가 가장 하나 되어야 할 순간에, 우리는 서로에게 등을 돌리고 서로를 찢어버릴 수도 있다.

우리는 어느 쪽으로든 갈 수 있으며, 혹은 두 방향으로 동시에 갈 수도 있다. 우리가 모르는 것이 너무 많다.

현실에 오신 것을 환영합니다.

이 단순한 문구는 내가 연구하는 동안 엄청난 도움을 주었다. 그것은 내가 잠시 멈춰서, 우리가 어떤 것들에 대해서는 높은 확신을 가지고 알고 있다는 사실을 인정하게 한다. 예를 들어, 대기 중의 이산화탄소와 메탄이 열을 가둔다는 것, 물이 섭씨 0도에서 얼어붙는다는 것, 여러 가지 방식으로 전기를 생산할 수 있다는 것 등이다. 그러나 우리가 확신하지 못하는 것들도 매우 많다.

내가 "현실에 오신 것을 환영합니다"라고 말할 때, 그것은 "나 자신아, 현실을 환영하자. 내가 아는 것과 모르는 것 모두를 받아들이자"라는 뜻이다. 또한, "현실아, 환영한다. 네가 무엇이든 간에, 내가 아는 것이든 모르는 것이든 모두 내 인식 속으로 들어오라!"라는 의미이기도 하다.

알고 있는 것과 모르는 것을 섬세하고 역동적이며 창조적인 긴장 속에서 함께 다루는 것, 그것이 바로 우리가 불안정한 기후와 어떤 시나리오가 펼쳐지든 용기와 지혜로 살아가기 위해 반드시 익혀야 할 핵심 기술 중 하나다.

우리는 우리가 아는 것과 직면해야 한다. 그리고 우리가 모르는 것과도 직면해야 한다. 직면한 것만을 바꿀 수 있다. 그것이 내가 "현실에 오신 것을 환영합니다!"라고 말하는 이유이며, 당신도 함께해 주길 바란다.

친애하는 독자에게

이 장을 끝까지 읽으셨군요. 대부분의 독자에게 이 장이 책 전체에서 가장 힘든 부분일 수 있습니다. 그렇다면 이미 가장 어려운 부분을 지나오신 것입니다. 만약 현재 상황에 대한 불안과 우울이 압도적으로 느껴진다면, 정신 건강 전문가의 도움을 받을 것을 권합니다. 여러 곳에서 지원을 받을 수 있으며, 그중 하나는 기후심리학 연합(Climate Psychology Alliance)입니다.

1장에서 나는 당신이 이 장을 이중적 호기심을 가지고 읽어보기를 권했습니다. 내가 무엇을 말할지 궁금해하면서 동시에 자신의 반응을 궁금해하는 것이지요. 이 장을 읽은 후, 다음 질문이나 제안을 바탕으로 사적으로 깊이 생각해 보시길 바랍니다.

- 이 장을 읽거나 들으며 느낀 감정을 목록으로 정리해보세요. 가능하다면 글로 적어보는 것이 좋습니다. 내가 쓴 내용이 마음에 들지 않았다면 솔직하게 적어도 괜찮습니다. 사실, 나도 이 장의 일부가 싫습니다!
- 특정 문단을 다시 읽고, 그 문단이 어떤 감정을 불러일으켰는지, 그리고 왜 그런 감정을 느꼈는지 깊이 생각해보세요.
- 떠오른 질문이 있다면, 잊어버리기 전에 적어두세요.
- 기도하는 분이라면, 이 장을 읽으며 느낀 감정을 솔직하게 담아 기도를 작성해보세요. 그리고 시간이 지나 다시 돌이켜보며 어떻게 받아들이고 있는지 생각해보세요. 만약 기도를 하지 않는다면, 스스로에게 편지를 써서 꼭 필요한 말을 전해보는 것도 좋습니다.

추가로 일기 쓰기나 친구들과 토론할 수 있는 질문들:
- "현실에 오신 것을 환영합니다"라는 표현이 당신에게 어떤 의미로 다가오나요? 같은 의미를 전달할 수 있는 다른 표현에는 무엇이 있을까요?
- 네 가지 시나리오를 당신의 말로 요약하세요. 각 시나리오를 공정하게 설명하려 노력하고, 마치 그것이 일어날 가능성이 가장 높은 일이라고 생각하는 것처럼 서술해 보세요.
- 이 장에서 나는 당신의 신경계에 대해 언급했습니다. 이 장을 읽으며 당신의 신경계는 어떤 영향을 받았다고 생각하나요? 이 장을 읽을 때 당신의 몸과 의식에서 어떤 느낌이 들었나요?
- "나 자신아, 현실로 온 걸 환영한다." 그리고 "현실아, 내 인식 속으로 온 걸 환영한다." 이 두 문장을 연습하며 각 문장의 의도가 당신에게 어떤 영향을 주는지 생각해 보세요.
- 당신이 알고 있는 것과 모르는 것, 그 모든 현실을 받아들이는 데 얼마나 성공했다고 느끼나요? "모른다"(unknowing)라는 단어에 대해 깊이 생각해 보세요.

이 질문들은 당신이 준비되었을 때 다음 장으로 넘어가는 좋은 다리가 될 것입니다.

3장

자신의 마음을 돌보셔요

우리는 삶의 현상을 오해할수록 삶을 기묘한 결론과 복잡한 목적으로 분석하려 하고, 그럴수록 슬픔, 부조리, 절망 속에 빠지게 된다.
—가톨릭 수도승 토머스 머튼, *New Seeds of Contemplation*

나는 이 진실을 얼마나 견디어냄으로써 눈을 뜨고 살아갈 수 있을까? 이 고통을 얼마나 활용할 수 있을까?
—우머니스트 작가 오드리 로드

의사 선생님, 제 눈을 보세요. 무엇이 잘못되었나요? 제가 너무 오랫동안 눈을 뜨고 있었을 만큼 어리석었던 건가요?
—싱어송라이터 잭슨 브라우네

관상(contemplation)은 내가 견딜 수 있는 모든 현실과 마주하는 것이다.
—프란치스코회 작가 리처드 로어

나는 지금까지 가슴 아프고, 정신이 혼미해지는 충격적 시나리오들을 이해하려 애쓰면서 나 자신을 관찰해 왔다. 당신도 아마 자신의 반응을 지켜보았을 것이다. 우리의 신경계가 이처럼 불편한 상황을 처리하도록 요구받는 것은 정말 벅찬 일이다. 사실, 여기까지 온 것만도 진심으로 축하받을 만하다. 마치 탈구된 관절을 맞추는 의사나 썩은 이를 치료하는 치과의사가 환자에게 "이제 가장 힘든 과정은 끝났습니다"라고 말하는 것처럼 말이다.

나는 앞 장에서 네 가지 시나리오에 대해 이야기하며, 내가 어디에 도달했는지 알려주겠다고 약속했었다. 그리고 아마 당신은 이미 그 답을 예상하고 있을 것이다. 나는 어느 시나리오에도 머물지 않는다.

나는 파국에 대한 불길한 경험과 더 많이 마주할수록, 현재로서는 아직 확정되지 않은 불길한 미래의 시나리오를 확정하지 않는 것이 가장 정직하고 지적인 선택이라고 결론지었다. 내가 알고 있는 것과 모르는 것이 많다는 현실을 받아들였기 때문이다. 우리는 심각한 난관에 봉착했으며, 앞으로 길고 험난한 내리막길이 기다리고 있다는 것을 거의 확실하게 알 수 있다. 그러나 나는 그 내리막길이 어디로 이어질지, 최종 종착지는 어디일지 알지 못하며, 알 수도 없다.[1]

시나리오 1에는 유효 기간이 있다. 충분한 조치가 신속히 이루어지지 않으면, "지금 당장 행동해야 한다"에서 "지금"이라는 순간이 사라진다. 그 시점에 이르면, 붕괴를 피할 가능성 자체가 사라진다. (빌 매키븐은 현재 상황이 제한된 시간 내에 승리해야 하는 경기와 같으며, 승리를 놓치는 것이 곧 패배라고 자주 말한다.) 마찬가지로, 시나리오 2와 3에도 각각 유효 기간이 있다. 그러나 나는 어떤 가능성이 이미 사라졌는지를

---

[1] 편집자 주: 세계의 젊은이들 10,000명을 조사한 결과, 75%는 "미래가 겁난다"고 답했고, 56%는 "인류가 멸망할 것"으로 믿으며, 45%는 "기후 위기가 일상생활에 장애를 초래한다," 39%는 "자녀 낳는 것이 주저된다"고 대답했다(https://www.youtube.com/watch?v=j__PEkaL3ik). "2022 대한민국 기후 위기 보고서"에 따르면, 20대 여성들 가운데 33.5%는 "기후 위기 때문에 자녀를 낳지 않아야겠다"고 생각하며, 32.4%는 "기후 우울증 혹은 분노를 느낀다"고 대답했다(〈시사 인〉, 747호, 2022/1/10).

알지 못한다.

내가 아는 것과 모르는 것에 대해 스스로 대처하는 방식을 관찰할 때, 나는 내가 무의식적으로 낙관적 방향으로 현실을 왜곡하려는 경향이 있음을 알아챈다. "모든 것이 잘 될 거야"라고 억지로 밝게 말하면서도, 속으로는 **"반드시 그래야만 해!"**라고 강하게 주장하기 때문이다.

그러다 보면 이러한 왜곡이 반대 방향으로 기울어지는 것도 눈치챈다. 즉, 절망으로 치닫는 것이다. 내 안에서 "이제 끝났어. 우리는 패배했어. 살아남기 위해 싸우는 것조차 무의미해. 우리는 폭삭 망했어. 순진한 바보가 아닌 이상 다르게 생각할 수 없어!"라고 속삭이는 것을 듣는다. 나는 내가 어느 극단으로 기울든, 나와 같은 생각을 하는 사람들을 쉽게 찾아볼 수 있으며, 그 결론을 더욱 강화하게 된다는 것을 알고 있다. 하지만 나는 이러한 극단적인 사고로 끌리는 것이 인간 사고 체계에 내재된 편향 때문이라고 생각한다.[2]

우리가 어느 한쪽으로 기운다면, 생존 가능성을 줄이고 더 심각한 재앙을 초래할 가능성을 높일 것이다. 왜냐하면 (6장에서 더 자세히 다룰 예정이지만) 낙관과 절망 모두 우리를 안일함으로 이끌 수 있으며, 안일함은 심지어 최상의 상황에서도 생존에 치명적인 전략이기 때문이다.

이것이 바로 내가 "파국 이후의 삶"을 위한 좌우명으로 "마음을 돌보셔요"를 선택한 이유다. 외부의 증거뿐 아니라, 증거를 평가하고 해석할 때 우리의 관점에 항상 영향을 끼치는 내면의 주관적 흐름에도 주의를 기울여야만 하기 때문이다.

내가 "자신의 **마음을 돌보셔요**"라고 말할 때, 단순히 우리의 이성적 사고 과정만을 의미하는 것이 아니다. 대신, 우리의 전체 신경계를 의미

---

[2] 편향에 대한 자세한 내용은 부록 6을 참고하라. 특히 확신 편향(확실성/종결 편향)과 기만 편향(속임수 편향)을 살펴볼 것.

한다. 즉, 우리의 의식이 실행되는 하드웨어다. 여기에는 뇌가 포함되지만, 사실 훨씬 더 광범위하며, 신체 전체에 퍼져 있는 신경망을 포함한다. 신경망은 몸 전체와 통합되어 작동한다. (흥미롭게도, 우리의 모든 의사소통 매체—말하기와 글쓰기를 포함하여—를 통해 개인의 신경계가 인터넷과 소셜 미디어로 연결되면서 수십억 명과의 연계성이 그 어느 때보다 강해졌다는 점도 주목할 만하다.)

우리가 신경계에 대해 알고 있는 한 가지 사실은, 그것이 우리가 이해하는 것보다 훨씬 더 복잡하다는 점이다. 그렇기에 우리는 신경계를 이해하기 위해 은유를 사용한다. 물론, 이러한 은유는 제한적이고 불완전한 면이 있지만, 시스템을 이해하는 데 도움을 준다.

내가 현재 신경계를 설명하는 데 사용하는 은유는 "나 주식회사(Me, Incorporated)의 이사회"다. 이 이사회에는 세 개의 주요 위원회가 있다. 각 위원회는 뇌와 신체의 여러 부위에 위치한 다양한 유형의 특수화된 세포로 구성된 여러 소위원회로 이루어져 있다. 하지만 이 은유를 간단히 유지하기 위해, 여기서는 세 개의 주요 위원회만 다루겠다.

첫 번째는 **생존 위원회**(survival committee)다. 이 위원회는 오랜 옛날 물고기와 파충류에서 진화한 후, 포유류와 영장류를 거쳐 인간으로 이어진 복잡한 부분이다. 생존 위원회의 본부는 뇌간과 소뇌에 위치한다. 그 주요 임무는 최소한 생식할 수 있을 정도로 나를 살아 있게 유지하는 것이다. 즉, 심장이 뛰게 하고, 폐가 호흡하게 하며, 소화계가 작동하도록 하고, 수면 욕구를 충족시키며, 체온을 조절하는 역할을 한다. 또한, 배고픔과 목마름을 느껴 충분한 영양을 섭취하도록 하고, 주변의 고통과 위험을 감지하여 즉각적으로 위협에 대처할 수 있도록 한다. 더 나아가, 나와 다른 인간들이 충분한 성적 자극을 받을 수 있도록 하여 종족이 번식할 수 있도록 돕는다. 사람들은 종종 이 위원회가 생존을 위한 7가지 F, 즉 먹이 찾기(feed), 싸우기(fight), 도망치기(flee), 얼어붙기(freeze), 숨기(fawn), 무리 짓기(flock), 그리고 짝짓기(mate)를 관리한다고 말한다.

사람들은 과거에 이 생존 위원회를 파충류의 뇌(reptilian brain) 또는 도마뱀의 뇌(lizard brain)라고 비하하곤 했다. 그것을 단순히 공포, 분노, 욕망과 같은 원시적이며 부정적인 감정과만 연관지었던 것이다. 그러나 나는 이 생존 위원회를 과소평가해서는 안 된다고 생각한다. 첫째, 이는 도마뱀과 다른 파충류들에게 모욕이 될 것이다. 그들은 우리보다 훨씬 오랫동안 살아남은 생존의 대가들이다. 둘째, 두려움, 분노, 성적 욕망을 모욕하는 것이기도 하다. 이 모든 감정은 우리 삶에서 필수적 역할을 한다. 생존 위원회는 놀라운 존재다. 너무나 빠르게 작동해서 우리가 그것이 작동하고 있다는 사실조차 인식하지 못한다. 제대로 기능하는 생존 위원회가 없었다면, 우리는 지금 여기에 존재하지 못했을 것이다.

나는 번잡한 도시의 건널목을 지날 때마다 내 생존 위원회가 하는 즉각적인 협상을 생각해 본다. 다가오는 차들의 속도, 내가 걷거나 뛰는 속도, 도로의 너비, 걸려 넘어질 수 있는 장애물의 높이, 자전거나 보행자의 속도와 위치 등을 평가한다. 내 길에 들어올 수도 있는 요소들을 고려하며 순간적인 결정을 내린다. 정말 놀라운 위원회다!

둘째는 **소속감 위원회**(belonging committee)다. 이는 흔히 뇌의 변연계와 관련이 있다. 이 중요한 뇌의 일부는 포유류(그리고 일부 조류) 사이에서 진화했으며, 어머니와 아기 사이의 강한 유대와 가족, 형제자매, 때로는 집단, 무리 구성원들 간의 원초적인 애착을 통해 생존이 가능하도록 만들었다. 소속감 위원회는 생존 위원회와 끊임없는 소통과 깊은 협력을 이루며 작동하는 관계다. 이는 수백만 년에 걸쳐 정교하게 조율되어왔다. 이 위원회는 단순히 내 생존만이 아니라, 나의 가족과 공동체의 생존도 중요하다는 동기를 부여한다. 보호하고 보호받고 싶다는 감정을 느끼게 하며,

애정을 표현하고 사회적 관계를 유지하도록 한다. 생존 위원회처럼, 소속감 위원회도 끊임없이 복잡한 내부 협상을 수행하며, 우리가 인식하기도 전에 작동한다. 정말 놀라운 기능이다.

셋째는 **의미**(또는 **이해**) **위원회**(meaning or understanding committee)다. 이는 흔히 뇌의 신피질(neocortex)과 관련이 있다. 이 위원회는 언어를 가능하게 하며, "의미"라는 단어 자체에 의미를 부여한다. 나는 이 기능 덕분에 나 자신과 대화하고 나를 관찰할 수 있다. 또한 현재의 인식을 과거의 경험과 통합하고, 미래의 시나리오를 상상하는 능력을 제공한다(앞 장에서 다룬 것처럼). 나의 경험을 이야기 형태로 구성하여 시작, 중간, 끝을 조직한다. 또한 비판적이고 창의적이며 독립적으로 사고할 수 있도록 돕는다. 의미 위원회가 없었다면, 우리는 지금과 같은 방식으로 사고할 수 없었을 것이며, 바흐나 비틀스, 갈릴레오나 아인슈타인, 모세나 마리아, 예수 또는 부처나 무함마드도 없었을 것이다. 이것은 가장 최근에 진화한 뇌의 일부이며, 솔직히 말해서 아직 많은 버그와 오류가 해결되지 않았다. (이러한 버그와 오류에 대한 자세한 내용은 부록 6을 참조하라.) 이 부분은 생존 및 소속감 위원회와 깊이 통합되어 있어, 이들과 독립적으로 작동하지 않는다. 다만, 종종 이들과 긴장 관계를 형성하기도 한다.

이제 이 생존/소속감/의미 모델은 뇌를 수직적 또는 진화적 관점에서 접근하는데, 초기 척추동물 조상에서 진화한 뇌의 가장 깊은 부분에서부터 시작해 포유류 및 고등 영장류에서 발달한 외층을 추가한 형태다. 모든 모델이 그렇듯, 이것은 훨씬 더 복잡한 현실을 단순화한 버전이다. 이 상향식 또는 수직적 모델에 복잡성을 추가하면, 수평적 차원을 고려할 수도 있다. 즉, 각 위원회의 좌와 우를 살펴보는 것이다. 각각의 좌와 우는 고유한 강점과 약점을 갖는다.[3] 하지만 이렇게 단순한 세 개의 위원

---

[3] 일부 이론가들에 따르면, 좌뇌는 분석, 문제 해결, 착취, 통제에 초점을 맞추는 경

회 모델만으로도 나는 내 **마음**에 대해 좀 더 잘 신경을 쓸 수 있으며, 마음을 안내하고 관리하고 다듬고 조정할 수 있다.

우리 각자 안에서 이 세 위원회는 끊임없이 관찰, 협상, 논쟁, 교착상태, 돌파구 등의 상호작용을 경험하고 공유한다. 나는 이러한 상호작용을 생각, 감정, 의사결정 과정으로 경험한다. 때때로, 예를 들어 앞 장에서 논의했던 시나리오를 숙고할 때, 이런 생각과 감정, 의사결정 과정은 마치 러시아워의 지하철처럼 소란스럽게 느껴질 수 있다. 즉, 여러 방향에서 긴장감 넘치는 승객들이 가득 찬 전철이 빠르게 달리는 것과 같다.

나의 생존 위원회는 이러한 네 가지 시나리오를 듣자마자 이를 내 생존과 관련해 위험을 평가한다. 소속감 위원회는 가족과 친구들, 나의 나라와 종교, 그리고 내가 속한 다른 집단들에 대해 생각한다. 나의 의미 위원회는 위험의 중대성을 평가하고, 각 시나리오에 대한 대응 전략을 세운다. 이것은 이 시나리오를 받아들이고, 저것은 거부하며, 의심하거나 확인하는 작업을 통해 "나 주식회사"(Me, Incorporated)가 더 잘 준비될 수 있게 한다.

나의 생존 위원회는 이에 동의하며 더 많은 정보를 얻어야 한다고 결론짓는다. 이로 인해 긴박함이 더해지고, 나는 이 책을 계속 읽으며 더 깊이 이해하고자 한다.

그러나 갑자기 나의 소속감 위원회가 개입한다. 나의 가족과 사회적 관계의 많은 사람이 기후변화가 실재한다고 믿지 않으며, 한계 초과나 붕

향이 있다. 반면, 우뇌는 열린 인식과 연결성, 상호 의존성, 아름다움, 경이로움에 민감하게 반응하는 경향이 있다. 수세기 동안 문화적 형성 과정은 좌뇌 기능을 장려하고 우뇌 기능을 억제하거나 소외시키는 방식으로 진행되어 왔다. 이는 현재 우리의 상황에 강력한 영향을 미치고 있다. 이러한 주제에 대한 더 많은 정보는 질 볼트 테일러(Jill Bolte Taylor)의 *Whole Brain Living* (2021), 리사 밀러(Lisa Miller)의 *The Awakened Brain* (2021), 이언 맥길크리스트(Iain McGilchrist)의 *The Master and His Emissary* (2009)를 참조하라. 또한 맥길크리스트의 짧은 영상을 여기서 볼 수 있다: https://www.youtube.com/watch?v=dFs9WO2B8uI

괴에 대해 전혀 생각해 본 적이 없다는 점을 상기시킨다. 내가 이런 위험이 실재한다고 더 강하게 믿을수록, 나는 가족과 친구들과 더 불일치하게 될 것이며, 나의 소속감 위원회는 고립되는 것을 두려워한다. 그래서 이 위원회는 투표를 바꾼다. 발을 질질 끌면서도 새로운 것을 배우는 것에 대해 양면적 감정을 품게 만든다. 그러면 나의 생존 위원회는 나의 소속감 위원회와 손을 잡고 더 시급한 문제들이 있다고 상기시키며, 나의 초점을 다른 곳으로 돌리도록 유도한다. 결국, 붕괴는 너무 큰 문제이므로, 차라리 방 청소처럼 더 다룰 수 있는 문제들에 집중하는 것이 현명할 것이라고 한다. 나의 소속감 위원회는 "나 주식회사"에게 두려움을 부추기는 책이나 사람들을 피하고, 한계 초과를 심각하게 여기지 않는 사람들과 어울리도록 압력을 가한다.

나의 의미 위원회는 이러한 반응을 부인(denial)이라고 진단하고, 내부에서 논쟁과 협상이 너무 빠르게 진행되기 때문에 나는 이 모든 것을 완전히 인식하지 못할 수도 있다. 하지만 내가 확실히 인식하는 것은 턱에 느껴지는 긴장감과 위장에 느껴지는 불쾌한 감각, 나의 생존 위원회가 스트레스를 받을 때 나타나는 신호들이다. 심지어 잠들 때도, 나의 꿈은 이러한 스트레스를 처리하며 내부 협상을 계속 진행한다.

이런 관점에서 "나 주식회사"의 이사회를 생각해 보면, 내가 경험하는 혼란과 갈등이 놀라운 일이 아니라는 것을 깨닫는다. 사실, 나는 우리가—나 자신이—또 하루를 잘 버티고 있다는 사실에 경이로움을 느낀다!

자신의 마음을 돌보는 것이란, 내면에서 일어나는 일을 인식하는 것이다. 자신의 마음을 돌보는 것은 나의 여러 위원회를 가능한 한 최고로 건강하게 통합하려고 노력함으로써, 낙관적이든 절망적이든 너무 빨리 미숙한 상태에서 결론을 내리지 않는 것이다. 그것은 계속 깨어 있고 현실을 환영하며, 나 자신을 현실로 초대하는 것이다.

내 마음을 돌보는 것은 내가 깨어나고 환영하는 현실의 일부가 내 마음 자체라는 것을 깨닫는 것이다. 그리고 내 마음은 내가 그 현실에 접근하는 수단이기도 하다. 중요한 작업이 아닐 수 없다!

내 경험에 따르면, 우리는 일반적으로 두 가지 중요한 방식으로 우리의 마음을 돌본다. 두 가지 모두 중요하다.

첫 번째 방식은 사회적인 것이다. 우리는 **신뢰의 공동체** 안에서 **우리의 마음을 표현하는** 법을 배운다. 우리는 현실을 깨닫고 환영하려는 같은 열망을 가진 사람들과 우리의 생각을 나눈다. 우리는 상호 존중의 분위기 속에서, 판단 없이 적극적으로 경청하며, 건설적인 피드백을 주고받고, 상대를 곤경에 빠뜨리는 "함정 질문"을 피한다. 우리는 신뢰할 수 있는 영적 지도자나 상담가를 찾아 1:1 대화를 나눌 수도 있고, 혹은 명확한 의사소통 지침을 마련하여 신뢰의 공동체를 안전하고 자유로운 공간으로 유지할 수도 있다.[4]

이것은 과학자들이 동료의 논문을 검토(peer review)하는 과정과 비슷하다. 그들은 논문을 작성한 후 이를 출판하기 전에 동료들에게 검토를 요청한다. 논문의 가정과 연구 방법을 점검하고, 개선이 필요한 부분이 있는지 확인하며, 대중에게 공개할 만큼 신뢰할 수 있는지 평가받는다. 이런 과정을 통해 연구자들은 자신이 가진 편견이나 한정된 시각이 사고 과정에 미치는 영향을 인식할 수 있다. 이러한 피드백을 바탕으로 연구자들은 계속해서 논문을 수정하고 다듬어, 동료들의 집단 지성을 통해 더욱 정교하고 신뢰할 수 있는 최상의 지적 성과물을 만들어낸다. 비공식적으로 보면, 우리는 가족 식사 자리에서 대화를 나누거나, 신뢰하는 친구와 산책하면서 비슷한 과정을 거친다. 이는 단순한 논쟁이나 자아 대 자아의

---

[4] 신뢰 공동체를 만드는 탁월한 지침은 미네소타주 미니애폴리스에 있는 플리머스 회중교회 자료에서 볼 수 있다. https://www.plymouth.org/wp-content/uploads/2020/11.Contemplative-Leadership.pdf/. 파커 파머(Parker Palmer)의 책도 보라.

대립이 아니다. 내가 공격하고, 상대방이 방어하는 게 아니라, 퀘이커 교도들이 말하는 **명료함**을 추구하는 과정이다. 여러 관점을 함께 모아 서로 돕고, 혼자 도달할 수 없는 진실에 한 걸음 더 가까이 다가가는 것이다.

두 번째 방식은 개인적인 것이다. 우리는 관상을 수련한다. 내 친구이자 동료인 리처드 로어 신부("행동과 관상 센터" 창립자)는 종종 관상을 이렇게 정의한다. **관상은 우리가 견딜 수 있는 모든 현실을 만나는 것이다.**5)

관상 수행을 통해 나는 내면의 협상을 중단하는 시간을 가진다. 나는 더 이상 관여하지 않는다. 세 가지 내적인 위원회의 습관적인 작용이 중단되도록 내버려 둔다. 그 습관적인 작용이 협상 모드가 아니라 인식 모드로 전환하여, 어느 하나가 다른 것들을 지배하도록 허용하지 않는다.

관상 수행을 지속하면, 나는 더 이상 두려움, 서두름, 분노(생존 위원회의 특징)에 의해 지배받지 않게 된다. 또한 사회적 의무와 기대(소속감 위원회의 특징), 혹은 오랜 신념과 선호하는 내러티브(의미 위원회의 특징)에 얽매이지 않게 된다. 나는 생존, 소속감, 의미가 모두 중요한 관계로서, 모든 요소가 목소리를 내는 새로운 패턴을 위한 가능성을 열어두는 것이다. 더 중요한 것은, 내가 논쟁 모드나 의사결정 모드에서 벗어나

---

5) 리처드 로어 신부는 또한 관상을 "현실을 오래도록 사랑하는 시선으로 바라보는 것"이라고 정의한다. 그는 예수님의 삶과 가르침에서 관상이 깊이 뿌리내렸다고 가르친다. 또한 교회의 사막 교부들이 다음과 같이 말한 내용을 인용한다: "마음이 수많은 생각과 사고로부터 해방되어 단순한 순수함을 성취할 때까지는, 영적 지식을 경험할 수 없다"(시리아의 이삭). "주의를 기울이는 것은 관상의 시작이며, 필수적인 조건이다. 주의를 기울이면 하나님께서 가까이 오셔서 마음에 자신을 드러내신다. 주의는 마음의 평온이며, 곧 하나님의 자비의 선물을 통해 방황하지 않고 확고히 서 있는 것이다"(은수자 니케포루스). "어떤 교부들은 이를 '마음의 침묵'이라 불렀고, 어떤 이들은 '주의 집중'이라 불렀으며, 또 다른 이들은 '생각에 대한 절제'라고 표현했다"(성인 시므온). "당신의 마음을 익숙한 방황과 외부의 잡음에서 해방시키고, 조용히 숨을 통해 마음속으로 인도하라"(칼리스투스와 이냐시오 수도승들의 가르침). 출처: *Daily Meditation*, 2023년 2월 27일, https://email.cac.org/t/d-e-zddiklt-tlkrijydlj-s/.

인식 모드로 들어가는 것이다. 그렇게 하면 외부 및 내부의 현실이 나에게 무엇을 말하려 하는지에 대해 진정으로 호기심을 가질 수 있다. 이 인식 모드에서, 나의 성숙한 가치(지혜, 사랑, 연민, 겸손, 정의)는 내면의 분위기를 변화시키고, 향후 협상 단계의 기반을 마련할 수 있다.

앞 장을 읽었을 때 느꼈던 감정을 다시 한번 떠올려 보라. 왜 그런 위기 현실이 그렇게 지적으로, 감정적으로, 그리고 본능적으로 받아들이기 어려웠는지 알 수 있는가? 당신의 생존 위원회는 비상벨을 울리고 패닉에 빠지라고 했을 수도 있다. 아니면 당신이 패닉 상태에 빠질까 두려워 이 책을 더 이상 읽지 말고 쓰레기통에 던져버리라고 했을 수도 있다. 당신의 소속감 위원회는 당신이 사랑하는 모든 사람을 떠올리며, 만약 2장의 내용이 사실이라면 그들을 보호하지 못하는 무력감이 얼마나 두려울지 생각했을 것이다. 그 생각은 당신의 생존 위원회를 더욱 자극했을 것이다. 한편, 당신의 의미 위원회는 이런 가능성에 대해 한 번도 생각해 본 적이 없었을 수도 있다. 그래서 본능적으로 백 가지 논증을 만들어내며, 왜 그런 네 가지 시나리오가 모두 거짓일 수밖에 없는지 주장하고, 그런 시나리오 주장에 대한 반박까지 만들어냈을 수도 있다.

당신이 마음을 돌보는 법을 배우게 되면, 생각과 감정을 소리 지르고 울게 내버려 두는 것으로 시작한다. 분노를 표출하고, 감정적으로 폭발하는 것이다. 감정을 억누르는 것은 무의미할 뿐 아니라 오히려 해롭기 때문이다. 그래서 일정 기간 당신의 내면 위원회가 감정을 표출하도록 내버려 두고, 마치 바쁜 출근길의 지하철처럼 그 감정들이 서로 협상하도록 내버려 둔다.

그리고 언젠가는 전철에서 내려 지하철역을 빠져나와 조용한 곳을 찾아야 한다. 어쩌면 신뢰할 수 있는 친구들과 고민을 나누며 마음을 정리할 수도 있고, 혼자만의 시간을 가지며 사적인 성찰을 할 수도 있다.

가장 오래된 개인적 성찰 방법 중 하나는 "집중/해제 방법"이라고 할 수 있다. 생각과 감정의 흐름이 나를 이끌어 가도록 내버려 두는 대신, 나는 내부 반응과 협상의 흐름에서 벗어나 숨결이나 심장 박동에 집중할 수 있다. 또는 단순한 한 단어에 집중할 수도 있다.[6] 때때로 '만트라'(이 책의 네 가지 부 제목처럼)를 사용하기도 한다. 때로는 단순한 호흡, 심장 박동, 단어나 문장이 효과가 없을 수도 있다. 그럴 때는 음악을 듣거나, 춤을 추거나, 요리를 하거나, 혹은 단순히 걸으면서 내 주변의 사물에 집중하기도 한다. "이것, 저것, 저것, 저것 …" 이렇게 하면서 빠르게 흘러가는 생각의 흐름을 끊는 것이다. 때로는 하나의 이미지, 행복한 장소, 혹은 사랑하는 사람의 얼굴(예: 스미스 할아버지의 얼굴이나, 아내, 자녀, 손주들의 얼굴)에 집중하기도 한다.[7] 달리기를 하거나 요가를 하거나 게임을 할 수도 있다. 그래서 내면의 혼란을 물리치고 신체적인 지구력과 기량을 키우기 위해 집중해야 한다.

물론, 내가 어떤 것에 집중하든 곧 그 상태를 떠나 다시 내면의 지하철이 쉴 새 없이 달리는 소리를 듣게 된다. 내가 다시 그 지하철에 타고 있다는 것을 깨달으면, (대부분은) 스스로를 탓하지 않는다. 대신, 나는 그저 열차에서 내려 내가 선택한 초점으로 돌아간다.

이렇게 다시 집중하는 행위가 바로 관상이라는 수행의 핵심이다. 매번 다시 집중할 때마다, 나는 다시 빠르게 달리는 생각들의 지하철을 타고 있다는 사실을 깨닫는 능력을 키운다. 실제로, 계속 집중하는 한 나는 이처럼 빠르게 달리는 열차에서 내려올 수 있다. 다시 말해서, 나의 주의

---

6) 나의 책 *Naked Spirituality: A Life with God in Twelve Simple Words* (HarperOne, 2011)에서, 나는 마음에 집중하도록 돕는 한 단어 기도에 대해 안내했다.

7) 종교적 이콘(icon), 묵주, 기도 구슬 등은 신체적 행동(눈 움직임, 손가락 움직임 등)을 통해 정신의 속도를 늦추고 생각의 폭주하는 열차에서 내려올 수 있도록 돕는 오랜 수행 방식이다.

가 산만하게 흐트러지더라도 다시 집중하는 연습을 계속하면 그것조차 수행이 되므로 손해 볼 것이 없다.

일단 내가 어느 정도의 안정감을 가지고 집중하고 있다고 느끼면, 그 단어나 구절, 이미지가 지나가도록 놓아버리고 고요함에 몸을 맡긴다. 이 고요함은 초점을 맞추지 않는 인식, 편안한 수용성과 열린 마음, 부드러운 매료됨, 안전한 피난처로의 후퇴, 혹은 생각이 마치 작은 장난감처럼 느껴질 정도로 광대한 공간으로 나아가는 돌파구처럼 느껴진다. 때로는 따뜻하고 평화로우며 고요하게 느껴지는데, 마치 나를 사랑했던 모든 이들의 존재 속으로 환영받은 것 같다. 때로는 마치 공허하고 어두우며, 동시에 무덤과 자궁 같은 느낌을 주기도 한다. 하지만 어떤 느낌이 들든, 나는 항상 유익을 얻는다. (또 하나 손해 볼 것 없는 상황이다.)

나는 그 고요함 속에 단 한 순간만 머물 수도 있고, 몇 분간 혹은 그보다 더 오래 머무를 수도 있다. 방해하는 생각과 감정의 열차가 다시 돌아오면, 나는 그것들과 싸우지 않는다. 오히려 부드럽게 환영한다. 결국, 그 모든 생각과 감정도 내가 만나는 것을 배워야 할 현실의 일부이므로, 그것들을 맞이한 뒤, 나와는 상관없는 듯 흘려보낸다. 집중으로 돌아가는 것처럼, 고요함으로 돌아가는 것도 수행의 핵심이다.

많은 사람에게 관상 수행은 일종의 기도이며, 다른 사람들에게는 단순히 오랜 세월 검증된 마음을 돌보는 방법이다. 어느 쪽이든, 이 손해 볼 것 없는 수행은 많은 이점을 제공한다. 내가 폭주하는 열차 같은 생각과 감정들로부터 분리되기만 하면, 나는 생각과 감정의 폭주가 얼마나 지치게 만들며 어떤 면에서는 중독적일 수 있는지를 깨닫는다. 관상은 내가 생각과 감정의 끝임없는 열차의 포로(나의 존재의 중심이 아니라 변두리만 맴도는 포로.-편집자)가 되는 것을 막아준다. 그것은 내가 나의 생각과 감정 자체가 아니라는 것을 깨닫게 해준다(데카르트의 "나는 생각한다.

고로 존재한다"는 생각 중심의 존재론에서 벗어나게 해준다.−편집자). 또 이런 내면의 반응과 협상이 나의 동의 없이, 마치 잠이나 피로, 웃음, 소화작용처럼 내게 일어나고 내 안에서 일어난다는 것을 보게 해준다.

　이 고요함 속에서 새로운 통찰, 위안, 그리고 존재 방식이 종종 떠오른다. 기차에서 내리는 것이 "**지나가도록 놓아두기**"(let go)라면, 고요함 속에 머무는 것은 "**그대로 놓아두기**"(letting be)이며, 이런 선물들을 수용하는 것은 "**들어오게 하기**"(let come)다. 이 새로운 선물들을 받을 때, 나는 일종의 해방감을 느낀다. 그것은 "**풀어주기**"(setting free)다.

　나의 가장 창의적인 작업은 정신적 지하철 시스템 아래에 있는 이 깊고 고요한, 수용적인 인식 상태에서 흘러나오는 것 같다. 당신은 내가 왜 지나가도록 놓아두기, 그대로 놓아두기, 들어오게 하기, 풀어주기를 선택하여 이 책의 흐름을 만들었는지 그 이유를 알 수 있을 것이다.

　우리가 "들어오게 하기"의 과정에서 경험하는 것을 어떤 사람들은 직관이라 부른다. 많은 사람이 그것을 하나님의 부드러운 목소리가 내면에서 들려오는 것이라 표현할 것이다. 경험 많은 관상가 토머스 머튼은 지나가도록 놓아두기, 그대로 놓아두기, 들어오게 하기, 풀어주기의 과정을 "**참 자기**"(true self)를 발견하는 과정이라고 설명한다. 다른 이들은 이것을 "**최고의 자기**"(best self)가 되는 과정이라고 말하기도 한다. 나는 이것이 파편화되고 단절되고 분열된 자아가 아니라, 통합되고 하나로 연결된 자아로 성장하는 과정이라고 생각한다.

　이 연결된 자아는 작은 대립적인 부분들을 더 크고 조화로운 전체로 통합하고자 한다. 그것은 알려진 것과 알려지지 않은 것을 하나로 만들고자 하며, "나 주식회사"라는 존재의 여러 부분이 서로 및 외부 현실과 의도적으로 관계 맺기를 원한다. 또한 그것은 여러 부분이 조화를 이루고 상호 의존성을 형성하려 하며, 지배, 조작, 배제, 억압이 아니라 협력을 지향한다. 그것은 부분과 전체를 모두(both/and) 포용하며, 숲과 나무를 모두 보는 것이다. 조니 미첼(Joni Mitchell)의 상징적 노래를 떠올려 보자. 연결된 자아에게는 어떤 것을 잃기도 하고, 또 어떤 것을 얻기도 하지만, 최소한 **"이제 양쪽을 다 볼 수 있다"**(see both sides now)는 깨달음이 있다.

이러한 관점에서, 우리가 앞에서 논의한 경험으로 다시 돌아가 보자. 당신의 일부는 현실을 직면하고 싶어 하지만, 또 다른 일부는 그러고 싶지 않다. 당신의 일부는 가장 낙관적인 시나리오에 대한 확신을 원하고, 또 다른 일부는 그 반대에 대한 결론을 원한다. 관상의 마음은 이런 분열, 긴장, 논쟁을 닫아버리지 않는다. 하지만 거기에 빠져들지도 않는다. 대신에 관상(contemplation)을 통해 당신은 이러한 양극단에서 한발 물러서게 된다. 이 전철을 탔든지 아니면 저 전철을 탔든지 간에 가장 가까운 역에서 내려 출구로 나가라. 몇 초 동안, 당신은 내면의 빠른 지하철을 구성하는 감정, 생각, 반응, 협상 중 어떤 것에도 지나치게 집착하지 않게 내버려 둔다. 잠시 멈춰서서, "나 주식회사"의 다양한 위원회나 부서가 현재 감당할 수 있는 만큼의 현실을 받아들일 수 있도록 한다.

당신이 아직 많은 현실을 감당할 수 없다고 느낀다고 해도 괜찮다. 그렇게 하고 싶다는 것만으로도 놀라운 출발이다. 만약 계속해서 마음을 돌보는 법을 배운다면, 당신의 모든 신체화된 부분들이 통합된 방식으로 그 역할을 하도록 허용하는 법을 배운다면, 알고 있음과 모르고 있음을 모두 붙잡는 법을 배운다면, 어떤 시나리오가 펼쳐지든지 훨씬 더 나은 상태에서 현실을 마주할 수 있을 것이다.

다음 장에서는, 불안정한 시기에 우리의 마음을 돌보는 데 도움이 되는 특정한 실천법 하나를 설명하겠다.

친애하는 독자에게,

앞서 말했듯이, 만약에 방해되는 정보에 대해 의미 모듈(meaning module)이 어떻게 대응하는지 배우고 싶다면, 부록 6을 참고하세요. 거기서 나는 일반적인 인지적 오류(편향)가 어떻게 우리의 현실 인식을 방해하는지에 대해 설명합니다.

이 장에서는 "당신 주식회사"(You, Incorporated)의 이사회를 구성하는 세 개의 위원회를 은유로 사용합니다. 생존, 소속감, 의미 위원회의 기능을 요약하여 당신의 말로 설명해 보세요. 만약 좌뇌와 우뇌 연구에 익숙하다면, 그 이해를 활용해도 좋습니다.

이 은유나 모델이 당신에게 어떻게 다가오나요?

연결된 혹은 통합된 자아의 개념을 당신의 말로 설명해 보세요.

생존, 소속감, 의미 위원회가 서로 충돌할 때 당신은 그것을 어떻게 경험하나요? 그리고 이들이 통합되거나 연결되었을 때는 어떻게 경험하나요?

나는 당신의 마음이 당신이 깨어나고 환영하는 현실의 일부라고 말합니다. 왜 내가 이것을 강조할 필요가 있다고 느꼈을까요?

당신의 다양한 위원회 또는 정신 모듈을 통합할 필요가 있습니까? 만약 당신이 내면의 불안이나 절망을 감당하기 어려울 정도로 느낀다면, 다시 한번, 신뢰할 수 있는 친구나 가족과 당신의 고민을 나누거나 정신 건강 전문가의 도움을 받을 것을 권합니다. 기후심리학연합(Climate Psychology Alliance)과 같은 기관을 찾아가면 이러한 문제를 진지하게 받아들이는 전문가들을 만날 수 있습니다. 웹사이트: https://www.climatepsychologyalliance.org/

4장

시인들을 초대하셔요

애도는 잔인한 교육이다. 애도가 얼마나 가혹할 수 있는지, 분노로 가득 찰 수 있는지를 배우게 된다. 형식적인 위로의 말이 얼마나 공허하게 들릴 수 있는지를 배우게 된다. 애도가 결국 언어에 관한 것이며, 언어의 실패와 언어를 붙잡으려는 몸부림임을 배우게 된다.
　　　—나이지리아 작가 치마만다 응고지 아디치에, *Notes on Grief*

시와 예술의 본질은 탄식의 소리를 넘어서 찬가와 찬미를 울려 퍼지게 하는 것이다. … 관상(contemplation)의 행복은 참된 행복, 궁극적인 행복이지만, 그것은 슬픔 위에 세워진다.
　　　—가톨릭 철학자 요제프 피퍼, *Happiness and Contemplation*

시인이란 누구인가? 깊은 고뇌를 가슴에 품고 있지만, 그 입술은 한숨과 울음을 토하면서 그걸 아름다운 음악처럼 들리게 하는 사람이다.
　　　—덴마크 철학자 쇠렌 키르케고르

우리와 함께 앉아 울 수 있으면서도 전사로 간주될 수 있는 사람들이 있어야 한다.
　　　—페미니스트 시인 에이드리언 리치[1]

---

1) Ayana Elizabeth Johnson, Katharine K. Wilkinson, *All That We Can Save* (One

애도란 결국 사랑의 지속이 아니겠습니까?
―TV 시리즈 완다비전 속 AI/합성체 캐릭터 비전[2]

내가 깨어나 현실을 인정하고, 파국의 존재를 의식하며 내 마음을 다잡을 때, 강렬한 감정이 매일 아침 나를 맞이한다. 그 감정은 나와 함께 하루를 보내고, 심지어 잠든 후에도 내 꿈속에 나타난다.

비탄, 상실의 감정은 이 파국의 시대에 천 가지 차원을 가진다. 파국이 오기 전, 단순했던 옛 삶을 잃은 것에 대한 비탄, 우리의 경제가 순수하고, 선하며, 지속 가능할 것이라 믿었던 옛 정상 상태를 잃은 것에 대한 비탄, 정치인, 제도, 기술, 심지어 민주주의조차 우리를 보호해 줄 수 없다는 데 대한 신뢰 상실의 슬픔 … 주차장을 만들기 위해 포장된 낙원들에 대한 슬픔, 멸종 위기에 처하거나 이미 사라진 아름다운 생명체들에 대한 애도, 넓은 녹색 공간의 상실에 대한 비탄, 불안정한 기후 속에서 우리가 자녀들에게 물려주고 있는 세상에 대한 슬픔 … 우리가 할 수 있었지만 하지 못한 것들에 대한 슬픔 … 우리가 고려한 네 가지 시나리오의 끝까지 유린될 모든 아름다움에 대한 슬픔. 너무나 큰 슬픔이다.

성서학자인 월터 브루그만은 파국의 시대에서 슬픔이 갖는 중요성을 포착했다. 그는 슬픔이 부인(denial)의 반대 개념이라고 말한다.[3]

나는 엘리자베스 퀴블러 로스가 처음 제시한 애도의 단계를 언급한 바 있다. 현재 혹은 예상되는 상실을 맞닥뜨렸을 때, 우리의 뇌는 종종

World, 2020), 김현우 외 옮김, ≪우리가 구할 수 있는 모든 것≫(나름북스, 2022).
2) 목사이자 기업가인 도니 브라이언트에게 이 문장을 제공해 주신 것에 감사드린다.
3) Walter Brueggemann, *Reality, Grief, Hope: Three Urgent Prophetic Tasks* (William E. Eerdmans Publishing, 2014).

충격과 부인, 협상, 분노, 우울의 물결에 요동친다. 이상적으로는 우울이 점차 사라지며 수용의 상태에 이르게 된다. (때때로 **의미**가 원래의 목록에 추가되거나 받아들임의 일부로 포함되기도 한다.) 목회자로서 나는 교회 신자들과 함께 애도의 단계를 함께하곤 했다. 애도의 험난한 여정에서 무엇이 예상되는지 아는 것이 사람들을 혼란스럽거나 두려워하지 않도록 돕는 데 큰 도움이 되었다.

몇 년 후, 나는 나만의 7년 동안 애도의 여정을 걷게 되었다. 먼저 [2014년에] 아버지를, 그리고 어머니를 임종까지 동반했다. 애도의 단계 모델은 나에게도, 그리고 수많은 사람에게도 도움이 되었다.

그러나 부모님의 임종 과정에서 아무도 나에게 준비시켜 주지 않았던 것이 있었다. 그것은 애도의 충격과 부인, 협상, 분노, 우울, 그리고 받아들임의 흐름에서 크게 벗어난 또 다른 작은 흐름과도 같았다. 그것은 애도의 **달콤함**, 내가 발견한 **순수함**, **의미**, 그리고 **사랑**이었다. 나는 최근에 수전 케인이 쓴 책을 발견했는데, 그 책은 이 쓰라린 달콤함(bittersweetness)에 대해 전체적으로 다루고 있었다. 그녀는 이를 "조용한 힘, 존재의 방식, 오래된 전통으로, 완전히 간과되었지만 인간의 잠재력으로 가득 차 있으며, 진정성 있고, 고양되는 감정"이라고 적절하게 묘사했다.[4]

만약 당신이 나에게 마취제를 통해 애도의 쓰라림을 없앨 수 있다고 했다면, 아마도 때때로 유혹을 느꼈을지도 모른다. 그러나 마취제가 애도의 단맛까지도 앗아간다고 했다면, 나는 단 한 순간도 고민하지 않고 거절했을 것이다. 이 쓰라린 달콤함은 내게 인간적인 면을 더해 주었고, 나를 깊이 성장시키며, 내 삶을 더 나아지게 하고 더 풍요롭게 만들어 주었음을 알았다. 내가 애도를 차단했다면, 사랑도 함께 차단했을 것이다.

때때로 내면의 깊숙한 곳에서 느껴지는 개인적인 슬픔은 물결처럼

---

4) Susan Cain, *Bittersweet* (Crown, 2022).

퍼져나가 모든 곳의 모든 사람, 곧 과거, 현재, 미래에 상실을 경험했거나 경험할 모든 이를 향한 연민의 감정으로 확장되었다. 이러한 보편적 연민은 또 다른 종류의 단맛을 품고 있었는데, 그것은 나를 충격과 부인, 분노와 비난, 타협과 광기, 불안과 우울을 넘어서는 보다 깊고 건강한 감정으로 이끌었다. 그리고 마침내 그것은 나를 **감사함**(appreciation), 혹은 그에 가까운 **찬양**(praise)이라는 감정 속으로 데려갔다.

아버지의 생애가 거의 끝나갈 무렵, 나는 아침 산책을 하며 이 단맛을 느꼈다. 나는 휠체어에 탄 아버지를 밀며 호숫가를 돌았고, 그는 무릎 위에 담요를 올려놓은 채 행인들에게 (정말로!) 노래를 부르셨다. 그 순간, 나는 60년 전 그가 유모차에 탄 나를 밀어주던 기억이 떠올랐다. 세대를 거쳐 이어지는 이 순환의 감각은 한편으로는 슬프고, 한편으로는 달콤하며, 애틋하고도 아름다웠다. 그 순간 나는 말로 표현할 수 없는 깊이와 넓이의 감정을 느꼈다. 아버지에 대한 감사함, 그가 노래를 부를 때 미소 짓고 손을 흔들던 낯선 사람들에 대한 감사함, 삶의 순환에 대한 감사함, 존재 자체에 대한 감사함, 그리고 예기치 않게 나를 삼켜버린 이 영원한 순간 자체에 대한 감사함.

아버지가 임종을 앞두고 있을 때 그가 내 귀에 속삭이신 목소리에서 이 감정을 느꼈다. 그는 정신이 흐려진 상태에서 나에게 도움을 요청했는데, 자신이 여전히 의사로 일하고 있다고 믿으며 상상의 병원에서 상상의 상황을 연출하고 있었다. 나는 같은 감정을 어머니의 임종 무렵에도 느꼈다. 어머니는 거의 매번 나를 볼 때마다 같은 이야기를 반복해서 들려주셨다. 그녀는 어린 소녀였다. 그녀의 아버지가 퇴근하고 집에 오셨다. 그녀는 달려가 그를 맞이했다. 그는 현관과 거실 사이 문턱에 한쪽 무릎을 꿇었고, 그녀는 그의 무릎 위에 앉아 하루 동안 있었던 일들을 이야기했다. 참으로 달콤하고 따뜻한 이야기다. 몇 년 후, 어머니가 컴퓨터 사용법을 잊어버렸을 때, 그리고 몇 달 후에는 휴대전화를 사용하는 방법까지 잊어버렸을 때, 나는 그것이 상실의 감정이라는 것을 느꼈다. 하지만 그것은 또한 내가 항상 어머니에게 가졌으나 완전히 인식하지 못했던 보물들에 대한 깊고 달콤한 감사의 감정이기도 했다. 그런 감정은 너무나 당연한 것이었기에 쉽게 당연하게 여길 수 있었다. 나는 노래가 연주될 때 완전히 음미하지 못했던 아름다운 멜로디의 메아리를 듣는 기분이었다.

내가 지금 이 글을 쓰면서 무슨 일이 일어나고 있는지 당신은 이해하겠는가? 오직 비탄 속에서, 상실 속에서, 나는 부모님의 삶 속에 존재하는 아름다움을 온전히 인식할 수 있다. 오직 그분들이 부재할 때, 나는 그분들의 존재가 지닌 달콤한 의미를 더 온전히 경험할 수 있다. 그분들의 상실을 애도하면서 그분들에 대한 나의 변함없는 사랑과 나를 향한 그분들의 변함없는 사랑을 더욱 온전히 느낀다. 이 감정이 달콤함이 깃든 슬픔으로 나를 감싸면서, 나는 가톨릭 철학자 요제프 피퍼(Josef Pieper)의 아름다운 책 ≪행복과 관상≫(*Happiness and Contemplation*) 속에서 발견한 지혜를 떠올린다. 그는 "소유하는 것"은 거의 중요하지 않다고 설명했다. 부유한 사람은 열 대의 새 자동차를 가질 수 있지만, 그것들을 진정으로 감사하지 않을 수도 있다. 반면, 가난한 아이는 물려받은 낡은 자전거 하나를 소중히 여기며 기쁨을 느낀다. 기쁨을 주는 것은 단순한 소유가 아니라, 감사함이다.

내 삶을 돌아보면, 나는 부모님을 너무나 당연하게 여긴 적이 많다. 그분들을 마치 내가 주인공인 이야기 속의 조연처럼 여겼던 것이다. 하지만 그분들이 약해지고, 시들어가고, 그리고 결국 세상을 떠나는 모습을 보며, 그분들에게 초점이 맞춰지는 것을 경험했다. 나는 점차 그분들을 하나의 이야기 속에 나오는 주인공으로 보게 되었고, 그분들의 삶을 새로운 시선으로 이해하고 감사하게 되었다.

내 아버지는 한결같이 쾌활하고 친근했으며, 의학에 대한 깊은 헌신과 사랑을 가졌고, 피크닉과 하이킹, 썰매타기, 수영, 그리고 자연 속에서 보내는 모든 순간을 사랑하신 분이었다. 그는 나이가 들어서도 아이처럼 자유롭고 천진난만한 기쁨을 즐겼다. 나의 어머니는 지극히 친절한 분이셨다. 편지를 쓰고 가족들과 연락하는 것을 좋아했고, 나의 외할아버지와 깊은 유대감을 공유하셨다. 내가 어머니의 간병인이 되었을 때, 그 유대감은 자연스럽게 나에게로 이어졌다. 어머니는 이 방과 저 방 사이를 오가는 경계선에 서 계셨다. 결국, 나는 부모님의 삶을 온전히 경험하는 것이 그분들에 대한 애도 속에서 완성되었다는 사실을 깨닫게 되었다. 부모님이 더 이상 살아계시지 않은 것에 대한 비탄이 없었다면, 나는 그분들의 삶을 온전히 이해하지 못했을 것이며, 또한 내 삶에 그분들이 계셨기에 내가 누린 풍요로움을 깨닫지 못했을 것이다. 이것은 상실과 함께 오는 소중한 얻음이며, 애도와 함께 오는 섬세한 달콤함, 곧 감사함이다.

그래서 다시 말하지만, 계속해서 **깨어나고, 현실을 받아들이자**. 그렇게 **우리의 마음을 돌보면서** 살아가자. 이 세계는 무지로 인해, 편의를 위해, 이익을 위해 죽어가고, 살해당하고 있다. 충격과 부인, 비난과 분노, 불안과 협상, 그리고 소진과 우울함은 우리가 직면한 상실에 대한 필연적 반응이다. 그리고 이러한 강렬한 감정들이 우리를 스쳐 지나갈 때, 우리는 깊은 슬픔의 부드러운 흐름 속으로 가라앉는 법을 배울 수 있다. 그 슬픔은 우리가 잃어가는 모든 것, 곧 사라질지도 모르는 모든 것에 찬사를 보내고, 더욱 온전히 사랑할 수 있도록 돕는다.

나는 어린 시절 메릴랜드주 락크릭 유역에 있는 습지를 돌아다니곤 했었다. 나는 어느 계절이든 그곳에 갔고, 때로는 맨발로, 때로는 부츠를 신고 다녔다. 그 습지는 거의 항상 넘쳐흐르며 차가운 물로 가득 차 있었는데, 나는 항상 그 속으로 조금씩 들어가곤 했다. 봄이면 올챙이들이 부들 사이에서 꿈틀거리는데 어떻게 물 밖에서 구경만 하겠는가? 여름에는 커다란 푸른 왜가리나 거대한 악어거북—내 어린 시절 상상 속의 공룡 같은 존재—이 노니는데 내가 어떻게 그 습지를 떠나겠는가? 가을에는 어찌 차가운 물 속에서 영원과 가재를 찾지 않을 수 있으며, 노란 튤립 포플러와 붉은 단풍나무, 오렌지빛 달콤한 검나무 잎이 반사된 하늘 같은 물 표면을 감상하지 않을 수 있었겠는가? 겨울이 되면 어찌 내가 다시 찾아가 얼음 위에서 미끄럼을 타고, 얼음 밑을 들여다보며, 잎이 깔린 바닥에서 느리게 움직이는 채색 거북이들을 안 볼 수 있었겠는가? 그리고 얼음이 녹자마자 다시 찾아가, 갈색으로 젖어 썩어가는 낙엽들 사이에서 얼룩무늬 도롱뇽들이 신비한, 느린 짝짓기 의식을 치르는 모습을 어찌 놓칠 수 있었겠는가? 가까운 버드나무에서 붉은 날개를 가진 찌르레기가 "콩크-라-리!" 하고 울고 있는 습지를 말이다.

　몇 년 전, 나는 다시 그 옛 동네를 방문했다. 친구들과 함께 50여 년 전에 좁은 길을 따라 늪지로 가던 기억이 떠올랐다. 그 길은 여전히 남아 있었지만, 이제는 넓게 포장되어 자전거 도로로 바뀌었다. 그리고 내가 기억하는 습지는 사라져버렸다. 반짝이는 녹색 트랙터가 공원의 벤치와 금속 식탁 사이에 세워져 있었다. 공원에서 휴식을 취하는 그 운전자의 모습도 보였다. 나는 벤치에 앉아 주변을 둘러보며, 어린 시절 이곳에서 누렸던 기쁨을 떠올렸다. 그러나 동시에 깊은 슬픔이 밀려왔다. 이제는 사라진, 마치 잃어버린 마법과도 같은 순간들이 떠올랐기 때문이다. 오늘날의 아이들은 내가 경험했던 그 기쁨을 결코 알지 못할 것이다.

　이 글을 쓰면서, 내가 무엇을 하고 있는지 당신은 이해하겠는가? 나는 내 기억 속의 이 소중한 장소, 신성한 이 습지를 되돌아보고 있다. 그곳을 감사하게 여기며, 있는 그대로 찬미하고 있다. 그것이 사라졌기에 더 그렇다. 다시 한번, 나는 그 장소에 대한 경험을 되새기며, 그에 대한 사랑을 확인한다. 나의 삶과 그 장소는 서로 얽혀 있었고, 그 장소 또한 나의 삶과 얽혀 있다. 그리고 이제는 상실을 통한 의식적인 경험 속에서 그 애정이 더욱 강렬해지고 있다. 나는 윌리엄 버틀러 예이츠의 말을 떠올린다. "사물들은 자신이 사라짐으로써 스스로를 드러낸다."

당신에게도 나와는 다른, 잃어버린 장소들이 있을 것이다. 나 역시 나만의 잃어버린 장소들이 있다. 우리는 그 장소들을 보호할 수 없었다. 그러나 우리는 그 아름다운 존재들이 그저 잊히고, 외면당하고, 칭송받지 못한 채 사라지도록 내버려 두지 않는다. 우리의 사랑은 그것들의 존재가 끝난 뒤에도 지속된다. 그래서 우리는 함께, 그것들을 기억하고 슬퍼한다. 그것들은 우리에게서 멀어질 때, 오히려 더욱 깊이 우리 안에서 살아난다. 앞으로 우리는 수천, 수백만의 아름다운 장소, 사랑스러운 생명체들이 불도저에 의해 깎여나가고, 불길 속에서 사라지는 비극을 목격하게 될 것이다. 생물학자 E. O. 윌슨은 한때 이런 비극을 차가운 추상적인 문장으로 표현했다. 그는 이를 "유기적 진화의 궁극적인 아이러니"라고 불렀다. 그리고 그는 "인간이 자기 이해를 성취한 바로 그 순간, 생명은 가장 아름다운 생명체들을 파국으로 이끌었다"고 말했다. 이 표현 속에서 그는 애도의 감정을 차가운 아이러니로 승화시키며, 문법적으로 인간의 행위를 배제함으로써 비극의 무게를 덜어내려 했다. 아마도 그는 우리가 그 비극을 직시하기에는 너무 고통스러울 것이기에 잠시 살짝 비켜서서 흘깃 보는 정도로만 견딜 것으로 생각했을 것이다.

그러나 곁눈질만으로는 충분하지 않다. 시인들과 예술가들이 우리의 감정을 헤아려 주고, 우리가 그 슬픔을 깊이 느끼되 지나치게 분석하지 않도록 돕는다. 예컨대, 브루스 코번의 노래 "아름다운 창조물"(Beautiful Creatures)에서는 "내 속에서 매듭이 지어지는 것 같아"라고 노래한다. "우리는 결국 파괴를 창조하고," 그 결과 "아름다운 창조물이 사라지고, 사라져 간다"는 현실 때문이다. 메리 올리버(Mary Oliver)의 시에서도 같은 감정을 발견할 수 있다. 그녀는 이렇게 말한다. "이 세상에서 살아가기 위해, 우리는 … 죽을 수밖에 없는 것을 사랑할 수 있어야 한다. 당신의 삶이 그것에 달려있는 것처럼 뼛속에 새겨라. 그러나 때가 되면 그것을 놓아주고, 놓아주는 법을 배우니."

메리 올리버는 기러기에 관한 두 편의 시 중 첫 번째인 "기러기"(Wild Geese)에서, 세계가 "당신의 상상력에 자신을 내어준다"는 기쁨을 포착한다. 세계가 "기러기처럼 당신을 부른다, 거칠고도 신나게," 또한 당신의 "세상 가족 속에서의 자리"를 "두 번 세 번" 선언한다고 말한다. 그다음 "흰기러기"(Snow Geese)는 이렇게 시작한다. "오, 사랑스러운 것, 영원하지 않을 것을 사랑하라! 무엇인가, 혹은 누군가에 대해, 그러나 우리들의 것에 대해 질문한다는 것은 얼마나 어려운 일인가!" 그리고 그녀는 아름답지만 영원하지 않을 것, 머리 위를 날아가는 기러기 떼, 비스듬한 가을 햇빛 속에서 하얀 황금빛으로 비치는 흰기러기를 묘사한다. "그들이 날아갔다"고 말하지만, 그들을 다시 볼 수 없어도 상관이 없다. "내가 그들을 볼 때, 나는 보았다"라는 사실 때문이다.

우리는 마크 네포(Mark Nepo)의 시 "표류"(Adrift)에서도 같은 감정을 느낄 수 있다. 그는 이렇게 자주 떠오르게 표현한다. "그 중심에, 그 아래 모든 곳에, 아무도 빼앗을 수 없는 것과 우리가 잃어버린 모든 것이 서로 마주하고 있다. 나는 그곳에서 표류하며, 만물의 내면에 존재하는 신성함에 찔린 듯하다. 나는 너무 슬프지만, 모든 것이 아름답다."

우리가 슬픔을 지나치게 지적으로 해석하려는 것을 멈출 때, 시인들은 우리를 인도하여 신성하고 경건한 방식으로 슬픔을 받아들이도록 도와준다. 우리는 슬픔을 날카롭고, 관통하며, 숨이 멎을 듯한 것으로 경험한다. 우리가 의도적으로 슬픔과 함께 머물고, 억누르거나 회피하지 않으며, 말로 표현할 수 없는 상실된 아름다움을 향해 겸허한 몸짓을 보낼 때, 우리는 우리의 슬픔과 그 상실 속에 있는 애틋한 감미로움을 함께 느낀다. 상실의 고통은 가슴을 찌르는 충격과 같다. 그러나 시와 모든 예술은 우리가 계속 숨을 쉴 수 있도록 도와준다. 우리는 잃어버린 것에 대해 영혼을 울리는 슬픔을 내쉬면서, 우리가 사랑했던 모든 것의 아름다움을 들이마신다. 그렇게 숨을 쉴 때마다 깊고도 쓰라린 기쁨이 함께 한다.

목사였을 때, 나는 종종 모르는 사람의 장례식을 집례하도록 요청받았다. 장례식 전에 나는 유가족에게 작고하신 분에 대한 이야기를 들려달라고 부탁했다. 나는 그들의 이야기가 내 추도사에서 중요한 역할을 할 것이라고 말했는데, 그것은 사실이었지만, 또 다른 목적이 있었다. 거의 예외 없이, 하나의 이야기가 나오면 또 하나의 이야기가 이어지고, 그러다 보면 눈물이 웃음과 섞이기 시작했다. 유가족은 작고하신 분의 독특한 아름다움을 기억하며, 그들이 사랑하는 사람을 잃은 슬픔 속에서도, 이야기들을 통해 그들의 상실감은 적어도 순간적으로 변형되었고, 경이로움과 감사함으로 바뀌었다. 그들은 그런 훌륭한 사람을 알았고 사랑할 수 있었다는 것에 대해 감사를 느꼈다. 쓰라린 슬픔 속에서도 달콤한 감사의 기쁨이 섞여 있었다.

앞으로 붕괴 회피, 붕괴 후 재탄생, 붕괴 후 생존, 또는 붕괴 후 멸종 시나리오 가운데 어떤 것이 펼쳐지든, 비탄의 감정이 들불 속의 연기처럼 우리를 가득 채울 것이다. 그 엄청난 슬픔은 충격과 부인, 분노와 비난, 불안과 우울의 파도를 연달아 일으킬 것이다.

나는 당신에게 큰 슬픔이 있을 거라고 약속할 수 있다. 하지만 달콤함이 있을 거라고는 장담할 수 없다. 그곳에 도달하려면 연습과 의도, 그리고 갈망이 필요하다. 이것이 바로 시(poetry)가 도움이 되는 이유다. 시를 읽거나 쓰거나, 노래하거나 듣거나, 그리거나 조각하거나 춤추는 것이 도움이 된다. 당신이 기도하는 사람이든 아니든, 시는 기도와 같은 느낌을 줄 것이다.

그렇다, 최신 통계는 내일 아침 우리를 충격에 빠뜨리고, 공포로 몰아넣을 것이다. 다음 주에는 곳곳에서 새로운 최고 기온 기록이 경신되면서 우리를 우울하게 만들 것이다. 기업들과 정치가들은 죽음을 외면하고 이윤을 극대화하며 우리를 가장 왜소하고 비굴하고 무기력하게 만드는 데 누가 더 능한지 경쟁할 것이다. 신문 헤드라인에서는 단맛을 찾을 수 없을 것이고, 동료 심사 과정을 거친 과학 논문에서도, 패널이나 기관 또는 자칭 예언자의 최신 예측에서도 단맛은 찾아볼 수 없을 것이다.[5]

그러는 동안, 기러기 떼는 하늘을 날아가지만, 당신은 슬픔의 무게로 인해 고개를 들어 그것을 보지 못할 수도 있다. 또는 잠시 보더라도, 제대로 인식하지 못할 수도 있다. "비밀스럽게, 기쁘게, 또렷하게" 볼 수는 없을지도 모른다. 이것이 바로 우리가 이 절망 속을 날아가는 동안, 왼쪽에 시인을, 오른쪽에 작곡가를 둘 필요가 있는 이유다. 그래서 우리는 화가, 사진작가, 영화감독, 조각가, 도예가, 조경 건축가, 소설가, 무용가, 극작가, 건축가를 우리의 식탁에 초대해야 한다. 그들과 함께 빵과

---

[5] 편집자 주: 미국해양대기청(NOAA)에 따르면, 대기 중 이산화탄소 농도는 1990년대에 매년 평균 1.5ppm씩 증가했지만, 2014년부터 2023년까지는 매년 평균 2.5ppm씩 증가했다. 그러나 2024년에는 대형 산불의 영향으로 1년 동안 3.6ppm 증가하여 2025년 3월 현재 대기 중 이산화탄소 농도는 427ppm이다. 지구 역사상 최소 300만 년 동안 전대미문의 최고 수준에 도달한 것이다. 따라서 이산화탄소 농도 상승과 기온 상승 모두에 가속도가 붙었을 뿐 아니라 온난화에 25% 영향을 끼치는 대기 중 메탄가스 농도가 증가하는 것과 기온 상승 사이에도 악순환이 시작되었다. 메탄 등을 포함한 전체 온실가스 농도는 2023년 현재 534ppm CO_2e인데, 2017년 이후 매년 4ppm CO_2e씩 증가하고 있다(Annual Greenhouse Gas Index). 지금 추세로 2028년에 550ppm CO_2e에 도달하면, 점차 "3도 이상 4도 미만 상승할 확률이 66%"에 달한다(IPCC 2014년 보고서, Nicholas Stern, *Why Are We Waiting*, Cambridge, MA: MIT Press, 2015, 13). 2028년에는 더 이상 돌이킬 수 없는 기후지옥의 문턱을 넘어서게 되며 온갖 살인적인 기후재난이 훨씬 심해진다는 뜻이다.

눈물을 나누어야 한다.

시와 예술은 올바른 기도처럼, 우리가 슬픔과 충분히 오래 머물며 그 속에서 단맛을 느낄 수 있도록 도와준다. 달콤함과 슬픔을 통해 감각을 더욱 예민하게 하고, 감탄, 찬양, 사랑, 그리고 삶이라는 정교한 황홀경을 더욱 깊이 경험하게 도와준다. 우리는 우리의 마음속에 깊이 울려 퍼지는 시와 기도를 찾고, 쓰고, 낭송할 것이다. 우리는 이미 잃어버렸거나 지금 이 순간 사라지고 있는 아름다움을 경외하고 존중할 것이다. 우리는 시적인 방법으로 그것을 애정 어린 마음으로 묘사하고 애도하여, 그 아름다움을 찬미하지 못한 채 사라지지 않도록 할 것이다.

우리가 함께할 수 있을 때는 소리 내어 시와 노래를 애도의 예식과 사랑의 기도로 엮을 것이다. 그리고 필요할 때는 조용히, 혼자서 그것을 행할 것이다.

어쩌면, 우리의 시와 찬양 속에서, 우리 안에서, 아름다운 생명체들이 죽어가고 아름다운 장소들이 파괴되더라도, 그 아름다움은 여전히 살아남아 죽음보다 더 지속될 것이다.

그리고 우리가 잃어가는 것들을 애도하기 위해 슬픔에서 영감을 받을 때, 동시에 우리는 여전히 남아 있는 것들을 지키기 위해 사랑에서 영감을 받을 것이다.

친애하는 독자에게,

다음은 개인적으로 혹은 독서 모임에서 더 깊이 생각해 볼 수 있는 질문들입니다:

현재 당신의 삶에서 시(poetry)는 어떤 역할을 하고 있나요?

> 오늘날 대부분의 사람에게 시는 큰 역할을 하지 않는 것 같습니다. 왜 그럴까요? 인류 역사에서 중요한 예술 형식이었던 시가 오늘날 덜 중요하게 여겨지는 이유는 무엇일까요?
>
> 시를 읽는 경험과 TV 쇼나 영화를 보는 경험을 비교해 보세요. 왜 요즘에는 시보다 TV 쇼나 영화가 더 인기가 많을까요?
>
> 또한, TV 쇼와 영화가 우리가 현실을 직면하게 하고, 우리의 마음을 깨우며, 애도하는 데 어떤 역할을 할 수 있는지 이야기해 보세요. 구체적인 예를 들 수 있나요?
>
> 이 장에서 언급된 시나 노래 가사 중 하나를 선택하여 직접 찾아보고 시간을 들여 감상해 보세요. 그것이 당신에게 어떤 영향을 미치는지 살펴보세요.
>
> 무용, 사진, 영화, 회화, 조각, 건축, 조경 건축과 같은 다른 예술 형식들이 어떻게 사랑과 슬픔의 형언할 수 없는 애잔함을 맛볼 수 있도록 도와주는지 고민해보세요.

나는 다음 5장을 나의 종교적 성장 경험으로 시작할 것이다. (당신이 비슷한 배경에서 성장하지 않았다면) 당신에게 정말로 이상하게 들릴 수 있으니 마음의 준비를 하면 좋겠다. 5장의 후반부에서는 나의 독특한 종교적 배경에서 벗어나 우리 대부분이 공유하는 것으로 초점을 옮길 것이다.

5장

이야기가 해로우면 벗어나셔요

내가 어떤 시스템을 비판하면, 사람들은 내가 그들을 비판한다고 생각한다. 이는 그들이 그 시스템을 온전히 받아들이고 자신과 동일시하기 때문이다.

―수도자이자 명상가, 토머스 머튼[1]

어떤 사회에서든 가장 깊은 위기는, 특정 이야기가 더 이상 현재 상황의 생존 요구를 충족시키기에 적합하지 않을 때 발생한다.

―가톨릭 지구신학자 토머스 베리, 《지구의 꿈》

나는 아홉 살이었다. 토요일 밤, 교회에 앉아 넋을 잃고 있었다. 그 전 주 일요일 아침, 나는 성찬 예배, 설교 예배, 그리고 주일학교에 참석했다(모두 세 시간이었다). 그리고 그날 밤, 아버지, 어머니, 형과 함께 다시 교회의 설교 예배에 갔다. 화요일 저녁에는 기도 모임이 있었고, 수요일부터 토요일까지는 방문한 설교자가 진행하는 특별 예배가 열렸다. 다른 교단에서는 이를 "부흥회"라 불렀지만, 우리는 단순히 "특별 집회"라고 했다. (우리 상태가 멀쩡한데, 왜 굳이 **부흥**되어야 하냐고? 우리는 이미 잘 하고 있는데!)

---

[1] John Howard Griffin, *Follow the Ecstasy* (Orbis, 1993)에서 재인용.

나는 어릴 때 교회에서 많은 시간을 보냈기 때문에, 결국 목사가 된 것이 기적이었는지 아니면 필연이었는지 모르겠다.

　　부모님은 훌륭한 기독교인의 본보기가 되어 주셨다. 하지만 그들이 성장한 전통(그리고 나 역시 그 안에서 자랐다)은 조금 까다로운 부분이 있었다. 아마 당신은 플리머스 형제단에 대해 들어본 적이 없을 것이다. 하지만 "휴거"(the Rapture)라는 말을 들어본 적이 있다면 우리의 전통에 감사할 일이다. (천만에요.) 휴거는 1830년대 플리머스 형제단이 기독교에 선물한 것이었다. 모르몬교도들과 밀러주의자들(후에 제칠일안식일예수재림교가 됨)이 미국에서 시작될 때, PB(Plymouth Brethren의 존재를 아는 사람들 사이에서는 이렇게 불렀다)도 조직되었고, 다소 느슨하게 아일랜드와 영국에서 발전해 나갔다. 모르몬교도들과 밀러주의자들처럼, 그들은 기존의 기독교가 방향을 잃었다고 생각했고, 기독교를 원래의 영광으로 되돌리는 것을 목표로 삼았다. 매우 세부적인 부분까지.

　　그들 중 일부는 지금도 자신들이 성공했다고 생각한다.

　　이들 PB의 많은 집착 가운데, 성경을 신적으로 영감받은 수정구슬처럼 활용하여 미래를 예측하는 데 몰두했다.

　　그 토요일 밤, 아홉 살이었던 나는 예배당 앞에 걸린 거대한 연대표를 보고 넋을 잃었다. 그런 것은 처음 보는 것이었다. 설교자는 그 연대표를 이용해 과거의 모든 역사와 미래의 모든 역사를 단 한 시간 만에 설명했다. "세대의 도표"(Chart of the Ages)는 "영원한 과거"에서부터 "영원한 미래"까지 모든 것을 묘사하며, 문자 그대로 7일 동안의 창조, 일곱 세대(Dispensations), 교회 시대의 일곱 교회를 포함하고 있었다. (우리는 정말 숫자 7을 좋아했다.) 설교자는 또한 휴거, 대환란, 천년왕국, 새 하늘과 새 땅, 불못(Lake of Fire)에 대해 가르쳤다.[2]

---

2) 그 도표는 https://www.bbusa.org/books/evangelism/prophecy/chart-of-the-

나는 어린아이였다. 당연히 나의 종교 지도자들이 가르치는 것을 믿었다. 특히 그들이 그것을 증명하는 거대한 차트를 갖고 있을 때는 더욱 그랬다. 나는 그 도표가 "세대주의"(Dispensationalism)라는 독특한 신학적 개념을 담고 있다는 사실을 몰랐다. 나는 그것이 하나님의 진리라고 믿었다. 아홉 살에 과거, 현재, 미래에 일어날 모든 일을 이해한다는 것이 얼마나 멋진 일인가! 당연히 나는 이 "세대의 도표"에 완전히 빠져들었고 한동안 거기에 매달렸다.3)

그 후 몇 년 동안, "세대의 도표"에 대한 종말론적 신학은 ≪죽은 거대한 행성 지구≫(The Late Great Planet Earth)와 ≪현재의 흑암≫(This Present Darkness) 같은 베스트셀러를 통해 더욱 확산되었다. 이 책들은 1980년대나 2010년 혹은 그 이후에 종말이 절정에 이를 것이라고 암시했으며, 이는 오랫동안 실패한 예언 전통을 따르는 것이었다.4) 이러한 책들은 "밤의 도둑"(A Thief in the Night, 1972)과 "먼 천둥"(A Distant Thunder, 1978) 같은 조잡한 영화로도 이어졌다. 당시 나는 이런 책들과 영화들이 우리 세대의 보수적 기독교인들에게 얼마나 해로울지 전혀 알지 못했다. 그것들은 단순히 신학적으로 우리를 잘못 인도했을 뿐만 아니라 (혹은 트라우마를 안겨주었을 뿐만 아니라), 권위주의적 정치에 대한 순응을 길들이는 역할도 했다.5) 하지만 그것은 또 다른 이야기다.

---

ages-a-chart-large-size-2009-new-edition-detail.에서 볼 수 있다.

3) 물론 그 도표에는 몇 가지 단점도 있었다. 예를 들어, 도표 설교를 들은 후 얼마 지나지 않아 학교에서 집에 돌아왔는데 문이 열려 있고 엄마와 동생이 없었다. 나는 즉시 "휴거가 일어났고, 엄마와 피터(내 동생)가 하늘로 들려 올라갔고, 나는 남겨졌다!"라고 생각했다. (내 동생은 나보다 착했으니, 나는 별로 놀라지도 않았다.) 나는 뒷마당에서 고아가 된 내 운명을 곱씹으며 눈물을 참으려 했다. 그러다 엄마와 동생이 이웃을 방문하고 돌아오자, 나는 재빨리 눈물을 닦고 아무 일도 없었던 것처럼 행동했다. 지금까지 아무에게도 말한 적이 없다.

4) Festinger et al., *When Prophecy Fails* (Martino Publishing, 2009, 원래 1956년 출판).

그날 밤 교회에서, 아홉 살이었던 나는 확신했다. 내 평생 지구는 점점 더 악화될 것이고, 상황이 완전히 절망적으로 보일 즈음 나처럼 성경을 철저히 믿는 신자들은 "휴거"(공중 들림)라 부르는 현상을 통해 예수님과 함께 하늘로 올라갈 것이라고 말이다. 그 후 적그리스도(Antichrist)가 와서 지구를 더욱 악화시킬 것이고, 예수님께서 돌아오셔서 이를 더 심각하게 만들 것이며, 결국 "아마겟돈 전투"에서 지구 전체를 파괴할 것이라는 이야기였다. (휴거된 기독교인들은 이 모든 공포를 하늘의 에어컨이 빵빵한 좌석에서 안전하게 지켜볼 것이라고 했다.)

그 설교자는 우리를 위한 천국에서는 확실한 행복한 결말이 보장되어 있으며, 나머지 사람들에게는 고통스러운 결말이 기다리고 있다고 말했다. 이 가르침이 가진 끔찍한 기괴함 중 하나는 우리가 이에 대해 기뻐해야 한다는 것이었다. 우리의 "구원받지 못한" 친구들과 가족들(그리고 수십억 명의 낯선 사람들)은 그들이 지옥에서 영원한 고통을 겪는 것이 마땅하다는 것이었다. 우리가 배운 바로는 그들이 그것을 받을 만한 존재들이었기 때문이다. 그리고 우리는 우리가 마땅히 받을 것을 받는 것이 아니라 **예수님**이 받을 만한 것을 받는다고 했다. 금으로 된 거리! 더 이상 울음도 고통도 없음! 영원한 잔치(체중 증가도 없음)! 황금 면류관! 우리가 이 땅에서 한 모든 선한 일에 대한 보상이 주어진다는 것이다. 특히 길 잃은 영혼들을 주님께 인도하는 것이 중요했다! 영원한 천상의 교회 예배에서 끝없는 찬양을 하나님께 올리는 곳이었다! (솔직히 말하자면, 껴입은 양복에 불편한 가죽 구두를 신은 어린 소년에게 그 영원한 교회 예배는 그다지 매력적으로 들리지는 않았다. 하지만 "세대의 도표"에 묘

---

5) 이러한 책들은 ≪남겨진 사람들≫(Left Behind) 시리즈 같은 더욱 극단적 종말론적 픽션으로 이어졌다. 이 '휴거 포르노'가 어디로 이어졌는지 조사한 2023년 다큐멘터리 *Praying for Armageddon* (Tonje Hessen Schei 및 Michael Rowley 감독)을 참조하라. (https://www.imdb.com/title/tt27009795/).

사된 불타는 오렌지색과 붉은색의 영원한 지옥의 운명보다는 나았다.)

그 토요일 밤, 나는 교회를 떠나면서 이 땅에서의 종말이 곧 천국으로 가는 현관이라는 것을 이해하게 되었다. 상황이 나빠질수록, 우리의 신학이 옳다는 것이 증명된다는 믿음이 더욱 강해졌다.

돌이켜 보면, 아홉 살의 나에게 이런 가르침이 주어졌다는 사실이 너무 슬프다. 어린아이에게 이런 가르침이 도덕적으로 어떤 영향을 미칠까? 개인적인 영원한 운명에서 기뻐하라고 배우며, 매주 구원받았다는 노래를 부르고, 기도할 때마다 하나님께 감사하면서도, 구원받지 못하고, 하나님께 의롭다고 인정받지 못하고, 선택받지 못하고, 중생하지 못하고, 정통적이거나 다른 방식으로도 파국을 피할 수 없다고 여겨진 모든 인류의 파국과 저주를 외면하는 것이 옳았을까? 나는 어떻게 지구의 모든 숲과 산과 강과 바다, 그리고 그 안에 사는 모든 생명체를 사랑하면서도, 그들의 존재 이유가 단지 하나님과 천사와 내 종교의 구성원들만이 주인공인 싸구려 연극의 소품으로 사용되기 위한 것이라고 생각할 수 있었을까?

하지만 그것이 내가 믿었던 것이었다. 그것이 **우리가** 믿었던 것이었기 때문이다. 그리고 그것이 내가 느꼈던(혹은 느끼려고 노력했던) 것이었고, **우리가** 느꼈던 것이었기 때문이다. 우리의 종교적 이익이 지구와 그 생명체들, 그리고 모든 인간의 희생 위에 세워졌다는 사실을 아무도 신경 쓰지 않았다. 하나님이 말씀하셨고, 성경이 가르쳤으며, 우리는 그것을 믿었다.

돌이켜 보면, "세대의 도표"에서 아홉 살짜리 나에게 주어진 서사는 대단히 아동 학대적인 것이었다. 대규모 집단 세뇌의 사례와 같았다.

그러나 그러한 세뇌는 종교 산업 복합체에 엄청난 이익을 가져다주었다. 지옥을 두려워하는 사람들은 엄청난 돈을 지불할 준비가 되어 있기 때문이다.

결국, 나는 더 이상 그것을 받아들일 수 없었다. 나는 내 종교 전통의 좁은 틀을 넘어 탐구하기 시작했고, 내가 배웠던 것보다 성경을 더 나은 방식으로 해석할 수 있다는 것을 발견했다. 나는 근본주의에서부터 더 개방적이고 사려 깊은 신앙의 형태로 이동했다. 그 신앙 형태는 나로 하여금 어디에서 발견되는 진리든 환영하도록 독려했으며, 다른 신앙에서도 마찬가지였다.

그러나 "세대의 도표"에서 유래한 그 낡은 신학적 이야기는 여전히 오늘날에도 교회, 라디오 네트워크, 케이블 TV 제국, 웹사이트, 출판사들에 의해 유지되고 있다. 나는 이것을 안다. 내가 지구를 돌보는 것에 대해 글을 쓰거나 말할 때마다, 여전히 그 신봉자들로부터 이메일과 소셜 미디어 답글이 쏟아지기 때문이다. 그들은 이렇게 말한다. "예수님이 곧 다시 오실 것이고, 결국 모든 것이 불타 없어질 거다! 그러니 마음껏 뚫고, 파고, 시추하세요! '왕의 자녀처럼 살아라!' 우리는 번성하도록 만들어졌다! 오직 인간의 영혼만이 중요하며, 인간만이 영혼을 가졌지, 북극곰이 아니다!" 그들은 나를 "깨어 있는 좌파" 혹은 "사회 정의 전사"라고 비난하며, 세상을 더 나은 곳으로 만들려는 것은 어리석은 짓이라고 말한다. "넌 그냥 이해하지 못하는 거야!" 나의 옛 근본주의 친구들은 여전히 이렇게 말한다. "세상은 예수님이 다시 오실 때까지 쇠퇴해야 **마땅하고** 구제 불가능한 혼란 속에 있어야 해! 만약 세상이 더 나아진다면, 그것이야말로 우리의 신학이 틀렸다는 증거가 되는 거야!"

그래서 나는 깨달았다. 도대체 왜 나의 종교가 그렇게 많은 기쁨과 동시에 파괴를 심어주려고 했는지를. 나는 이전에 "순수함의 숭배"(cult of innocence)에 대해 글을 쓴 적이 있다.6) 이와 관련된 또 다른 현상을

---

6) *Do I Stay Christian?* (St. Martin's Essentials, 2022)를 보라.

"옳음의 숭배"(cult of correctness)라고 부를 수 있을 것이다. 그 구조는 이렇다. 우리 신앙의 진정한 신봉자들 개개인의 정체성은 종교적 집단의 집단적 자아에 얽혀 있으며, 그 집단적 종교적 자아는 우리의 신학과 결합되어 있다. 만약 우리의 신학이 비판받으면, 우리 자신이 비판받는 것이 된다. 만약 우리의 종교가 잘못되었다고 평가받으면, 우리도 그렇게 낙인찍히게 된다. 만약 우리가 틀렸거나 잘못되었다면, 우리의 전체 정체성이 위협받는다. 우리는 우리의 믿음 없이는 아무것도 아니라는 가르침을 받았기 때문이다. 즉, 우리의 신앙 교리가 맞아야 한다. 모든 것을 걸고, 정체성, 소속감, 생존의 문제로서 우리는 **반드시 옳아야 한다**. 그것이 세상의 모든 것을 파괴하는 일이 되더라도, 우리가 옳다는 것을 증명할 수 있다면, 우리는 기꺼이 그렇게 할 것이다!

만약 이것이 당신에게 터무니없는 이야기처럼 들린다면, 당신은 신(또는 당신이 감사하는 존재)에게 감사해야 한다. 당신은 이런 식의 진정한 신자로 자라지 않았기 때문이다. 그러나 이것만은 기억하라. 전 세계에는 오늘날에도 이런 종교적 틀 속에서 자라나고 있는 수십억 명의 사람들이 있다는 사실을. 또한 오늘날 이러한 신학에는 개신교 버전, 가톨릭 버전 등이 있으며, 다른 전통에서도 유사한 버전이 존재할 것이다.

내가 보기에는 이러한 신학이 석탄 화력 발전소나 휘발유를 많이 소비하는 자동차보다 인간 생존에 더 큰 위협이다. 사람들이 이 신학을 자신의 정체성과 결합하면, 이와 관련된 정책에 투표하고, 돈을 쓰고, 기도하게 되며, 종국에는 시나리오 4, 즉 "붕괴 후 멸종"을 하나님의 뜻으로 믿게 되기 때문이다. 이는 성경에 완벽하게 예언된 것이라고 생각하면서 말이다.[7]

---

7) 사실상 그들의 이야기는 붕괴 후 멸종보다 더 나쁜 결말을 가지고 있다. 왜냐하면 붕괴 후에는 멸종보다 더 나쁜 것, 즉 지옥에서의 영원한 의식적 고통이 오기 때문이다. 나는 이 주제에 대한 교훈적인 소설을 썼다. *The Last Word and the Word*

나는 이러한 신학을 믿는 진정한 신봉자였고 충실한 신도였기 때문에, 이 신학에서 벗어나는 것이 길고 고통스러운 과정이었다. 이는 내가 여러 책에서 자세히 다룬 바 있다. 나는 가끔 내 안에 남아 있는 근본주의자의 흔적을 농담 삼아 언급하곤 하는데, 이는 어린 시절 주입된 신념이 치유될 수는 있어도 그 흔적은 남는다는 것을 보여준다.

삶의 여정을 거치면서, 나는 "신학"이라고 부르던 것이 사실 하나의 이야기, 즉 우주 이야기(a cosmic narrative)라는 것을 깨달았다. 이 이야기는 우리의 삶을 이해하는 틀을 제공하고, 의미와 목적, 소속감을 부여하며, 생명이 중요하다고 깨닫게 해주었다.

그리고 나를 비롯해 수십억 명이 물려받은 이 신학적 이야기에 대한 가장 놀라운 점은 다음과 같다. 그 이야기는 **사회적으로 참여하지 않으며, 반**(反)**생태적인** 것이다. 그 이야기는 사회 정의, 반인종차별, 빈곤 감소, 폭력 감소 등과 관련된 운동에 우리가 참여해야 한다는 필요성을 거의 언급하지 않는다. 초점이 완전히 다른 곳에 맞춰져 있다. 그리고 생태적 한계 초과(ecological overshoot)와 그 결과에 대해서는 전혀 중요하지 않다고 가르친다. 왜냐하면, 휴거를 통한 구원이 우리 신자들에게 "생태학적 감옥에서 벗어날 자유 패스"를 제공하며, 하나님은 어차피 이 저주받은 세상을 파괴하고, 유일하게 가치 있는 존재인 "비육체적 인간 영혼"만을 구원하시기를 원한다고 믿기 때문이다. (우리는 8장과 9장에서 성경 이야기를 근본적으로 다르게 해석하는 방법을 다룰 것이다.)

마찬가지로 놀라운 점은 **자본주의 이야기 역시 철저히 반생태적이라는 점**이다. 우리 현재 글로벌 문명을 떠받치는 자본주의 경제 이야기는 경제가 마치 궁극적 현실이며, 인류 역사를 이끄는 보이지 않는 손인 것처럼

---

*After That*라는 제목의 책으로, A New Kind of Christian의 삼부작 중 세 번째 작품이다(Fortress Press, 2019년, 원래 2005년 출판).

행동한다. 그것은 우리가 누구인지 말해준다. 즉 우리는 추상화된 **소비자**이며, 경제가 충족시킬 수 있는 욕구와 필요를 가진 존재들이다. 경제는 궁극적 정의를 제공하여, 성실한 사람들에게 보상을 주고 게으른 사람들을 벌하는 것으로 묘사된다. 그것은 사회적 불의를 무시하거나 보이지 않는 손이 해결할 것이라고 약속한다. 그러나 그것은 환경을 고려하지 않는다. (사실, 환경 경제학이라는 하위 학문이 있지만, 마치 환경이 경제의 하위 요소인 것처럼 다루어진다!) 자본주의가 초래한 환경적 맹목성은 왜곡된 기독교 종말론 신학을 통해 부추겨지며, 우리가 과도한 소비로 치닫고 있는 것도 깨닫지 못하게 만들었다.

나는 한때 신학적 투쟁이 가장 깊은 수준의 투쟁이라고 생각했다. 우리의 영적 정체성이 우리의 정체성에서 가장 깊은 층을 차지한다고 믿었기 때문이다. 그러나 2004년 체서피크만 연안에서 열린 한 회의에 참석하면서 그 생각이 바뀌기 시작했다. 샌디 코브 회의는 복음주의 지도자들이 기후변화에 대해 동료들을 교육하기 위해 조직한 작은 모임이었다. 나는 더 이상 복음주의자가 아니었지만, 주최 측이 환경 문제에 관심을 갖고 있는 나를 초대했기 때문에 참석했다. 그 회의에서 저명한 기후 과학자인 존 호턴 경(Sir John Houghton)이 연설했다. 그는 주요 기후 과학 연구 기관의 수장이었고, 기독교 신앙인이었다. 그의 발표는 장엄했고, 증거는 반박할 수 없었다. 하지만 그 자리에 있던 한 남침례교 지도자는 그 증거를 받아들일 수 없다고 말했다. 누군가가 이유를 묻자 그는 이렇게 대답했다: "이 정도 규모의 문제는 큰 정부의 해결책이 필요합니다. 그리고 우리 교단은 작은 정부와 자유시장 경제라는 보수적인 원칙을 지지하기 때문에, 남침례교단이 여러분의 노력을 지지하지 않을 것이라는 점을 분명히 말씀드립니다."

나는 충격을 받았다. 단순히 남침례교단의 서명을 가로막은 신학 때문이 아니었다. 그것은 신학과 정치 및 경제적 이념(작은 정부 보수주의와 자유시장 자본주의)이 결합된 것이었다. 이는 케빈 크루즈(Kevin Kruse)가 그의 저서 ≪하나님의 통치 아래 있는 국가≫(*One Nation Under God: How Corporate America Invented Christian America*)[8]에서 조만간 구체화될 것으로 예상했던 완벽한 사례였다. 나는 분노했다. 참을 수 없을 정도였다. 휴식 시간에 나는 존 호턴 경을 찾아가 좌절감을 토로했고, 그가 어떻게 그렇게 침착하고 인내할 수 있는지 물었다. 나는 그의 대답을 결코 잊지 못할 것이다.

그는 이렇게 말했다. 공화당이 권력을 잡고 있는 한(이것은 조지 W. 부시 행정부 시기였다), 미국은 기후변화를 다루지 않을 것이다. 그리고 공화당은 복음주의 기독교인들이 동의하지 않는 한 기후변화를 다루지 않을 것이다. 그러나 남침례교인들이 먼저 동의하지 않는 한 복음주의자들조차 동의하지 않을 것이다. "그러니까 당신 말은, 지구 전체의 기후와 인류의 미래가 공화당, 특히 미국 복음주의자들, 특히 남침례교인들에게 인질로 잡혀 있다는 뜻인가요?" 나는 믿기 어려운 듯 물었다. 존 경은 고개를 끄덕였다. 나는 아직도 그의 매력적인 억양이 담긴 대답을 생생히 기억한다. "안타깝지만 그렇습니다. 그래서 저는 긴급함과 인내심을 동시에 가지고 일할 수밖에 없습니다."

수년간 종교 기관들이 행동하는 방식을 지켜보면서, 나는 종교 산업 복합체가 전 세계 자본주의 경제의 완전한 자회사라는 사실을 점점 더 깨닫게 되었다. 나는 이제 우리의 영적인 정체성 또는 종교적 정체성이 더 깊은 차원에서는 경제적 정체성에 의해 형성된다고 의심하고 있다. 나는 그렇게 생각하고 싶지 않았지만, 나의 70년의 삶은 요즘에는 신학이 경제를 형성하기보다는 경제가 신학을 더 자주 형성한다고 믿게 했다.

---

[8] Basic Books, 2015.

간단히 말해, 우리가 물려받은 신학은 우리를 순종적인 존재로 만들어, 자연 자원을 추출하고 그것을 산업 공정을 거쳐 처리하며, 두 가지를 생산하는 역할을 하도록 설계되었다. 바로 쓰레기와 이윤이다. (대부분의 우리에게는 아주 적은 이윤이지만, 경제 피라미드 위쪽에 있는 사람들에게는 매우 큰 이윤이다). 우리는 살아가는 방식이 장기적으로 어떤 영향을 미칠지에 대한 질문을 던지지 않았다. 우리는 지구의 울부짖음과 가난한 자들의 울부짖음을 들었을 때 윤리적 문제를 제기하지 않았다. 대신에, 우리는 신학이 죽음 이후의 세계에 집중하도록 만들었으며, 우리 시대의 만연한 정치 경제적 폭력에는 거의 개입하지 않았다. 이 폭력은 수십억 명의 사람들, 우리와 함께 살아가는 모든 생명체, 그리고 지구의 물리적 시스템에 해를 끼치고 있었다.

나는 이제 종교 엘리트와 기업 엘리트가 의도적으로든 무의식적으로든 같은 집단에 속해 있다는 것을 알게 되었다. 지금 이 순간까지도, 그들은 생태적인 한계 초과와 약탈에서 단기적 이익을 공유하고 있다. 그들은 장기적인 비용을 무시한다. 하나는 하나님과 예언자들의 이름으로, 또 다른 하나는 기업의 이윤을 위해서다. 종교 지도자들이 신자들을 순종적인 노동자로 만들고, 경제의 열성적인 소비자로 만들수록, 기업의 이윤 추구자들은 인간 노동력과 지구의 자원을 종교적 보호 아래에서 착취할 수 있다. 이윤을 추구하는 사람들이 행복할수록, 그들은 종교적 공범자들에게 헌금할 수 있는 여력이 생긴다. 이러한 헌금은 기부 행위라고 불리지만, 내게는 뇌물의 냄새가 난다.

이것이 과장처럼 들린다면, 한두 세기 후에 이 시기를 다룰 역사 교과서를 상상해 보시기 바란다. (물론 시나리오 4를 피하고, 정직한 역사책이 여전히 쓰여진다는 전제하에서 말이다.) 학생들은 우리가 살아가는 동안 과학자들이 화석연료 사용을 제한해야 한다는 사실을 깨달았다고 배우게 될 것이다. 지구의 기후 시스템이 위험한 수준으로 균형을 잃지 않도록 하기 위해서 말이다. (2012년 당시 남아 있던 탄소 배출 한도는 2.795 기가톤이었다.9)) 하지만 화석연료 산업은 계속해서 시추권을 얻고, 연료를 판매하고, 더 많은 연료를 태웠다. 결국, 기후를 안정적으로 유지하는 데 필요한 임계점 이상으로 배출량이 늘어났다. 생태계의 붕괴를 막고 문명을 유지하기 위해, 화석연료 기업의 경영진들은 90% 이상의 자산을 땅속에 남겨 두어야 했다. 이는 약 100조 달러의 손실을 뜻한다. (나는 이 책에서 숫자와 통계를 피하려고 했지만, 이 문단만큼은 예외다.)

우리 후손들은 물을 것이다. 도대체 왜 80억 명이 넘는 인류가 소수의 재벌들이 100조 달러의 이익을 벌어들이도록 가만히 두었는가? 그 대가로 지구상의 모든 것, 현재와 미래가 희생되었는데도 말이다. 우리는 왜 전 세계적인 파업을 조직하지 않았는가? 왜 우리는 석유회사 본사의 진입로에 누워버리지 않았는가? 왜 우리는 무능한 정치인을 쫓아내지 않았는가? 왜 우리는 아이들의 목숨이 시급한 행동에 달려 있음을 깨닫지 못했는가? 제정신인 사람들이 어째서 이런 일을 허용할 수 있었는가?

미래의 역사학자들이 제시할, 우리의 무기력함에 대한 유일한 합리적인 설명은 우리가 모두 세뇌의 피해자라는 결론일 것이다. 그것은 종교적 및 경제적 세뇌의 결합이다. 우리는 이성적인 존재, 즉 호모 사피엔스로서 행동하기를 멈췄다. 우리는 종교적 금전 숭배, 문명적 죽음 숭배에 빠져들었으며, 호모 테오카피투스(Homo theocapitus)로 진화했다. 월가의 거대한 청동 황소, 그 빛나는 고환을 가진 우상을 숭배하는 사람들이 되었다.10) 우리는 경제를 방해하느니 차라리 죽음을 택하는 소비자가 되어

---

9) *Rolling Stone*에 실린 빌 매키븐의 글 "Global Warming's Terrifying New Math" (July 19, 2012).

10) 자본주의를 종교로 보는 것에 대한 더 많은 정보는 David Dark, *Life's Too Short to Pretend You're Not Religious* (IVP, 2016)를 보라.

버렸다. 우리는 자본주의적 "세대의 도표"인 GDP 성장 도표라는 미친 도식에 빠져버린 것이다. 내가 자본주의에 대해 너무 가혹하게 말하고 있다고 느낀다면, 미국의 농부이자 사상가인 웬델 베리의 말을 들어보라.

아무리 자본주의를 규제하고 인간적으로 만들려 해도, 그것이 자연의 부와 건강을 보존하는 데 실패했다는 사실을 감출 수는 없다. 침식되고, 낡고, 황폐해진 토양, 손상되거나 파괴된 생태계, 생물 다양성의 손실, 종(種)의 멸종, 온전한 풍경이 훼손되고, 범람하며, 홍수에 잠기고, 폭파되는 모습. 화석연료와 화석수,11) 광물 자원과 광석을 생각 없이 낭비하며, 무자비하고 추악한 방식으로 자연의 건강과 아름다움을 대체하려는 시도. 그러나 이 모든 것 중에서도 가장 위대한 성공은 전쟁의 파괴성을 증가시키는 것이며, 결과적으로 그것이 전쟁의 수익성을 높이는 것이다.12)

나는 가능한 한 분명하게 말하고 싶다. 자본주의는 종교적 근본주의가 들려주는 이야기 못지않게 매혹적이면서도 파괴적인 이야기다. 현재 형태의 이 이야기는 결국 지구를 파괴할 것이다. 그것은 종교적 근본주의가 들려주는 이야기만큼이나 확실하다. 어느 쪽도 우리를 시나리오 4(절망적인 상황)에서 시나리오 3, 2, 1(더 나은 미래)로 되돌릴 수 없다. 종교적 근본주의와 경제적 근본주의는 함께 작동하며, 우리를 절벽 너머로 몰아넣고, 찬송가를 부르면서 기업의 이윤을 세는 일을 시킬 것이다.

생태적 한계(ecological limits)를 초과하지 않으려면, 우리는 종교적 근

---

11) 편집자 주: 화석수(化石水)란 3만~1만 5천 년 전에 만들어진 지하수로서 한 번 사용하면 다시 채울 수 없다. 그러나 중동 지방의 사막 국가들에서는 이 물을 농업용수와 식용수로 사용함으로써 빠르게 고갈시키고 있다.
12) 빌 모이어스와의 인터뷰 (http://www.youtube.com/watch?v=2ejYAfcjJmY).

본주의와 경제적 근본주의가 들려주는 이야기에서 벗어나야 한다. 우리를 형성해온 이데올로기와 이야기를 단절해야만 한다.

지난 몇 세기 동안, 점점 더 많은 사람이 자신들의 오래된 종교적 이야기를 믿을 수 없는 것, 심지어 위험한 것으로 여기게 되었다.

상대적으로 소수의 사람만이 그 경제적 이야기의 어리석음과 위험을 깨달았다. 대부분의 사람은 단지 그것이 계속해서 투자 계좌에 이익을 가져다주는 것만 볼 뿐이다. 적어도 당장은 그렇다. 자본주의적 이야기에 의해 착취당한 사람들조차도 그것을 계속해서 구매한다. 마치 복권처럼, 언젠가 운이 좋아 큰돈을 벌 수 있을 것이라는 희망을 품은 채 말이다.

자신의 종교적, 경제적 틀(프레임) 이야기를 잃어버린 사람들은 공통된 문제에 직면한다. 과연 어떤 새로운 이야기가 기존의 이야기를 대체할 것인가?

많은 사람에게 기존의 기독교와 자본주의를 대체할 유일한 이야기는 민족주의, 백인우월주의, 쾌락주의, 자기애, 허무주의 같은 것들이다. 허무주의는 의미와 도덕이 환상에 불과하다는 믿음이다.[13] 이러한 이야기들은 공통점을 가지고 있다. 그것들은 정의와 지구에 대한 관심이 없으며, 우리가 다가올 격변의 시대를 건설적으로 헤쳐나가는 데 필요한 미덕과 가치를 지지하지 않는다.

우리가 "붕괴 후 멸종" 시나리오를 피하고자 한다면, 기존의 종교적,

---

[13] 도널드 트럼프는 2004년 한 TV 인터뷰에서 스트레스를 어떻게 다루는지에 대해 설명하며 허무주의를 극적으로 드러냈다. 그는 이렇게 말했다. "나는 스스로에게 '이건 중요하지 않아'라고 말하려고 노력한다. 아무것도 중요하지 않다. 만약 당신이 자신에게 '이건 중요하지 않아'라고 말한다면—예를 들어 당신이 어떤 일을 하고, 다른 일을 하고, 또 다른 일을 할 때도—그리고 인도에서 40만 명이 지진으로 죽는 일이 생긴다고 해도, 솔직히 말해서, 그것도 중요하지 않다." 자세한 내용은 워싱턴 포스트(2018년 10월 19일) "It Doesn't Matter, We'll See" 기사에서 확인할 수 있다. https://www.washingtonpost.com/lifestyle/style/2018/10/18/218d3b8a-d14d-11e8-83d6-291fcead2ab1_story.html]

경제적 이야기와 단절하는 용기를 가진 많은 사람이 필요하다. 우리는 우리를 이 지경까지 몰아넣은 해로운 이야기들에서 벗어나야 한다. 그리고 "우리 삶이 중요하며, 나머지는 다 상관 없다"는 식의 자기 의로움을 부추기는 이야기에서 벗어나야 한다. 실패한 이야기들을 해체하고 새로운 이야기들을 재구성하는 것은 이제 단순한 개인적 영성이나 이념의 문제가 아니라, 행성의 생존이 걸린 문제가 되었다.

우리가 기존의 종교적 신학이나 경제체제의 파괴적인 이야기에서 진정으로 벗어났는지 확인할 수 있는 방법이 있다. 누군가가 기존의 신학이나 경제체제를 비판할 때, 우리가 그것이 자신을 향한 비판이라고 느끼지 **않는다면**, 우리는 이미 벗어난 것이다. 이것이 바로 토머스 머튼이 정확히 지적한 점이다.

우리가 기존 체제의 이야기를 **벗어났을** 때, 즉 우리 스스로 그것을 비판할 수 있을 때 이를 알게 될 것이다.

우리가 문명의 현재 틀을 형성하는 이야기에서 벗어나면, 우리는 여전히 문명 **안에** 있지만 더 이상 **그것의** 일부가 아니라는 것을 느끼게 된다. 그것이 더 이상 우리를 정의하지 않기 때문이다.

우리가 문명의 지배적인 이야기로부터 우리의 정체성을 분리할 때, 우리는 새로운 이야기를 상상하고, 그것을 구체화하며, 말하기 시작할 수 있다. 이 새로운 이야기는 더 깊은 의미와 소속감, 목적을 제공하며, 지구를 치유하고, 동료 인간과 다른 생명체들을 파괴하는 것이 아니라 그들을 돕는 데 초점을 맞춘다. 우리가 다양한 파국 시나리오를 직면한 후, 우리는 단순한 개인적 부나 사후의 구원보다 더 큰 것을 위해 살 준비가 된다. 이 새로운 이야기에서는 우리의 삶이 **우리**에 관한 것이 아니다. 인간, 국가, 종교, 문명, 심지어 종(種)으로서의 우리에 관한 것이 아니다. 이 새로운 이야기에서는 우리가 **생명**에 관한 존재가 된다. 우리보다 더 크고, 우리가 떠난 후에도 계속되는 생명 말이다.

새롭고 더 나은 이야기가 유행할 수도 있다. 어쩌면 그것이 시나리오 4를 피하도록 도울 수도 있고, 다른 시나리오로 우리를 이끌 수도 있다. (이 새로운 이야기의 개념은 이후 8, 9, 17장에서 다시 다룰 것이다.)

하지만 설령 그것이 상황을 완전히 바꾸지 못하더라도, 새로운 이야기와 더 나은 이야기는 우리가 가능한 한 최선을 다해 살아가는 데 도움을 줄 것이다. 그것은 공포와 광기의 시대 속에서도 통찰력과 평온, 그리고 희망을 품고 살아가도록 우리를 도울 것이다.

아, 하지만 희망은 복잡하다. 우리는 다음 장에서 이에 대해 더 깊이 살펴볼 것이다.

친애하는 독자에게,

나는 당신을 신학적 토끼굴로 초대하는 것이 일종의 위험이라고 느꼈습니다. 종말론, 즉 다양한 종교적 전통에서 바라보는 미래와 세계의 파국에 대한 연구로 당신을 안내하는 것 말입니다. 나는 이것이 가치 있는 위험이라고 생각했고, 처음부터 말하면 불쾌하게 들릴 수도 있는 통찰을 부드럽게 전달하려 했습니다.

그 통찰이란 바로 자본주의가 일종의 종교처럼 기능하며, 쉽게 사이비 종교적인 경향을 띨 수 있다는 점입니다. 다음은 당신의 개인적 성찰과 그룹 대화를 위한 몇 가지 질문입니다.

내 어린 시절의 "세대의 도표" 이야기에는 어떻게 반응했나요? 과거, 현재, 미래가 이미 하나님에 의해 계획되었다는 이 관점이 여전히 수많은 사람에게 가르쳐지고 있다는 사실을 알게 되었을 때, 당신은 어떻게 느꼈나요?

샌디 코브 회의에 참석한 후 내가 내린 다음과 같은 결론에 대해 어떻게 생각하시나요?

"신학이 경제학을 형성하기보다 더 자주 경제학이 신학을 형성한다."

자본주의가 마치 종교처럼 우리의 삶을 구성하는 이야기이며, 무엇이 가치 있는지를 결정한다고 보는 시각에 대해 어떻게 반응하시나요?

현재 종교와 경제가 우리의 상황에 어떤 영향을 미치고 있는지에 대한 추가적인 생각이 있으면 공유해 주세요.

만약 우리가 기존 종교와 기존 자본주의가 이야기하는 틀에서 벗어난다면, 새로운 이야기는 어디에서 시작될 수 있을까요?

6장

희망은 복잡해요

희망을 잃는 것은 그리 나쁜 일이 아니다. 더 나쁜 것은 희망을 잃고도 그것을 자신에게 숨기는 것이다. —워커 퍼시, *The Moviegoer*

희망은 낙관주의와 동일한 것이 아니다. 희망이란 어떤 일이 잘될 것이라는 확신이 아니라, 그것이 어떻게 되든 간에 그것을 할 가치가 있다는 확신이다. … [이런] 희망은 우리에게 살아갈 힘을 주고, 계속해서 새로운 것을 시도할 용기를 준다. 설령 현재 상황이 절망적으로 보일지라도 말이다. —바츨라프 하벨, *Disturbing the Peace*

사람들은 항상 나에게 희망을 어디서 찾느냐고 묻지만, 나는 그런 식으로 생각하지 않는다. … 나는 진실을 믿으며, 옳은 일을 하는 것이 옳기 때문에 한다. 결과가 어떻게 되든 내버려 둘 뿐이다.
—인류학자/작가/팟캐스터 사라 켄드지어

우리는 성공할 것인가를 물어볼 권리가 없다. 우리가 물어볼 수 있는 유일한 질문은 "옳은 일은 무엇인가?"다. 우리가 이 땅에서 계속 살아가려면 무엇을 해야 하는가?
—켄터키 현인 웬델 베리[1]

---

1) 빌 모이어스와의 인터뷰. https://www.youtube.com/watch?v=2ejYAfcjJmY/.

아마도 독자들은 처음 다섯 장 동안 내가 희망에 대해 거의 언급하지 않았다는 걸 눈치챘을 것이다. 그것은 의도된 것이었고, 이번 장에서는 달라질 것이다. 이번 장에서는 희망이 중심이다.

나는 항상 희망을 크게 믿어왔다.

십 대 시절에 처음 겪었던, 짧지만 강렬한 우울증 경험 때문일 것이다. "다시는 그곳에 가고 싶지 않아!"라고 다짐했었지만, 우울증은 여러 형태로 몇 번이고 돌아와 내 가슴을 짓누르곤 했다. 그래서 성인이 된 이후로 나는 감정적 생존을 위해 희망에 크게 의지해야 한다고 믿었다.

그 결과, 나는 이 책을 집필하면서 희망이 문제가 될 수 있다는 사실에 화들짝 놀랐다. 사실상, 파국의 그림자가 드리워진 상황에서는 (적어도 흔하고 피상적인 형태의) 희망이 치명적일 수 있기 때문이다.

얼마 전, 신학자이자 활동가인 미겔 데 라 토레(Miguel De La Torre)의 강의를 들으며 이런 생각을 다시 하게 되었다. 그는 희망의 어두운 면을 이렇게 표현했다. "희망은 학살당하는 이들에게 주입되는 것이다. 그래야 그들이 다가오는 현실에 맞서 싸우지 않기 때문이다." 그가 이 통찰을 얻은 것은 아우슈비츠를 방문했을 때였다. 아우슈비츠는 나치 정권이 유대인, 소련과 폴란드의 포로들, 집시 등에게 집단학살을 자행했던 끔찍한 수용소 중 하나다. 그 수용소 문을 통과하는 모든 사람은 입구에 새겨진 문구를 마주해야 했다. "노동이 너희를 자유롭게 한다"(ARBEIT MACHT FREI). 이 말은 자유에 대한 희망을 심어주기 위해 만들어졌으며, 그 결과 수감자들은 더 열심히 일했고, 저항할 가능성은 낮아졌다.[2]

다시 말해서, 악한 세력들은 희망을 이용해 우리를 조종하고, 지속

---

2) 내가 그의 강연을 들은 것은 2022년 Evolving Faith 회의에서였다. 그의 책 *Embracing Hopelessness* (Fortress, 2017)를 보라.

적 억압에 순응하도록 만든다. 희망은 단순한 거짓 약속이 아니라, 위험하고도 달콤한 거짓말이 될 수 있다. 그리고 절망 외에 다른 선택지가 없는 상황에서, 이 거짓말은 더욱더 매력적으로 다가온다.

불교 스님 틱낫한(Thich Nhat Hanh)은 희망의 또 다른 위험성에 대해 말했다. 그는 희망에 어느 정도 가치가 있는 이유는 희망이 "현재의 고통을 덜어줄 수 있기 때문"이라고 했다.3) 하지만 그는 "우리가 미래의 희망에 집착할 때, 우리의 에너지와 능력을 현재에 집중하지 못하게 된다"라고 경고했다. 우리는 상상 속의 더 나은 미래에 사로잡혀 현재를 외면한다. 그리고 그 과정에서 우리는 현재의 기쁨과 평화, 그리고 지금 여기에서 우리에게 주어진 선물들을 포함해서 다른 중요한 것들을 놓쳐버린다.

또 다른 현대 불교 스승인 조안 할리팍스(Joan Halifax)는 희망에 대한 또 다른 비판을 제기했다. 아무도 미래가 어떻게 될지 확신할 수 없다. 불교 사상에는 [연기설緣起說 때문에] "독립적 기원이 없다." 다시 말해, 미래는 현재 우리가 모든 감각을 지닌 존재들과 함께 만들어가는 조건에서 끊임없이 생겨난다. 현재의 조건은 무상하여 끊임없이 변하기 때문에, 미래는 알 수 없으며 우리의 행동이 중요하다. 그래서 또 다른 불교 스승인 조안나 메이시(Joanna Macy)는 단순한 희망이 아니라 **적극적 희망**(active hope)을 주장한다.

카를 마르크스는 1844년에 이러한 통찰을 이미 예견했다. "종교는 억압받는 창조물의 한숨이며, 무정한 세계의 심장이고, 영혼 없는 상태의 영혼이다. 그것은 민중의 **아편**이다(강조 추가)." 문맥상, 그는 많은 사람이 이 인용구를 해석하는 것과 달리, 종교를 공격한 것이 아니라 오히려 노동자들에 대한 공감을 표현한 것이다. 경제체제에 의해 착취와 억압을 받는 노동 계급의 고통이 너무 크기 때문에, 그들이 자연스럽게 고통을

---

3) Joanna Macy and Chris Johnstone, *Active Hope* (New World, re. 2022).

마취시키기 위한 무언가를 찾는다는 뜻이다. 종교가 제공하는 아편은 고통 없는 천국(a pain-free heaven)에 대한 희망이다. 많은 사람이 오늘날 이것을 "희망-아편"(hope-ium)이라고 부르는데, 종교는 억압받는 자들이 죽기 전까지 고통에 대한 완화 치료 역할을 한다.4)

그러나 희망은 또 노동 계급을 무력화함으로써 억압자들을 돕기도 한다. 미겔 데 라 토레는 아우슈비츠 수용소의 문 앞에서 이를 확실하게 보았다. 억압받는 자들이 아편을 내버릴 용기를 낸다면, 그들은 현재 조건의 고통을 직면하게 될 것이고, 그 고통은 그들을 절박하게 만들어 자신의 해방을 향한 집단행동을 취하게 만든다. 따라서 희망은 위험하고, 필사적인 절망이 필요하다고 보는 것은 우리의 직관과 반대되지만, 카를 마르크스와 미겔 데 라 토레뿐 아니라, 틱낫한 스님과 조안 할리팍스도 옳았음을 인정하지 않을 수 없다.

나는 종교적 성장 과정에서 희망의 위험한 측면을 느꼈다. 우리는 두 가지 매력적인 개념을 배웠다. 첫째, 하나님은 모든 것을 관장하시며, 우리에게 천국에서의 행복한 결말을 보장해 주신다는 것이었다. 우리는 이런 믿음을 지지하는 성경 구절들을 외웠고, 자주 인용했다. (그러나 우리의 믿음을 반박하는 수많은 성경 구절은 무시했다.) 그 결과, 우리는 현재 상황의 고통을 온전히 느끼고 그 고통을 행동으로 바꾸는 대신에, 종교적인 희망 아편의 파이프를 길게 빨아들이고, 다가올 천국의 기쁨에 대해 노래하며, "행복한 무관심의 꿈" 속으로 빠져들었다.

---

4) 나는 "희망-아편"이라는 용어에 대해 복합적인 감정을 가지고 있다. 많은 사람이 이 용어를 사용하는 이유를 이해한다. 그러나 희망을 조롱하거나, 여러 형태의 희망을 단순한 마취제로 취급하는 것은, 건강한 사람들이 공유하는 가장 강력한 심리적 경험 중 하나를 평가절하하는 위험을 수반한다. 다양한 연구들은 희망을 키우는 것이 생명을 구하고, 건강을 증진하는 효과가 있음을 보여준다. 예를 들어, 대니얼 구티에레즈(Daniel Gutierrez) 박사의 연구를 참고하라(출처: https://psycnet.apa.org/record/2019-29454-001).

이런 이유로 환경운동가 그레타 툰베리가 다음과 같이 단호히 말한 것도 이해할 수 있다. "나는 여러분의 희망을 원하지 않습니다. 나는 여러분이 희망을 품기를 바라지 않습니다. 나는 여러분이 공포(panic)에 휩싸이길 바랍니다. … 그리고 집이 불타는 것처럼 행동하기를 바랍니다. 실제로 불타고 있기 때문입니다."5)

나는 대중 연설을 할 때 종종 그레타와 같은 감정을 느낀다. 사람들은 내가 거친 진실을 말하는 중에 반드시 희망적인 결말을 제공해야만 기꺼이 귀를 기울인다. 그들에게 몇 가지 행복한 일화들을 들려주며, "모든 것이 괜찮을 것"이라고 확신시켜야 한다. 그들은 최소한 내가 그들을 다시 만날 때만큼은 자신들의 상대적인 무관심을 유지하길 원한다. 그러나 문제는 행복하고 만족하는 사람들은 변하지 않는다는 사실이다. 그리고 변하지 않는 사람들은 그냥 앉아서 파국을 맞이할 수밖에 없다.

다윈의 관점에서 보면, 변화하지 않는 사람들은 변화하는 환경에 적응할 수 없는 존재들이다.

물론, 우리가 나이 먹으면서 배우는 것처럼, 위험은 종종 쌍을 이루고 있다. 희망이 안일한 무관심과 심지어 마비로 이어질 수 있다면, 절망 역시 마찬가지다.

우리의 내면에서 희망과 절망을 동시에 관리하는 보이지 않는 이사회의 작동 방식 때문에, 흥미롭게도 이 둘은 놀랍도록 비슷한 매력을 갖고 있다. 첫째, 희망과 절망은 모두 불확실한 미래로부터 우리를 해방시킨다. 희망적인 사람은 행복한 결말을 가정하며, 절망적인 사람은 비극적 결말을 피할 수 없다고 믿는다. 어떤 경우든, 우리는 적어도 미래가 어떻게 될지 알고 있다고 느낀다. 둘째, 희망과 절망은 모두 우리에게 아무것

---

5) 물론 공포에도 부정적 측면이 있음을 그레타 툰베리 역시 충분히 이해할 것이라고 본다. 잠이 든 사람들을 깨우기 위해서는 때로 위험한 언어가 필요하다.

도 요구하지 않는 미래를 약속한다.

어차피 모든 것은 잘 풀릴 것이니까, 우리는 아무것도 하지 않아도 된다. 또는 다가오는 파국을 피할 수 있는 방법이 없기 때문에, 우리는 아무것도 할 필요가 없다.

희망이 우리에게 기존의 안일함으로 돌아가는 것을 허락해주듯이, 절망도 그럴 수 있다.

윤리학 교수인 샤론 D. 웰치는 절망이 안일함을 지탱하는 방식에 대해 적절한 표현을 제안했다. "세련된 절망"(cultured despair)이다. 웰치는 부유하고 중산층이며 특권을 가진 활동가들이 기대했던 결과가 빠르고 쉽게 나오지 않을 때 쉽게 포기한다고 말했다. 그들은 "저항을 오래 지속하지 못하며", "문제가 해결되지 않을 것이라는 냉소와 절망"에 쉽게 빠진다. 그 이유는 "현재 그들 자신이 편안한 상태에 있을 때 장기적인 사회 변화를 포기하는 것이 더 쉽다"는 점 때문이다. 그들이 그처럼 "쉽게 낙담하는 것은 너무 많은 권력을 가진 사람들, 즉 협상이나 노동 없이 필요가 충족되는 데 익숙한 사람들, 정치경제체제가 자신들의 필요를 충족시켜주는 데 익숙한 사람들의 특권"이라고 말한다. 그녀는 이어서, "특권 속에서 보호받고 있으며, 특권에 뿌리를 둔 사람들," 즉 "현재 멋진 삶을 누리거나 멋진 삶이 손 닿는 곳에 있는 사람들"에게는 "그저 자신과 가족을 위해 [멋진 삶을] 즐기는 것이 유혹일 수 있다"고 결론짓는다.[6]

이제 우리는 명확히 볼 수 있다. 희망은 복잡한 것이며, 절망도 그렇다. 희망이 항상 좋은 것이고, 절망은 항상 나쁜 것이라고 생각했다면, 환경운동가 데릭 젠슨(Derrick Jensen)의 말을 들어 보자. 그는 이런 생각을 완전히 뒤집는다.

---

6) *A Feminist Ethic of Risk* (Fortress, 2000).

우리가 외부의 도움을 바라는 것을 멈출 때, 끔찍한 상황이 저절로 해결될 거라고 기대하는 것을 멈출 때, 상황이 더 나빠지지 않기만을 바라는 것을 멈출 때, 우리는 비로소 완전히 자유로워진다. 진정으로 자유롭게, 솔직하게 문제를 해결하기 시작할 수 있다. 나는 희망이 죽을 때, 행동이 시작된다(when hope dies, action begins)고 말하고 싶다.

사람들이 종종 나에게 묻는다. "상황이 그렇게 나쁘다면, 왜 그냥 자살하지 않니?" 내 대답은 "삶은 정말, 정말 멋진 것"이라는 거다. 나는 매우 복잡한 존재라서, 내 마음속에서 우리가 정말로 망했다는 사실과 동시에 삶이 정말로 멋지다는 사실을 함께 받아들일 수 있다. 나는 분노, 슬픔, 기쁨, 사랑, 증오, 절망, 행복, 만족, 불만족 등 수천 가지 서로 다른 감정들로 가득 차 있다. 우리는 정말로 폭삭 망했다. 그러나 삶은 여전히 정말로 멋지다.

많은 사람은 절망을 느끼길 두려워한다. 그들은 현재 우리의 상황이 얼마나 절망적인지를 인식하게 되면 자신들이 영원히 비참해질 거라고 두려워한다. 그들이 잊고 있는 것은 우리가 많은 것을 동시에 느낄 수 있다는 점이다. 또한 절망적인 상황에 대해 절망하는 것은 전적으로 당연한 반응이라는 점이다. 많은 사람이 아마도 두려워하는 것은 사태가 얼마나 절망적인지를 파악하면, 자신이 그 사태에 대해 무엇인가를 할 수밖에 없게 될지도 모른다는 점일 게다.

제인 구달은 내가 평생 존경해 온 영웅 중 한 분이다. 1999년 저서 《희망의 이유》(*Reason for Hope*)는 20년이 넘는 시간 동안 내게 깊은 영향을 주었다. 최근에 그녀는 《희망의 책》(*The Book of Hope: A Survival Guide for Trying Times*)을 출판했다.[7] 이 책에서 구달은 희망을 가져야 하

---

7) Jane Goodall and Douglas Abrams (Celadon, 2021, 17쪽에 소개했음).

는 네 가지 이유를 제시하는데, 그것은 인간의 지적 능력, 자연의 놀라운 회복력, 청년들의 힘, 불굴의 인간 정신이다. (내 생각에 그녀의 네 가지 이유는 인류와 자연 모두의 회복력이라는 두 가지로 요약될 수 있다.) 그녀는 여전히 우리가 무엇인가를 바로잡기 위해 행동하기에 너무 늦지는 않았다고 믿으며, 우리가 지구에 가한 피해를 회복할 수 있는 시간적인 여유가 아직 남아 있다고 주장한다.

"하지만 그 기회의 창문은 점점 닫히고 있다." 그녀는 이렇게 덧붙이며, 곧 너무 늦어질 거라고 경고한다. 그녀는 우리가 "미래 세대의 미래"를 단순히 위협한 것이 아니라, 그것을 이미 빼앗아 버렸으며, 우리의 행성을 무분별하게 착취하면서도 미래 세대를 전혀 고려하지 않았다고 인정한다. 그러나 그녀는 포기하지 않는다. 하지만 그녀는 맹목적인 낙관주의자가 아니다. 그녀는 어떤 것도 보장하지 않는다.

그녀의 책을 잘 읽어보면, 심지어 오늘날 위대한 희망의 사도로 여겨지는 그녀조차도 항상 낙관적인 것은 아니라는 점이 드러난다. 사실상 그녀는 우리가 시나리오 3, 또는 4가 불가피하다고 느끼는 순간이 있다고 인정한다.

우울함을 느끼는 날이 많다. 사회 정의와 환경 정의를 위해 싸우는 많은 사람이 노력하고, 고통을 감내하며 희생하지만, 인종차별과 탐욕에 맞선 이 전쟁이 결국 패배할지도 모른다고 느껴질 때가 있다. 우리 주변에 사납게 몰아치는 세력들, 즉 탐욕, 부패, 증오, 맹목적인 편견 같은 세력들을 우리가 극복할 수 있다고 생각하는 것이 어리석은 일인지도 모른다. 우리는 때때로 망했다고 느끼며, 세상의 파국이 "천둥이 아닌 흐느낌과 함께"(T. S. 엘리엇) 끝날 것을 지켜볼 거라고 생각하는 것을 이해할 수 있다. 오래 산 사람들처럼 나 역시 어두운 시기들을 겪었고, 많은 고통을 보아왔다.

구달은 우리가 불리한 상황에 처해 있으며, "시련의 시기"를 겪고 있다는 사실을 알고 있다. 그녀가 희망을 붙잡고 절망을 거부하는 것은, 사실상 패배주의의 마비 효과를 거부하는 것이다. "만약 희망이 어떤 변화를 만들어낼 것이라고 진정으로 믿지 않는다면, 왜 행동하려 하겠는가?" 구달에게, 그리고 많은 사람에게 희망은 필수적이다. 희망이 없으면 우리는 포기하고 만다. 이런 점에서 희망은 곧 삶을 향한 의지와 같다.[8]

그래서 여기에는 역설이 존재한다. 내가 존경하고 신뢰하는 사람들에 따르면, 희망은 필수적이다. 희망이 우리에게 동기를 부여하기 때문이다. 하지만 또 다른 사람들에 따르면, 희망은 위험한 것이다. 희망은 우리가 현실에서 벌어지는 나쁜 일들에 제대로 반응하지 못하게 만들기 때문이다.

희망을 전파하는 선한 사람들과 희망을 비판하는 선한 사람들은 같은 문제를 지적한다. 그것은 바로 "어리석은 안일함"(foolish complacency)이다. 그리고 양쪽 모두 현명한 행동을 촉구한다. 그래서 미겔 데 라 토레는 희망의 반대가 절망이 아니라 "절박함"이라고 말한다. "절박함이 행동을 이끈다"는 사실 때문이다. 그는 이렇게 설명한다. "내게 더는 희망이 없다고 느낄 때, 내가 잃을 것이 없다고 깨달을 때," 불의한 기존 질서를 유지하려는 자들에게 "나는 가장 위험한 존재가 된다." 아무것도 잃을 것이 없을 때, 나는 모든 것을 걸고 위험을 감수할 수 있기 때문이다.

나는 희망을 둘러싼 이러한 긴장 속에서 두 가지 사실을 인정해야

---

[8] 심리학자 대니얼 구티에레즈는 치료적 상황에서 희망을 연구한다. 그는 희망을 의지와 길(방법)의 결합으로 설명한다. 사람들이 "나는 이 도전을 극복하겠다"라고 느낄 때, 그리고 "이 도전을 헤쳐나갈 방법이 있다"고 생각할 때, 그러한 의지와 방법의 결합이 긍정적 결과의 가능성을 높인다고 말한다. (개인 대화, 2023년 9월 18일).

했다. 첫째, 아무리 놀라운 과학기술적 돌파구에 대한 이야기를 듣더라도, 사회 운동에 대한 이야기, 젊은 활동가들의 이야기나 탈탄소화, 또는 인종차별 반대에서 놀라운 진전을 이룬 이야기를 듣더라도, 나는 우리의 상황에 대해 낙관적이지 않다. 희망이 낙관주의, 즉 우리가 "승리할 수 있다"는 것을 의미한다면, **나는 종종 희망을 잃었다고 느낀다.**

내가 "붕괴 후 멸종"을 확신하고 있다는 뜻은 아니다. 나는 어떤 시나리오도 확신하지 않는다. 내 문제는 심지어 "붕괴 회피"도 승리처럼 느껴지지 않는다는 점이다. 지금 이 시점에서 나는 우리가 더 이상 전통적인 희망의 영역에 있지 않다고 느낀다. 우리는 더 이상 승리를 위해 싸우는 것이 아니라, 가장 비극적인 상실의 시나리오를 피하려고 싸운다.

신학적 관심을 가진 이들에게 이 전통적인 희망의 영역 너머에 있는 공간은 아마도 성 바울이 "희망이 사라진 때에도 바라는" 희망(hope against hope)이라고 부른 것일 수 있다(로마서 4:18). 우리는 비슷한 사례를 히브리 예언자들, 예컨대 하박국에게서도 찾아볼 수 있다. 유다 예언자 하박국은 기원전 7세기 후반에 그의 백성이 불가피한 패배와 파국을 맞을 것이라고 경고했다(하박국 2:2-3). 그러나 그의 예언은 강렬한 기쁨의 선언으로 끝난다(3:17-19). 비슷하게, 예수도 자신의 사역을 자신이 살해될 것이라는 전제하에 수행하지만(누가 13:33), 그의 일이 계속될 것이며, 그의 뒤를 잇는 사람들이 그보다 "더 위대한 일"을 할 것이라고 신뢰한다(요한 14:12). 이처럼 "희망이 사라진 때에도 바라는" 희망은 길이 명확하지 않더라도 포기하지 않고 살아가려는 의지에서 힘을 얻는 듯하다.

아마도 "희망이 사라진 때에도 바라는" 희망이라는 개념이 나의 두 번째 깨달음을 설명하는 데 도움이 될 것이다. **낙관주의 없이도 나는 여전히 동기부여를 받는다. 나는 포기하고 싶은 마음이 없다.** 한동안 나는 너무 낙심하여 내 속에 동기가 있는지조차 알지 못했다. 하지만 점차 내 안에서 이

전보다 더 강한 동기가 생겨나는 것을 느꼈다. 과거에는 결과에 대한 낙관적 희망이 나의 동기를 부여하는 원천이었으며, 나는 끊임없는 긍정적인 이야기와 낙담할 만한 증거를 외면함으로써 동기를 유지했다. 하지만 지금 나는 낙담할 증거가 긍정적 증거보다 훨씬 많다고 느낀다. 그렇다고 해서 절망이나 마비된 체념의 안락의자에 주저앉지는 않았다. 나는 여전히 일어나 있으며, 도전과 창조적 에너지로 가득 차 있다. 한동안 나는 도대체 내가 왜 여전히 버티고 있는지를 이해하지 못했다.

그러던 중 역사학자 하워드 진(Howard Zinn)의 한 단락을 접하게 되었고, 그것이 나의 희망과 절망의 역설 너머로 나를 이끄는 듯했다.

어려운 시기에 희망을 갖는 것은 단순히 어리석은 낭만주의가 아니다. 그것은 인간 역사가 단순히 잔혹함의 역사만이 아니라, 연민, 희생, 용기, 친절의 역사이기도 하다는 사실에 기반을 둔다. 우리가 이 복잡한 역사에서 무엇을 강조하느냐에 따라 우리의 삶이 결정된다. 만약 우리가 최악의 것만을 본다면, 그것은 우리가 무엇인가를 할 수 있는 능력을 파괴해 버린다. 하지만 우리가 수많은 시간과 장소에서—그리고 그런 순간들은 무수히 많다—사람들이 위대하게 행동했던 사례를 기억한다면, 그것은 우리에게 행동할 에너지를 주고, 적어도 세상의 회전 방향을 다르게 돌릴 가능성을 열어준다. 그리고 우리가 행동할 때, 그것이 아무리 작은 것일지라도, 우리는 어떤 거대한 유토피아적 미래를 기다릴 필요가 없다. 미래는 무한히 연속되는 현재이며, **우리가 마땅히 인간답게 살아야 한다고 생각하는 방식대로 사는 것, 즉 주변의 모든 나쁜 것들에 대한 도전 속에서 살아가는 것 자체가 하나의 놀라운 승리이다** [강조 추가].9)

---

9) 그의 자서전 *You Can't Be Neutral on a Moving Train* (Beacon, 2002, 유강은

내가 하워드 진의 "승리"라는 단어를 곰곰이 생각해 보았을 때, 나의 투쟁 개념과 내면의 논쟁의 관점이 바뀌는 듯했다. 하워드 진은 우리가 승리할 수 있다고 믿으며 싸움을 지속하는 희망 팀(Team Hope)과 승리는 불가능하다고 생각하여 경기가 시작되기도 전에 경기장을 떠나는 절망 팀(Team Despair) 중 하나를 선택하라고 요구하지 않았다.10) 대신, 그는 승리에 대한 다른 개념과 완전히 다른 선택을 제시했다. 나의 진정한 선택은 잔혹 팀(Team Cruelty, 혹은 무관심 팀, 이기심 팀, 냉담 팀)과 지혜, 용기, 친절 팀(Team Wisdom, Courage, and Kindness) 사이의 선택이었다.

오늘날 다시 하워드 진의 말을 반추해 보면, 나는 강력한 내적 초대를 느낀다. 바로 "인간이 마땅히 살아야 할 방식대로," 이 순간을 **멋지게** 살아가라는 것이다. **결과가 어떻게 되든 간에**, 앞으로 어떤 시나리오가 펼쳐지든 간에 말이다. 이처럼 원하는 결과로부터의 초연함(detachment)은 파국에 대한 나의 반응을 지적인 위험 평가의 문제라기보다는 자유로운 도덕적 선택의 문제처럼 느껴지게 한다. 하워드 진이 "도전"(defiance)이라는 단어를 사용한 것이 너무도 적절하게 느껴진다. 그것이 바로 내가 느끼는 치열한 도전의 에너지이기 때문이다. **우리 주변에 있는 모든 나쁜 것들**

옮김, 《달리는 기차 위에 중립은 없다》, 이후, 2016)에서.
10) 생태적 한계 초과 및 문명 붕괴와 관련된 과학적, 사회학적 데이터를 연구하면서 나는 극도의 스트레스를 느꼈다. 일부 연구자들은 붕괴가 불가피하거나 멸종이 불가피하다는 강한 주장을 했고, 따라서 활동가는 비합리적이며 어리석고 비현실적이라고 보았다. 반면, 다른 연구자들은 여전히 우리 현재 상황에서 벗어날 방법이 있다고 말하며, 그러한 패배주의는 잘못된 판단이며 시기상조라고 주장했다. 그러나 그들이 제시한 행동들은 그 위기의 크기에 걸맞은 해결책이 되지 못했다. 나는 두 가지 불만족스러운 선택 사이에서 갈등했다. 하나는 이성적이지만 패배주의적 태도였고, 다른 하나는 희망을 갖고 있었으나 설득력이 부족한 태도였다. 이러한 경험이야말로 왜 하워드 진의 말이 나에게 깊은 도움이 되었고 촉진제가 되었는지를 이해하는 데 도움이 된다. 그는 이 문제를 단순한 지적 논쟁이 아닌, 내가 실제로 내릴 수 있는 도덕적 선택으로 재구성했다.

이 나를 저항하도록, 도전하도록, 순응하지 않도록 동기를 부여하며, 그리고 그 도전 자체를 **놀라운 승리**처럼 느끼도록 이끈다.

나는 도전의 힘을 이해하도록 당신을 사고 실험(thought experiment)으로 초대하고 싶다. 쉽지는 않겠지만, 그 불편함을 감수할 만한 가치가 있을 거라고 생각한다.

시나리오 4인 "붕괴 후 멸종"(Collapse/Extinction)이, 영화 "돈 룩 업"(*Don't Look Up*)의 마지막에 등장하는 소행성이 지구로 돌진하는 것만큼이나 불가피해졌다고 상상해 보자. 앞으로 5년, 25년, 75년, 혹은 250년 후, 지난 몇백 년 동안 지속된 생태적 한계 초과가 우리를 덮친다. 해수면이 상승하고, 숲이 불타며, 흉작이 겹치고, 지구의 넓은 지역이 폭염으로 인해 사람이 살 수 없는 곳이 된다고 상상해 보자. 난민들이 몰려오고, 시장은 붕괴하고, 국가들은 마지막 남은 화석연료를 놓고 전쟁을 벌인다. 그리고 동시에, 정장을 입은 두 남성이 세계 반대편에서 각각 붉은 버튼을 누른다. 몇 분 후, 핵폭탄이 100개 도시를 강타한다. 바람이 거대한 버섯구름을 몰고 오며, 방사능 낙진이 대지를 뒤덮는다. 그리고 구름은 당신이 사랑하는 사람들이 살고 있는 도시를 향해 서서히 다가온다.

이제, 그 구름이 도시에 도달하기까지 24시간 남았다고 상상해 보자. 명백하게도, 이제 핵무기 반대 집회를 열거나 불가피한 운명을 막을 수 있는 다른 일을 할 시간은 없다. 그렇다면 그 마지막 24시간을 어떻게 보내는 것이 좋을까? 지구에서의 마지막 날, 사람들에게 총을 난사하며 모든 생명체에게 분노를 쏟아내길 원하는가? 부모들이 공포에 질려 무기력한 상태로 몸을 웅크리거나, 술에 취해 무의미하게 사라지기를 원하는가? 아이들을 홀로 남겨둔 채? 아니면, 당신이 사랑하는 사람들이 마지막 날까지 용감하고, 선하고, 서로에게 가능한 한 친절하기를 원하는가?

마지막 날, 어린 화가가 테이블에 앉아 밝은 색깔의 그림을 페이지

마다 가득 채우기를 원하는가? 어린 소년이 강아지와 함께 놀며 "넌 정말 착한 강아지야!"라고 말하며 산책하기를 바라는가? 어린 소녀가 친구들을 들판으로 초대해 공놀이를 하고 농담을 나누며 마지막 날을 즐겁게 보내길 원하는가? 이웃들이 거리로 나와 서로에게 좋은 이웃이 되어준 것에 대해 감사하기를 바라는가? 가족들이 저녁 식사로 가장 좋아하는 음식을 함께 나누면서 마지막 식사를 하고, 해질 무렵 뒷마당에 나무를 심기를 원하는가? 그날 밤늦게, 가족이 서로를 꼭 끌어안고 얼마나 사랑하는지 말하며, 함께 살아온 모든 순간을 되새기며 감사의 기도를 함께 드리길 원하는가? 마지막 날이 정말로 **살아 있는** 하루가 되길 바라는가? 그 끔찍한 상황 속에서도 지혜와 용기의 표현으로서 마지막 날을 보내길 원하는가? 마지막 하루를 그렇게 보낸다면, 우리는 그것을 경이로운 승리라고 여길 수 있을까?

아니면 그렇게 하는 것이 의미 없는 일이며 중요하지 않다고 말하겠는가? 어차피 죽을 운명이었으니까, 결국 모든 사람이 언젠가는 죽지 않느냐고 말하겠는가?

이 사고 실험은 나에게 희망이라는 것이 일반적으로 이해되는 것보다 더 깊은 차원이 있음을 깨닫게 해준다. "희망이 사라진 가운데 바라는" 희망은 모든 좋은 결과에 대한 희망이 사라졌을 때조차 행동할 에너지를 불러일으킨다. 데릭 젠슨은 이러한 동기부여를 설명하는 용어를 제공한다. "왜 나는 활동가인가?"라는 질문에 대해 젠슨은 이렇게 답한다.

왜냐하면 나는 사랑하니까요. 언어를 사랑하고, 창밖의 나무들을 사랑하며, 모래가 깔린 시냇물 바닥에서 살아가는 작은 칠성장어 새끼들과 낙엽 더미 사이를 기어 다니는 가느다란 도롱뇽들을 사랑합니다. 그리고 사랑하는 존재가 있다면, 그들을 지키기 위해 행동합니다. 물론 결과는 중요합니다. 하지만 그것이 내가 노력을 기울일 것인지 아닌지의 여부를 결정하지는 않습니다. 나는 단지 사랑하는 존재가 살아남고 번성하길 바랍니다. 그래서 어떤 일이든 감당합니다. 만약 나의 사랑이 내가 사랑하는 존재를 지키려는 행동으로 이어지지 않는다면, 그것은 진정한 사랑이 아닙니다.

북미 원주민 촉토 부족의 원로이자 은퇴한 성공회 주교인 스티븐 찰스턴(Steven Charleston) 역시 우리의 삶을 사랑의 축으로 정렬하라고 초대하며 아름다운 구절을 남겼다.

징조들은 우리 주변 어디에나 있습니다. 그것들은 마치 초원에 내린 비 뒤에 피어나는 야생화처럼 돋아나고 있습니다. 잠들어 있던 사람들이 깨어나고 있으며, 관망하던 사람들이 참여하고 있습니다. 한마디도 하지 않던 사람들이 이제 목소리를 냅니다. 신앙의 전환점은 영적 에너지가 시작되는 지점으로, 우리가 믿는 것이 우리가 행동하는 것이 되는 곳입니다. 그 힘이 풀려나면, 그것을 막을 수 없습니다. 사랑은 가둘 수 없는 힘이기 때문입니다. 주변을 둘러보면, 사방에서 모여드는 새로운 얼굴들을 볼 수 있을 것입니다.

… 때때로, 이 혼란스러운 세상에서 우리는 사랑이 우리 주변에 있다는 사실을 잊어버립니다. 우리는 타인에 대해 최악의 상황을 상상하고, 자기 껍질 속으로 숨어버립니다. 하지만 이런 간단한 실험을 해보세요. 붐비는 장소에 서서 주변 사람들을 지켜보세요. 아주 짧은 시간 내에 사랑을 발견하기 시작할 것이고, 그것을 반복해서 보게 될 겁니다. 아이와 이야기하는 젊은 엄마, 함께 걸으며 웃고 있는 연인들, 낯선 사람을 위해 문을 잡아주는 노신사—작은 사랑의 징조들이 어디

에나 있습니다. 더 많이 볼수록, 더 많이 발견합니다. 사랑은 문자 그대로 어디에나 존재합니다. 우리는 사랑으로 둘러싸여 있습니다.

그러므로 점점 분명해지고 있다. 영적 교육자인 신시아 부조(Cynthia Bourgeault)의 말처럼, "우리의 가장 큰 실수는 희망을 결과와 묶어놓는 것이다."11) 즉 만약 우리가 원하는 결과로 이어질 가능성이 보인다면, 우리는 희망을 품을 수 있다. 하지만 그 길이 보이지 않는다면, 우리는 절망에 빠진다. 그 길이 존재하는지 확신할 수 없을 때도 희망을 유지할 수 있지만, 그 길이 닫히면 희망은 패배의 위험에 빠진다.

우리의 가장 중요한 동기가 사랑일 때는 다른 논리가 작용한다. 우리는 좋은 결과가 나올 가능성 때문이 아니라, 사랑에 대한 헌신에서 용기와 확신을 찾는다.12) 사랑은 우리의 곤경에 대한 해결책으로 **돌파하는 길**을 제공할 수도 있고 못할 수도 있지만, 사랑은 우리의 곤경 속에서도 **앞으로 나아가는 길**, 불확실한 미지의 세계 속으로 한 걸음씩 앞으로 **나아가는 길**을 제공할 것이다. 내 친구 재키 루이스(Jacqui Lewis)가 말하는 맹렬한 사랑(fierce love)에 의해 지속된다면,13) 우리는 충분히 오래 견뎌낼 수 있을 것이고, 그러면 놀랍게도 길이 없는 곳에서 새로운 길이 나타날

---

11) 신시아 부조는 "희망 없는 가운데 희망"을 "신비한 희망"이라고 말한다. 그녀의 비디오 "The Roots of Hope Run Deep"을 보라.
12) 이런 접근방법은 덕의 윤리(virtue ethics)의 본보기로 간주할 수 있는데, 이것은 결과주의(우리의 행위가 원했던 결과에 의존해야 한다는 철학)와 의무론(의무나 규칙에 입각한 윤리적 접근)과 반대된다. 철학에서 덕의 윤리는 전형적으로 플라톤, 아리스토텔레스, 공자와 연관된다. 나의 기독교 전통에서는 덕의 윤리가 예수가 가르친 사랑의 우선성에 뿌리를 두고 있다. 분명히 덕 있는 성격, 결과에 대한 고려, 의무와 규칙들은 모두 중요한 고려사항들이다. 그러나 오늘날처럼 불확실성이 가득한 상황에서는 출구가 없는 곳에 덕의 윤리가 출구를 제공한다.
13) 그녀가 가장 최근에 발표한 책 *Fierce Love* (Harmony, 2021)는 사랑하는 저항과 창조적 도전을 요청한다.

수도 있다. 그 순간 우리는 다시 희망을 품을 이유를 찾을 것이다. 하지만 설령 희망이 다시 돌아오지 않더라도, 우리는 생의 마지막 순간까지 사랑으로 살아갈 것이다.

달리 말하자면, **좋은 결과**에 대한 희망을 잃는다 해도, 우리는 **좋은 사람**이 될 수 있다는 희망을 잃을 필요는 없다. "우리 주변의 모든 악에 도전하면서" 우리는 용기 있고, 지혜롭고, 친절하며, 사랑하는 사람이 될 수 있기 때문이다. 기존의 희망 개념에서 미래의 결과에 대해 위안이 되는 낙관론을 빼고 나면, "희망이 사라진 가운데 바라는" 희망은 더욱 크고 아름다우며 강력하게 보인다.

어니스트 베커(Ernest Becker)의 표현을 빌리자면, "망각의 벼랑 끝에 서서"(on the brink of oblivion) 우리는 이렇게 지속적으로 선언하는 감정을 느낀다. 즉 우리는 이 세상이 아무리 추하고, 무섭고, 잔인해 보일지라도, 실패와 죽음이 불가피해 보일지라도, 가능한 한 아름답고, 용감하며, 친절하게 살아갈 것이라는 선언이다. 사실상, 이러한 덕목은 오직 실패와 죽음의 맥락 속에서만 발전할 수 있다. 그래서 리처드 로어 신부는 이러한 희망을 "지혜롭고 너그럽게 고통을 견딜 수 있는 배움의 열매"라고 묘사한다. "우리는 훨씬 **더 커진** 채로 나오게 되며, 그 **커짐**(largeness)이 우리의 희망이 된다."14)

친구들이 내게 이 책 제목에 대해 자주 물었다. 내가 대답하면, 그들의 다음 질문은 거의 항상 같았다. "당신에게는 희망이 있나요?" 무어라 대답할 수 있을까?

앞으로는 이렇게 대답할 것이다. 그것은 **희망을 어떻게 정의하느냐에 달려 있다**. 희망은 복잡하다. 하지만 이 책을 쓰면서 깨달은 것은, 설령 희망이 실패하더라도 희망을 대신할 수 있는 더 큰 무엇이 존재한다는 사실이며,

---

14) *A Lever and a Place to Stand* (Hidden Spring, 2011), p. 104.

그것이 바로 사랑이다.

> 친애하는 독자에게,
>
> 이 장의 중심 아이디어, 즉 희망이 복잡하다는 것에 깊이 공감했을 때, 나는 이 책을 꼭 써야겠다고 느꼈습니다. 당신과 독서 모임에서 함께 고민해볼 몇 가지 질문을 제시합니다.
>
> 미겔 데 라 토레의 말, 즉 "희망은 학살당하는 이들에게 주입되는 것이다. 그래야 그들이 다가오는 현실에 맞서 싸우지 않기 때문이다"라는 말이 당신에게 뜻밖의 말인가요? 이에 대해 어떻게 반응하시나요?
>
> 당신의 말로, 왜 희망이 복잡한지 설명해 보고, 왜 맹렬하고 용기 있으며 도전적인 사랑이 현재 상황에서 우리에게 더 필요한 것을 표현한 것일지 이야기해 보세요.
>
> 이 장에서 제시된 희망에 관한 정의나 인용문 중 하나를 선택해서, 그것이 왜 마음에 드는지 설명해 보세요.

이 장은 제1부: 지나가도록 놓아두기(Letting Go)의 마지막 장이다. 이 시점에서 당신은 무엇을 놓아 보내고 있다고 느끼는가? 만약 이것이 책의 마지막 장이라면, 당신의 가장 중요한 깨달음은 무엇인가?

희망에 대한 이야기는 나중에 다시 다룰 것이다. 이제 우리는 보기(seeing)라는 주제로 넘어가, 세상에서 벌어지는 일에 대해 우리가 보통 품고 있는 생각(assumption)을 다시 질문해 볼 것이다.

제2부

그대로 놓아두기 – 통찰력의 현장

7장

보는 방법을 배우기

자신의 삶을 지배하는 이야기에 대해 권한을 가지지 못한 사람들, 즉 그 이야기를 다시 말하고, 다시 생각하고, 해체하고, 농담을 던지고, 시간이 지나면서 변화시키는 능력이 없는 사람들은 진정으로 무력한 사람들이다. 그들은 새로운 생각을 할 수 없기 때문이다.

―소설가 살만 루슈디

[이는] 빛의 존재를 증명하는 문제가 아니라, 자신의 눈이 빛을 볼 수 있다는 사실조차 모르는 맹인들의 문제다. 아무도 빛을 볼 수 없다면, 이제는 빛을 찬양하고 설교하는 것이 무의미하다는 것을 깨달아야 할 때다. 사람들에게 더 필요한 것은 보는 법을 가르치는 것이다.

―스위스 정신과 의사 C. G. 융[1]

우주는 신성한 원들(sacred circles)의 체계이며, 그 모든 것은 서로 연결되어 서로를 필요로 한다. 우리는 결코 혼자가 아니다.

―체로키족 작가 랜디 우들리[2]

---

[1] 이 문장은 "기독교가 교육적 사명을 충족하려면 처음부터 다시 시작해야 한다. 종교가 단지 신앙과 외적인 형식에 불과하고 … 우리의 영혼 속에서 직접 경험되지 않는다면, 중요한 일은 아무것도 일어나지 않는다. … 자신의 경험으로부터 이것을 알지 못하는 사람은 아무리 박식한 신학자라 할지라도 종교에 대해 전혀 이해하지 못하며, 교육에 대해서는 더더욱 무지한 것이다"라는 문장으로 시작된다. *Collected Works*, vol. 12. 이 인용문을 제공한 마이클 페트로에게 감사한다.

우리는 깨어나고 있다. 또한 감당할 수 있는 모든 현실을 환영하고 있다. 마음도 돌보고 있다. 시인과 예술가들을 초대하여 우리의 슬픔을 나누고 있다. 그동안 올라타고 있었던 쓸모없는 이야기들에서 내려오고 있으며, 단순한 희망의 개념을 넘어서고 있다. 이는 곧 우리가 눈을 좀 더 크게 뜨고, 모든 걸 더 깊이 들여다볼 준비가 되었다는 뜻이다.

"본다"는 말은 "이해한다"는 뜻이다. 단순히 눈으로 보는 것만이 아니라, 통찰력을 통해 더 깊은 곳까지 보는 것이다. 처음에는 사슴 떼처럼 풀을 뜯어 먹으면서도 위험을 감지하기 위해 들판 전체를 살피는 동물적 시각으로 시작한다. 그러나 통찰력은 단순한 시각을 초월한다. 통찰력은 우리의 모든 내부 의사결정 과정이 연관되어, 과거의 경험과 미래에 대한 예측, 그리고 깊은 이해를 통해 더 풍부해진다.

어느 정도 나이가 들었다면, 세상을 장밋빛 안경을 통해 바라보며 인생 대부분을 살아왔을 것이다. 비유적으로 말하면, 우리가 태어날 때 씌워진 안경이다. 몇 세기 전만 해도 서양 세계에서만 이런 안경을 받았지만, 최근에는 코카콜라를 마시고, 영화관에 가고, 휴대전화를 사용하는 곳이라면 어디서나, 심지어 거의 모든 신생아가 이 안경을 받는다. 이런 안경을 쓰면 세상을 황금빛으로 물든 낙관적인 시선으로 바라보게 된다. 이것이 바로 진보라는 안경이다.

이런 안경을 통해 본다면, 진보는 단순히 우리가 **무엇을** 보는가만이 아니라 **어떻게** 보는가의 문제이기도 하다.

우리는 이러한 시각, 즉 진보가 필연적이라는 깊은 신념을 수천 가지 경로를 통해 배운다. 학교에서 역사를 배우는 방식, 자동차나 TV, 컴퓨터, 스마트폰과 같은 기술을 경험하는 방식, 장기적으로 우리의 투자가

---

2) *Becoming Rooted* (Broadleaf, 2022).

증가할 것이라는 믿음, 신학에서 역사의 흐름을 하나님의 계획으로 보는 방식(특히 기독교인일 경우), 정치 후보들이 유권자들에게 자신들의 비전을 설득하는 방식, 활동가들이 시위에 참여하도록 권유하는 방식, 은행이 신용을 제공하는 방식, 그리고 물리학, 화학, 생물학을 배우는 방식을 통해서도 진보를 배운다. 세상이 장밋빛과 황금빛으로 물든 것처럼 보이는 이유는 우리 주변의 거의 모든 사람이 세상을 그렇게 보기 때문이다. 따라서 우리는 다른 방식으로 세상을 바라보는 것이 거의 불가능하다. 과학자들은 이러한 시각을 패러다임이라 부르고, 철학자들은 세계관이라 부르며, 사회학자들은 사회적 구성이라고 부른다. 하지만 무엇이라 부르든, 우리에게는 그저 상식일 뿐이다. 그것이 우리가 세상을 보는 방식이다.

우리의 문화적 렌즈는 마치 증강 현실 안경과도 같다. 이 안경을 통해 산을 바라볼 때 그 산에서 얼마나 많은 목재를 얻을 수 있는지, 석탄이 얼마나 매장되어 있는지를 계산하며, 이로 인해 얼마나 많은 이익을 창출할 수 있는지를 떠올린다. 우리의 진보적인 렌즈는 마치 엑스레이처럼 땅과 바다 아래 감춰진 석유 매장량을 탐지하며, 그 가치를 수십억 달러로 환산한다. 우리의 마법 같은 안경은 우리에게 놀라운 능력을 부여한다. 기적이다! 다른 사람들은 단순히 숲이나 평원, 해저를 보지만, 우리는 돈을 본다! 우리가 어디를 보든지 우리의 문화적 렌즈는 모든 것을 미다스(Midas)의 손처럼 이윤으로 바꾸고, 이윤은 진보를 의미하며, 진보는 여가, 즐거움, 권력, 안전, 그리고 재미를 뜻한다!

하지만 바로 그 렌즈들이 현재 상황을 보이지 않게 만든다. 우리가 볼 수 없고, 받아들일 수 없고, 처리할 수 없고, 이야기할 수도 없고, 변화시킬 수도 없는 것들이다. 우리가 현실을 받아들이고, 마음을 돌보고, 슬퍼하고, 우리의 오래된 이야기들과 그 이야기들이 약속했던 거짓 희망을 의심하게 될수록, 우리의 오래된 관점은 더 이상 말이 되지 않는다. 마치 문화가 우리에게 물려준 색안경이 기름때와 성가신 흠집, 깊은 균열로 가득 차는 것과 같다. 결국 우리는 이렇게 묻는다. "이 빌어먹을 것들이 없다면 더 잘 볼 수 있지 않을까?"

어쩌면 첫 번째 시나리오인 "붕괴 회피"는 (불편하긴 해도) 우리의 오래된 사고방식과 공존할 수 있을지 모른다. 어쩌면 그것이 그렇게 인기 있는 이유일 수도 있다. 하지만 첫 번째 시나리오가 더 이상 유지될 수 없거나, 그 진정한 비용이 명확해질 때, 점점 더 많은 사람이 자신이 믿어온 세계가 단지 집단적 망상 속에서 존재했던 것임을 깨닫게 될 것이다. 끝임없는 진보가 가능한 세계? 환경적 한계가 없는 세계? 경제가 환경을 소유하고 통제하는 세계? 우리의 동료 생명체들과 미래 세대가 우리가 유일한 지구를 어떻게 다루는지에 대해 아무런 발언권이 없는 세계? 무한한 경제 성장이 가능한 세계? 항상 우리의 가장 큰 문제를 해결해 주는 안정적인 제도가 존재하는 세계? 역사의 흐름이 지속적인 풍요로 나아가는 세계? 그러한 세계는 더 이상 존재하지 않는다. 우리는 오랫동안 그것을 믿어왔다. 마치 내가 아홉 살 때 "세대의 도표"를 믿었던 것처럼 말이다. 우리가 그것을 믿었던 이유는, 우리가 신뢰했던 사람들이 그것을 믿었기 때문이다. 그러나 이제, 점점 사그라지는 파국의 빛 속에서, 우리는 그 허상을 꿰뚫어 보고 있다.

아무도 원하지 않았던 선물일지도 모르지만, 그것이 주어진 선물임은 분명하다.

우리가 그 렌즈 없이 세상을 바라볼 때, 시장의 "보이지 않는 손"은 더 이상 하나님의 손처럼 보이지 않는다. 우리의 문명은 더 이상 붕괴하지 않을 것처럼 보이지 않는다. 인간이라는 종은 더 이상 멸종을 피할 수 있는 것처럼 보이지 않는다.

이 책을 쓰기 전까지, 나는 현대 서양 자본주의 세계관, 즉 보장된 진보라는 안경을 벗었다고 생각했다. 하지만 이 연구를 진행하면서, 나는 좀비처럼, 그 오래된 세계관이 계속해서 살아남아 있다는 것을 깨달았다. 만약 당신이 어느 정도 나이가 들었다면, 당신도 나와 같은 경험을 했을 것이라 상상한다.

하지만 당신이 나의 세대보다 젊다면, 내가 받은 것과 동일한 근대 자본주의적 렌즈를 받았다 하더라도, 당신은 그것에 덜 집착할 것이다. 당신이 세상을 다르게 보는 것은 당신이 성장할 때 이미 낡은 세계관이 무너지고 있었기 때문이다. 당신이 보는 방식은, 우리처럼 나이 든 사람들이 세상을 바라볼 필요가 있는 방식과 더 가깝다. 옛 포크송 "당신 아이들에게 가르쳐라"(Teach Your Children)의 가사가 우리의 상황을 잘 묘사한다. 즉, 부모 세대는 젊은 세대로부터 배워야 한다. 부모 세대의 필연적인 진보의 세계는 사라지고 있기 때문이다.

파국의 경험은 우리가 세상을 새로운 방식으로 바라보도록 초대하고, 또 그렇게 바라볼 것을 요구한다. 이러한 새로운 시각 중 두 가지만 살펴보겠다. 첫째, 변화를 사물보다 더 실제적인 것으로 보는 능력, 둘째, 시스템 속의 시스템 속의 시스템을 바라보는 능력이다. 이전 책에서 나는 이러한 첫 번째 변화를 경험했던 순간을 묘사한 적이 있다. 그것은 어느 날 정오, 와이오밍에서 플라이 낚시를 하며 겪은 일이었다.3) 내가 깃털과 실로 만든 미끼를 물살이 빠른 곳과 느린 곳이 만나는 경계에 던졌을 때, 나는 "경계란 무엇인가?" 하고 궁금해졌다. 경계는 분명 원자들의 고정된 집합이 아니었다. 매 순간 한 무리의 원자가 사라지고 새로운 원자가 그 자리를 채웠다. 만약 우리가 갑자기 흐르는 물을 얼려 원자들이 움직이는 것을 멈추게 하면, 사진 속에 찍힌 그 경계는 더 이상 존재하지 않을

---

3) 이 낚시 이야기는 *Do I Stay Christian?* (St. Martin's Essentials, 2022), 7장을 개작한 것이다.

것이다. 그것은 고정되고 정적인 것이 아니라, 사물들의 패턴, 관계, 흐름이었다. 즉, 일시적이고 우연적인 것이며, 사물이라기보다 사건에 가까운 것이었다.

나는 상류를 바라보았고, 바위 앞에서 부풀어 오르는 물의 흐름을 보았다. 또 다른 패턴이자 사건이었다. 나는 흐르는 강 자체를 하나의 사건으로 보았다. 발아래 둥근 바위를 바라보았을 때, 그것은 이전에 산 위의 울퉁불퉁한 바위였고, 그 전에는 산을 이루는 기반암이었으며, 그 이전에는 지구 깊숙한 곳의 마그마였으며, 그보다 더 이전에는 태양 주위를 도는 우주의 먼지였다. 내가 단단한 둥근 돌이라고 여겼던 것은 단지 오랜 이야기 속의 한 사건이었을 뿐이다. 그리고 아래를 내려다보며 물속에 비친 내 모습을 보았을 때, 나는 깨달았다. 나 또한 하나의 사건이자, 흐름이며, 관계의 패턴이다. 나는 항상 **사물**(things)을 가장 현실적이고 근본적인 것으로 보았고, 변화는 단지 시간이 흐르면서 사물에게 일어나는 어떤 것이었다. 그러나 나는 점점 **변화**(change)야말로 가장 현실적이고 근본적인 것이며, 사물은 시간의 흐름 속에서 발생하는 사건일 뿐이라는 관점을 갖게 되었다. 변화는 사물들이 오고 가고, 나타나고 사라지고, 형성되고 소멸하는 과정 속에서 끊임없이 지속되는 상수(constant)가 되었다.

그때 나는 아인슈타인의 혁신적인 발견이 이 새로운 시각을 뒷받침한다는 사실을 떠올렸다. 아인슈타인은 에너지와 물질이 기름과 물처럼(즉, 일반적으로 섞이지 않는 두 가지) 존재하는 것이 아니라, 물과 얼음처럼(같은 물질의 두 가지 다른 형태) 존재한다고 주장했다. 즉, 하나는 다른 것으로 바뀔 수 있다. 에너지를 "얼리면" 물질로 경험하게 되고, 물질을 충분히 가속하면 에너지로 경험하게 된다. 물질과 에너지는 더 이상 서로 근본적으로 다른 것이 아니라, 동일한 무언가의 서로 다른 표현이자 경험 방식이 된 것이다. 아, 하지만 여기서 무언가(thing)라는 단어를 사용하면서 나는 다시 예전 세계관으로 돌아가게 된다. 나는 "무언가"라고 말할 때 무엇을 의미하는가? 이제 모든 것—바위, 산, 정부, 별, 꽃, 사람, 문명—이 단순한 사물(thing)처럼 보이지 않고, 오히려 하나의 사건(event)이나 과정(process)처럼 보인다. 그것은 끊임없이 진행되는 수많은 다른 사건과 과정 중 하나일 뿐이다. 이것이 내가 살고있는 우주의 모습이다. 이 우주는 끊임없이 변화하며, 생성되고, 발전하며, 관계를 맺고, 분해되고, 재구성되는 운동의 우주(universe of constant motion)이다.

우리가 변화를 이런 방식으로 바라볼 때, 우리는 시간을 더욱 진지하게 받아들이게 된다. 시간을 초월한 것처럼 보이는 인간 제도(예: 군주제나 민주주의), 영원할 것 같은 경제체제(예: 봉건제나 자본주의), 그리고 영속적이라고 믿어지는 권위 구조(예: 가부장제나 과두제)는 더 이상 신성한 것으로 보이지 않는다. 가장 높은 산조차 수백만 년 동안 바람과 비에 깎여나가듯이, 우리가 영원하다고 믿었던 것들—평균 기온, 값싼 화석연료의 공급, 경제 성장의 필연성—역시 변할 수 있으며, 변하고 있다.

오늘날 우리의 상황에서, 우리가 변화에 대한 민감성을 높이면, 임계점(tipping points)과 시간 지연(lag time) 효과 같은 현상을 더 잘 인식할 수 있게 된다. 이런 현상들은 이전에는 너무나도 쉽게 간과되어 보이지 않을 정도였다.

당신도 아마 임계점 개념을 이미 이해하고 있을 것이다. 예를 들어, 지름이 약 1.2 미터에 달하는 거대한 나무를 베는 상황을 상상해 보자. 당신의 전기톱이 나무를 베어낸다. 1인치, 5인치, 10인치. 나무는 여전히 서 있으며 겉으로는 변함이 없다. 인치마다 베어내도 눈에 띄는 변화는 없다. 다만 나무 밑둥에 작은 톱밥 더미가 쌓일 뿐이다. 톱밥은 해롭지 않아 보인다. 그저 부산물일 뿐이다. 그래서 쉽게 무시된다. 그러다 예를 들어 32인치까지 베어냈을 때, 약간의 갈라지는 소리가 들린다. 하지만 나무는 넘어가지 않는다. 36인치에서 또 다른 갈라지는 소리가 들리지만, 여전히 서 있다. 그러다 37인치쯤 되었을 때, 연속적인 큰 파열음이 들리며 나무가 천천히 기울기 시작한다. 약 1초 후, 나무는 땅에 쿵 하고 큰 소리를 내며 쓰러진다. 그 순간, 30인치 이후에 잘라낸 부분이 이전과 질적으로 다르다는 것을 깨닫는다. 그 순간부터는 나무가 임계점에 도달했다는 증거를 보이기 시작했기 때문이다. 37인치와 38인치 사이의 단 1인치 차이가 바로 임계점이었고, 그 지점을 넘어서면 더 이상 돌이킬 수 없다. 그 이후로는 우리가 계속 자르든 말든 나무는 쓰러질 운명이다.

우리 문명은 수천 년 동안 그 나무와 같은 지구 생태계를 계속 베어 왔다. 그리고 우리는 인치마다 잘라내면서도 별다른 문제가 없다고 생각했다. 전기톱을 작동시키는 사람들은 그 과정에서 발생하는 약간의 톱밥 외에는 눈에 띄는 부정적 결과를 보지 못했다. 그리고 나무를 많이 자를수록 더 풍요롭고 편안한 삶을 누릴 수 있었다. 우리는 순진하게도 아무런 결과 없이 계속 나무를 베어도 괜찮을 거라고 결론 내렸다. 그러다 어느 순간 나무에서 파열음이 들렸지만, 아무 일도 일어나지 않았다. 그래서 우리는 이를 금방 잊어버리고 계속해서 잘라나갔다. 또다시 파열음이 들렸지만, 눈에 보이는 변화는 없었다. 나무는 여전히 서 있었다. 그러면서 우리는 자신감을 갖게 되었고, 지나치게 자신만만해졌다. 나무가 영원히 버틸 것이라고 믿게 된 것이다. 이런 낙관적인 착각은 우리에게 일부 사실을 보게 해주었지만, 동시에 중요한 부분을 보지 못하게 만들었다. 예를 들면, 우리의 이윤 추구 활동이 결국 생태계 붕괴의 임계점(tipping point of ecological collapse)으로 이어질 수 있다는 점을 간과했다. 그 지점을 넘어서면, 이전까지는 이윤을 창출하던 행위들이 결국 우리를 완전히 파산시키는 결과를 초래할 수도 있었다.

이것이 바로 **시간 지연**(lag time) 개념이 적용되는 지점이다. 가령, 우리가 맑은 날에 나무를 자르기 시작하지만, 첫 번째 금이 갔을 때 멈춘다고 가정해 보자. 그리고 나서 일주일 후, 강한 바람이 불어와 나무가 부러질 수도 있다. 또는 강한 바람이 몇 년 동안 불지 않아 나무가 계속 성장한다고 상상해 보자. 줄기에 깊은 상처가 있음에도 불구하고, 나무가 더욱 키가 크고 줄기와 잎이 너무 우거져서 마침내 작은 바람조차 그 약해진 줄기를 넘어뜨릴 수 있게 된다는 것을 상상할 수 있겠는가?

우리가 현재 처한 상황에서 시간적 지연이 영향을 미치는 한 가지 방식은 다음과 같다. 지구의 3분의 2가 물로 덮여 있다는 것을 우리는 알고 있다. 태양빛이 지구를 가열하고 따뜻하게 할 때, 온난화의 절반 이상이 바다에 흡수된다. 시간이 지나면서 엄청난 양의 물이 엄청난 양의 열을 보유하게 된다.

이제 우리가 정신을 차리고 내일부터 대기 중으로 탄소를 추가하는 것을 멈춘다고 상상해 보자. 그러면 우리는 태양열을 대기의 담요 속에 가두는 일을 멈추고, 이번 주말까지 "넷 제로"(net zero) 배출에 도달하게 된다. 그러면 문제가 해결된 걸까?

그렇지 않다. 이미 바다가 흡수한 열이 있다는 사실을 기억해야 한다. 이 열은 서서히 위로 방출될 것이다. (뜨거운 공기는 위로 상승한다는 것을 기억하라.) 따라서 내일부터 탄소 배출 문제를 "해결"한다고 해도, 바다가 오랫동안 저장된 열을 방출할 것이라는 현실은 바뀌지 않는다. 임계점과 시간적 지연을 함께 고려하면, 인류가 얼마나 위험한 상황으로 자신들을 몰아넣고 있는지를 인식하기 어려운 이유를 알 수 있다. 1인치씩, 그리고 조금씩 더 금이 가도록 만들면서, 우리의 행동은 뚜렷한 부정적인 결과 없이 지속되어 왔고, 그 과정에서 많은 긍정적인 결과와 즐거운 순간들이 있었다. 우리는 이런 살인을 교묘히 피할 수 있었다.

하지만 이제 우리는 전문가들이 "파국의 고리"(doom loops)라고 부르는, 시간적 지연과 자기 강화적 결과들이 연쇄적으로 초래하는 영향을 직면하고 있다.4) 전문가들은 임계점과 시간적 지연이 우리를 어디로 이끌어 왔는지에 대해 날마다 더 많은 것을 이해하도록 돕고 있다.

예를 들어, 얼음은 태양 에너지를 우주로 반사하여 지구 전체의 온도를 비교적 안정적으로 유지한다. 그러나 얼음이 녹으면, 얼음이 없는 땅과 물이 더 많은 열을 흡수하게 되고, 이는 온도를 더 빠르게 상승시키며 얼음을 더 빨리 녹게 만든다. 이러한 과정은 계속 가속화된다. 우리는 지금 행성의 얼음에 대한 임계점에 매우 근접해 있거나, 이미 살짝 넘어섰다고 알고 있다.

또한, 얼음이 녹고 바다가 따뜻해지면 해수면이 상승한다는 사실도 알고 있다. 세계 전체 인구의 상당수는 해안선을 따라 살고 있으며, 그들은 해수면 상승의 영향을 받게 될 것이다. 게다가, 빙하가 녹으면서 영구 동토층과 얕은 바다 아래에 갇혀 있던 엄청난 양의 메탄이 방출되어 지구 전체의 과열 과정을 가속화시키고, 이는 다른 모든 시스템을 가속하여 위험한 여러 임계점에 도달하도록 박차를 가하고 있다.

우리는 대서양(및 그 너머)의 가장 강력한 해류 중 하나가 이미 느려지고 약해지고 있다는 것을 알고 있다. 북대서양으로 흘러 들어가는 빙하가 녹기 때문이다. 해류가 변화하면 날씨 패턴도 변화한다. 예측 가능했던 기후 패턴이 불규칙해지고, 극심한 가뭄, 홍수, 한파, 허리케인, 토네이도, 폭염이 발생하여 농작물, 동물, 그리고 사람들이 피해를 입는다.

이미 방출된 탄소량과 기후 시스템이 반응하는 데 걸리는 시간 지연을 고려할 때, 이처럼 상호 연결된 임계점들을 되돌리기에 너무 늦었다고 많은 전문가는 믿고 있다. 우리는 어떤 임계점이 이미 초과되었는지 확실

---

4) https://insideclimatenews.org/todaysclimate/whats-a-climate-doom-loop-these-researchers-fear-were-heading-into-one/.을 보라.

히 알지 못하지만, 액손(Exxon), 쉘(Shell), 쉐브론(Chevron) 같은 석유회사들이 소유한 모든 화석연료를 태운다면, 장기적인 시간 지연과 임계점들을 돌이킬 수 없는 재앙적 상황으로 빠지게 될 것임을 알고 있다.

대기 중으로 배출된 탄소는 이미 바닷물과 섞이며 해양을 더 산성화시키고 뜨겁게 만들고 있다. 더 산성화되고 과열된 바닷물은 플랑크톤과 산호의 죽음을 초래하며, 이는 플랑크톤과 산호를 먹고 사는 작은 물고기의 대규모 폐사를 유발한다. 작은 물고기의 감소는 이를 먹이로 삼는 큰 물고기의 감소로 이어진다. 게다가, 많은 플랑크톤은 이산화탄소를 흡수하고 산소를 생성하는데, 플랑크톤이 사라지면 이산화탄소 수치는 증가하고 산소 수치는 감소하여 해양 산성화와 생물 대량 폐사가 악순환을 이루게 된다.

온도가 특정 임계점을 넘어서면, 아마존 열대우림부터 북쪽의 침엽수림까지의 나무들이 불타거나 병에 걸려 죽고, 그로 인해 원래 흡수해야 할 수백만 톤의 탄소를 방출하게 된다는 것을 우리는 알고 있다.[5] 그렇게 되면 초원도 같은 방식으로 불타 죽게 되며, 그 결과로 사막과 건조한 사반나가 죽은 숲과 초원을 대체하며, 결국에는 현재 사막에서 생존하고 있는 강인한 생명체들조차 살 수 없는 환경이 된다. 또한 매우 빠르게, 농업에 적합한 토지의 양이 인간을 부양하는 데 필요한 수준 이하로 줄어들고 있다. 우리는 이러한 과정이 이미 많은 곳에서 진행되고 있으며, 빠르게 임계점에 다가서고 있음을 측정할 수 있다. 만일 그 임계점들을 아직 넘지 않았다면 말이다.

우리가 모르는 것이 많지만, 지속적으로 이러한 임계점들과 시간 지연, 그리고 그것이 초래하는 위험에 대해 더 많이 배우고 있다. 전 세계의

---

[5] 숲의 미래에 관해 통렬하게 쓴 책 Ben Rawlence, *The Treeline: The Last Forest and the Future of Life on Earth* (St. Martin's Press, 2022): 노승영 옮김, ≪지구의 마지막 숲을 걷다≫(엘리, 2023)을 보라.

과학자들은 현실을 직시하는 것이 본업이므로, 매일 부지런히 데이터를 수집하고 있다.(트럼프는 미국해양대기청 직원 25%를 해고했다.-편집자).

우리는 이처럼 파국을 예상하는 상황 속에서도 더 명확하고 성숙하게 바라보는 법을 배우고 있으며, 변화하는 것들이 동적 시스템 내에서 어떻게 상호작용하는지도 배우고 있다. 이는 우리 종에게 비교적 새로운 기술이다. 과학 혁명은 우리가 큰 사물을 보고 그것을 더 작고 작은 구성 요소로 분해하는 법을 배우게 했다. 우리는 개구리를 해부하여 장기, 세포, 세포 구성 요소를 볼 수 있었으며, 복잡한 기계를 설계한 후 개별 나사, 개스킷, 기어까지 해체할 수도 있었다. 심지어 분자와 원자까지 들여다볼 수 있었다. 우리는 분석의 전문가가 되어, 크고 복잡한 것들을 더 작고 단순한 부분으로 나누고, 복잡한 결과를 단순한 원인으로 추적하는 방법을 익혔다.

그러나 논리적 사고가 뛰어난 사람들에게는 개별 요소를 다시 결합하고 그것들이 속한 더 큰 전체나 시스템을 이해하는 것이 여전히 어려운 과정이다. 우리는 여전히 전체적인 관점을 가지거나, 더 큰 시스템에서 변화의 패턴을 예측하는 데 서툴다. 하지만 장(field) 이론, 시스템 이론, 네트워크 이론, 복잡성 이론, 혼돈 이론, 창발(emergence) 이론 같은 새로운 과학을 통해, 우리는 새로운 방식으로 세상을 바라보는 능력을 키워가고 있다. 우리의 시야는 단순한 2차원적 인과관계에서 벗어나 3차원의 역동적으로 상호작용하는 관계의 영역으로 확장되고 있다.

이제, 이 네 가지 영역을 시작으로 탐구해 보자. 첫 번째, 우리의 개별적인 몸(개인 영역)은 생존, 소속감, 의미를 구성하는 100조 개(!)의 세포로 이루어져 있으며, 이는 우리 내부의 의사결정 위원회를 구성한다. 우리의 **개인 영역**은 **사회적 영역**의 여러 층위 안에서 작용하며, 이는 친구 관계에서부터 가족, 지역 사회, 도시, 국가, 국제 동맹에 이르기까지 우리

글로벌 문명의 일부를 구성한다. 인간의 사회적 영역은 살아 있는 모든 것들의 상호 연결된 공동체인 **생물권**(biosphere)의 일부다. 그리고 생물권은 지구 자체의 더 큰 영역인 **지구권**(geosphere)의 일부다. 우리의 행성인 지구권은 태양계(또는 항성권) 안에 존재하며, 태양계는 은하수 갤럭시 속에서 회전하고 있다. 은하수는 확장하는 우주 공간에 존재하는 수십억 개의 다른 갤럭시들과 함께 존재한다. 이러한 모든 영역은 서로 연결되어 있고, 각 영역이 다른 영역과 상호작용한다는 점에서 투과성을 가진다.

이제 우리의 현재 상황이 네 가지 지역적 영역에서 어떻게 전개되고 있는지 살펴볼 수 있다

1. **지구권**(Geosphere): 지구의 물리적 시스템은 이미 인간 활동에 의해 심각하게 교란되었다. 추가적인 교란은 기온 상승, 해류 및 바람대 변화, 더 극심한 폭풍과 가뭄, 빙하 및 해빙(sea ice) 융해와 해수면 상승, 해양 산성화, 건조화, 침식, 토양 악화, 지하수 고갈, 익숙한 지역 기후 패턴에서의 이상 현상 등으로 나타나고 있다.
2. **생물권**(Biosphere): 지구권에서 발생하는 물리적 교란은 생명의 그물망 속의 모든 식물과 동물에게 위협이 된다. 이 그물망은 모든 살아 있는 존재를 연결하며, 우리도 이 그물망의 일부다.
3. **사회적 영역**(Social Sphere): 지구권과 생물권이 점점 더 불안정해짐에 따라, 우리의 문명도 점차 불안정해질 것이다. 이는 사회의 모든 차원—경제, 정치, 교육, 농업, 여가, 종교 및 기타 공유 활동—에 전례 없는 교란을 일으킬 것이다. 우리가 생활방식을 근본적이고 빠르게 바꾸지 않는다면, 현재의 글로벌 문명은 인구와 복잡성이 축소되는 붕괴의 시기에 접어들게 될 것이다. 그렇게 붕괴를 향해 파괴되고 또한 붕괴를 거치는 시기는 모든 공동체에 추악하고 겁나는 현실이 될 것이다.

4. 개인 영역(Personal sphere): 지구권, 생물권, 사회권에서 벌어지는 혼란은 개인 각자의 신경계 안에 혼란을 야기할 것이다. 이처럼 혼란스러운 시대에 개인적 안녕을 유지하기 위해서는 새로운 습관과 수행이 필요하다.

우리의 장밋빛 안경은 지난 4~5세기 동안 우리 문명이 많은 금을 저장했던 황금 시간대 속에 우리를 가둬 놓았다. 점점 증가하는 번영에 눈이 멀어 번영하는 문명의 시민들은 지구 자체가 인간의 행동에 의해 어떻게 파괴되고 있는지 보지 못했다. 또한 그들은 수백만 명의 동료 인간이 번영하는 자들의 편안함, 쾌락, 이익을 위해 착취당하고 있다는 사실도 보지 못했다. 문명 자체가 점점 지속 불가능해지고 있다는 것도, 생태적 불안정성이 임계점에 도달하여 그들의 꿈꾸던 세계가 악몽으로 변할 수 있다는 것도 보지 못했다. 그들은 자신이 얼마나 보지 못하고 있는지조차 알지 못했다.

파국의 경험은 우리에게 많은 것을 앗아간다. 그러나 그것은 또한 우리에게 새로운 명확성과 통찰력을 선사한다. 보는 것은 쉬울 수 있지만, 명확성과 통찰력으로 보는 것은 쉽지 않다. 이는 시간과 연습을 필요로 한다. 우리가 장밋빛 안경을 벗으면 보다 진실되게 볼 수 있다.

녹색 계곡과 푸른 바다, 흰 구름의 세상, 붉은 바위와 무지갯빛 깃털, 주황색 도롱뇽의 세상, 흑백을 넘어서는 다양한 인간 피부색의 경이로운 음영들. 이 귀중하고 빛나는 세상은 돈, 이익, GDP 같은 인간이 만들어 낸 작은 개념들을 초월하는 헤아릴 수 없는 가치를 지니고 있다. 이 세상은 이제껏 우리가 본 것보다 더욱 선명하게, 더욱 아름답게 우리에게 드러날 것이다. 달러의 녹색과 금화의 빛깔은 이끼가 덮인 언덕이나 가을 들판의 풀에 비하면 초라하게 보일 뿐이다.

다가올 장에서 우리는 이 통찰력의 선물을 발전시키려고 노력할 것이다. 그러나 보는 법을 배우기 위해서는, 우리가 오랫동안 소외시켜 온 사람들에게 도움을 요청해야 할 것이다.

친애하는 독자에게

우리는 이제 이 여정을 충분히 함께해왔기에, 시간과 변화 같은 깊은 개념을 탐구할 준비가 되었다고 생각합니다. 하지만 당신은 마치 원치 않게 철학 수업에 참여한 느낌이 들 수도 있겠죠. 그렇지 않길 바라며, 당신이 단순히 새로운 것을 본 것뿐 아니라 세상을 새로운 시각으로 바라볼 수 있었기를 바랍니다.

다음은 당신이 곰곰이 생각해 보고, 글로 써보며, 친구들과 논의해볼 질문들입니다.

다음 문장에 대해 어떻게 생각하나요? "나는 항상 사물(things)이 가장 실제적이고 근본적인 것이며, 변화는 시간이 지나면서 사물에 일어나는 것일 뿐이라고 생각해왔다. 그러나 나는 점점 변화를 가장 실제적이고 근본적인 것으로 여기게 되었고, 사물은 변화 속에서 나타나고 사라지는 사건일 뿐이라고 보게 되었다. 변화는 사물이 오고 가고, 나타나고 사라지며, 형태를 이루고 흐려지는 과정에서의 유일한 상수가 되었다."

나는 임계점(tipping points)과 시간 지연(lag times) 개념을 소개했습니다. 이를 당신만의 언어로 요약해 보세요.

나는 **장밋빛 안경과 황금 시간대**에 대해 이야기했습니다. 이는 진보가 불가피하다는 전제를 바탕으로 세상을 바라보는 방식

> 과 관련됩니다. 당신은 "불가피한 진보"라는 개념에 대해 얼마나 공감하나요? 이 관점의 장점과 단점은 무엇이라고 생각하나요?
>
> 나는 분석적 사고(원인과 결과, 전체와 부분의 관계)에서 벗어나 "사물을 전체적으로 보기"(seeing things whole)라는 개념으로의 사고의 전환을 탐구했습니다. 즉, 복잡한 상호작용의 장(field)이나 시스템으로 세상을 보는 것이죠. 당신은 "사물을 전체적으로 보기"를 당신만의 말로 설명할 수 있나요?
>
> 나는 우리가 살아가는 방식을 네 개의 동심원적인 영역(개인적 영역, 사회적 영역, 생물권, 지구권)으로 보는 방식을 제안했습니다. 이런 방식으로 세상을 바라보려고 했을 때, 당신은 어떤 느낌이 들었나요?
>
> 다음 문장에 대해 응답해 보세요. "파국의 경험은 우리에게 많은 것을 앗아간다. 하지만 그렇다, 그것은 또한 특정한 선물을 가져오기도 한다. 그중 하나는 새로운 명확함과 깊이 있는 시각이다."

당신은 다음 두 장에서 새롭게 보는 방식을 실천할 기회를 갖게 될 것이다.

8장

토착민들의 지혜를 찾아서

끝없는 고통 속에서도, 붉은 민족(Red Nation)은 다시 일어날 것이며, 병든 세상에 축복이 될 것이다. … 나는 일곱 세대 후에 인류의 모든 색깔이 성스러운 생명 나무 아래 모여 온 지구가 다시 하나의 원을 이루는 날이 올 것을 본다. 그날이 오면, 라코타(Lakota) 사람들 중 일부는 모든 생명체 사이의 조화를 이해하고 지식을 전하는 자들이 될 것이며, 젊은 백인들은 우리에게 와서 지혜를 구할 것이다. 나는 당신의 눈 속에서 온 우주가 깃든 빛을 경배한다. 당신이 당신 안의 중심에 있을 때, 그리고 내가 내 안의 그 중심에 있을 때, 우리는 하나가 될 것이다.

—라코타 전사 지도자 크레이지 호스(Crazy Horse)[1]

인간이라는 종(species)은 약 10,000세대 동안 존재해왔고, 인류 속(genus Homo)은 100,000세대 이상을 이어왔다. 그러나 최근 600세대를 제외하면, 우리 조상들은 사냥과 채집을 하며 살아왔다.

—하버드 대학교 고인류학자 대니얼 리버만(Daniel Lieberman)[2]

---

1) Sherri Mitchell, "Indigenous Prophecy and Mother Earth," in *All We Can Save*, Ayana Elizabeth Johnson & Katharine K. Wilkinson 편집 (One World, 2020).
2) *New York Times* 기사. https://www.nytimes.com/roomfordebate/2011/05/12/do-we-want-to-be-surprise-humans/we-still-have-the-bodies-of-hunter-gatherers.

137

지금 우리는 마치 종말의 시대를 살고 있는 것처럼 느껴진다. 우리가 당연하게 여기던 모든 것이 무너지고 있으며, 세상의 끝이 온 것처럼 보인다. … 그러나 이런 상황은 나에게 새로운 것이 아니다. 나는 원주민으로서, 내 조상들이 이미 한 차례 종말을 겪었다는 사실을 알고 있다. … 북미 원주민 문화는 문명이 붕괴하는 순간을 지나왔고, 살아남아 그 이야기를 전하고 있다.

—촉토 부족 원로이자 은퇴한 성공회 주교 스티븐 찰스턴[3]

단순한 인간 존재로서, 즉 이 광대한 창조 세계 공동체에서 보이는 것과 보이지 않는 모든 존재와 함께 세상을 공유하는 단순한 존재로서 우리의 자리를 수용하는 것은 우리의 가장 깊은 영성을 받아들이는 것이다.

—체로키 부족 작가이자 신학자 랜디 우들리[4]

나는 1950년대와 1960년대에 성장하면서 초등학교에서 크리스토퍼 콜럼버스, 에르난 코르테스, 프란시스코 피사로 같은 인물을 위대한 영웅으로 배웠다. 우리는 그들을 "탐험가"라고 불렀다. 그들의 발자취를 따른 사람들은 "개척자"와 "정착민"이라 불렀다. 만약 우리가 "정복자"나 "식민자"라는 단어를 사용했다면(이상하게도 "식민자"라는 단어는 사용하지 않았다), 그들은 대체로 "승리자"와 동의어였고, 역사 속 선한 인물들이

---

[3] *We Survived the End of the World* (Broadleaf, 2023), p. 2-3.
[4] *Becoming Rooted:One Hundred Days of Reconnecting with Sacred Earth* (Broadleaf, 2022)에서 재인용.

었다. 그리고 우리는 그들과 연관되는 것을 자랑스럽게 여겼다.

하지만 내가 청년이 되었을 때, 나는 식민주의를 새로운, 더 이상 미화되지 않은 시각에서 보기 시작했다. ≪내 심장을 상처 입은 무릎에 묻어라≫(*Bury My Heart at Wounded Knee*), ≪모든 것이 무너졌다≫(*Things Fall Apart*), ≪1491년≫ 같은 책을 읽었고, 이후에는 ≪샬롬과 창조물의 공동체≫(*Shalom and the Community of Creation*), ≪늑대도 개도 아닌≫(*Neither Wolf nor Dog*), ≪독사나무 성경≫(*The Poisonwood Bible*), ≪불편한 진실≫(*Unsettling Truths*), ≪선주민≫(*Native*), ≪향모를 땋으며≫(*Braiding Sweetgrass*) 등의 책을 접했다. 이러한 자료들은 점진적이면서도 강력하게 식민주의를 피식민자의 시각에서 보도록 가르쳐 주었다.

초등학교 시절에 형성된 나의 세계관은 완전히 뒤집혔다.

그 모든 변화를 겪었음에도, **개발, 진보, 문명** 같은 개념들은 여전히 내 사고 속에서 거의 도전받지 않은 채 남아 있었다. 하지만 내가 파국의 문턱에 도달했을 때, 비로소 나는 그동안 쓰고 있었던 장밋빛, 황금빛 자본주의 안경을 벗었다. 그 안경은 이른바 **진보적이고 문명화된 선진국**의 일원으로서 착용하도록 주어진 것이었다.

내가 깨닫게 된 것은 내가 식민주의와 연관지었던 정복, 지배, 토지 약탈, 착취, 그리고 원주민에 대한 대량 학살은 우리 현대 문명의 금빛 도금된 동전의 한 면일 뿐이라는 사실이었다. 동전의 다른 면에는, 정복, 지배, 토지 약탈, 착취, 그리고 생태계 학살이 있다. 이 동전의 양면은 자신을 특별하고 선택받고, 우월하며, 지배적인 존재로 여기는 집단과 연관된다. 그들은 자신들이 원하는 것은 무엇이든 지배하고, 착취하고, 파괴할 권리가 있다고 믿는다. 그들의 대규모 채취와 대규모 오염 습관은 부득이 대규모 파괴와 멸종으로 이어진다.

쉽게 말해, 우리의 문명은 식민주의이며, 식민주의는 우리의 문명이다. 우리의 문명은 우월주의(인종적, 종교적, 이념적, 국가적, 혹은 인간 중심적)이며, 우월주의가 곧 우리의 문명이다.5) 우리의 문명은 토지, 자원, 노동 착취이며, 토지, 자원, 노동 착취가 곧 우리의 문명이다. 문명을 면밀히 살펴보면, 특정 집단의 단기적 번영이 결국 다른 사람들, 다른 생명체들, 그리고 지구 자체의 장기적인 희생을 대가로 이루어진다는 사실을 발견할 것이다.

때때로 우리의 문명은 인간과 다른 생명체의 착취를 더 강하게 밀어붙였다. 때때로 그것은 지구와 그 대기, 토지, 물의 착취를 더욱 강하게 밀어붙였다. 그러나 어떤 방식이든, 과거에 등장했다가 쇠퇴하고 사라진 수많은 문명과 마찬가지로, 현재의 글로벌 문명 역시 지배와 착취의 이야기 속에서 살아가고 있다.6)

아마 당신은 생태 문명(eco-civilization), 즉 탈식민적(post-colonial), 탈산업적(post-industrial)이며, 비착취적이며, 지구의 일부로서 지혜롭고 자비롭고 지속 가능하게 살아가는 문명이 가능할지 궁금할 것이다. 아마도 가능할 것이다. 과거의 일부 문명은 지금보다 훨씬 더 지속 가능했지만, 우리의 현재 문명은 확실히 그 지속 가능한 문명 중 하나가 아니다. 그리고 우리처럼 이 문명에 의해 깊이 형성된 인간들은 대안적 문명을 건설하

---

5) 여기서 식민주의에 대해 언급한 것은 자본주의에도 적용될 수 있다. 오늘날 사람들이 지구와 인간 문명의 파괴를 막기 위해 덜 해로운 형태의 자본주의나 완전히 새로운 경제체제를 개발할 수 있을까? 현재의 소비적 자본주의와 근본적으로 다른 것을 여전히 자본주의라고 부를 수 있을까? 자본주의는 탈식민화될 수 있으며 재생산적인 체제로 변화할 수 있을까? 이 질문들에 대한 답은 현재 살아가는 사람들에게 달려 있다. 그러나 우리는 먼저 이런 질문들을 던져야 한다.

6) 지배의 이야기는 다른 이야기들을 탄생시키며, 나는 이것을 다른 저서에서 탐구했다. 예를 들어, *The Seventh Story: Us, Them, and the End of Violence*라는 에세이 모음집과 어린이 책 *Cory and the Seventh Story*에서 다룬 바 있다. (더 많은 정보는 theseventhstory.com을 보라). 이 두 책은 아일랜드 평화 활동가이자 작가인 개러스 히긴스(Gareth Higgins)와 공동 저술했다.

는 것은 말할 것도 없고 상상하는 것조차 거의 불가능하다고 본다. 우리 문명은 너무 많은 무의식적 생각을 우리의 뇌에 심어놓았으며, 그 생각들은 우리를 너무 깊이 형성—심지어 세뇌—했기에, 외부의 어떤 개입이 없이는 우리가 지금 보지 못하는 것을 결코 인식하거나 상상할 수 없을 것이다. 다시 말해서, 우리의 장밋빛, 황금기 근시안을 치유하며, 생태적 문명을 상상하기 위해서는 우리의 산업/식민 문명의 외부에서 통찰력, 가치관, 관점이 필요하다.

그렇다면, 우리의 자기 파괴적인 경제적 가정들에 의해 형성되지 않은 외부의 조언자와 길잡이를 어디에서 찾을 수 있을까? 자연스러운 대답은 수천 년 동안 자신의 땅에서 환경의 한계를 초과하지 않고 생태계를 붕괴시키지 않은 채 살아온 토착민들 사이에서 찾을 수 있을 것이다.[7] 하지만 여기에는 두 가지 문제가 있다. 첫째, 지난 500년 동안 팽창한 산업/식민 문명은 그들의 땅을 빼앗고, 문화를 억압했으며, 토착민을 대량 학살하거나, 동화시키거나, 강제 수용소로 보내거나, 다양한 방법으로 그들의 고대 생활방식을 억누르고 말살하려고 끊임없이 시도해 왔다. 이러한 극심하고 지속적인 공격 속에서도 토착민들의 지혜가 살아남았다는 것은 기적과도 같다.

둘째, 나처럼 현대 문명인들이 학살에서 살아남은 토착민 현자들에

---

[7] 나는 토착민들이 땅에 아무런 영향을 미치지 않았다고 말하는 것이 아니다. 화석 기록에 따르면, 인간이 고대에 새로운 환경에 들어갈 때마다, 그곳의 생태계에서 경쟁 우위를 가진 대형 동물(거대 동물군)의 바이오매스 일부를 대체하며 정착했다. 그 결과, 인간이 도착한 후 얼마 지나지 않아 글립토돈, 지상나무늘보, 유라시아 동굴곰, 모아, 태즈메이니아호랑이 등이 멸종했다. 이러한 식량 자원의 손실은 인간 집단이 사냥을 넘어 다른 생존 방식을 모색하도록 만들었고, 정복과 확장을 기반으로 한 가치관이 아니라 지속 가능성을 중시하는 생태적 가치를 발전시키도록 강요했다. 이 주제에 대한 더 많은 논의는 생태학자 빌 리스(Bill Reese)와 저널리스트 레이첼 도널드(Rachel Donald)의 대화를 참고할 수 있다. https://youtu.be/ID-PI_AwczM?si=xTs412Ot4RQLeuPf.

게 조언을 구할 때조차도, 우리는 종종 이를 산업/식민적 방식으로 접근한다. 우리는 토착민을 잘못된 방식으로 이용할 수도 있으며, 토착민의 지혜를 얄팍하게 차용하여 우리의 산업적 담론에 인용구처럼 덧붙이는 경우도 있다. 마치 토착민의 관광 기념품을 우리의 뻣뻣한 산업/식민적 목에 걸치는 것과 마찬가지다. (심지어 이 장 자체도 이러한 방식으로 쓰이거나 읽힐 수 있다.) 이 주제를 적절히 탐구하는 것은 마치 외과 수술과 같아서 매우 섬세하며, 조금만 잘못 다루어도 쉽게 왜곡될 수 있다. 그러나 이 문제는 단순한 연구나 논의의 대상이 아니라, 상호 해방과 생존의 문제이다.8)

나처럼 식민주의자들의 후손들은, 현재 문명의 자살적 궤도에 치욕을 느끼면서, 과거를 직면하고, 주먹을 풀고, 오만하고 근시안적인 식민 프로젝트 전체를 내려놓으면서, 현실을 그대로 놓아두는 자리에서 마침내 우리에게 이전에는 보이지 않았던 것들을 보기 시작한다. 우리는 우리의 조상들이 오해하고 무자비하게 학대한 사람들의 명예를 존중하고 소중히 여기기 시작한다. 또한 그들은 생태학적 통찰의 유산을, 우리의 문명이 지우려고 했고 지금도 지우려 하고 있다는 사실을 깨닫는다. 그들은 우리에게 절실히 필요한 통전적 사고와 장기적인 사고방식을 유지하고 있다. 예컨대, 하우데노사우니 연맹(Haudenosaunee Confederacy)의 "일곱

---

8) 많은 선의의 사람들이 토착민들에게 가해진 피해를 보상하려는 과정에서 그들을 이상화하거나 심지어 대상화하는 실수를 저지른다. 하지만 분명히 해야 할 것은 그것이 우리가 이 장에서 주장하는 바는 아니라는 점이다. 라비 다냐 루텐버그(Rabbi Danya Ruttenberg)가 유대인에 대해 말한 것은 (신중하게) 토착민에게도 적용될 수 있다. "친유대주의(Philosemitism)도 반유대주의(Antisemitism)다. 유대인과 유대교에 대한 숭배는 우리 인간성을 대상화하는 것이며, 종종 전유(appropriation)라는 측면을 동반하기도 한다." 이 주제에 대한 자세한 내용은 Jonathan Lear, *Radical Hope: Ethics in the Face of Cultural Devastation* (Harvard University Press, 2008)을 참고하라. Philip J. Deloria, *Playing Indian* (Yale University Press, 1998), Vine Deloria, *Custer Died for Your Sins: An Indian Manifesto* (University of Oklahoma Press, 1988)도 참고하다.

세대 원칙"(Seventh Generation Principle), 체로키족의 '엘로헤'(*eloh*) 개념, 그리고 라코타족의 '미타쿠예 오야신'(*mitakuye oyasin*) 같은 것들이 있다.9)

이제야 비로소 자신들이 초래한 재앙에 치욕을 느낀 식민주의자의 후손들은 토착민 친구들, 원로들, 그리고 토착민 저자들에게 현재의 상황을 헤쳐나갈 지혜를 구하고 있다. 그러나 토착민 지도자들은 그토록 막대한 피해를 받아온 만큼 우리의 요청을 경계할 충분한 이유가 있다. 그들에게는 자신들에게 가해진 상처와 그들이 사랑하는 땅이 입은 상처는 분리된 것이 아니기 때문이다. 그들은 오랫동안 서양 문명의 이중성과 오만함, 그리고 무지를 목격했다. 그들은 우리들 가운데 점점 더 많은 사람이 느끼는 파국에 대한 불안이 우리 문명의 오만함을 먹어 치우고, 우리의 오만함이 우리의 성급함을 먹어 치우고, 우리의 성급함이 우리의 건방짐과 자기를 알지 못함을 먹어 치울 때까지 기다릴 충분한 이유가 있다.

그들은 지혜롭게 우리의 숙제부터 하라고 조언한다. 그들이 말하는 숙제 중 하나는, 토착민 지도자들이 남긴 책과 자료들을 공부하여, 우리 문명이 얼마나 깊이 우리를 세뇌시켜 왔으며, 우리를 비인간화시켰으며, 우리의 상상력을 축소시켰다는 사실을 깨닫는 일이다. 그들은 모든 지혜로운 스승들이 그러하듯이, 우리가 우리의 근시안적 어리석음과 오랜 오만함의 결과를 통해 충분히 겸허해지지 않는다면, 우리는 새로운 것을 배울 준비가 되지 않았다고 말한다.

나는 이 지혜로운 스승들이 우리를 쫓아내고, 우리 문화에 그들의

---

9) 하우데노사우니 연맹의 "일곱 세대 원칙"에 대한 더 많은 정보는 https://www.ictinc.ca/blog/seventh-generation-principle/.을 보라. Eloheh에 대한 자세한 내용은 Randy Woodley의 여러 연구를 보라: https://www.randywoodley.com/eloheh. 특히 *Indigenous Theology and the Western Worldview* (Baker Academic, 2022), 그리고 그의 아내 Edith Woodley와 함께 쓴 곧 출간될 저서 *Journey to Eloheh* (Broadleaf, 2024)를 보라. Mitakuye Oyasin에 대한 추가 정보는 Richard Twiss, *Rescuing the Gospel from the Cowboys* (IVP, 2015)를 보라.

문명이 겪었던 비극과 같은 결말이 닥치기를 바라길 예상했을지도 모른다. 하지만 내 경험에 따르면, 우리가 연구하고 겸손하며 배울 준비가 된 정직한 정신으로 다가갈 때, 우리는 종종 예상치 못한 연민, 큰 자비, 큰 너그러움을 경험하게 된다. 우리의 스승들은 그들의 지혜로부터 우리 모두가 서로 연결된 존재이며, 우리의 미래가 하나의 생명의 그물망 속에 얽혀 있음을 알고 있다. 그들은 쇼쇼니족 원로의 너그러운 정신을 반영하고 있다. 그는 이렇게 말했다. "백인이 여기 온 것을 탓하지 마라. 그는 아직 모르고 있지만, 우리에게 배울 것이 있어서 온 것이다."10)

이런 관점에서, 나는 예수의 "온유한 자들이 땅을 기업으로 받을 것이라"는 말씀을 떠올리지 않을 수 없다. "기업으로 받는다"(inherit)는 단어는, 누군가가 죽은 후에 생존자가 물려받는 것을 떠올리게 한다. 이런 맥락에서, 우리는 예수께서 비록 공격적이고 무자비한 문명들이 단기적으로는 이 땅을 지배할지라도, 장기적으로는 그들의 폭력적이고 오만한 계획이 실패하고, 약탈한 화물로 가득 찬 해적선처럼 침몰할 것이라고 말씀하신 것이라 이해할 수 있다. 그러면 오만한 문명들은 스스로 파괴되고 소멸할 것이다. 그때 온유한 자들, 즉 토착민들의 지혜를 가진 사람들, 지혜롭고 겸손한 정신을 지닌 사람들, 개인의 얕은 행복보다는 깊은 공동체적 안녕을 추구하는 사람들이, 다른 비전, 다른 가치관, 다른 이야기 속에서 살아갈 기회를 얻게 될 것이다.

나는 예수께서 이러한 관점을 가지셨다는 것이 놀랍지 않다. 결국, 그는 토착민이셨고, 이집트의 파라오 이후 오랜 세월 오만한 폭군들과 식민 문명에 저항해 온 땅에 뿌리를 둔 민족의 일부였다.11) 어린 시절부터, 그는 이스라엘 열두 지파의 기원 이야기 속에서 자랐고, 그들이 이집트

---

10) Randy and Edith Woodley, *Journey to Eloheh* (Broadleaf, 2024).
11) T'ruah의 전환에 대해 친구들에게 감사한다. https://truah.myshopify.com.

로, 바빌론으로 끌려갔던 눈물의 길에 대해, 또한 황무지로 들어가 그곳에서 창조주를 만난 여정에 대해 알고 있었다. 그는 불타는 덤불과 비전 탐색, 회막과 정화 의식 이야기, 조상들의 위대한 업적과 실수, 그리고 위대한 회복의 이야기에 큰 영향을 받았다. 그는 자기 민족이 최근에 겪은 역사, 즉 로마제국의 침략이 파도처럼 밀려오면서 그들의 땅이 식민화되고, 비인간화되며, 억압받고, 착취당한 역사도 알게 되었다.

나는 대부분의 직업적 경력을 기독교 목사로서 목회자와 교회 지도자들을 격려하는 사람으로서 보냈다. 나는 50년 넘게 성경을 진지하게 연구해 왔으며, 40년 넘게 가르치고 설교해 왔다. 그런데 이 책을 쓰면서야 비로소 성경이 실제로 무엇인지, 그리고 항상 무엇이었는지를 깨닫게 되었다. 성경은 바로 토착민들의 집단적 일기로서, 그들은 식민주의자들의 사고방식이 인류와 지구, 그리고 지구의 창조물들에게 어떤 영향을 미쳤는지를 목격한 사람들이다.

성경은 화석연료와 공통점이 있다. 화석연료는 생명체들이 분해되어 나온 화학 에너지가 농축된 것이다. 수백만 년에 걸쳐 퇴적되어 우리가 석탄, 석유, 천연가스라고 부르는 고체, 액체, 기체 형태로 존재한다. 우리의 문명은 지난 몇 세기 동안 이를 착취하는 법을 배웠다. 성경도 마찬가지로, 토착민들의 다른 신성한 문학적 유물처럼, 일종의 지적 또는 영적 에너지가 응축된 것이다. 이 영적 에너지는 세대에 걸친 토착민들의 지혜가 축적된 것으로, 이야기, 시, 법, 속담, 예언 등의 형태로 기록되었으며, 후대에는 복음서들과 서신들로 보강되었다. 화석연료처럼, 성경도 착취당해 왔으며, 종종 해로운 목적을 위한 연료로 사용되었고, 그 해로운 부작용에 대한 주의 없이 사용되었다. 그리고 화석연료처럼, 성경도 특정 집단에게 많은 돈과 권력을 안겨 주었지만, 동시에 많은 해악을 초래했다. 사실상, 오늘날 많은 사람이 성경이라는 말을 들으면, 식민주의

자들의 도구로 생각하지, 식민화된 자들의 문학으로 여기지 않는다.

이런 사실을 잠시 숙고해 보자. 즉 성경이 형성되기 시작한 것은 식민주의자들의 문명[제국의 문명]이 약소민족의 문명을 정복하던 때였다. 성경을 기록하고 보존한 토착민 지도자들은 착취하는 문명과 그 우상들에 전혀 관여하고 싶지 않았다. (우상은 문명의 마스코트나 브랜드 로고로 볼 수도 있다.) 고대 히브리인들에게 하나님은 반제국적(anti-empire)이었다. 하나님은 제국이 값싼 노동력을 착취하는 자들의 존엄성을 보시고, 그들의 고통을 느끼며, 제국을 무너뜨려 그들을 자유롭게 하길 원하시기 때문이다. 성경은 반복해서 히브리인들에게 토착적인 삶의 방식을 포기하고 제국의 가치와 방식을 받아들이는 것이 결국 그들의 몰락을 초래할 것이라고 경고한다. 결국 성경은 제국이 자신의 우위를 정당화하는 데 사용하는 바로 그 제국의 종교를 무력화(disempower) 하도록 설계된 문서들의 집합이라고 말할 수 있다.

나는 성경과 그 주요 등장인물들, 즉 하나님, 아담, 하와, 모세, 아브라함, 사라, 하갈, 다윗, 이사야, 마리아, 예수, 바울, 성령, 그리고 그 외의 모든 인물을 납치된 피해자들로 보게 되었다. 그들은 식민지 정복자들에 의해 사로잡혔고, 그 정복자들은 그들을 대중 앞에 행진시켜 선전 도구로 활용했다. 우리는 그 인물들을 알고 있다고 생각하지만, 사실 우리가 아는 것은 그 정복자들이 우리 앞에 꼭두각시들처럼 조작한 왜곡된 만화 같은 모습에 불과하다.

로마제국의 "문명화된" 사람들이 초기 기독교 시대에 성경을 접했을 때, 일부는 성경에 매료되었지만, 일부는 성경을 두려워했다.[12] 그들은 성경을 길들이고, 자신들의 식민주의적 통념에 맞게 재해석했다. 그리

---

12) 빌립보의 로마 식민지에서 장사하던 사람들이 바울과 실라가 여자 노예에게 관심을 보이자 어떻게 반응했는지를 보라(사도행전 16:19-24).

고 이러한 잘못된 해석을 모든 이들에게 교리(dogma)로 가르쳤다. 그들은 자신들의 해석을 따르지 않는 자들에게 죽음, 추방, 또는 저주로 위협했다. 이는 식민지 정복자들이 흔히 하는 방식이었다.

정복자들이 제공한 해석의 안경을 벗어 던진다면, 우리는 실제 토착민들의 성경이 항상 전하고 있었던 메시지를 보기 시작할 것이다. 즉 신처럼 살려고 하는 것은 파국으로 이어진다는 메시지다. 돈에 대한 사랑과 무기에 대한 사랑으로 사는 것은 파국으로 이어진다. 주는 것보다 더 많은 것을 빼앗는 삶은 파국으로 이어진다. 자연과 연약한 자들을 돌보지 않는 삶은 파국으로 이어진다. 지배하는 문명의 윤리를 따라 사는 것은 파국으로 이어진다는 메시지다.

성경은 계속해서 토착민들과 억압받는 사람들이 착취적인 문명에 저항하는 작품임을 보여준다. 그 문명의 가치와 전략에 굴복하면, 상황은 결코 잘 풀리지 않으며, 이런 일은 반복해서 일어났다.

이것이 사실이 아니면 좋겠지만, 성경은 또한 지배적인 문명이 계속 승리하는 모습을 보여준다. 돈, 권력, 부패, 착취가 승리한다. 파국이 승리한다. 이러한 슬픈 흐름은 예수의 이름으로 형성된 종교 안에서도 나타난다.

"잠깐만요, 성경은 희망의 책 아닌가요?""라고 당신은 말할 수도 있다. 여기서 내가 강조하고 싶은 것이 바로 **희망은 복잡한 것**이라는 점이다. 맞다, 성경은 억압받는 자들과 온유한 자들을 위한 희망의 책이다. 그러나 그들의 해방에 대한 희망은 그들을 억압하는 문명의 패배나 붕괴와 분리될 수 없다! (마리아의 유명한 찬가를 생각해 보라. 그녀는 "부자와 가난한 자 모두 배불리 먹고, 행복하며, 좋은 시간을 가질 것이다"라고 말하지 **않았다**. 대신, 그녀는 "하나님께서 굶주린 자들을 좋은 것으로 채우시고, 부유한 자들을 빈손으로 보내셨다"고 말했다. 누가 1:53 참조.)

8장 토착민들의 지혜를 찾아서

성경은 오만한 억압자들에게 희망을 주지 않는다. 다만, 그들이 회개한다면, 즉 지배적인 한계 초과 프로젝트를 다시 생각하고 그것을 포기한다면, 겸손하게 서로와 지구와 조화를 이루며 살아가는 법을 배운다면, 다시 기회를 얻을 수 있다. 물론, 아직 시간이 있을 때 그렇게 한다면 말이다. 사실상, 이것이야말로 "회개"(repentance)나 "구원"(salvation) 혹은 "구속"(redemption) 또는 "거듭남"(being born again)과 같은 익숙한 용어를 이해하는 가장 좋은 틀이다. 이런 단어들은 개인적인 용서 거래나 천국행 무료 티켓을 보너스로 받는 것을 뜻하는 것이 아니었다. 오히려 특권층과 권력자들에게 자신들의 문명이 가진 깊고도 인식하지 못한 전제들을 다시 생각하라는 요청이었다. 그 단어들은 식민지 개척자들에게 새롭게 보고, 새로운 눈으로 보라고 도전했다. 즉, "문명화된" 왜곡으로부터 해방된 눈으로, 즉 어떤 것들은 보고, 어떤 것들은 놓치고, 어떤 것들은 실제로 존재하지 않음에도 존재한다고 착각하도록 훈련받은 그 왜곡된 시각을 버리고 새롭게 보라는 것이었다. 이러한 새로운 비전은 회개한 식민지 개척자들이 이전과는 다른 이야기 속에서 새로운 정체성을 가지고 살아갈 수 있도록 도울 수 있다. 그렇게 함으로써, 지구와 가난한 사람들이 더 이상 지배적인 문명의 군홧발 아래에서 신음하지 않을 것이다.[13]

우리는 억압받는 사람들과 온유한 자들의 유일한 희망이 그들을 억압하는 오만한 문명의 파국이라고 말할 수 있다. 지구와 그 생명체들의 유일한 희망은 모든 것을 파괴하고 착취하는 오만한 인간 문명의 종말이다. 성경에서도 희망과 파국은 복잡하게 얽혀 있음을 볼 수 있다.

성경은 지금 내가 보기에 두 가지 중요한 질문을 던지고 있다. 첫째, 우리는 죽음을 불러오는 문명에 지배받고 있으며 이 문명은 현재 몰락을

---

[13] 눈이 먼 것과 보는 것에 관한 성경의 많은 말씀과 이야기들은 이런 점에서, 특히 복음서들의 빛 가운데 새로운 중요성을 갖는다.

향해 나아가고 있는 현실에서, 우리는 어떻게 선하고 사랑이 넘치는 삶의 방식을 배울 수 있을까? 고대 유대인들에게는 '샬롬'(shalom), 유대 토착민 예언자 예수에게는 '하나님의 나라,' 체로키족에게는 '엘로헤'(elohe), 아프리카의 많은 민족에게는 '아마호로'(amahoro)와 '우분투'(ubuntu)가 그것이다. 둘째, 현재 지배적인 문명이 필연적으로 붕괴한 **이후에는** 어떻게 살아갈 것인가? 현재 문명이 몰락한 후에도 인간이 살아남는다면, 미래 세대는 어떻게 새로운 시작을 만들어갈 수 있을까?

명확히 말하자면, 성경의 진정한 지평선은 개인의 삶과 죽음의 끝에 있지 않다. 시공간적 우주의 종말도 아니다. 그것은 짧고 편협한 문명이 현재 지배하고 있는 세계의 끝을 의미한다.

이 토착민들의 지혜서인 성경은 모든 토착민의 지혜와 마찬가지로, 억압받는 사람들과 가해자들, 식민지배를 받은 사람들과 식민지 지배자들, 억압받는 자들과 억압하는 자들에게 동일한 메시지를 전달한다. 그것은 파국과 희망이 함께 한다는 것이다. 현재 우리가 알고 있는 세계의 종말이 가까워지고 있지만, 이것이 반드시 세계 자체의 종말을 뜻하는 것은 아니다. 피라미드의 정점에 있는 엘리트들에게 문명의 붕괴는 마치 시공간 자체의 종말처럼 느껴질 것이다. 그들은 자신들의 문명이 없는 삶을 상상할 수 없기 때문이다. 그러나 우리 종과 다른 종들, 즉 현재 문명의 지배 아래 고통받는 이들에게는 우리 문명의 붕괴가 해방처럼 느껴질 수도 있다. 그들에게는 그것이 세상의 종말이 아니라, 새로운 시작을 위한 유일한 기회일 것이다.

이처럼 파국처럼 보이는 이야기가 사실은 해방의 이야기일 수 있다. 우리는 다음 장에서 이 이야기를 계속할 것이다.

친애하는 독자에게

어린 시절 나는 크리스토퍼 콜럼버스, 에르난 코르테스, 프란시스코 피사로에 대해 배웠는데, 당신은 어떻게 배우셨나요? 비슷하게 배우셨나요, 아니면 당신의 선생님들은 다르게 가르쳤나요?

때때로 작가들은 분명하고 단도직입적으로 말하면서 오해를 감수해야 합니다. 다음 두 문장에 대해 어떻게 반응하셨나요? 우리의 문명은 식민주의이며, 식민주의가 우리의 문명입니다. 우리 문명은 우월주의(인종적, 종교적, 이념적, 국가적, 혹은 인간 중심적)이며, 우월주의가 곧 우리 문명입니다.

당신이 식민 지배자의 후손이거나 그 혜택을 누리는 사람이라면, 이런 방식으로 식민주의를 생각해 본 적이 있나요? 토착민의 관점에서 역사를 바라보게 된 계기가 있었나요?

예수님의 말씀인 "온유한 자가 땅을 기업으로 받을 것이다"라는 말씀에 대한 나의 해석에 대해 어떻게 생각하시나요?

식민주의 역사에서 토착민을 이상화하는 전통이 존재하는데, 이를 "고귀한 야만인 신화"라고 부릅니다. 이 신화는 "잔혹한 야만인 신화"와 함께 공존하며, 이는 토착민들을 열등한 존재로 여겨 그들을 노예로 삼거나 말살하는 것을 정당화하는 데 사용되었습니다. 나는 이 두 가지 신화를 지속시키고자 하는 것이 아닙니다. 대신, 나는 우리가 현재 식민 지배자의 시선으로 바라보는 것이 유일한 방식이 아님을 이해하도록 돕고 싶습니다. 오랜 세월 동안 이러한 식민자의 관점을 거부하는 "소수의 관점"이 존재해 왔습니다. 성경을 소수의 관점의 한 예로 바라보는 것에 대해 궁금하지 않나요?

9장

성경을 읽지 마셔요(과거의 방식으로는)

포타와토미(Potawatomi) 족은 오대호 지역 터틀 아일랜드(Turtle Island)에서 기원했다. 우리는 스카이우먼(Skywoman)이 하늘 세계에서 떨어져 거북의 등에 땅을 창조했다는 이야기를 전한다. 또한, 위대한 영(*Gitchie Manitou* 또는 *Kche Mnedo*)이 지구로 보낸 최초의 인간 이야기도 전한다. 최초의 인간은 지구를 걸으며 모든 생물의 이름을 짓고, 지구상의 모든 존재와 조화를 이루며 살았다. 창조주께서 그를 돕기 위해 동반자로 늑대를 주셨다. … 우리의 기원 이야기는 땅에서 비롯되었으며, 땅은 우리의 스승이다. 그러므로 신과의 연결, 신성함, 신비, 그리고 우리의 정체성은 땅에 뿌리를 두고 있다.

―포타와토미족 시인 및 작가 케이틀린 커티스1)

만약 화해에 대한 가장 큰 책임이 피해자와 생존자들에게 있다고 말한다면, 우리는 그들을 또다시 해치는 것이다. 화해에 가장 큰 책임이 있는 사람들은 애당초 피해를 준 가해자들이다.

―아일랜드 작가이자 평화운동가 개러스 히긴스2)

---

1) Kaitlin Curtice는 포타와토미족 출신의 재능 있는 작가, 시인, 이야기꾼, 작곡가로서 이 인용문은 그녀의 저서 *Native* (Brazos, 2020)에서 인용.
2) Gareth Higgins의 뉴스레터 *The Porch*에서 인용. www.theporchcommunity.net 에서 더 많은 정보를 볼 수 있다.

151

나는 당신을 짧은 여행으로 안내하여, 성경에서 뜻밖에 발견할 수 있는 토착적이고 생태학적인 지혜의 보물을 보여주려 한다. 우리가 이를 볼 눈을 가졌다면 말이다. 나는 성경을 다른 토착민들의 지혜보다 우월한 것으로 제시하려는 것이 아니다. (그것 자체가 우월주의적이며 식민주의적인 접근 방식이 될 것이다). 대신에, 성경을 토착민의 지혜, 즉 히브리 민족의 부족적 지혜 속에 자리매김하고자 한다. 성경은 오늘날 문명의 지배적인 세계관을 떠받치는 데 가장 많이 사용되는 경전이다. 나의 목표는 성경이 어떻게 페이지 페이지마다 그런 세계관을 뒤집어엎는지를 보여주려는 것이다.

성경이 시작되는 창세기에서, 인간의 존엄성과 자유, 선함을 상징하는 존재는, 제사를 드리는 제사장도 아니며, 금빛 신전에 앉은 파라오도 아니고, 칼을 치켜든 정복자도 아니며, 고급 정장을 입고 이사회에 앉아 있는 부유한 백인 남성도 아니며, 강단에서 설교하는 열성적인 종교 광신자(미국이나 중동에서 AK-47 또는 AR-15 자동소총을 들고 있는 사람)도 아니라는 것을 눈치챈 적이 있는가? 아니다. 그것은 정원에서 살고 있는 벌거벗은 토착민들, 서로 조화를 이루며, 동료 생명체들과 조화를 이루며, 심지어 지구 자체와 조화를 이루며 사는 사람들이다. 그들에게는 자신만의 창조의 날조차 없다. 즉 그들은 "모든 종류의 가축과 기는 것과 들짐승"과 같은 날에 창조된다. 그들은 땅으로부터 만들어졌다. 사실상, '아담'이라는 이름은 "붉은 흙의 아이"(child of red earth)를 뜻한다.3) 이 땅의 아이들은 많은 아름다운 야생종 가운데 하나에 불과하다.

그렇다. 땅의 아이들은 "생명의 숨결"을 받았지만, 다른 동물들도 마찬가지다. 그들은 확실히 **다스려라**(dominion)는 염려되는 권리를 부여받았지만(창세기 1:28), 왜 우리는 이 단어를 식민주의자들이 마치 자신들의 방

---

3) 흥미롭게도 영어 단어 human은 흙을 뜻하는 *humus*와 연결된 것을 보여준다.

식대로 **강압적 지배**(domination)를 뜻하는 것으로 정의하도록 내버려 두어야 하는가? 왜 창세기의 다스림을 마치 죽이고, 착취하고, 고문하고, 멸종시키는 허가를 뜻하는 것처럼 해석해야 하는가? 왜 우리는 다스림이 "창조주의 형상을 지닌 존재들로서 창조주와 같은 방식, 창조주의 다정하고 사랑스러운 책임적 돌봄을 행사하는 것"이라고 생각하지 않는가? 이러한 관점에서 보면, 이 겸손한 땅의 아이들은 왕과 같은 존엄성과 책임을 부여받아, 그들에게 맡겨진 모든 생명체의 복지를 돌보아야 한다. 마치 훌륭한 왕이 시민들의 정의와 안전을 지켜야 하듯이, 원초적 인간들은 하늘의 모든 새, 물속의 모든 물고기, 땅 위를 움직이는 모든 생명체, 각각의 나무, 들꽃, 펼쳐지는 양치식물을 소중히 여기고 보호해야 한다.

이러한 생태학적 해석은 두 번째 창조 이야기(창세기 2:15)에서 더욱 강조된다. 여기서는 "다스려라"는 말 대신, 인간이 "땅과 함께 일하며 맡아서 돌보라"는 명령을 받는다. 그것은 "땅에서 모든 이윤을 쥐어짜라"는 뜻이 결코 아니다!

이런 맥락에서 우리는 첫 번째 금지를 마주한다. "동산에 있는 모든 나무의 열매는, 네가 먹고 싶은 대로 먹어라. 그러나 선과 악을 알게 하는 나무의 열매만은 먹어서는 안 된다"(창세기 2:16). 이 금지를 통해 인간은 광범위한 자유를 누리지만 ("모든 나무의 열매를 즐겨라") 동시에 제한된 삶을 살게 된다("단 한 나무는 제외하고"). 이 한계를 존중하지 않는 것은, 한편으로는 지구의 자녀처럼 사는 것을 거부하는 것이며, 인간이 환경 속에서 자신이 속한 생태적 위치를 존중하지 않는 것을 뜻한다. 그것은 마치 정원이 재생할 수 있는 것보다 더 많은 자원을 요구하고, 정원이 정화하고 재활용할 수 있는 것보다 더 많은 폐기물을 배출하는 것과 같다. 그 나무의 이름은 그 목적을 제시한다. 즉 **이 금지를 따르면 너희는 선**(good)**을 알게 될 것이다. 그러나 어기면 악**(evil)**을 알게 될 것이다.**[4)]

신과 같은 지식과 힘을 욕심내는 것이, 환경 속에서 한계를 지닌 존재로 살아야 하는 인간의 위치를 거부하는 방식이 될 수 있음을 당신은 이해할 수 있는가? 인간이 자신의 한계를 받아들이지 않고, 창조물 대신에 창조자가 되려 한 것이 결국 우리가 알고 있는 지배적인 문명으로 이어지는 결과를 초래했음을 알 수 있는가?

이 금지에는 경고가 함께 한다. "그것을 먹는 날에는, 너는 반드시 죽는다." 다시 말해, 우리가 신성한 창조물 속에서 사랑받는 존재로서의 자리를 떠나면, 고통, 땀, 눈물, 폭력을 경험하게 될 것이며, 결국 멸종에 이를 것이다. 우리는 더 이상 환경과 조화를 이루지 못하고, 환경과 경쟁하며 그것을 지배하려 할 것이다. 이 이야기는, 불멸의 신처럼 살려는 인간의 시도가 결국 개처럼 죽게 될 것임을 암시한다. (개를 모욕하려는 의도는 아니다).

한편, 히브리 민족의 남쪽에 위치한 이집트 제국이 지속적인 위협을 가하는 상황에서, 그 이야기 속의 유혹하는 뱀이 실제 뱀이거나 초월적인 악마를 상징하는 것이 아니라, 파라오의 왕관에서 신성한 힘을 상징하던 '우라이오스'(*Uraeus*),[5] 즉 황금 코브라를 암시하는 것은 아닐까? 그렇다면 뱀의 유혹은 곧 문명의 착취적 가치관에 대한 유혹이 아니었을까?

이러한 관점에서 본다면, 최초의 인간이 에덴동산에서 쫓겨난 것은 인간이 두 가지 길을 동시에 걸을 수 없다는 쓰라린 깨달음을 반영하는 것이다. 즉, 인간은 창조물을 위한 지혜로운 한계를 범한 채로는 동산 안의 지구의 아이들로서 "서늘할 때에, 하나님과 함께 걷고," 벌거벗고도

---

4) 나는 이 해석이 유일하게 가능한 해석이라고 주장하는 것은 아니다. 다른 신화적 이야기들처럼, 이 이야기는 다양한 해석의 가능성을 열어준다. 어떤 랍비는 이를 "끝없는 의미의 샘"이라고 표현하기도 했다.
5) 위키피디아에서 'Uraeus'를 보라. 창세기의 뱀은 길가메쉬 서사시의 뱀도 상기시킨다.

부끄러워하지 않는 조화로운 삶을 살 수 없다는 쓰라린 깨달음이다. 인간이 생태적 한계를 초과하면, 생명나무에 접근할 수 없다는 깨달음이다.[6]

창세기에서 인간은 지속 불가능하고 자멸적인 문명으로 나아간다. 인간은 창조주의 신성한 땅을 돌보던 수렵-채집 생활(아담과 하와처럼)에서 목축 생활(아벨처럼)로, 그리고 정착하여 농사를 짓는 생활(가인처럼)로 "진보"한다. 가인과 아벨의 두 가지 삶의 방식은 두 가지 종교 형태로 표현된다. 즉, 수렵 종교(고기를 제물로 바치는)와 농경 종교(곡식을 제물로 바치는)이다. 이들의 종교적 긴장은 폭력으로 이어지며, 문명의 관점에서 "더 발전된" 정착 농부가 "더 원시적인" 유목민을 죽이게 된다. 우리가 예상하듯이, 다음 세대의 인간들은 문명화의 자연스러운 다음 단계로 나아가며 도시를 건설하기 시작한다(창세기 4:17).

조만간 도시들이 증가하면서 더 많은 사람이 살게 되지만, 수명은 짧아진다(창세기 6:3). 이는 환경적 건강이 악화되고 있음을 반영한다. 문명화된 인간의 욕망과 행동은 왜곡되며, 폭력은 곳곳에서 발생한다. 하나님—여기서 나는 이야기 속 인물로서의 하나님을 말하는데—은 인간들이 만든 폭력적 혼란에 너무나 괴로워하여 폭력으로 대응하신다. 즉, 지구를 물로 덮어 악을 씻어내기로 하신 것이다. (그런데 이 이야기가, 비옥하지만 취약한 강 계곡에 인구를 집중시켰던 고대 농부들이 경험한 홍수의 기억을 반영한 것일까?) 이런 기후 패턴의 붕괴 이후, 하나님은 깊이 후회하신다. 그분은 자신이 끔찍한 실수를 저질렀다고 느끼며, 다시는 이런 일을 하지 않겠다고 다짐하신다.

그러나 재앙의 생존자들은 여전히 현명하지 않다. 그들은 재빨리 인구를 늘렸고 창세기 11장에 이르면 새로운 기술, 즉 돌 대신에 벽돌로

---

[6] 나는 전통적 기독교의 "타락" 교리의 팬이 아니다. 그러나 성경에 타락이 있다면 바로 지속 가능한 삶에서부터 한계를 초과하는 삶으로 추락하는 것이다.

건축하는 기술을 발전시킨다. 이 새로운 기술은 건축 과정에 속도를 높였고, 더 큰 건물에 더 많은 사람이 살 수 있게 만들고, 이것은 경제 성장을 촉진했다. 그들은 자신의 위대한 문명을 기념하기 위해 높은 탑 바벨을 세운다. 바벨의 모든 사람이 같은 언어를 사용하기에 권력을 강화하기가 더 쉬워지며, 이는 신흥 문명이 더 큰 해를 끼칠 수 있다는 것을 의미한다. 그래서 하나님은 이 중앙집권적 권력과 차이점을 억압하는 것을 방해하신다. 바벨이 무너지고, 백성들은 흩어져 다양한 언어를 통해 독립적인 정체성을 보존한다. 하지만 곧 새로운 바벨이 등장하는데 그중 하나가 우르(Ur)다[고대 제국의 중심 도시로서 오늘날 뉴욕에 버금갔다.-편집자].

성경에서 중요한 인물 중 하나인 아브라함은 우르의 시민으로 시작한다. 하지만 그는 꿈을 가지고 있다. 토착민 문화에서 흔히 볼 수 있는 지도력의 원칙이 그를 문명[과 도시]을 떠나 유목민이 되도록 이끈다. 이는 문명화된 기준에서 보면 사회적 발전의 사다리에서 한 단계 내려가는 것이지만, 그는 모든 토착민이 소중히 여기는 것을 추구한다. 즉, 대대로 가꿀 수 있는 땅, 경작하고 보호할 수 있는 땅, 소속감을 느낄 수 있는 땅을 찾는다. 아브라함은 다른 꿈들도 가지고 있으며, 이러한 꿈들이 합쳐져 그의 후손들에게 하나의 통합된 비전을 제공한다. 그것은 문명이나 제국의 일부가 되는 것이 아니라, 자신의 땅에서 지속 가능하게 뿌리내리고, 독자적인 문화와 언어를 가진 한 부족의 일원이 되는 것이다. 다시 말해서, 또 다른 바벨이나 우르에 의해 정복당하지 않는 것이다. 이 새로운 아브라함 부족은 다른 민족들에게 위협이 되지 않을 것이며, 오히려 그들에게 축복이 될 것이다. 이런 반식민주의적이며 반제국주의적 비전(anti-colonial, anti-imperial vision)은 깊은 부족 정체성, 생태적 지속 가능성, 부족 간의 연대와 상호 협력의 이상을 담고 있으며, 이는 아브라함이 인류에게 남긴 위대한 유산 중 하나가 된다.

창세기가 전개되면서 아브라함의 후손들은 창세기에서 발견되는 두 번째 주요 기후 위기에 직면한다. 이번에는 홍수가 아니라 가뭄이다. 기근이 예상대로 발생하며, 아브라함의 후손들은 목숨을 부지하기 위해 국경을 넘어 번영하고 강력한 문명인 이집트로 피난해야 했다.

창세기가 끝날 무렵, 아브라함의 후손들은 이집트에 정착한다. 하지만 출애굽기가 시작될 때, 이집트인의 환대는 결국 후대 제국들처럼 변덕스럽다는 것이 증명된다. 그 문명은 난민들을 노예로 전락시킨다. 몇백 년 동안 노예 생활을 한 후, 위대한 출애굽 이야기는 최고로 반제국적인 이야기(supremely anti-imperial tale)로 펼쳐진다. 하나님은 이집트의 화려한 행렬과 피라미드에는 감동받지 않으신다. 대신에 그 경제적 피라미드의 밑바닥에서 노예로 살고 있는 자들의 신음소리와 울부짖음을 들으시고, 그 제국을 혼란하게 만들어 압제당하는 천민들을 해방하도록 만드신다.

새롭게 자유를 얻은 히브리 자녀들에게 무슨 일이 일어났는가? 그들은 문명의 발전 단계를 거슬러 올라가 새롭게 시작하기 위해 다시 수렵채집민이 되어, 이집트의 착취적인 문명을 떠난 난민이 된다. 매일 아침, 그들은 신비로운 음식(히브리어로 '만나'manna의 의미는 "이것이 무엇인가?"라는 뜻이다)을 모은다. 야생이 그들의 생태 학교가 되어, 자연을 정복하려 하지 않고 경외심을 가지고 자연과 함께 살아가는 법을 가르친다. 자연을 통제하는 것이 아니라 신뢰하는 법을 배우는 것이다.[7] 어떤 의미에서, 그들은 다시 창세기 1장으로 돌아가 가장 기본적인 교훈을 새롭게 배우는 기회를 얻는다. 즉, 서로 의존하는 존재로서 살아가며, 지구 위에

---

[7] 문명화되거나 식민지적 관점에서 성경을 해석하는 사람들에게 "광야"는 종종 해방 이후의 재조정 장소로 묘사된다. 그러나 이 용어는 위험한 황무지의 의미를 내포하며, 이는 많은 해방된 히브리 노예들이 차라리 노예 상태로 돌아가기를 바랄 정도로 끔찍한 곳으로 그려진다. 나는 이 본문을 토착민적 관점에서 읽어야 한다고 주장한다. 야생, 대지, 그리고 지구 자체가 한 세대의 교사 역할을 하며, 그들이 이집트의 세뇌와 피라미드 경제의 잘못된 교육에서 벗어나도록 돕는 것이다.

9장 성경을 읽지 마셔요(과거의 방식으로는)

서 가볍게 걸으며, 지구가 재생할 수 있는 이상의 자원을 소비하지 않으며, 지구가 해독할 수 있는 이상의 오염을 배출하지 않는 것이다.

다시 정착하기 전에, 그들은 새로운 법을 부여받는다. 이 법은 사람들과 땅을 인간의 착취로부터 보호하는 법이다. 특히 레위기와 신명기의 가르침에서, 농경지를 휴경하는 것, 숲을 파괴하지 않는 것, 동물의 권리를 존중하는 것, 빚을 탕감하는 것, 위생과 폐기물 처리를 중요하게 여기는 것, 부와 권력의 집중을 되돌리는 것 등 다양한 구체적 지침을 볼 수 있다.8)

율법(토라)은 사후 세계에 대한 믿음을 제공하지 않는다. 율법을 지키거나 지키지 않아 발생하는 모든 긍정적이거나 부정적인 결과는 오직 이 세상에서의 삶과 연결되어 있다. 지혜롭게 살고, 율법을 따르면 너와 너의 후손들은 땅에서 번영할 것이다. 하지만, 율법을 어기면 "땅이 너희를 토해낼 것이다"(레위기 18:28)라고 경고한다.

613개 율법 중 가장 유명한 것은 십계명으로, 지속 가능한 사회를 위한 매뉴얼(a how-to manual for a sustainable society)로 읽을 수 있다.9) 첫째, 사람들은 노예 상태에서 해방시킨 신만을 최고로 숭배해야 하며, 착취를 정당화하는 모든 신학에 저항해야 한다. 둘째, 그들은 하나님을 부적이나 도구로 삼아 인간의 지배를 정당화해서는 안 된다. 그들은 주변 문명이 "우상"을 세우며 했던 행동을 따라 해서는 안 된다. 셋째, 그들은 하나님의 이름을 경시해서는 안 된다. 하나님에 대한 담론이 우리에 대한 특권을 주장하거나 그들을 지배하는 도구로 사용될 수 있기 때문이다. 넷째, 제국의 7일/24시간 경제와는 대조적으로, 지혜로운 공동체는 쉬는 시

---

8) 나이지리아 신학자 Solomon Olusola Ademiluka의 논문, "An Ecological Interpretation of Leviticus 11-15 in an African (Nigerian) Context" in *Old Testament Essays*를 보라. http://www.scielo.org.za/pdf/ote/v22n3/01.pdf.

9) 십계명에 대한 이런 통찰은 David Bodanis의 미발표 논문 덕분이다.

간을 보장하고, 삶을 즐기며, 노동과 이윤이 절대적 가치가 되지 않도록 해야 한다.

다섯째, 힘을 가진 세대는 노년 세대를 존중해야 하며, 그들이 더 이상 경제적 이익을 창출하지 않는다는 이유로 내버려 두어서는 안 된다. 여섯째, 동료 인간을 자신과 동등한 존재로 여기고 그들을 죽이지 않음으로써 그들의 권리를 존중해야 한다. 이는 식민지 개척자들과 노예 소유주들이 보이는 생명에 대한 무신경한 태도에 대한 분명한 금지 조항이다. 일곱째, 이웃의 결혼을 자기의 결혼과 마찬가지로 존중하고 이를 침해하지 말아야 한다. 여덟째, 자신의 재산권과 마찬가지로 이웃의 재산권도 존중하고 도둑질하지 말아야 한다. 아홉째, 무고한 사람들을 보호하기 위한 법률체계를 부패시키거나 왜곡해서는 안 된다. 그렇지 않으면 무고하고 취약한 사람들에게 해를 끼치게 된다. 열째, 문제의 핵심으로 들어가 가장 근본적인 인간의 문제를 다루어야 한다. 이는 에덴동산 이야기에서 보듯이 무제한적 욕망, 즉 하나님이 되고 싶어 하고 한계를 벗어나고자 하는 욕망이다.

그들이 넓은 광야를 지나 조상들의 땅에 도착했을 때, 그들은 그 땅에 살던 새로운 거주민들을 학살하면서 이를 하나님이 자신들에게 부여한 임무라고 정당화한다. 이것은 성경 이야기에서 도덕적 왜곡과 고통이 가득한 이야기다.[10] 그러나 심지어 그런 폭력적인 명령에서조차 그들에

---

10) 가나안 족속을 학살한 이야기는 흔히 식민주의자들이 자신의 포악성을 정당화하기 위해 사용했다. 나는 다른 책에서 이런 종교적 폭력을 탐구했다. *A New Kind of Christianity* (HarperOne, 2010), *Why Did Jesus, Moses, the Buddha, and Mohammed Cross the Road?* (Jericho, 2012). 나는 오늘날 성서신학이 성경의 많은 이야기에 대해 그 역사적 정확성 문제를 폭넓게 제기했다는 점을 덧붙일 필요가 있는데, 그 중에는 이집트에서의 노예 생활, 출애굽 이야기, 가나안에 대한 폭력적 정복 이야기가 포함된다. 또 많은 학자는 역사적 정확성 문제가 이런 고대 문서처럼 사건들이 벌어진 후 오랜 시간이 지나 작성된 문서들에 적용하는 것이 적절한지에 대해 의문을 제기했다. 즉 그런 사건들은 토착민들의 집단적 응집력과 정체성을 강

게 계속해서 반복된 경고는 만일 그들이 지혜로운 한계를 지키지 않는다면, 자신의 행동에 대한 결과로부터 보호받지 못할 것이라는 점이다. 예를 들어, 난민을 시민과 동등하게 대우하지 않고, 가난한 자를 무시하며, 취약한 고아나 과부를 방치하고, 가난한 자를 억압하며, 정의를 편견으로 더럽히고, 백성을 억압하며, 동물과 땅에 휴식의 존엄성을 부여하지 않는다면, 그들은 모든 다른 문명과 같은 길을 걷게 될 것이라는 점이다. 즉 그들은 난민, 과부, 고아가 되어 가난하고, 억압받으며, 노동에 시달려 지치게 될 것이다. 마치 그들이 정복했던 것처럼, 그들도 정복당할 것이다.

다른 토착민들의 창조 이야기와 민족의 시작에 관한 이야기를 읽어 보면, 창세기, 출애굽기, 그리고 히브리성서의 다른 본문과 공유되는 많은 문학적 요소를 눈치챌 수 있다.11) 이런 유사성은 놀라울 정도다. 즉 에덴의 정원, 잘못된 행동으로 인한 추방, 긴 이주, 동물의 개입, 법이나 생활 규칙의 제정, 위대한 전사와 예언자의 등장, 희망의 약속, 잠언과 비유, 그리고 길을 잃는 것에 대한 기억 등이 그런 요소들이다.

성경 이야기가 계속 전개됨에 따라, 우리는 히브리 부족들의 느슨한 연합[지파동맹]이 점차 중앙 집권화되고 왕국이 되는 과정을 보게 된다. 이것은 도덕적으로 모호한 성취다. 곧이어 솔로몬 왕은 노예 노동을 이용해 거대한 성전을 건설한다. 이는 노예를 해방시키는 하나님조차도 어떻게 너 익숙한 제국 신학으로 면실될 수 있는지를 보여준다. 즉, 하나님이

화하기 위해, 또한 자신들 시대의 질문들과 도전들을 다루기 위해 작성된 문서들이기 때문이다.

11) 아메리카 원주민/퍼스트 네이션 창조 신화의 여러 버전을 온라인에서 볼 수 있다. 체로키족과 살리난족(https://www.americanyawp.com/reader/the-new-world/indian-creation-stories/); 하이다족, 그위친족, 필카니족, 아니시나베족, 이누이트족, 미크맥족(https://www.historymuseum.ca/history-hall/traditional-and-creation-stories/); 포타와토미족(https://www.mpm.edu/content/wirp/ICW-137); 하우데노사우니족(https://www.oneidaindiannation.com/the-haudenosaunee-creation-story/)의 창조 신화가 포함된다.

노예제도를 정당화하는 존재로 바뀐 것이다. 이러한 위험한 흐름을 질타하기 위해 예언자들이 등장한다. 그들은 경고와 함께, (토착민 문학의 또 다른 일반적인 요소인) 다양한 환상을 공유하며 사람들이 더 나은 삶의 방식을 상상하도록 영감을 준다. 하지만 슬프게도 예언자들은 대부분 무시당하고, 조롱받고, 감옥에 갇히거나, 추방되거나, 살해당한다.

몇 세대가 지나면서, 왕국은 내전을 겪게 되고 결국 강대국의 연속적인 정복을 겪게 된다. 아시리아, 바빌로니아, 페르시아, 그리스, 시리아, 그리고 로마제국이 차례로 지배한다. 이집트에서처럼, 살아남은 사람들은 문명의 불만을 경험하며, 제국의 말발굽에 짓밟힌다.

이러한 지배의 상황 속에서, 예수는 예언자들의 전통에서 등장한다. 이야기에 따르면, 그는 인류문명의 폭력적 가부장제와 완전히 분리되어 태어난다. 하나님은 가부장제를 우회하여 여성만으로 새로운 인간 존재를 탄생시킨다.[12] 예수가 성장하면서, 그는 근본적으로 다른 가치에 의해 운영되는 대안적 문명, 즉 하나님의 왕국, 제국, 혹은 하나님의 문명을 이야기한다. 현대적 상황에 맞게 번역하면, 하나님의 대안 경제나 재생적 생태계라고 할 수도 있다. 이 새로운 삶의 방식을 이해하도록 돕기 위해, 예수는 토착적 생체 모방(biomimicry)의 윤리를 옹호하며, 우리가 새들과 들꽃, 씨앗을 뿌리고 강인한 나무를 기르는 법을 배우라고 권한다. 그는 문명의 대본을 뒤집어, 제국의 권력에 대한 사랑(love of power)을 사랑의 원초적 힘(the primal power of love)으로 대체한다. 또 그는 사람들에게 폭력적인 제국의 권력에 대해 비폭력적 저항을 하도록 부르며, 그들에게 "산 위에 세운 도시"[13]라는 대체적 가치 체계를 모델로 삼도록 초대한다.

---

12) 나는 처녀 탄생 이야기에 대한 문학적 (혹은 비문학적) 해석을 내 책 *We Make the Road by Walking* (Jericho, 2014)에서 탐구했다.
13) 예수의 가르침에서 발견되는 가치들은 북미 원주민 원로 8명과의 심층 인터뷰 및 100개 이상의 북미 원주민들에 대한 연구를 통해 랜디 우들리(Randy Woodley)가

그의 메시지의 핵심에서 우리는 충격적인 최후통첩을 마주한다. 즉 너희는 하나님을 사랑하고 돈을 미워하든지, 아니면 돈을 사랑하고 하나님을 미워하든지 할 것이다(마태 6:24). 왜 이런 이분법인가? 도대체 왜 이 토착민 교사의 눈에는 돈이 궁극적인 위험인가? 돈의 중요성과 필수성을 이해하기에는 예수가 지나치게 순진한 것인가?

예수에게 돈은 가난하고 취약한 사람들을 억압하는 로마 문명의 화폐(currency)다. 돈은 제국이 자신의 지속 불가능하고 불의한 가치를 통해 사람들을 살아가게 만드는 상징적 언어다. 돈은 그 입장권이며, 돈은 가치의 척도다. 돈이 없다면, 제국 안에서 당신은 아무것도 아니다.

예수에 따르면, 하나님의 문명은 전혀 다른 화폐로 운영된다. 그것은 바로 사랑이다. 하나님이 사랑하시는 것은 가치가 있다. 들꽃에서 참새에 이르기까지, 가장 잊히고 소외되며 취약한 인간까지 포함된다. 하나님의 사랑을 받는다는 것은—부나 사회적 지위, 종교, 성별, 성적 지위 또는 시민권이 아니라—신성한 가치를 부여받는 것이다. 만약 우리가 사랑하는 법을 배우고 있다면, 우리는 하나님의 대안적인 문명, 가족, 또는 경제체제에 들어가고 있는 것이다. 만약 우리가 돈이 많지만 사랑이 빈곤하다면, 성공한 것이 아니라 바보다. 예수에게 하나님의 문명은 사랑의 문명(a civilization of love)이다. 여기서는 사랑이 가장 중요한 원칙이다. 먼저 우리는 하나님을 사랑해야 한다. 하나님은, 모든 창조물이 사랑받는 초월적인 사랑의 현존으로 정의할 수 있다. 만약 우리가 하나님을 사랑한

확인한 원주민 전통의 10가지 공유 가치와 밀접하게 유사하다. 그의 연구는 여러 부족에서 발견되는 핵심 텍스트들을 분석하여, 다음과 같은 "조화의 길"(Harmony Way) 10가지 가치가 드러났다. 지구에 대한 **존중**, 모든 창조물을 **성스럽게** 여기는 태도, 사람들과 자연과의 **조화, 우정, 웃음, 평등, 진정성, 역사, 일과 휴식의 균형, 관대함, 책임/상호연결성/관계성**이라는 가치를 강조한다. 그의 강연 "Growing Our Roots: Understanding the Indigenous Worldview"에서 발췌한 것이다. 또한, 랜디 우들리와 에디스 우들리가 공동 집필한 신간 *Journey to Eloheh* (Broadleaf, 2024)도 보라. 더 많은 정보는 https://www.eloheh.org/about에서 확인할 수 있다.

다면, 하나님이 사랑하시는 것을 사랑해야 한다. 바다의 물고기, 공중의 새, 들판의 야생화, 그리고 우리까지도 포함된다.

하나님의 사랑은 우리의 모든 이웃을 포함하며, 예외가 없다. 다른 성별, 사회 계층, 능력 수준, 문화, 인종, 국적 또는 종교를 가진 이웃도 포함된다. 로마제국이 절대적인 충성을 요구하는 것에 대해 예수는 특히 도발적으로 도전하며, 사랑이 심지어 원수들에게까지도 미쳐야 한다고 주장한다. 이러한 가르침과 비유에서, 그는 지속적으로 지배적인 문명에 대한 무의식적인 전제들을 날카롭게 찌른다. 우리가 움찔하는 반응을 보일 때, 우리는 그 전제들이 여전히 우리 안에, 표면 아래에 존재하고 있음을 깨닫게 된다.

예수 당시 사람들이 그의 메시지를 받아들이지 않을 것이 명확해지고, 오히려 로마 문명의 가치에 적극적으로 또는 암묵적으로 충성을 유지할 것이기 때문에, 예수는 다가올 일에 대해 강하게 경고한다. 즉 불의하고, 지혜롭지 못하며, 사랑이 없는 문명은 유지될 수 없다. 붕괴가 오고 있다. 도망칠 수 있는 자들은 도망쳐야 한다. 도망칠 수 없는 자들은 어려운 시기를 견딜 준비를 해야 한다. 예수는 많은 사람이 죽음을 예상해야 하며, 그들에게 죽음이 인간에게 일어날 수 있는 최악의 일이 아니라는 것을 상기시킨다. 사실상, 비폭력과 사랑의 증인으로서 오해받고, 감옥에 갇히고, 심지어 죽는 것이 폭력적인 정복자나 비겁한 협력자로 살아가는 것보다 더 낫다고 말한다.

이 토착 예언자가 그 마지막 요점을 강조한 것은 예루살렘 성전이라는 종교-정치적 중심지에서 비폭력적 시민 불복종이라는 대담한 행동을 통해서다. 그는 자신의 행동이 투옥, 고문, 그리고 죽음으로 이어질 것임을 알고 있다. 그것이 지배적인 문명들이 자신들의 패권과 정당성에 도전하는 자들을 처리하는 방식이기 때문이다. 그러나 그는 죽기 전에 자신의 추종자들에게, 그들이 자신이 사랑하는 방식으로 믿음을 지킨다면 자신이 그들 안에 계속 살아갈 것이라고 확신시킨다. 그는 그들에게 의식적인 식사를 통해, 그의 몸과 피를 자신의 몸과 피 안에 받아들여 세상 속에서 그의 영이 지속적으로 구현되도록 한다.

이 운동은 초기 기독교 사상가이자 운동가인 바울과 함께 이어진다. 바울은 **"그리스도 안의"** 삶이라는 급진적인 메시지를 전파하는데, 이는 **"제국 안의"** 삶이나 **"현재 시대의"** 삶(이는 내가 이 책에서 반복적으로 사용하는 표현인 "우리의 현재 상황"과 대략 같은 뜻이다)과 대조된다. 그는 하나님의 영을 사랑, 기쁨, 평화의 영으로 말한다. 비폭력적이고 하나가 되게 하는 하나님의 영은 다양성을 제거하거나 동질화하지 않고, 오히려 다양성을 축하하고 조화롭게 조율하면서 공동선(common good)을 추구한다. 바울과 그의 팀은 이 해방적인 메시지를 빌립보, 아테네, 로마와 같은 제국의 권력 중심지에서도 대담하게 설교한다. 메시지가 전해지는 곳마다, 그 복음 전달자들은 사랑, 연대, 상호의존을 핵심 가치로 내세운다. 이는 지배, 보복, 착취, 축적, 우리-그들 간의 배제, 고립과는 반대되는 가치들이다. 제국과 그 구조 속에서도, 이 새로운 삶의 방식을 따르는 자들은 작은 공동체를 형성하며 다시 자신들의 정체성을 회복한다. 그들은 부를 축적하는 대신 깊은 단순함, 연대, 겸손 속에 살아간다.

바울을 비롯한 복음 전도자들의 편지는 일기장의 글처럼 읽히며, 이런 창조적 저항 공동체들이 겪는 투쟁을 이해하도록 돕는다. 이들은 로마 제국 **안에** 있지만, 제국에 **속하지 않은** 존재들이다. 바울은 한 편지(로마서 8:19-23)에서 온 창조물이 탄식하며, 인간이 지구를 파괴하는 것을 멈추고, 참다운 인간 존재로서, 하나님의 참다운 자녀들처럼 행동하기 시작하는 새로운 날을 기다리고 있다고 쓴다. 같은 편지(로마서 5장)에서 바울은 예수를 둘째 아담, 즉 두 번째 "붉은 흙의 자녀"라고 부른다.

기독교 성경의 마지막에서, 외딴 섬으로 유배된 한 늙은 신비주의자가 묵시문학적인 작품을 쓴다. 그 작품은 문명의 붕괴에 관한 것으로서 경제적 절망, 종교적 부패, 절박한 정치적 폭력, 생태적 대재앙이 어우러져 오늘날 우리가 느끼는 종말의 공포를 만들어낸다. 한 구절에서는 지구의 3분의 1이 생태적으로 황폐해지는데, 나무, 풀, 바다, 물고기, 강 등이 파괴된다. 또 다른 구절에서는 대규모 전쟁과 전염병(전쟁이 있는 곳에는 감염과 질병이 따라오기 마련이다)으로 인해 수많은 사람이 끔찍하게 죽는다. 그 혼란 속에서 사람들은 새로운 사회적, 경제적 지배의 단계로 내몰린다. 바울이 로마제국을 로마서 13장에서 "하나님의 일꾼"이라고 부를 수 있었던 반면,14) 요한계시록의 저자는 제국을 "짐승"이라고 부르며, 이를 지지하는 종교적 구조를 "음녀"(the Whore)라고 칭한다.

붕괴 이후, 새로운 생태 문명이 나타난다. 이 새로운 문명은 성경의 마지막 장에, 하늘에서 내려오는 새 예루살렘(새로운 로마가 아니다)으로 묘사된다. 이 도시는 아름다운 신부에 비유되며, 그 안에서 하나님과 인류가 하나 되고 함께 거한다. 흥미롭게도, 역사적이고 실제적인 예루살렘과는 달리 이 새 예루살렘에는 성전이 없다. 즉, 전통적인 종교의 흔적이 존재하지 않는다. 종교적 구조는 더 이상 필요하지 않다. 하나님의 빛이 모든 사람을 깨우치기 때문이다. 이 도시의 주요 특징은 문이 닫히지 않는 성벽으로, 이는 안전과 보안을 상징한다. 문들의 이름은 이스라엘의 부족 역사를 상기시키며, 도시 중심에는 생명의 강과 생명나무가 있어서

---

14) 로마제국에 대한 바울의 태도는 단순하거나 이분법적이지 않고, 매우 세밀하다. 예를 들어, 로마서의 앞 장에서 바울은 사람들에게 "이 세상을 본받지 말고, 오직 마음을 새롭게 함으로 변화를 받으라"고 권면한다. 여기서 "세상"은 로마제국의 문화를 가리키며, "마음을 새롭게 함"은 우리가 탈식민화 작업을 수행하는 것과 유사한 방식으로 이해할 수 있다. 바울은 제국을 안정적이거나 무적이라고 보지 않으며, 또 다른 편지(고린도전서 7:29)에서 "때가 단축되었으므로" 정상적인 삶도 조만간 중단될 것이라고 경고한다.

에덴을 떠올리게 한다. 생명나무의 열매는 모든 민족을 치유한다. 이제 종교적 구조는 더 이상 필요하지 않다. 하나님의 빛이 모든 사람을 비추기 때문이다. 이 비전은 원래의 에덴동산과 새로운 유형의 도시를 결합하여 새로운 종류의 생태 문명을 암시하는 것처럼 보인다. 옛 문명의 불의, 악, 고통은 영원히 사라진다.15)

성경에 대한 이처럼 간략한 개요는 많은 중요한 세부 사항을 생략하지만, 내가 볼 때 명백한 사실을 보여준다. 기존의 성경 해석 방식은 성경을 현재 문명의 권력과 이익을 위해 해석하는 경향이 있다. 이는 독자들을 성경의 토착적 뿌리와 이 세상의 육체적 삶에 대한 메시지에서 멀어지게 함으로써 그렇게 한다. 대신, 우리의 시선을 내세에 대한 비물질적인 삶으로 돌린다. 그 결과, 기존의 기독교는 신앙적인 자동차 범퍼 스티커나 우리의 지속 불가능한 문명을 위한 장식 그 이상도 이하도 아니었다. 이런 역할을 지속할수록, 기독교는 문명의 자살 프로젝트에 도덕적 정당성을 부여하는 (때로 우선순위를 부여하는) 역할을 하며, 결국 지구의 주요 파멸 세력(Earth's primary forces of doom) 중 하나가 되었다.

그렇다면 기존의 성경 읽기 방식에 대한 대안으로서, 이러한 해석 방식은 나의 친구이자 동료인 리처드 로어 신부가 말하는 "대안적 정통"(alternative orthodoxy) 혹은 내가 사용하는 "새로운 형태의 기독교," 또는 신학자 랜디 우들리가 부르는 방식대로 '엘로헤'(*Eloheh*)라는 개념으로 이어진다. 이런 대안적 접근 방식은 토착적 가치에 뿌리를 두고 있으며, 착취적 문명에서 억압받고 소외된 사람들의 관점에서 서술된다. 이는 우

---

15) 나는 이러한 성경 본문을 문자적으로 해석해야 한다고 믿지 않으며, 최대한 문학의 미묘하고 다양한 방식으로 의미를 전달하는 감수성을 가지고 읽어야 한다고 명확히 밝히고 싶다. 이는 전통적 성경 해석의 가장 안타까운 비극 중 하나일 것이다. 즉 성경을 가르쳐야 할 사람들조차 문자주의적 감수성이 아니라 문학적 감수성을 가지고 성경을 접근하는 데 실패했다는 점이다.

리가 새로운 사회 구조를 상상하는 데 기여할 수 있으며, 탈식민주의적 생태적 사회, 즉 기존 사회 질서가 수용하거나 받아들일 수 없었던 새로운 사랑의 공동체를 만드는 데 도움이 될 수 있다.

만약 당신이 나에게 이런 대안적인 방식으로 성경을 읽는 방법이 무엇인가 하고 묻는다면, 나는 먼저 이렇게 말할 것이다. **제발 그러지 마세요. 성경을 읽지 마세요**—적어도 과거와 같은 방식으로는 말이다. 문명화되고 산업화된 백인우월주의적 생각을 그대로 유지한 채로는 **성경을 읽지 마세요**. 식민 지배자와 억압자의 관점에서는 **성경을 읽지 마세요**. 성경에서 한계를 초과한 약탈적인 문명이 이미 우리가 보도록 훈련시킨 것들만을 보게 될 것이기 때문이다.16)

그 대신, 우리의 식민적/문명화된 사고방식을 잠시 멈추고 토착민의 사고방식으로 전환해 보기를 권한다. 로빈 월 키머러(Robin Wall Kimmerer)의 ≪향모를 땋으며≫(*Braiding Sweetgrass*), 랜디 우들리(Randy Woodley)의 ≪뿌리 내리기≫(*Becoming Rooted*) 또는 ≪엘로헤로 가는 여정≫(*Journey to Eloheh*), 케이틀린 커티스(Kaitlin Curtice)의 ≪선주민≫(*Native*), 스티븐 찰스턴(Steven Charleston)의 ≪영의 바퀴≫(*Spirit Wheel*) 또는 ≪우리는 세상의 종말에서 살아남았다≫(*We Survived the End of the World*), 마크 찰스(Mark Charles)와 나숭찬(Soong-Chan Rah)의 ≪불편한 진실≫(*Unsettling Truths*), 그리고 토착민 작가들의 다른 책과 자료들에 몰입해 보면 좋겠다.

---

16) 이런 관점에서 문명의 우파는 충분히 보수적이지 않았다. 그들은 최근의 가치들을 보전하려 하는데, 그것은 애덤 스미스, 마거릿 대처, 로널드 레이건이 요약한 것이다. 그들은 더 거슬러 올라가 오갈라 라코타족의 크레이지 호스, 블랙 엘크, 두와미시족의 시애틀 추장, 키페와족의 선 베어, 알곤퀸족의 빅 썬더 와바나키, 또는 하우데노사우니 연맹의 위대한 평화의 법에 제시한 가치들을 회복해야 할 때, 그런 최근의 가치들을 보전하려 했던 것이다. 마찬가지로 문명의 좌파 역시 충분히 진보적이지 않았다. 그들은 현재의 경제적 전제들, 토착민들이 매이지 않은 생각들에 여전히 제한되었기 때문이다.

우리가 식민 문명의 화폐에 대한 충성을 내려놓는 순간(그 순간은 아플 것이다), 스스로 성경으로 돌아갈 수 있다. 그리고 문명화된 갑옷에 생긴 균열을 통해 우리에게 필요한 빛이 비쳐 들어올지도 모른다. 어쩌면 우리가 히브리 성경을 다시 접하는 첫걸음은 랍비에게서 시작되어야 할 것이다. 결국, 히브리 성경은 유대인의 토착민 문헌이기 때문이다. 혹은 적어도 유대인 관점에서 성경을 읽는 학자들을 통해 배울 수도 있다. 그리고 신약을 다시 접하는 첫걸음으로 ≪선주민 판본≫(*First Nations Version*, IVP, 2021)을 읽으며 토착민의 시각으로 접근해 볼 수도 있다. 또한 선주민, 페미니즘, 흑인 해방신학, 생태신학, 해방신학을 연구하는 신학자들과 성서학자들의 이야기를 들을 수도 있다. 예를 들어 스티븐 찰스턴(Steven Charleston), 닥터 윌다 개프니(Dr. Wilda Gafney), 줄리 페이스 파커(Julie Faith Parker),17) 제임스 콘(James Cone), 레오나르도 보프(Leonardo Boff), 일리아 델리오(Ilia Delio), 그리고 데일 마틴(Dale Martin) 같은 학자들이 있다. 이들은 성경을 새로운 시각에서 바라볼 수 있도록 안내한다. 새로운 관점에서 성경을 볼 수 있게 된다면, 그때부터 마음껏 읽어보기를 권한다!

무슬림, 힌두교, 유대교, 시크교 친구들 역시 그들의 거룩한 경전과 전통이 얼마나 토착민들의 깊은 지혜로 가득한지를 보여줄 수 있을 것이다. 그들의 경전과 전통 역시 그들 자신의 공동체 내에서 권력과 이익을 위해 왜곡되고 조작되는 비극적인 사례도 포함할 수 있을 것이다. 나는 성경을 초점으로 삼았는데, 그것이 나의 전통에서 신성한 경전이기 때문일 뿐만 아니라, 현재 성경이 사람들과 지구에 가장 큰 해를 끼치는 방식으로 악용되고 있기 때문이다.

---

17) *Eve Isn't Evil: Feminist Readings of the Bible to Upend Our Assumptions* (Baker, 2023)은 통찰력을 주는 새로운 자료다.

저 멀리에서 웅성거리는 소리가 들린다. 어떤 사람들은 이렇게 말할 지도 모른다. "잠깐만요, 문명에 대해 불공평하게 말하는 것 아닌가요? 문명에는 좋은 점이 하나도 없다는 말인가요?" 그런 질문, 나는 충분히 이해한다. 이 주제에 대해서는 다음 장에서 더 이야기하겠다. 하지만 지금은 현재의 문명을 구하려 하기보다는, 여기에서 잠시 머물며 해방감을 주는 토착민의 지혜 속에 머물러 보기를 권한다. 그것이 어쩌면 문명으로부터 우리의 지구를 구할 수 있는 유일한 길일지도 모르기 때문이다.

친애하는 독자에게

이 장의 도발적인 제목인 "성경을 읽지 마셔요"에 놀랐을지도 모릅니다. 내가 왜 이렇게 도발적인 표현을 사용했을까요?

나는 여러 원주민 작가들의 책을 추천했습니다. 당신은 원주민 작가의 책을 읽어본 적이 있나요? 또는 원주민 영화감독이 만든 영화를 본 적이 있거나, 원주민 연사의 강연을 들어본 적이 있나요? 만약 그렇다면 무엇을 배웠나요? 그리고 아니라면, 지금 혹은 이 책을 다 읽은 후 어떤 원주민 작가의 책을 읽고 싶나요?

내가 성경을 토착민 텍스트로 읽는 해석을 제시한 여러 문단 중 하나를 선택하여 더 깊이 탐구해 보세요. 성경의 관련 구절을 다시 읽어보거나, 내가 제안한 해석을 전통적인 해석을 담은 주석과 비교해 볼 수도 있습니다. 혹은 이 장의 주석을 읽고 추가 연구를 해볼 수도 있습니다.

당신은 탈산업(post-industrial)과 탈식민(post-colonial)의 세계가 진정으로 생태적인 문명이라고 상상할 수 있나요? 문명이 "한계 초과"(overshoot) 없이 지속될 수 있을까요? 그렇다면 왜 그렇게 생각하나요? 그렇지 않다면 왜 그렇게 생각하나요? 그런 문명은 어떤 모습일까요?

10장

좋을 수도 있고, 어쩌면 아닐 수도 있다

옳고 그름을 넘어선 곳에
들판이 있다. 거기서 너를 만나겠다.
영혼이 그 풀밭에 누울 때,
세상은 말로 하기엔 너무 가득하다.
생각, 언어, 심지어 "서로"라는 말조차
아무 의미가 없어진다.　　　　　　　—수피 시인 루미1)

강한 물질이여, 거부할 수 없는 진화의 행진이여, 늘 새롭게 태어나는 실재여. 너는 끊임없이 우리의 정신적 개념을 산산이 부수며, 우리가 진리를 추구하는 길을 더욱 멀리, 깊이 나아가게 한다. 축복받으라, 필멸의 물질이여. 언젠가 너는 우리 안에서 해체의 과정을 겪을 것이며, 그 과정은 우리를 강제로 존재의 가장 깊은 곳으로 데려갈 것이다.
　　—예수회 신부이자 고생물학자 피에르 샤르댕, *The Heart of Matter*

사람의 행위는 자기의 눈에는 모두 옳게 보이나 … 악인의 폭력은 자신을 멸망으로 이끄니 … 정직한 사람은 자기의 행실을 잘 살핀다.
　　　　　　　　　　　　　　　　　　　　—잠언 21장

---

1) 이 번역은 Coleman Barks의 유명한 번역이다. Ari Honarvar는 다르게 번역한다. https://medium.com/@arihornavar/beyond-right-doing-and-wrong-doing-chedddbcc7e4.

171

폭주하는 열차처럼 떠오르는 생각과 감정이 지나가도록 놓아둔 후, 있는 그대로 놓아두는 자리에서, 우리는 마치 표류하다가 새로운 해변에 닿은 사람들처럼 느낀다. 아직 살아 있다는 사실에 놀라며 깨어난다. 눈을 깜빡이고, 두 눈을 크게 뜨지만, 모든 것이 다르게 보인다. 다시 보는 법을 배워야 한다. 우월하고 특별하다고 믿었던 문명의 단점을 보기 시작한다. 그래서 우리는 토착민들에게서 식민주의 문명이 파괴하려고 했던 통찰의 보물을 구한다. 우리는 성스러운 경전들이 사실상 토착민의 지혜를 담고 있는 보물 창고임을 깨닫고, 당국자들이 왜 그런 지혜를 보지 못하도록 우리를 훈련시켰는지를 이해하게 된다. 우리가 눈을 충분히 넓고 깊게 뜨고 본다면, 수피 시인 루미(Rumi)의 가장 유명한 시에서 들려오는 메아리를 듣게 된다. "옳고 그름을 넘어선 곳"이 도덕성이 부재한, 옳고 그름이 존재하지 않거나 중요하지 않은 세계를 뜻하는 것이 아님을 깨닫게 된다. 오히려 루미가 말하는 세계는 우리가 **생각하는** 옳고 그름이 단순히 **우리의 생각**일 뿐임을 보여주는 곳이다. 실제 옳고 그름이 무엇이든 간에, 그것은 우리가 속한 문명이 만든 단순한 개념과 반드시 일치하지 않을 수 있다. 우리 문명은 놀라울 정도로 성공했지만, 동시에 극도로 오만하고, 불공정하며 지속 가능하지 않다는 것이 증명되었다.

이것을 이해하는 데 도움이 되는 이야기가 있다. 나는 이 이야기를 여러 방식으로 들었는데, 때로는 중국 민담으로, 때로는 불교 우화로 들었다.[2] 이야기[새옹지마塞翁之馬라는 고사성어 이야기]는 다음과 같다.

옛날옛적에 중국의 한 노인이 집 앞에 앉아 매일 저녁 해가 지는 것을 바라보곤 했다.

---

[2] 나는 이 이야기가 Alan Watts에 의해 미국에서 대중화되었다는 것을 알고 있다. 그의 음성을 직접 들을 수 있는 링크는 https://youtu.be/sWd6fNVZ20o?si=3189a_Zhg2YLYZmn.

어느 날 땅거미가 질 무렵, 그의 아들이 멋진 말 한 마리를 끌고 집으로 돌아왔다. "아버지, 좋은 소식이 있어요! 오늘 우리 밭 근처에서 이 말을 발견했어요. 우리 형편으론 절대 살 수 없는 정말 훌륭한 말이에요. 정말 운이 좋았어요!"

노인은 조용히 말했다. "좋을 수도 있지. 어쩌면 아닐 수도 있고."

다음 날 해 질 무렵, 노인은 갑작스레 소란스러운 걸 들었다. 이웃들이 아들을 들것에 태우고 왔다. "어르신, 큰일 났어요! 그 말이 아드님을 내던지고 도망가 버렸어요. 더 큰 일은, 아드님의 다리가 부러졌다는 겁니다. 정말 끔찍한 불운입니다!"

노인은 다시 조용히 말했다. "나쁠 수도 있지. 아닐 수도 있고."

며칠 후, 노인의 마을에 군인들이 들어와서 모든 젊은 남자를 징집해 전쟁터로 데려갔다. 그러나 노인의 아들은 걷지 못했기에 징집을 피할 수 있었다. 이웃들이 다시 노인에게 와서 말했다.

"아드님이 그런 사고를 당한 게 정말 다행스러운 일이었군요. 이제 아드님은 전쟁에 나가지 않아도 되잖아요. 비록 다리를 절게 되더라도 최소한 어르신이 늙은 다음에도 어르신을 돌볼 수 있을 테니까요."

"어쩌면 좋을 수도 있지. 어쩌면 아닐 수도 있고."

이 이야기는 다양한 운명의 반전을 거듭하며 계속되지만, 매번 노인의 반복적인 대답은 동일하다. "어쩌면 … 어쩌면 아닐 수도 있고."

노인은 오랜 세월 예상치 못한 결과들을 충분히 경험한 끝에, 이웃들처럼 성급하게 판단하지 않게 되었다. 이 이야기는 우리가 그의 본보기를 따르도록 초대하며, 루미의 아름다운 시 한 편을 떠올리게 한다.

우리는 무엇을 하는가?
삶을 사랑한다.

이것이 우리의 본업이다.
부지런한 농부들처럼,
우리는 가는 곳마다 친절의 씨앗을 뿌린다.
제발 우리에게
포도주잔을 세는 회계사가 되라고 하지 마라.
우리는 포도주의 숭배자들이다.3)

　손익을 계산하는 이분법적(binary) 사고방식을 가진 회계사의 머릿속에서, 포도주잔을 세고 모든 것을 이것 혹은 저것, 손실이냐 이익이냐로 분류하는 일은 중요한 일일 것이다. 그러나 포도주를 숭배하는 사람들이 되면, 우리는 이분법적 또는 이원론적 사고에서 벗어날 능력을 얻게 된다. 우리는 포도주 숭배자의 세련된 "어쩌면"의 기술을 개발하게 된다. 천박하고 이분법적인 판단을 억제하는 중국 농부의 예리한 능력, 단기적 시각과 장기적 시각을 모두 볼 수 있는 능력, 이런 비이분법적(non-dualistic) 사고 능력은 격동의 시대에 우리에게 큰 도움이 될 것이다.
　앞 장에서 우리의 현재 문명을 논의하는 과정에서, 우리는 얕은 양자택일적 사고(either/or thinking)에 빠지기 쉬웠을 것이다. 어쩌면 우리는 이미 그랬을지도 모른다. 그러나 이제는 다시 생각하게 되었다.
　아마 우리 중 많은 사람이, 아니 어쩌면 모두가, 문명이 우리에게 준 놀라운 선물에 대해 감사할 것이다. 아스피린, 샤워, 그리고 모든 사람의 평등한 인권이라는 이상, 마취, 맹장 수술, 항생제, 바흐, 항공 여행, 산아제한, 스마트폰, 가수 아레사 프랭클린, 공교육, 손에 땀을 쥐게 만드는 축구 시합, 인터넷, 밥 딜런, 원격 근무, 아이스크림, 평균 수명이 40세,

---

3) https://medium.com/@arihonarvar/what-do-you-do-rumi-s-answer-4ea92
　6979a7e.

50세, 70세를 지나 심지어 어떤 곳에서는 80세를 넘기는 것까지 모두 문명이 준 선물들이다.

더 깊이 들어갈 수도 있다. 수천 년 동안 지속되어 온 풍부한 철학적, 도덕적 대화를 살펴볼 수도 있다. 이러한 대화가 없었다면, 당신과 나는 지금 함께 생각하지 못했을 것이다. 이러한 대화가 서양에서는 소크라테스 학파와 함께 시작되었으며, 동양에서는 중국의 공자와 노자, 그리고 인도의 초기 베다 현자들과 함께 시작되었다. 각각의 철학적 계보는 철학이 번성할 수 있도록 충분한 안정성과 번영을 창출한 문명의 산물이었다. 이러한 철학적 대화와 함께 문명은 예술적 탐구, 정치 이론, 종교적 성찰, 과학적 탐구의 전통을 뒷받침했다. 문명 내 이러한 전통들은 종종 그 문명을 비판하고, 그것을 더욱 공정하고, 더욱 인간적이며, 더욱 도덕적인 방향으로 변화시키려 했다. 그렇게 함으로써 문명은 수십억 인류의 인간적 복지를 뒷받침했다. 따라서 우리는 문명을 축하하며 "문명이란 좋은 것이 아닌가?"라고 외칠 충분한 이유가 있다.

그러나 우리는 과거로부터 오늘날까지 축적된 혜택들을 가져오는 데 든 비용도 살펴봐야 한다. 과거의 인간적 비용에는 수 세기에 걸친 식민지 지배, 토지 강탈, 노예제, 고문, 전쟁, 부패가 있었다. 현재의 인간적 비용도 생각해야 한다. 스마트폰을 만들기 위해 콩고에서 콜탄을 채굴하는 아이들, 토마토와 수박을 적은 임금으로 열악한 조건에서 수확하는 농부들, 공장이 공기 오염 비용을 외부화(회계장부에 기록하지 않기-편집자) 하기 때문에 천식과 암에 시달리는 사람들, 기후변화와 경제적 압박 때문에 자살하는 농부들, 필사적으로 생필품을 구하려는 수십억 명의 사람들, 그리고 반면에 온갖 사치를 만끽하는 상위 1%의 사람들이 있다.

우리는 미래의 인간적 비용도 생각해야 한다. 세계가 2도, 3도, 5도, 7도까지 뜨거워질 때, 80억 혹은 100억 명의 인구가 앞으로 수십 년 동안 어떤 상황을 맞이하게 될까? 만약 100억 명의 인류가 짧고 고통스러운 삶을 살거나, 수십 년 동안 선동가, 폭동, 갱단, 테러, 내전, 경제 붕괴 속에서 길고도 비참한 죽음을 맞이한다면 어떻게 될까? 핵전쟁이 있든 없든 말이다. 우리는 때때로 어떤 것이 한동안은 매우 좋아 보이다가 결국에는 모두에게 매우 나쁘게 결론지어지는 경우에 대해 생각해 보았을 것이다. 그렇다면, 엄청난 인간적 비용에 더해, 이 소중하고 희귀한 살아 있는 행성에 가해지는 막대한 비용을 상상해 보자. 산호초, 플랑크톤, 고래, 돌고래, 바다거북, 참치, 갈매기, 퍼핀, 물개, 레드우드, 고대 숲, 초원과 같은 것들이 사라지는 것을 우리는 감당할 수 있을까? 내가 지금 앉아 있는 곳에서 몇 마일 떨어진 장엄한 에버글레이즈를 보며, 우리는 탄식하며 이렇게 말할지도 모른다. "문명이라는 것이 이렇게 끔찍하지 않은가?"

"좋을 수도 있고, 어쩌면 아닐 수도 있다"고 말하는 것은 다른 방식으로 말하면, **좋고 나쁨이라는 이분법적 기준만으로 모든 것을 판단할 필요는 없다**는 뜻이다. 어떤 계획들은 좋은 출발점이 될 수 있지만, 장기적인 전략으로 보면 좋지 않을 수도 있다. 어떤 해결책들은 기존의 문제보다 나을 수 있지만, 곧 등장할 더 나은 해결책만큼 좋은 것은 아닐 수도 있다. 어떤 발전은 올바른 방향으로 가는 과정일 수 있지만, 때로는 잘못된 방향으로 한 발짝만 가도 빠르게 문제가 커질 수 있기에 더 나은 방향을 찾아야만 한다.

결국, 우리의 단순한 이분법적 사고—좋다 나쁘다, 옳다 그르다, 아름답다 끔찍하다—는 우리가 속한 문명의 습관, 가치관, 구조에 의해 형성된 것일지도 모른다. (어쩌면 이것이야말로 창세기에서 "선악을 알게 하는 나무" 이야기가 전하려 했던 메시지일 수도 있다.) 우리가 상식이라고 여기는 것은 우리 문명에서만 일반적이거나 합리적으로 보이는 것일 수 있다. 어쩌면 더 중요한 것은, 지금 이 순간 우리의 문명에 좋다고 여겨지는 것이 우리의 경제 이데올로기나 정당, 또는 비즈니스에는 좋은 것일 수 있지만, 과연 진정한 의미에서 좋은 것인지 다시 생각해봐야 한다는 점이다. 현재 우리에게 좋은 것이 시간이 지나면 우리 자신이나 다른 사람들, 심지어 다른 생명체에게 해로울 수도 있다.

아마도 우리는 해가 질 때의 한 늙은 농부를 따라가야 할지도 모른다. 아마도 우리는 바닷가에서 표류자로 깨어나 내륙으로 걸어 들어가, 루미(Rumi)의 들판에 누워 풀밭을 느끼며, 겉으로 계산할 수 없는 깊은 충만함을 경험해야 할지도 모른다.

분기 이익이 나고 주주들에게 돌아가는 높은 수익이 항상 좋은 것인가? GDP가 감소하는 것이 항상 나쁜 것인가? 억만장자가 늘어나는 것이 항상 좋은 것인가? 세금이 대폭 늘어나는 것이 항상 나쁜 것인가? 내 나라, 내 정당, 내 종교, 내 직업이 번성하는 것이 항상 좋은 일인가? 아니면 때로 내 나라, 내 정당, 내 종교, 내 직업이 쇠퇴해야 할 때도 있는가?

우리의 현재 문명이 심각하게 붕괴하는 것이 더 심각한 재앙을 피하기 위해 필요할 수도 있을까? 완전한 붕괴가 더 나쁜 상황을 피하기 위해 필수적일 수 있을까? 더 나아가 충격적인 질문을 던져 보자. 인간 종의 멸종이 더 심각한 재앙을 방지하기 위해 필요한 상황이 올 수 있을까?

평범한 사람들은 보통 이런 질문을 하지 않는다. 하지만 파국의 시대에는, 포도주 수입을 정리하는 회계사보다 저녁노을을 바라보는 중국의 늙은 농부처럼 느끼게 된다. 여기서 "어쩌면"이라는 단어는 **선과 악**을 단순히 판단하는 것보다 더 중요해진다. 우리는 모든 문화의 지혜로운 전통들이 공통적으로 공안(선문답)과 역설적 격언을 포함하는 이유를 이해하게 된다. 지혜로운 사람들은 상식이 우리를 더 이상 나아갈 길이 없는 지점으로 데려왔음을 알고 있다. 따라서 우리는 길이 없는 곳에서 길을 만드는 **비상식적인 지혜**(uncommon sense)가 필요하다.

나는 전통적인 기독교 목회에서 오랜 세월 깊이 뿌리내려 있으며, 익숙한 상식적 이분법(common-sense binaries)을 강화하고 확산하는 데 많은 노력을 기울였다. 이를 통해 전통적으로 물려받은 선/악, 정통/이단, 성경적/비성경적, 구원/저주, 천국/지옥 같은 개념들을 견고히 해왔다. 하지만 나는 어느 순간 기존의 생각을 내려놓고, "어쩌면"(maybe)이라는 가능성을 받아들이는 과정을 통해 해방과 새로운 통찰의 길로 나아갔다. 이제 나는 과거의 이분법에 대해 이렇게 말한다. "어쩌면 그들은 선한 사람들일 거다. 어쩌면 그들은 선한 사람들이 아닐지도 모른다."4)

나는 기독교 전통이 이러한 이분법을 고수하면서 얼마나 큰 해악을 끼쳤는지 깨닫게 되었다. 그들은 하나님을 양극성 장애(조현병, bipolar)를 가진 존재처럼 묘사했다. 한 순간에는 넘치는 축복을 베푸는가 하면, 다음 순간에는 극도의 분노를 터뜨리는 하나님으로 묘사했다. 그 결과, 십자군과 정복자, 식민주의자들은 자신들을 하나님의 축복받은 우월한 존재로 여긴 반면에, 자기들이 정복하고, 죽이고, 노예로 삼고, 억압한 자들을 분노한 하나님의 목표물들로 여겼다. 우리의 신학적 이분법이 만들어 낸 것은 선한 사람들은 항상 "우리들"인 반면에 악당들은 항상 "그들"이라는 논리였다. 그래서 나는 내 평생 열심히 그 이분법을 이해하려 노력했고, 거기에는 충분한 이유가 있었다. 만약 누군가가 나에게 "하나님은

---

4) 천국/지옥 이분법은 사실 고전적인 히브리 성경에서 사후 세계의 개념으로 등장하지 않는다. 이 개념은 유대 사상 내에서도 소수의 관점에 머물렀으며, 조로아스터교에서 영향을 받은 바리새파 혹은 헬레니즘파 유대인 철학자들에 의해 차용되었을 가능성이 있다 (혹은 양쪽 모두로부터 영향을 받았을 수도 있다). 예수는 지옥 이미지를 복잡한 방식으로 다루었지만, 이후 기독교는 이를 단순화하여 예수나 그의 유대 공동체에는 상상할 수 없는 방식으로 받아들였다. 더 많은 내용을 알고 싶다면, 다음 책을 참고하라: *The Last Word and the Word After That* (Brian Zahnd), *A New Kind of Christianity* (Sharon Putt), *Razing Hell* (Westminster John Knox, 2010), *A Farewell to Mars* 및 *Sinners in the Hands of a Loving God* (Brian Zahnd).

사랑이십니다!"라고 말했다면, 나는 "훌륭한 믿음입니다!"라고 했을 것이다. 그리고 만약 누군가가 "하나님은 진노하신다!"라고 말했다면, 나는 "그건 나쁜 믿음 또는 위험한 믿음입니다!"라고 했을 것이다.

당신은 내가 하는 말의 요점을 이해하겠는가? 나는 나의 이분법적 개념을 다시 배치하고 있었을 뿐, 그 개념 자체를 깊이 있게 도전하지 않았다.

최근 몇 년 동안, 해 질 무렵 루미의 들판에서 나의 내면의 중국 농부와 함께 앉아 있으면서, 나는 그러한 사고의 흐름에서 벗어나 또 다른 가능성을 고려하게 되었다. 아마도 고대 문화에서 하나님이라는 캐릭터는, 적어도 어떤 경우에는, 우리가 그 안에서 "살고 움직이며 존재하는"5) 자연 세계의 의인화였을 것이다. 토착민들이 분노한 신의 이야기를 했을 때, 그것은 신학적이라기보다는 오히려 생태학적이고 사회학적인 통찰을 담고 있었을 수 있다. 어쩌면 그들의 신 이야기는 인류 역사에서 가장 깊고 높은 토착민의 지혜를 담고 있는 문화적 그릇이었고, "우주가 신비롭게 작동하는 방식"에 대한 통찰을 제공하는 도구였을 것이다.6)

어쩌면 그들의 이야기는 이 핵심적인 생태적 지혜(ecological wisdom)를 유지하는 그릇이었을 것이다. 세대를 거쳐 내려온 그들의 가르침은 다음과 같다. "우리가 생태적 한계 내에서 살아간다면, 지구가 제공할 수 있는 것 이상을 가져가지 않고, 우리가 해독할 수 있는 것보다 더 많은

---

5) 이 말은 초기 기독교 사상가인 사도 바울(사도행전 17장)이 행한 흥미로운 공개 강연에서 가져온 것이다. 이 책을 완성하는 동안 세상을 떠난 종교적 자연주의자이자 생태 신학자인 마이클 다우드는, 하나님을 자연과 실재의 의인화로 보는 개념을 책과 영상에서 훌륭하게 탐구했다(https://postdoom.com/conversations/).

6) 흥미롭게도, 과학자들도 비슷하게 "자연법칙"(laws of nature)이라는 용어를 사용하여 우주에서 예측 가능한 인과관계의 패턴을 설명한다. 법칙이란 인간 사회의 개념이지만, 과학자들은 이를 우주에 투사한다. 나는 다음 단락에서 이러한 은유적 투사를 사용하고 있음을 알 수 있을 것이다.

폐기물을 배출하지 않는다면, 우리에게 풍요한 태양, 비, 그리고 수확을 내려주는 사랑 많고 너그러운 부모와 같은 자연을 경험하게 될 것이다. 하지만 우리가 생태적 한계를 벗어나 살고, 지구의 자원을 과도하게 소비하고, 너무 많은 오염을 만들어내며, 우리 자신을 자연의 법칙에 대한 예외적 존재(exceptions)라고 여긴다면, 우리는 자연을 분노하고 징벌하는 부모로 경험하게 될 것이다."

그리고 어쩌면 그들의 신에 대한 이야기들은 그들의 최고의 사회적 논리를 보존했을 것이다. "우리가 성실함과 상호 존중을 지키고, 가난한 자, 이방인, 그리고 약자들에게 선하게 대하며, 지혜롭고 공정한 법을 따른다면, 우리는 정의와 연민의 문화를 창조할 것이며, 이는 협력, 연대, 신뢰, 그리고 번영으로 이어질 것이다. 우리 민족은 사랑스럽고 은혜로운 가족과 같을 것이며, 우리 문화의 집단적 정신은 우리를 공정하고 너그러운 부모처럼 보호할 것이다. 하지만 우리가 부정직하고, 위선적이며, 무책임하게 가난한 자, 이방인, 그리고 약자들을 대한다면, 우리가 지혜롭고 공정한 법을 지키지 않는다면, 우리의 기만적이고 냉혹한 문화는 이웃의 고통에 대한 무관심과 냉담함을 초래할 것이며, 이는 사회적 결속력의 붕괴로 이어질 것이다. 그 결과 우리의 무정하고 타락한 문화는 분열을 초래하고, 그 분열은 내전으로 이어지거나 외적의 침입에 취약하게 만들 것이다. 우리가 서로에게 등을 돌릴 때, 또는 잔인한 외적들이 우리를 침략할 때, 우리의 도시는 돌 위에 돌 하나 남지 않고 재로 변할 것이다. 우리의 농작물과 재산은 약탈당하고, 우리는 죽거나, 노예로 전락하거나, 지옥 같은 빈곤 속에서 겨우 생존할 것이다. 우리는 삶을 분노하고 복수심에 찬 부모와 갈등을 겪는 가족의 일원으로서 경험하게 될 것이다."

이 말이 이해되는가? 그렇다면, 내가 과거 신학적 이분법이 내 종교에서 어떻게 남용되었는지를 밝혀내는 것이 옳았다는 점을 깨달았음을 이해할 것이다.

하지만 내가 이제 깨닫게 된 또 다른 사실은, 신의 분노라는 개념을 최소화하는 것이 선한 의도에서 비롯되었을지라도, 그것이 생태적 결과를 초래할 수 있다는 사실이다. 그래서 나는 이제 다른 접근 방식을 고려하고 있다. 첫째, 나는 고대 토착민 문화에서 자비롭고 분노하는 감정을 함께 지닌 양극성 신들(bipolar gods)이 중요한 역할을 했다는 더 완전한 이야기를 전하고 싶다. 나는 이러한 이야기들이 고대인들에게 필수적이었으며, 그들이 힘들게 얻은 생태적, 사회학적 지혜를 보존하고 전달하는 데 유용한 그릇이 되었음을 보여주고 싶다. 둘째, 나는 우리와 같은 지속 불가능한 문명들이 어떻게 토착민들의 고대 이야기들을 왜곡하고 변형시켜, 양극성 신의 개념을 약자들에 대한 식민지 지배와 지구에 대한 착취를 정당화하는 도구로 사용했는지를 밝히고 싶다.

고대 토착민의 언어로 기록된 성경과 그 밖에 많은 토착문화에서 내가 믿기로는, 파국의 경험이 우리에게 보여주는 것은 우리가 경건하고 감사하며 겸손한 마음으로 지구를 풍요한 정원으로 대하며 살아갈 수도 있고, 이 정원을 사랑의 원천과 영원히 보호하는 존재(아버지 하나님과 어머니 지구)로 경험할 수도 있으며, 아니면, 그 정원을 황폐한 지옥으로 바꿔 놓고, 그 정원을 마치 우리를 증오하며 멸망시키고 싶어 하는 버림받은 분노한 연인처럼 경험할 수도 있다는 점이다.

당신은 그 아이러니를 보는가? 나는 문명이 해악을 초래하는 데 사용했던 것을 폐기하고 싶었지만, 문명은 내가 대체한 다른 것을 사용해서도 해악을 초래할 수 있다는 아이러니다. 즉, 하나님에 대한 생각이든, 우주, 지구, 경제에 대한 생각이든, 우리에게 무한한 경제 성장을 위한 무한한 자원과 그 어떤 부정적인 결과도 없이 축복을 내려줄 수 있다는 생각이다. 만약 이 하나님이 우리에게 축복을 내린다면, 우리는 그 길을 가로막는 모든 사람을 죽이고 억압할 수도 있다. 우리는 지구를 착취하고 가능한 한 많은 생명체를 멸종시켜도 된다. 우리는 자신을 모든 생태계에서 최상위 포식자이자 지배적인 초식 동물로 만들 수 있다. 또한 우리가 그 안에서 살고, 움직이며 존재하는 "임재"(Presence)가 우리의 모든 어리석음을 용서하고, 또한 분기마다 우리의 경쟁자들보다 앞선다면 넉넉한 이윤을 제공해줄 것이라는 믿음 때문에 우리는 모든 과학적 발견을 무시할 수도 있다.

우리 대부분은 "나는 절대적으로 옳다"에서부터 "나는 절대적으로 틀렸다"로 단번에 이동하지 않는다. 보통 우리의 첫 번째 단계는 "아마도"이다. "아마도 나는 내가 생각하는 것만큼 선하지 않을 수도 있어." "아마도 그들은 내가 생각하는 것만큼 나쁘거나 틀리지 않을 수도 있어." "아마도 이 상황은 내가 생각했던 것만큼 단순하지 않을 수도 있어."

총명한 소설가 옥타비아 버틀러(Octavia Butler)는 이렇게 말했다. "문명과 집단의 관계는 지능과 개인의 관계와 같다. 문명이란 집단 지능을 결합하여 지속적인 집단 적응을 이루는 수단이다."[7] 이상적으로 보면 그 말이 맞을 거다. 하지만 만약 한 문명이 붕괴를 향해 질주하고 있다면, 그 문명은 집단적 무지도 표현할 수 있다고 말해야 한다. 그런 일이 발생하면, 5장에서 이야기했듯이, 우리는 문명이 들려주는 매혹적 이야기에서 벗어나야 하고, 그것이 "상식"이라고 인정하는 것에서 거리를 두어야 하며, 옳고 그름을 따지는 기존의 방식 너머로 나아가야 한다. 이는 절대적인 도덕에서부터 도덕 무용론의 안개 속으로 도피하는 것이 아니다. 오히려 도덕적 이분법이라는 단순하며 얕은 곳에서 벗어나 도덕적 지혜의 깊은 곳으로 가는 길이다.

---

[7] 에이드리엔 마리 브라운, "What Is Emergent Strategy?," ≪우리가 구할 수 있는 모든 것≫(나름북스, 2022) 중에서.

루미의 들판에서 중국 농부와 함께 석양을 바라보며, 마침내 시인 웬델 베리가 한 말의 의미가 우리에게 통할 수도 있다.

우리가 더 이상 무엇을 해야 할지 모를 때,
우리는 비로소 진정한 일을 시작하게 된다.
우리가 더 이상 어느 방향으로 가야 할지 모를 때,
우리는 비로소 진정한 여정을 시작하게 된다.

당황하지 않는 마음은 제대로 작동하지 않는다.
막힌 강줄기야말로 노래하는 법이다.

모든 것을 선과 악으로 판단하려는 본능, 모든 미지의 것들을 단순한 확실성으로 줄이려는 충동, 우리의 의견이 매일, 매 순간 강화되는 반향실(echo chamber)의 매력 … 나는 이러한 경향이 강하다는 것을 알고 있다. 하지만 만약 우리가 기꺼이 노력한다면, 경이로움과도 같은 당혹스러움의 공간으로 나아갈 수 있다. 그것은 마치 겸손과도 비슷한 "어쩌면"이라는 공간이다. 우리 안에서 무언가가 노래하는 공간이다. 그것은 심지어 죽음을 마주한 상황에서도 노래한다. 다음 장에서 더 깊이 살펴보겠다.

> 친애하는 독자에게
> 이 장은 비판적 사고에 대한 초대입니다. 비판적 사고란 신중하고, 의도적이며, 자의식적인 방식으로 정보를 습득하고 평가하고 정확하게 이해하고 지혜롭게 살아가는 과정입니다.

비판적 사고가 중요한 이유는 우리 대부분이 자신을 평균 이상의 사상가라고 생각하지만, 때때로 성급한 결론을 내려 후회할 때가 있기 때문입니다. 그래서 비판적 사고를 하는 사람들은 자신의 사고가 종종 결함이 있을 수 있으며, 판단이 섣불리 이루어질 수도 있음을 유념합니다. 또 그들은 편견과 오류에 취약할 수 있으며, 개인적인 관점과 경험이 현실과 진실을 이해하는 데 장점이 될 수도 있지만 단점이 될 수도 있다는 사실을 인식합니다.

비판적 사고는 많은 요소를 고려해야 하기 때문에 어려운 작업입니다. 여기에는 증거, 맥락, 가정, 방법, 편견, 사리사욕, 이해 충돌, 의도적 및 의도하지 않은 결과, 의식적 및 무의식적 기준, 논리적 오류, 미덕 등이 포함됩니다. 비판적 사고를 하는 사람들은 자신의 의견과 자신을 분리하는 법을 배우며, 불확실성과 모호성을 받아들이는 법을 익힙니다. 인내, 끈기, 겸손으로 이해를 추구하며, 자신의 이해가 부분적이거나 편향될 수 있음을 솔직하게 인정합니다.

비판적 사고는 호기심(고통스럽거나 비용이 들더라도 진실을 알고자 하는 강한 성향), 상상력과 창의력(대상을 여러 관점에서 바라보는 능력), 타인을 신뢰하거나 공정하게 경청하는 동시에 의문을 품는 능력뿐만 아니라, 자신의 사고를 스스로 점검하고 의심하는 능력이 연관됩니다. 현재 우리가 처한 상황에서는 많은 것이 걸려 있기 때문에 비판적 사고 능력을 강화하는 것이 중요합니다. "좋을 수도 있고, 아닐 수도 있다"는 사고방식은 중요한 첫걸음이 될 수 있습니다.

자신의 저널에 기록하거나 독서 모임과 함께 위의 비판적 사고에 대한 설명을 검토하고, 최대한 정직하게 자신을 평가해 보세요. 어떤 요소가 약하고, 어떤 요소가 강한가요?

어떻게 하면 자신의 비판적 사고 능력을 향상할 수 있을까요?

비판적 사고는 개인 스포츠이면서도 팀 스포츠일 수 있는데, 그 이유는 무엇일까요?

또한, 지금까지 이 책의 첫 열 장을 읽으며 얼마나 비판적 사고를 실천해왔는지 고민해보세요. 내가 더 비판적으로 사고해야 한다고 생각하는 부분이 있을 수도 있습니다. 그리고 아마도 비판적 사고를 넘어서는 또 다른 사고방식이 있다는 느낌을 받을 수도 있습니다. 그것은 루미(Rumi)의 들판에서 자연스럽게 존재하는 사고방식입니다.

11장

나는 한 개의 촛불

인생(life)은 나에 관한 것이 아니다. 나는 생명(life)에 관한 것이다.
—프란치스코회 신부 리처드 로어[1]

가슴 뭉클함(poignancy)이란 인간이 경험할 수 있는 가장 풍요한 감정으로, 삶에 의미를 부여하는 감정이며 행복과 슬픔을 동시에 느낄 때 일어난다. 기쁨의 눈물을 흘릴 때 느껴지는 상태이며, 소중한 순간들이 곧 끝날 것이라는 인식 속에서 더욱 강하게 나타난다. 우리가 사랑하는 아이가 빗물 웅덩이에서 첨벙거리는 모습을 보고 눈물을 흘릴 때, 단순히 행복한 것만이 아니다. 우리는 또한 이 순간이 끝날 것이라는 사실을 암묵적으로라도 인식하고 있다. 좋은 순간과 나쁜 순간은 모두 지나가며, 결국 우리는 모두 죽음을 맞이하게 된다. 이것을 편안하게 받아들이는 것이야말로 적응력이고, 감정적 성숙이다.
—작가 수전 케인[2]

나 자신의 대체 불가능한 인생에 대한 감각은 그 인생이 끝날 것이라

---

[1] https://cac.org/daily-meditations/lesson-three-your-life-is-not-about-you-2020-04-01/.

[2] *Bittersweet: How Sorrow and Longing Make Us Whole* (Crown, 2022)을 보라. 이 인용문은 그녀의 TED 강연 "Why Bittersweet Emotions Underscore Life's Beauty"에서 발췌. 영상: https://www.youtube.com/watch?v=ZTg54BbjJfA/.

는 인식과 분리될 수 없다. 매년 여름 같은 풍경으로 돌아갈 때마다 더욱 가슴 뭉클하게 느껴지는 이유는 다시는 보지 못할 수도 있기 때문이다. 더 나아가, 나는 자연환경의 지속성이 보장되지 않는다는 사실을 인식하기에 그 풍경을 보존하는 데 신경을 쓴다. 가족이나 친구와 함께하는 시간은 소중하다. 우리는 그 시간을 최대한 누려야 하기 때문이다. 우리의 시간은 영원하지 않다는 사실로 인해 더욱 빛나며, 우리의 삶은 연약하기에 서로를 소중히 여기고 보살펴야 한다.

—스웨덴 철학자 마르틴 해글룬드[3]

몇 년 전, 아내가 나에게 크리스마스 선물로 DNA 검사를 해주었다. 그 이후로 시간이 날 때마다 나의 가계도를 완성하려고 노력해왔다. 지금까지 나의 조상을 1500년대까지 거슬러 올라가 추적했으며, 나를 구성하는 DNA 조각들은 덴마크에서 이탈리아까지 아홉 개의 유럽 국가에 걸쳐 퍼져 있었다. 간단한 예를 들어, 1825년경, 나의 열여섯 명의 조상 중 일부는 스코틀랜드에서 살았던 매클라렌(McLaren), 매크린들(McCrindle), 템플턴(Templeton) 가문이었다. 리(Lee)와 햄블리(Hambley) 가문은 영국에서 태어나 캐나다로 이주했고, 스미스(Smith) 가문은 뉴욕에, 오브라이언(O'Brien) 가문은 아일랜드에 있었다. 메허우센(Meheusen) 가문은 네덜란드에서 태어나 나중에 뉴욕으로 이주했다.

오늘날, 그들 중 살아 있는 사람은 아무도 없다. 그들의 자녀들 역시 모두 세상을 떠났다. 그다음 세대의 네 명의 조상도 마찬가지다. 그리고 그다음 세대의 두 명의 조상도 이미 세상을 떠났다.

몇 년 후엔 나 역시 같은 운명을 맞이할 것이다.

---

3) *This Life: Secular Faith and Spiritual Freedom* (Anchor, 2019)에서 인용.

지금부터 100년 후(지금 이 순간을 "현재"라고 할 때)에는, 이 글을 읽고 있는 독자들 가운데 아무도 살아 있지 않을 것이다.

이 문장은 단순해 보이지만, 그 의미를 받아들이기는 쉽지 않다. 심리학자, 인류학자, 사회학자들은 우리 개개인과 사회 집단이 본능적으로 자기의 죽음을 생각하지 않으려는 강한 방어기제를 갖고 있다고 말한다.

나는 어릴 때, 죽음에 대한 공포를 겪은 기억이 있다. 아마 네 살이나 다섯 살쯤이었을 거다. 잠자리에 누워 잠들지 못한 채, 나는 극도의 공포로 폭발할 것 같은 기분이 들었다. 하지만 나 자신의 죽음이 두려운 것이 아니었다. 부모님이 돌아가실까 두려웠다. 그분들 없는 세상을 상상하는 것 자체가 너무나 공포에 떨게 만들어서, 내 머릿속에서는 이런 대화가 오갔다. "나는 아직 어린애야. 이런 생각을 감당할 수 없어. 빨리 … 다른 걸 생각해야 해! 팝콘, 솜사탕, 수영, 시냇가에서 가재 잡기, 할아버지 집에 놀러 가기, … 뭐든지!"

세월이 지나면서, 부모님의 죽음에 대한 두려움은 점차 나 자신의 죽음에 대한 두려움으로 바뀌었다. 때때로 그 공포는 너무나 강렬해서, 나는 죽음에 대해 단 1초도 더 생각할 수 없을 정도였다. 청소년기에는 이렇게 생각했던 것이 기억난다. "나는 아직 십 대야. 나이가 들면 더 성숙해지겠지. 지금은 감당할 수가 없어. 언젠가는 나의 죽음에 대해, 그리고 타인의 죽음에 대해 이토록 겁먹지 않고 받아들일 날이 오겠지. 지금은 빨리 다른 걸 생각하자. 축구, 여름 캠프, 성적, 여자애들 등등."

내 생각이 옳았다. 나는 몇 번의 죽음을 가까이서 경험해보았고, 어린 시절 느꼈던 그 공포를 더 이상 느끼지 않는다. 나의 죽음을 상상해도 맥박이나 혈압이 오르지 않는다. 내가 없는 가족과 친구들이 여전히 잘 살아가는 모습도 떠올릴 수 있다. 내가 단지 족보 속 이름으로만 남아, 나를 전혀 알지 못하는 후손이 나에 대해 생각하며 "21세기의 그 기묘하고 위험한 생태적 위기 시대를 어떻게 살았을까?"라고 궁금해하는 모습을 상상할 수도 있다.

약 15년 전, 나는 극심한 부정맥을 경험했고, 혼자 응급실로 차를 몰고 갔다. 혈액 검사를 받은 후, 병원 직원이 갑자기 뛰어와 내 들것을 밀며 급히 응급 심장 검사를 받으러 가야 한다고 했다. 나는 무슨 일이냐고 물었고, 그는 "선생님, 마그네슘 수치가 너무 낮아서 심장이 아직 뛰고 있는 것이 놀라울 정도입니다"라고 했다. 그 말을 듣고 나는 "와, 이거 심각한데. 이게 끝일 수도 있겠구나. 만약 이게 마지막이라면, 내가 할 말은 단 하나뿐이다. 감사합니다. 하나님에게, 나의 인생에게, 가족에게, 내 인생을 가득 채우고 의미 있게 만들어 준 모든 사람, 동물, 식물, 장소, 그리고 경험에게 감사드립니다"라고 생각했다.

결국 나는 진드기 매개 질병 두 가지에 감염된 것으로 밝혀졌다. 그 질병들은 잠재적으로 치명적인 증상을 유발했지만, 진단하기는 어려운 반면 치료는 쉬웠다. 내가 진짜 마지막 순간을 맞이할 때도, 나는 그때와 같은 깊은 평온함과 감사함을 느낄 수 있기를 바란다.

나는 아마도 다른 사람들보다 죽음을 더 의식하며 살아왔을 것이다. 목사로 살면서 많은 장례식을 집례했다. 많은 신자가 마지막 순간을 맞이하는 순간을 지켜보았고, 최근에는 부모님의 임종도 지켰다. 내 자녀 중 한 명은 암 생존자이고, 항암 치료를 받은 자녀와 함께 한 모든 부모는 "사망의 음침한 골짜기를 걷는다"는 것이 무슨 뜻인지 알고 있다. 게다가 나는 기독교 전통에서 자랐으며, 거기서는 죽음이 중요한 초점이었으나 종종 사후 세계에 대한 강한 믿음 때문에 경시되기도 했다.

내가 지금 인생의 이 시점에서 신경을 쓰는 것은 '죽음' 그 자체가 아니다. 이제 나는 70세가 눈앞이다. 무엇이 나를 '여기'에서 '저기'로 데려가게 될지가 더 걱정이다. 우리 집안에는 치매가 유전된다. 그것이 나의 마지막 장이 될까? 아니면 내 마지막은 내전이나 기근, 또는 폭풍이나 팬데믹, 아니면 암이나 자동차 사고가 될까?

1973년, 인류학자 어니스트 베커(Ernest Becker)는 퓰리처상을 수상한 ≪죽음의 부정≫(The Denial of Death)을 출판했다. 이 책은 인간이 유별나게 죽음을 얼마나 깊이 거부하는지를 탐구한다. 죽음에 대한 불안은 너무나 강력해서 우리는 다양한 전략을 사용해서 스스로 산만하게 만들고 죽음을 부정한다. 개인적 차원에서는, 너무 바쁘거나 지나치게 오락에 몰두하여 죽음을 생각하지 않으려 한다. 약물을 복용하거나, 성적 쾌락을 추구하거나, 스포츠를 즐김으로써 생동감과 무적의 느낌을 얻으려 한다. 우리는 이야기 속에서 초월적 영웅으로 자기 자신을 묘사한다.

사회적 차원에서는, 우리가 비즈니스, 정치, 전쟁, 종교를 통해 거대한 불멸 프로젝트(immortality projects)를 추진한다. 베커는 인간 문명 전체를 우리가 영원하지 않다는 사실을 방어하려는 거대한 방어기제로 보았다. 우리 문명의 죽음-부정 프로젝트는 삶과 문명을 지탱하는 죽음 회피 논리를 구축한다. 즉, "내 개인적 삶은 무의미하다. 결국에는 죽을 것이기 때문이다. 하지만 내 삶을 나보다 더 오래 지속될 어떤 것—예를 들어, 나의 종교, 국가, 정당, 문명—에 바친다면, 내 삶은 의미를 가지며, 나는 그 안에서 초월적 공동체와 함께 살고, 또 살 것이다."

우리가 이 논리를 어디로 이끌어 가는지 지켜보라. 생태적 한계를 초과하고 문명의 붕괴 가능성이 다가오면, 우리는 개인적으로 위협을 느낀다. 그것만으로도 충분히 충격적이지만, 더 충격적인 것은 우리 모두가 공유하는 불멸 프로젝트인 우리의 문명 자체가 위협받고 있다고 느낀다는 점이다.

더 최근의 연구자들은 베커의 이론 작업을 실증적 연구를 통해 뒷받침했다.[4] 연구 결과에 따르면, 죽음에 대한 생각이 지속적으로 우리 마음을 괴롭히면, 우리는 사회적 내집단(in-group)의 규범에 더 강하게 집착하고 외부인(outsiders)에게 더 적대적이 된다. 자신의 죽음에 대한 불안이 커질수록 더욱더 학자들이 "집단 신경증"이라고 부르는 현상을 경험하며, 이는 우리가 타인을 해치거나 심지어 죽이게 될 가능성을 높인다. 아마도 문명의 붕괴 위험성에 대한 단순한 인식만으로도 사람들이 불안의 소용돌이에 빠져 상호 적대감을 키우게 되고, 결국 우리가 두려워하는 바로 그 사태를 앞당길 수도 있다는 점을 이해할 것이다.

이런 맥락에서, 일부 영향력 있는 사람들은 우리의 두려움을 억누르기 위해 애쓰고 있다. 어떤 이들은 생태적 한계 초과와 기타 문명적 질병의 심각성을 부정하고 있으며, 자신과 같은 생각을 가진 사람들을 모아 부정의 거품(bubble of denial)을 형성하려 한다. 그러나 다른 이들은 인간의 죽음에 대한 공포가 만연하면 죽음 자체보다 더 끔찍한 결과를 초래할 수 있다는 점을 예상한다. 즉, 절망적인 붕괴 과정은 "모두가 모두에게 대항하는" 폭력의 아마겟돈으로 변할 가능성이 있다는 점이다. 이러한 통찰을 가진 사람들은 지구 온난화와 한계 초과, 극단적인 경제적 불평등이 초래하는 극단적인 정치적 불평등, 그리고 대중의 이런 불만을 적극 이용하여 자신들의 이익을 취하는 극단주의자들과 권위주의적 선동가들에게 우리가 빠지기 쉽다는 점을 솔직하게 인정한다. 그러나 공적인 자리에서는 이들이 우리가 죽음 공포의 악순환(death spiral of death terror)에서 벗어나도록 우리의 두려움을 완화시키기 위해 노력할 수도 있다.

---

4) Sheldon Solomon, Jeff Greenberg, Tom Pyszczynski, *The Worm at the Core: On the Role of Death in Life* (Random House, 2015). "인류 역사에서 죽음에 대한 공포는 예술, 종교, 언어, 경제, 과학의 발전을 이끌어 왔다. 피라미드를 건설하고 뉴욕의 트윈 타워를 세운 것도 이러한 공포였다"라고 그들은 말한다. 연구 결과 중 하나에 따르면, 우리가 죽음과 관련된 '공포 관리'(terror management)를 수행할 때, 조상들과의 연결에 더욱 관심을 갖게 된다. 이는 이 장 초반에 소개된 내 가족의 역사에 대한 관심과도 연관될 수 있다.

당신이 방금 읽은 문장의 의미를 "이해했다"고 느낀다면, 아마도 나와 같은 감정을 느낄 것이다. 우리는 현재 두 가지 다가오는 위험 사이에 살고 있다. 이 두 가지는 모두 현실적이며, 우리의 존재에 대한 위협이 된다. 왼편에는 환경적-사회적 결과로서의 점진적인 생태적 한계 초과(ecological overshoot)가 있다. 오른편에는, 더욱 갑작스럽게 닥칠 사회적 결과로서 우리의 공포 관리 전략(terror management strategies)이 실패하고, 우리 자신과 이웃들이 가장 반동적이고, 가장 신경증적이며, 가장 비이성적인 행동을 하게 되는 위험이 존재한다. 지금은 오히려 냉정한 이성과 협력하는 정신이 필요한 시점이다.

이런 위험들에 대처하는 전략 중 하나로, 내면의 힘이 있는 사람들은 더 이상 죽음에 대한 두려움을 회피하는 것을 멈추고 정면으로 마주하는 것이 현명할 것이다. 우리는 내면적으로 죽음과 죽음의 과정에 대해 성찰하며, 죽음에 대한 공포가 평온함, 평화, 그리고 우리의 유한성과의 화해로 대체되는 상태에 이를 수 있도록 준비할 수 있다.

몇 달 전, 나는 이러한 내면 작업을 돕는 간단한 만트라(Mantra, 주문)를 발견했다.

나는 조지아 해안에서 열리는 연례 회의인 "남부의 빛"(Southern Lights)을 이끄는 일을 돕는다. 지난 모임에서 우리는 회의를 마무리하는 의식을 만들었다. 참가자들은 앞으로 나와 작은 초를 집어 들었다. 그런 다음, 여러 개의 큰 모래 그릇 중 하나로 다가갔다. 그릇들 중앙에는 커다란 초가 타오르고 있었다. 참가자들은 자신의 초에 불을 붙이고 모래에 꽂은 뒤, 조용히 기도하거나, 집으로 돌아가 세상에 어떤 빛을 퍼뜨리고 싶은지에 대한 다짐을 했다.

나는 앞줄에 앉아 있었기에 600명이 넘는 사람들이 앞으로 나오는 모습을 지켜볼 수 있었다. 예상치 못한 감정의 파도가 나를 덮쳤다. 말기 암에 걸렸다고 내게 털어놓았던 한 여성이 초를 밝히는 모습을 보았다. 아마도 그녀가 이 행사에 참여하는 것은 이번이 마지막일 것이다. 또 한 젊은 남성이 초에 불을 붙이는 모습을 보았다. 그는 아마 앞으로도 오랫동안 살아갈 것 같았지만, 그의 불꽃도 연약했고, 그의 미래 또한 보장된 것은 아니었다. 우리는 애초에 이 의식을 죽음과 무상함에 대한 명상으로 기획한 것이 아니었지만, 결국 내게는 그런 의미로 다가왔다.

우리는 결국 밀랍과 심지일 뿐이야. 나는 그렇게 생각했다. 우리가 태어나는 순간, 생명의 불꽃이 타오르기 시작하고, 그 순간부터 우리의 삶은 필연적인 끝을 향해 한 걸음씩 나아간다. 우리의 촛불이 얼마나 오래 탈지, 또 그 밀랍과 심지가 어떤 상태일지를 선택할 수 없다.

어쩌면 이런 생각이 너무 뻔하고 진부하게 들릴지도 모른다. 하지만 그 의식을 지켜보면서 나는 새로운 방식으로 이 사실을 깨달았다. 삶의 연약한 아름다움, 삶의 쓸쓸한 경이로움과 덧없음, 그리고 죽음의 불가피함. 이 모든 것이 삶의 시작부터 결점이 아닌 본질적인 요소로 함께 녹아들어 있다는 것을.

이 경험은 결코 우울하거나 음울한 것이 아니었다. 오히려 깊이 감동적이었다. 매 순간, 모든 경험이 얼마나 귀하고 소중한지를 새삼 깨닫게 했다. **우리는 모두 촛불이야.** 나는 그렇게 생각했다.

우리는 모두 촛불이다. 그날 이후 며칠 동안, 나는 아시시의 성 프란치스코의 유명한 기도문인 "태양의 찬가"(Canticle of the Sun)를 떠올렸다. 그 기도문은 프란치스코가 모든 창조물을 지으신 하나님께 감사를 올리며, 태양 형제, 달 자매와 별 자매들, "바람과 공기 형제, 구름과 폭풍, 그리고 모든 날씨"를 찬미하는 내용으로 시작된다. 그리고 물 자매, 불 형제, 대지 어머니 등을 찬미하는 내용으로 이어진다. 마지막으로 프란치스코는 "죽음 자매"(sister bodily death)에 대해 하나님께 감사한다. 그 자매

(죽음)는 모든 살아 있는 존재를 품어줄 것이라고 그는 말한다.

죽음에 감사하는 것은 보통 이상하게 들릴 수 있다. 우리는 죽음이 원래 계획의 일부가 아니며, 단지 우리의 계획을 방해하는 적대적 침입자라고 배웠다. 만약 죽음이 창조의 일부라면, 그것은 악마가 창조한 것이지 결코 하나님이 창조하신 것은 아니라고 우리는 생각한다. 하지만 그런 이해는 널리 퍼져 있긴 해도, 성경이나 기독교 신학을 이해하는 최선의 해석도 아니며 유일한 해석도 아니다. 논리적으로 생각해 보면, 죽음을 하나님이 창조하신 것이 아니라는 생각은 말이 되지 않는다. 왜냐하면 하나님이 지구를 창조하고 창조물들에게 "생육하고 번성하라"고 명령하신 것은, 처음부터 죽음이 제 역할을 하지 않았다면, 짧은 시간 안에 세상이 지나치게 과밀해지는 것을 피할 수 없었을 것이기 때문이다.

각 종교는 고유하지만, 모든 종교는 죽음에 대한 공포를 관리할 방안을 제공하는 것처럼 보인다. 나의 기독교 전통에서는 죽음이 종종 죄의 결과로 축소되며, 삶의 본질적 요소가 아닌 것으로 여겨진다. 그런 다음, 죽음은 아무 의미 없는 것으로 최소화된다. 이 육신의 생명이 끝날 때, 영혼의 영원한 삶이 계속된다고 보기 때문이다. 영원한 삶의 무게는 이 짧은 유한한 삶을 사소한 것으로 느끼게 만든다. 그리고 죽음은 중요하지 않다고 부정함으로써 죽음에 대한 두려움을 다루는 하나의 방식이 된다.

나는 프란치스코가 더 나은 접근 방식을 제시한다고 생각한다. 그에게 죽음은 하찮지도 않고, 무섭지도 않다. 죽음은 그에게 우리의 자매이며, 하나님의 창조물 중 하나로, 창조의 계보에 속해 있다. 마치 태양과 달, 구름과 폭풍, 물과 불처럼, 우리 인간과 같은 창조물이다. 우리가 낮과 밤(둘 다 선하고 필요함)과 해가 뜨고 비가 오는 날씨(둘 다 선하고 필요함)와 함께 사는 법을 배우듯이, 태어날 때와 죽을 때가 있다는 사실과 함께 살아가는 법을 배울 수 있다(둘 다 선하고 필요한 것이다).

지금 이 자리는 죽음에 대한 깊은 철학적 또는 신학적 논의를 위한 곳이 아니다. 하지만 당신이 고려해볼 세 가지 간략한 결론을 제시하고 싶다. 첫째, 죽음은 삶에 가치를 더해 준다.[5] 우리의 삶이 매우 소중한 이유는, 충분히 길어서 의미를 가질 수 있지만, 너무 짧아서 우리가 단 하루도 당연하게 여길 수 없다는 사실을 죽음이 알려주기 때문이다.

둘째, 죽음의 현실을 받아들이는 법을 배우는 것은 성숙과 지혜의 필수적 차원이다. 우리는 삶이 단순히 나나 당신에 관한 것이 아니라, 우리가 우리 자신보다 더 큰 어떤 것, 즉 생명 자체에 관한 존재임을 깨닫게 되었다.

셋째, 이런 관점에서 우리는 죽음을 단순히 악한 원수에게 패배하는 것으로 볼 필요가 없다.[6] 오히려, 우리는 죽음을 최후의 관대함의 행위로 볼 수 있다. **출생**(natality) 때,[7] 나는 이름을 부여받고 내가 차지할 생태적

---

[5] 이 제안에 대한 심층적 논의를 위해서는 Martin Hägglund, *This Life: Secular Faith and Spiritual Freedom* (Anchor, 2020)을 보라.

[6] 나의 보수적인 기독교인 친구들은 종종 고린도전서 15장을 인용하며, 바울이 죽음을 적으로 묘사했다고 주장하곤 한다(15:25-26). 그러나 이어지는 문장에서 바울은 죽음을 적으로 설정한 뒤, 그것이 사실은 창조 세계의 변혁에서 필수적인 요소임을 보여주며 그 의미를 반전시킨다. 바울은 죽음이 하나님 창조 계획에서 필연적 과정이며, 씨앗이 땅에 묻혀야만 싹이 트고 새로운 열매를 맺는 것처럼 반드시 필요한 것이라고 설명한다. 바울의 결론은 고린도전서 15:54-58에서 명확하게 나타난다. 그는 우리의 삶이 더 큰 맥락 속에서 놓일 때 죽음은 그 힘을 잃게 된다고 말한다. 죽음은 우리 삶을 무의미하게 만드는 것이 아니라, 오히려 우리의 노동이 헛되지 않도록 하는 맥락을 형성해 준다. 바울의 더 큰 논리를 따를 때, 우리는 죽음이 결코 진정한 적이 아니라, 바울이 "죄"(15:56)라고 부른 어떤 것임을 깨닫게 된다. 바울에게 죄란 사랑 속에서 권력으로부터 자유롭게 되는 것이 아니라, 권력을 탐하는 것과 연관된다(빌립보서 2:1-11 참고). 이것은 창세기 3장의 금단의 열매를 붙잡으려는 모습과 반대된다. 이런 관점에서, 어떤 대가를 치르더라도 삶에 집착하는 것은 죽음의 필연성과 심지어 **죽음의 선함**(goodness of death)을 받아들이기를 거부하는 행위가 된다. 바울은 죽음을 부정하는 것이 "공포 관리 전략"(terror management strategy)이 될 수 없으며, 오히려 공포 없이 죽음을 받아들이는 방법을 제시한다고 말한다(빌립보서 1:23-26에서 바울이 자신의 죽음에 대한 초연한 태도를 보라).

[7] 나는 여기서 출생(natality)을 한나 아렌트의 개념을 따라 사용하고 있다. 그녀는

지위(niche)를 얻게 된다. 나는 일정 시간 동안 지구의 자원을 사용할 특권을 부여받는다. **죽음**(mortality)에서, 나는 이 특권이 마치 게임에서의 한 차례 순서와 같다는 것을 깨닫는다. 언젠가 내 차례가 끝나고, 나는 내 공간과 내 자원을 다른 누군가에게 넘겨줄 시간이 올 것이다. 삶은 단지 얻는 것만이 아니라 또한 내어주는 것이기도 하다. 삶은 단지 움켜쥐고 누리는 것만이 아니라, 놓아줌으로써 다른 이들이 그것을 누릴 수 있도록 하는 것이기도 하다. 이것이 모든 생명이 반드시 해야 하는 일이다. 물론, 모든 생명이 결국 사라진다는 사실을 깨닫는 것은 슬픈 일이다. 그러나 우리가 그 슬픔에 머물지 않고, 그것을 외면하거나 축소시키는 대신 받아들인다면, 그 슬픔은 더 큰 아름다움 속으로 녹아들 것이다. 우리는 이것을 4장에서 탐구한 시적인 쓸쓸함 속에서 경험했다.

아름다운 무상함의 우주(universe of beautiful impermanence)의 일부로 살아간다는 것, 곧 자신을 너그럽게 내어주는 우주의 일부로 살아간다는 것, 누군가는 끊임없이 떠나가고, 또 다른 누군가는 끊임없이 도착하는 과정 속에 살아간다는 것은 가장 심오하고 의미 있는 선택에 직면하는 것이다. 한편으로 우리는 언젠가 우리의 차례가 끝날 것이라는 사실을 받아들이지 않으려 할 수 있다. 이 우주의 일부로 존재하는 것의 한계를 직시하기를 거부할 수도 있다. 창조물의 한계를 초월하고 생명을 영원한 소유물처럼 움켜쥐고 놓지 않으려 할 수도 있다. 만약 그것을 선택한다면, 우리는 그것을 깨닫지 못할 수도 있지만, 사실 우리는 신성을 붙잡으려 하고 있으며, 신처럼 살기를 요구하고 있는 것이다. (만약 이 이미지가 당신에게 오래된 이야기—뱀과 열매, 그리고 에덴동산의 이야기—를 떠

≪인간의 조건≫(*The Human Condition*, University of Chicago, 1998, 초판 1958): 이진우 옮김, ≪인간의 조건≫(한길사)에서 "새로운 이들의 도착이 사회에 지속적으로 새로움을 불러일으키는 과정"으로서 출생을 탐구한다. Wolfhart Totschnig, "Arendt's Notion of Natality"도 보라. https://www.redalyc.org/journal/809/80955136014/html/.

올리게 한다면, 8장과 9장을 다시 읽어보기를 권한다.)

그런 탐욕과 집착, 우리 몫 이상을 가지려는 것, 성숙하고 겸손한 인간보다는 이기적이고 미성숙한 신처럼 행동하려는 것은 결국 처음부터 우리를 파국의 장소로 이끈 이야기다. 죽음을 부정하려는 욕망이 우리를 여기까지 몰고 왔다면, 이제는 우리의 전략을 바꿀 때가 된 것이다. 어쩌면 이제 우리의 문제는 죽음 그 자체가 아니라, 죽음에 대한 두려움으로 보는 것이 필요할 때일 것이다.

며칠 전, 나는 한 친구에게 이 책에 대한 이야기를 해주었다. 내가 "희망은 복잡하다"라는 장에서 이야기한 몇 가지 생각을 말했을 때, 그 친구는 "나는 예전에는 희망이란 내가 두려워하는 일이 **일어나지 않을 거라는 확신**이라고 생각했어"라고 말했다. 그리고 나서 이렇게 덧붙였다. "이제 나는 희망이란 내가 두려워하는 일이 **일어날 거라고 확신**하지만, 그래도 내가 두려워할 필요는 없다는 거라고 생각해."[8]

희망에 대한 관점이 이처럼 확 바뀌게 된 것에 대해 나는 계속 생각할 수밖에 없다.

이건 얼마나 놀라운 일인가! 파국의 한가운데서, 우리는 성숙과 지혜로 가는 문을 발견한 것이다. 파국은 우리가 가장 두려워하는 것과 마주하도록 도전한다. 그렇게 마주하는 과정에서 우리는 이 두려움이 처음부터 우리를 파국으로 몰아가는 데 큰 역할을 했다는 것을 깨닫게 된다.[9] 우리는 존재의 깊은 곳에서 우리가 촛불과 같다는 것을 점차 깨닫고, 느끼고, 이해하기 시작한다. 우리는 타오르고 있으며, 지금은 살아 있지만 우리의 촛불이 꺼지더라도 그 불꽃은 다른 이들 안에서 계속될 것이라는

---

8) 하이디 프랭클린(Heidi Franklin)에게 감사한다.

9) 두려움을 선물로 받아들이는 것을 포함해서 두려움에 대처하는 법에 대해 더 알고 싶다면, Gareth Higgins, *How Not to Be Afraid* (Broadleaf, 2021)을 보라.

사실을. 이러한 깨달음을 통해, 우리는 자신과 가족, 친구들, 그리고 이 세상의 모든 생명체—과거에 존재했던 이들, 현재 존재하는 이들, 그리고 앞으로 존재할 이들—에 대한 깊은 감사를 경험하게 된다. 그런 감사와 더불어 자비심이 생긴다. 우리는 이렇게 말한다. "나는 촛불이다. 당신도 마찬가지다. 우리는 단지 밀랍과 그 길이를 모르는 심지일 뿐이며, 주어진 시간 동안 연약한 불꽃의 선물을 지니고 있다."

성경의 오래된 격언 중 하나는 처음 들으면 끔찍하게 들릴 수도 있지만, 깊이 생각해 보면 매우 지혜롭다. "초상집에 가는 것이 잔칫집에 가는 것보다 더 낫다. 살아 있는 사람은 누구나 죽는다는 것을 명심하여야 한다"(전도서 7:2).

내가 족보를 정리하기 시작했을 때는 알아차리지 못했지만, 이제는 분명하다. "죽음 자매"는 항상 모든 가지에 존재해 왔으며, 모든 생명을 품어안고 있다. 처음에는 죽음이 출생을 삼켜버리는 것처럼 보일 수 있다. 죽음이 모든 출생을 패배시키는 것처럼 보인다. 그러나 실상은 그렇지 않다. 죽음과 출생은 낮과 밤처럼 서로 얽혀 있다.

죽음 자매는 생명나무의 모든 가지에 존재한다. 모든 계(kingdom), 문(phylum), 강(class), 목(order), 과(family), 속(genus), 종(species)에서 발견된다. 결국 죽음 자매는 우리 모두를 품어안을 것이다. 우리가 이를 "명심할 때," 우리가 잠시 누리는 이 삶은 덜 의미 있거나, 덜 아름답거나, 덜 소중한 것이 아니라 오히려 더 의미 있고 더 아름답고, 더 소중한 것이 된다.

인간은 동굴 벽에 손으로 그린 그림들을 남긴 이래, 오랜 세월 죽음의 공포에 시달려 왔다. 수천 년 동안 우리는 정교한 공포 관리 전략을 발전시켜 왔다. 종교, 철학, 경제, 문화, 심지어 문명 자체도 그런 전략이다. 우리는 두려움에 사로잡혀 우리의 덧없음을 초월하려 했으며, 우리가 촛불이라는 사실을 부정하고, 책임과 한계 없는 권력과 힘을 쥐려 했다.

여기, 파국의 한가운데에서, 나는 이전과는 다르게 죽음을 바라본다. 우리의 죽음에 대한 두려움이 어떻게 죽음에 대한 부정을 부추기는지, 그리고 우리의 죽음 부정이 어떻게 우리 종의 필사적인 강박적 신경증을 부추기는지를 본다. 즉, 성장하고, 정복하고, 식민지화하고, 통제하고, 지배하고, 훔치고, 죽이고, 파괴하려는 충동 말이다.

이 위험한 시대를 헤쳐나가려면, 무덤의 어둠이 발라리 카우르(Valarie Kaur)의 표현처럼 창조적인 "자궁의 어둠"(darkness of the womb)[10]이 될 수도 있다는 사실을 깨달아야 한다. 우리의 죽음 부정이야말로 반드시 사라져야 할 것이다. 조만간, 가능하면 더 빨리, 우리는 성 프란치스코의 기쁨 가득하고 겸손한 지혜에 도달해야 하며, 죽음을 단순히 인내하는 것이 아니라 진정으로 감사할 수 있어야 한다. 우리는 인류의 위대한 현자들 중 한 사람이 말했던 것처럼 깨닫게 될 것이다. "밀알 하나가 땅에 떨어져서 죽지 않으면 한 알 그대로 있고, 죽으면 열매를 많이 맺는다." 혹은 "네가 네 생명을 구원하고자 하면 잃을 것이요, 나를 위하여 네 생명을 잃으면 찾을 것이다." (나는 13장에서 "나를 위하여"라는 표현에 대해 더 언급할 것이다.)

사랑하는 죽음 자매여. … 죽음은 우주의 실패나 결함이 아니다. 죽음은 우주의 일부이며, 이 우주가 존재하는 한 그 아름다움의 일부로 남을 것이다.

다가오는 몇십 년 동안, 우리는 지구권, 생물권, 사회적 영역에서 점점 심화되는 혼란을 경험하게 될 것이다. 이러한 혼란은 우리의 개인적 영역에도 영향을 미칠 것이다. 파국에 대한 공포가 우리의 개인적, 문화적 공포 관리 전략을 무너뜨리고, 우리가 그 사실 자체를 부인하는 가운데 더욱 쉽게 절망적이고 신경증적으로 변할 수도 있다.

---

10) *See No Stranger* (One World, 2021)를 보라.

그러나 우리는 더 지혜로워질 수도 있다. 부인, 분노, 타협, 우울이 폭풍처럼 우리를 지나가도록 내려놓을 수 있다. 폭풍 너머의 고요 속에서, 남아 있는 순간, 하루하루, 한 해 한 해가 본래부터 그러했던 것처럼 소중한 선물로 보일 것이다. 아침 안개처럼, 밀랍 속 심지에서 타오르는 연약한 불꽃처럼, 영광스럽게 무상하지만 낭비하기에는 너무나 아름다운 선물로 말이다.

그렇다, 우리는 밀랍과 심지일 뿐이다. 하지만 지금 이 순간, 우리는 불타오르고 있다!

그러니 우리가 빛을 비출 수 있을 때 빛을 비추자. 우리의 후손들에게 살기 좋은 세상을 남겨주고, 그곳에서 살아갈 기술과 덕목을 전수하자. 그리고 우리의 심지와 초가 다 타버리는 날, 우리는 우아하고, 관대하게 내려놓자. 신비를 신뢰하며 조용히 죽음 자매의 품에 안겨 우리 조상들과 평화롭게 합류하는 것이다. 우리가 할 일을 다 했음을 깨닫고 속삭이듯, "고맙습니다. 고맙습니다. 고맙습니다"라고 말하며, 이 땅과 모든 생명에게, 가족과 친구들에게, 그리고 생명의 신성한 불꽃 그 자체에게 감사를 표하자. 그것이야말로 십자가의 성 요한이 말한 "사랑의 살아 있는 불꽃"(living flame of love)일 것이다.

친애하는 독자에게,
　내가 2장이 이 책에서 가장 감정적으로 힘든 장이라고 말했을 때 당신은 내가 거짓말을 한다고 느꼈을 수도 있습니다. 이 장을 읽기가 더욱 힘들었을 수 있기 때문입니다. 도전적으로 느껴졌을 수도 있지만, 의미 있고, 중요하며, 필요한 경험이었기를 바랍니다.
　자신의 일기 속에서 성찰하거나, 타인과의 대화에서 나누든,

(내가 이 장을 시작한 것처럼) 어릴 때 처음 죽음을 인식했을 때부터 지금까지 자신의 죽음에 대한 감정을 떠올려 보는 것으로 시작하길 바랍니다.

이 장을 읽으며 죽음에 대한 감정이 변화했다고 느끼나요?

왜 우리는 파국의 시대에 "죽음의 부정"(denial of death)을 극복하는 것이 특히 필요할까요? 오늘날 우리는 단순한 개인의 생존뿐만 아니라, 인류와 주요 생태계의 생존을 위협하는 여러 실존적 위기에 직면해 있는 시대에 말입니다.

나의 신앙적 배경을 아는 일부 독자들은, 내가 죽음을 인간의 죄에 대한 형벌이 아니라 우주의 본질적 특징 중 하나로 보는 점에 놀랄 수도 있습니다.11) 내가 왜 이러한 입장을 취하는지, 과학적, 신학적, 생태학적 관점에서 고민해볼 수 있을까요?

죽음에 대한 공포와 그것을 부정하는 심리에서 벗어나기 위해 "정면으로 마주하기" 외에 다른 방법이 있을까요? 두려움의 시대 속에서 "집단적 신경증"을 피할 수 있는 방법이 있을까요?

"나는 촛불이다"라는 만트라는 당신에게 어떤 의미로 다가오나요? 와닿지 않는다면, 더 나은 대안을 만들어볼 수 있을까요?

---

11) 바울은 로마서에서 죽음을 처벌이 아니라 죄의 "삯"(6:23)이라는 하나의 결과로 말한다. 다음 19장에서 보겠지만, 생태적으로 말해서, 우리가 주어진 몫보다 더 많은 권력과 지배를 장악할수록, 우리를 살해할 생태적 조건을 더욱 빨리 만들 것이다.

12장

첫째 단계부터 시작하기

우리가 위기에 대응하는 방식이 위기의 일부라면 어쩔 것인가?
―나이지리아 철학자 바요 아코몰라페

우리는 알코올에 대해 무력하며, 우리 삶이 감당할 수 없을 정도로 무질서해졌음을 인정했다.
―익명의 알코올 중독자들(A.A.)의 12단계 중 1단계

12단계는 사실 알코올 자체를 궁극적 문제로 이야기하는 것이 아니다. 우리가 궁극적으로 통제할 수 없는 것은 다름 아닌 삶 자체다. 중독이란 본질적으로 우리가 통제할 수 있다고 믿는 능력에 대한 집착이다. 이 세 가지, 즉 불확실성, 무상함, 그리고 무력함이야말로 오늘날 우리가 함께 배워야 할 중요한 교훈이다. 우리는 우리의 세계를 알 수도 없고(불확실성) 통제할 수도 없다(무력함). 우리의 세계는 본질적으로 관계 속에서 끊임없이 변화하는(무상한) 것이기 때문이다. 모든 순간은 가능성과 잠재력으로 가득 차 있으며, 위험과 신비로 가득 차 있다. 역설적이게도, 우리가 불확실성을 편안하게 받아들이고, 무력함을 받아들일 수 있을 때, 우리는 비로소 자유로워진다.
―교육자/작가/철학자 시어도어 리처즈[1]

---

1) Theodore Richards, "Impermanence, Uncertainty, Powerlessness"에서 인용. 원

나는 예상치 못한 방식으로 익명의 알코올 중독자 모임의 일원이 되었다. 알코올 때문이 아니라, 우정 때문이었다. 그리고 어처구니없는 실수 때문이기도 했다.

당시 나는 지역의 대학에서 영어를 가르치는 교수였고, 동시에 새로운 교회를 세우는 일을 돕고 있었다. 어느 월요일 아침, 나는 오전 10시 수업을 위해 아홉 시 반쯤 건물에 도착했다. 하지만 복도는 어두웠고 텅 비어 있었다. 혼란스러웠다. 교무처 역시 어둡고 조용했다. 복도 끝에서 조금 열린 문을 통해 희미한 불빛이 새어 나오는 것을 보았다. 문을 열고 들어가 보니, 한 동료가 교무처장 책상 위에 발을 올려놓고 앉아 있었다. 그가 말했다. "아하! 오늘 학교가 문을 닫는다는 소식을 못 들은 바보가 나만이 아니었군요."

그는 건물의 수도 공급과 관련된 공사가 진행 중이라 학교가 다음 날 아침부터 정상 운영될 거라고 설명했다. 우리는 몇 마디 농담을 주고받았고, 나는 떠나려 했다. "잠깐만요!" 그가 말하며 책상에서 발을 내렸다. "당신 종교인이지요?" 그는 질문이라기보다 비난에 가까운 어조로 말했다. 나는 그가 종교에 대해 반감을 갖고 있다는 걸 알고 있었다.

"영적인 편이지요." 내가 말했다. "어떤 식으로 정의하느냐에 따라 종교적이기도 하지요. 나는 작은 실험적인 교회를 만들고 있어요."

"정말 이상하군요. 정말 이상해요. 내가 아무에게도 말하지 않은 것을 말해도 당신을 믿을 수 있겠어요?" 그가 몸을 앞으로 기울이며 말했다.

나는 다시 앉았고, 그의 이야기가 쏟아져 나왔다. "이건 아무도 모르는 일인데, 우리 엄마조차도 몰라요. 나는 열두 살 때부터 단 하루도 술을

문은 https://reimaginingmagazine.com/project/three-skies/에서 볼 수 있다.

안 마신 날이 없어요." 그가 시작했다. "그런데 꼭 11일 전에 A.A.(익명의 알코올 중독자 모임)에 가기 시작했고, 이제 열흘 동안 술을 입에 대지 않았지요. 그런데 오늘 아침에 여기 와서 수업이 취소된 걸 보고, 하루가 완전히 비었다는 걸 깨달았구요." 그는 시계를 보며 말했다. "지난 93분 동안 여기 앉아서 내 몸속의 모든 세포가 어서 가서 술을 마시고 그동안 못 마신 걸 보충하라고 외치는 걸 느끼고 있었어요."

나는 고개를 끄덕였다.

"A.A. 프로그램에 대해 조금이라도 안다면, 그게 '더 높은 힘'을 강조한다는 걸 알 거에요. 그런데 나는 무신론자고, 그런 건 다 믿지 않아요. 그래서 지난 93분 동안 여기에 앉아서 1분, 1분 버티고 있었지요. 오늘이 내 인생에서 가장 길게 연속된 금주 기간의 끝이 될지도 모른다고 생각하면서 말이에요. 그 프로그램에서는 어떤 기도를 가르쳐 주는데, 나는 '더 높은 힘'이라는 개념에 문제가 있음에도 불구하고 그 기도를 계속하고 있었어요. 그런데 내가 믿지도 않는 그 기도를 하고 있는 이 순간, 학교 전체에서 유일한 '하나님 편' 사람이 문을 열고 들어온 거에요. 정말 이상하지 않아요?"

"정말 이상하네요." 내가 대답했다.

"이거 너무 무리한 부탁인 거 알지만, 근처에서 열리는 첫 번째 AA 모임이 열두 시거든요. 혹시 그때까지 나랑 함께해 줄 수 있겠어요? 내가 곁길로 새지 않도록 확실히 하기 위해서 말이에요."

우리는 나가서 함께 긴 시간 아침 식사를 한 후, 가톨릭교회 지하에서 열리는 모임에 갔다. 그는 나에게 함께 들어가자고 권했다. "싫으면 나가도 돼요!"라고 그가 말했다.

그 후 한 시간은 내 삶에 엄청난 영향을 미쳤다. 낡은 접이식 의자가 원형으로 놓여 있었고, 값싼 카드 테이블 위에는 진한 커피가 있었으며,

욕설하는 능력이 솔직함만큼이나 뛰어난 약 서른 명의 사람들이 있었다. 나는 이런 경험을 해본 적이 없었다. 기독교와 기존 교회 개념에 대해 복잡한 감정을 품고 있었던 "신앙인"으로서, 나는 뭔가 인생을 바꿀 만한 것과 마주쳤다는 느낌이 들었다.

나는 한 번도 술에 취한 적이 없었지만, 삐걱거리는 접이식 의자에 앉아 12단계가 적힌 유인물을 읽으면서 이 모임 속에 내가 속해 있다는 느낌을 받았다. 12단계는 내 삶과 내가 아는 모든 사람의 삶에 믿을 수 없을 정도로 중요한 의미를 갖는 것처럼 느껴졌다. 나는 그 친구를 따라 몇 번 더 모임에 참석했다. 몇 개월 후, 나는 설교 중에 내 경험을 나누었다. 그러자 우리 교회의 몇몇 성도들이 "그 프로그램"에 참여하고 있다고 말했다. 이후 나는 교회 성도들과 함께 모임에 가달라는 초대를 받기 시작했다. 거기서 그들은 30일 혹은 1년 동안 금주한 기념으로 칩을 받곤 했다. 그 프로그램에 참여한 사람들이 자신의 회복 프로그램에서 다른 사람들을 우리 교회로 초대하기 시작했다. ("우리 같은 사람들을 환영해 주는 교회를 찾았어요"라고 그들은 말했다.) 이후 나는 12단계 수련회에서 강연하도록 정기적으로 초대받기 시작했고, 나의 동료들이 "더 높은 힘"을 이해하려 애쓰는 모습을 도왔다. 그것은 나에게 진실하고 올바르게 느껴졌다. 지역 12단계 모임에서 누군가가 재발하여 과음으로 사망할 경우, 종종 나에게 장례식을 집례해달라는 요청이 들어왔다. 또한 나는 그 프로그램에 참여한 사람들의 결혼식도 여러 번 주례했다.

세월이 지나면서 내 교회와 지역 중독 회복 프로그램 간의 관계는 점점 깊어졌고, 나는 그것이 서로에게 이익이 된다고 느꼈다. 내가 24년 동안 목회하는 동안, 우리 교회가 받은 가장 큰 칭찬 중 하나는 "이 교회는 12단계 모임 같은 분위기를 가지고 있네요"라는 말이었다.

내 동료가 거기서 배운 기도는 "평온의 기도"(Serenity Prayer)라는 것으로서, 20세기 목사인 라인홀드 니버(Reinhold Niebuhr)가 쓴 것이다.

> 하나님, 내가 바꿀 수 없는 것들을 받아들일 수 있는 평온함을 주시고, 내가 바꿀 수 있는 것들을 바꿀 수 있는 용기를 주시며, 그 차이를 구별할 수 있는 지혜를 주소서.2)

이 책을 집필하면서 이 기도가 자주 떠올랐다. 그 이유는 솔직히 인정하자면, 나는 나의 중독이 "고치는 것"임을 깨달았다. 더 정확히 말하자면, 나는 모든 것을 고치는 것, 모든 것을 구원하는 것, 모든 것을 치유하는 것에 집착했다. 이런 성향이 나를 영어 교사의 길로 이끌었다. 나는 단순히 학생들이 문법이나 문학에서 A를 받도록 돕고 싶었던 것이 아니라, 그들의 삶을 수정하고, 인간성에서 A를 받게 하고 싶었다. 이것이 나를 교회 사역으로, 그리고 훗날 책을 쓰도록 이끈 이유이기도 하다. 이것은 다소 긍정적 중독처럼 보일 수도 있다. 하지만 고칠 수 없고, 구할 수 없고, 치유할 수 없는 것들을 계속해서 고치려 하고, 구하려 하고, 치유하려 하다 보면, 평온함은 사라지고, 삶은 순식간에 감당할 수 없을 정도로 무너지고 만다.

어쩌면 당신은 내가 궁금해하는 것처럼 궁금해할 수도 있다. 이 책을 쓰는 것이 내 중독의 표현일까? 어쩌면 그렇다. 어쩌면 그것이 치료의 한 형태일 수도 있다. 아니면 두 가지가 조금씩 섞인 것일 수도 있다.

1990년대 후반, 내가 처음으로 기후변화에 대해 알게 되었을 때 나는 그것을 해결하려고 했다. 초심자의 순수한 마음으로 말이다. 우리는

---

2) 니버의 원래 기도문에는 다음과 같은 내용이 포함되어 있다: "… 하루를 하루씩 살아가며, 이 세상을 내가 원하는 모습이 아니라 있는 그대로 받아들이며, 당신의 뜻에 나를 맡길 때 모든 것이 올바르게 이루어질 것임을 믿으며, 이생에서 적절한 행복을 누리고, 다음 생에서 영원한 행복을 누릴 수 있도록 하소서. 아멘."

지구를 구해야 한다. 우리는 행성을 치유해야 한다. 우리는 가난한 자들을 해방해야 한다. 그런 열망 속에는 분명 고귀함이 깃들어 있다. 하지만 거기에는 약간의 순진함과 자기중심적인 태도도 섞여 있지 않을까? 물론, 이것들은 중요한 문제들이었다. 그러나 이 문제들은 한 번도 나 같은 사람의 전적인 관심과 재능을 받아본 적이 없지 않은가! 그래서 나는 작가이자 설교자로서 내가 할 수 있는 일을 했다. 책을 썼고, 몇몇 놀라운 친구들의 도움을 받아 강연 투어를 떠났다. (《모든 것을 바꿔야 한다》 *Everything Must Change*는 책 제목으로 아주 적절한 표현이다.) 그리고 마침내 "평온의 기도"를 진지하게 생각하게 되었다. 우리의 목표는 모든 걸 변화시키는 것이었고, 강연을 한 번 할 때마다 하나씩 바꾸려 했다.

당신은 치료사가 이렇게 묻는 모습을 상상할 수 있을 거다. "요즘 그 '**모든 것을 바꾸는**' 프로젝트는 어떻게 되고 있나요?"

나와 같은 이상주의자들이 결국 탈진하고 냉소와 환멸에 빠지는 것은 놀라운 일이 아니다. 우리의 세계는 변화를 거부한다. 활동가로서 우리의 취약성은 더욱 커진다. 우리는 화석연료로 굴러가는 자본주의가 절정에 달했던 시기에 성장했기 때문이다. 말하자면, 화석연료가 우리에게 전능하다는 착각을 심어주었다고 할 수 있다. 그것이 우리에게 준 초인적인 힘 때문이다.

BBC 방송팀은 이 힘을 입증하려고 했다. 100명의 자원봉사자들을 모집해, 평범한 영국 가정이 하루 동안 사용하는 전기를 생산하도록 했다. 이 전력을 만들기 위해 옆방에서 자전거 페달을 밟아야 했다. 가족이 난방을 하는 데만 24명의 자전거 타는 사람이 필요했다. 토스트 두 조각을 만드는 데는 11명이 필요했다. 하루가 끝나갈 무렵, "에너지 노예" 역할을 하던 자원봉사자들은 탈진하고 기진맥진하여 거의 걷지도 못하는 상태가 되었다. 이 실험은 우리가 화석연료 덕분에 어떤 힘을 손에 넣었는지를 생생하게 보여준다.3) 화석연료는 우리에게 중력을 극복하는 힘(비행기), 기아를 극복하는 힘(비료와 유전자 조작), 질병을 극복하는 힘(부를 이용한 연구 자금 마련), 육체노동을 극복하는 힘(불도저와 삽), 그리고 모든 것에 대한 힘을 주었다. 단, 화석연료를 태우는 것을 멈출 수 있는 힘만 빼고.

다음 사실을 생각해 보라. 1배럴의 석유에 저장된 에너지를 생산하려면, 한 명의 자전거 타는 사람이 매주 40시간씩 5년에서 9년 동안 일해야 한다. 그런데 현재 시점에서, 고용주는 그만큼의 에너지를 단돈 75달러에 살 수 있다. 미국인 평균 소비량을 보라. 하루 약 2.6갤런의 화석연료를 사용한다. 이는 세계 평균의 5배에 해당한다. 이러니 이런 화석연료를 빼앗기면 무력감을 느낄 수밖에 없는 것이다. 세계 경제의 관리자들이 현실을 부정하는 것도 놀라운 일이 아니다. 그들은 화석연료 덕분에 얼마나 저렴한 노동력을 얻고 있는지에 대해 깨닫고 싶지 않은 거다. 연간 기준으로 보면, 화석연료를 통해 얻는 노동력은 5,000억 명의 풀타임 직원을 고용하는 것과 맞먹는다. 이걸 개인 단위로 보면, 각 사람이 60명의 하인이 온종일 힘든 육체노동을 함으로써 각자의 삶을 좀 더 쉽게 하는 것과 같은 수준의 혜택을 누리는 것이다.4) (물론 이런 상상의 에너지 하인들은 돈처럼 불평등하게 분배되어 있다.) 거칠게 말하자면, 화석연료는 우리를 남북전쟁 이전 시대의 미국 남부 농장소유주들처럼 만들었다.

미국 남부의 노예제도와 견주는 것은 고통스러운 일이다. 그것은 오늘날 화석연료에 의존하는 사람들이 현재의 에너지 정책을 한 세대 더 지속하기 위해 전쟁을 치를 것인가 하는 질문을 제기하기 때문이다.

---

3) https://thetuee.ca/Opinion/2011/05/05/EnergySlaves/.

4) "에너지와 우리의 미래 연구소" 소장 네이트 하겐스(Nate Hagens)와의 인터뷰, Voicecraft podcast: https://youtube.be/pREjkXuc_DU.

또 다른 유비를 생각해 보자. 우리 문명을 위해 화석연료는 중독성이 강한 물질이 되었다. 화석연료는 에너지 자원의 펜타닐, 헤로인, 혹은 크랙 같은 것이 되었다. 미국의 노예 소유주들이 노예제 사회와 경제구조에 의존한 나머지, 그것을 유지하기 위해 국가를 분열시키고, 목숨을 걸고 전쟁을 벌여 타인의 목숨을 빼앗던 것처럼, 화석연료에 중독된 우리 사회도 마찬가지다. 내가 만난 중독자들은 종종 "중독을 유지하기 위해 모든 걸 걸었다"고 말했다. 그들은 중독 때문에 직업을 잃는다. 하지만 그것만으로는 자신이 얼마나 큰 곤경에 처했는지 인정하게 만들기에 부족하다. 그다음으로는 결혼생활이 깨진다. 그래도 부족하다. 자녀, 형제자매, 부모의 신뢰를 잃는다. 여전히 부족하다. 건강을 잃는다. 그래도 부족하다. 결국 돈도 다 떨어지고, 빚은 한도를 초과한 지 오래다. 그래도 충분하지 않다. 범죄가 뒤따르고, 폭력이 발생하고, 감옥에 가게 된다. 많은 경우, 결국 그들의 삶과 중독 중 하나를 선택해야 하는 순간이 온다. 하지만 그 순간조차도 많은 이에게는 중독을 포기하기에 충분하지 않다.

그래서 익명의 알코올 중독자 모임에서는 회복 중인 사람들이 12단계의 첫 번째를 반복하는 것을 자주 듣게 된다. 그것은 삶을 변화시키는 주문과도 같다. "**우리는 우리의 중독에 대해 무력하며, 우리의 삶은 통제할 수 없을 정도로 엉망이 되었음을 인정했다.**"

우리는 화석연료 때문에 강력한 힘을 가진 듯 느꼈던 순간들이 많았지만, 이제는 우리의 현재 상황과 관련하여 그 첫 번째 단계를 받아들일 준비가 되었는지 궁금하다. "**우리 문명은 값싼 에너지 중독 앞에서 무력하며, 우리의 문명은 통제할 수 없을 정도로 엉망이 되었으며, 이제는 제정신을 되찾아야 한다.**" 이런 현실 인정에 대해 마음이 상한 낙관주의자들은 "괜찮아! 그렇게 어렵지 않아! 우리에겐 새로운 해결책이 있어! 그걸 고칠 새로운 기술이 있다니까. 그리고 자본주의의 힘이 우리를 이끌어갈 것이며, 정부가 실패하더라도 우리는 살아남을 거야!"라고 말한다. 나는 그들이 이렇게 말하는 이유가 우리가 좌절하지 않고 희망을 가지도록 하기 위해서라는 것임을 안다. 나는 그런 의도를 존중한다. 하지만 나는 그런 말이 걱정된다. 우리가 계속 나아가도록 격려하려는 선의의 시도가 결국 바요 아코몰라페(Bayo Akomolafe)의 말처럼, 우리가 처한 위기를 지속시키는 방식으로 작용할까 염려되기 때문이다.

지금까지 우리가 환경을 치유하거나 지구를 구하기 위해 내놓은 모든 해결책과 계획들은 결국 우리를 이 위기로 몰아넣은 것과 같은 논리를 따른다. 재생 가능 에너지가 좋은 예다. 태양광, 풍력, 지열, 조력, 기타 다른 에너지원들은 훌륭한 단기적 해결책이다. 하지만 장기적인 해결책으로는 불완전하다. 재생 가능 에너지는 부분적으로만 재생 가능하기 때문이다. 맞다. 태양광 패널과 풍력 터빈은 화석연료에 비해 놀라운 장점을 갖고 있다. 전기차와 히트펌프도 획기적인 기술이다. 나는 현재 우리가 처한 긴급 상황에서 이 모든 기술을 지지한다. 그러나 우리가 빠르게 탈탄소화를 이루려면, 즉 화석연료에서 벗어나려면, 대량의 구리, 알루미늄, 코발트, 흑연, 망간, 그리고 희귀 금속, 특히 리튬이 필요하다. 게다가 이런 원자재를 채굴하고 운반하며 가공하는 데 엄청난 양의 화석연료가 소모된다.

지도를 펼쳐 놓고 어디에서 이 자원을 채굴할지를 살펴보면, 많은 경우 그 지역이 토착민들이 사는 땅임을 알게 된다. 그리고 이들이 정부, 기업, 자원을 원하는 유권자들에게 어떤 대우를 받을지 생각해보게 된다. 과거의 역사는 이에 대한 슬픈 답을 보여준다. 또 다른 자원들은 숲과 기타 섬세한 생태계 아래에 묻혀 있다. 우리는 기후 비상사태를 해결하기 위해 얼마나 많은 자연을 희생시켜야 할지 고민하게 된다.

우리는 탄소 기반 에너지를 탐하는 과정에서 기꺼이 "비용을 외부화"(비용을 장부에 기록하지 않기) 했다. 우리는 교훈을 배웠을까? 아니면 리튬, 구리, 희귀 금속에 대한 더 절박한 수요를 충족시키기 위해 더 많은 비용을 외부화하려는 것일까? 그리고 이런 자원들마저 결국 고갈되었을 때는 어떻게 될까? 물론 대체재를 찾을 거다. 하지만 아코몰라페의 말을 떠올려 보면, 우리가 이 위기에 대응하는 방식이 단순히 위기를 연장하고 심화시키는 것이 될 거다. 지금 정말로 필요한 것은 우리가 지구, 서로, 그리고 생명 자체와 맺는 관계를 근본적으로 변화시키는 것 아닐까?

그러나 당신은 이렇게 말한다. "하지만 다른 선택지가 없어요. 우리에게는 선택의 여지가 없어요."

당신의 말이 맞을 거라고 생각한다. 그러니 이야기를 이어가 보자. 만약 우리가 계속 앞으로 나아간다면, … 그리고 성공한다면? 만약 우리가 성공적으로 탈탄소화를 이루고 새로운 탈탄소 경제를 만든다면?

그렇다면 그다음에는? 다음 위기가 닥칠 것이고, 우리는 물론 똑같은 논리를 적용해 해결하려 할 것이다.

이런 전망은 무서운 질문을 제기한다. 심지어 비공개적으로도 묻고 싶지도 않은 질문들이다. 우리가 성공적으로 탈탄소화를 이루고 붕괴를 피한다고 상상해 보자. 그렇게 되면 인간 문명이 현재 형태로 앞으로 250년 동안 더 자원을 소비하고 폐기물을 생산하게 된다. 그리고, 예를 들어 다섯 세대의 인류(약 500억 명)가 우리가 누렸던 것과 똑같은 방식으로 지구를 착취할 기회를 갖게 된다고 상상해 보자. 그 500억 명 각각이 소비하는 양이 재생하는 양보다 많아지고, 그들이 떠날 때마다 지구는 점점 더 황폐해진다고 상상해 보자.

앞으로 250년 동안 우리가 야생 지역을 약탈하고 모든 야생 동물의 생물량을 줄여, 육식을 즐기는 대다수 사람이 먹기를 원하는 수십억 톤의 닭, 소, 돼지, 연어, 틸라피아 생선을 위한 공간을 만든다고 상상해 보자.5) 우리의 종교 공동체가 계속 쇠퇴하여 도덕적이고 영적인 공백을 남긴다고 상상해 보자. 그리고 다른 종교 공동체는 근본주의적 부흥을 경험하고, 폭력적인 권위주의 정치 지도자들에게 그들의 힘을 실어준다고 상상해 보자. 또한, 그동안 우리가 무기의 수와 살상력을 증가시키는 일이 지속된다고 가정해 보자. 과거와 현재의 행태를 보면 이것은 충분히 가능성이 높은 시나리오다. 그리고 마침내, 우리가 재생 가능 경제에 필요로 하는 리튬이나 그 대체 물질이 고갈되기 시작한다고 가정해 보자.

그래서 2220년에서 2280년 사이에 결국 우리가 스스로 붕괴하여, 우리 자신과 대부분의 척추동물을 멸종으로 몰아넣고, 지구를 지금보다 훨씬 더 황폐하게 만든다고 가정해 보자. 그렇게 되면, 오늘날의 위기를 피상적으로만 "해결"하는 것이 결국 미래로 문제를 떠넘겨 더욱 커다란 궁극적인 재앙을 초래한다는 것이 아닌가? 오늘날의 "붕괴 회피"(Collapse Avoidance) 시나리오는 결국 미래의 "붕괴 지연 및 심화"(Collapse Delay and Intensification) 시나리오로 판명될 수 있다. 즉 "붕괴 후 재탄생"(Collapse/Revbirth)과 "붕괴 후 생존"(Collapse/Survival) 시나리오를 뛰어넘어 인류를 비롯한 많은 생명체를 "붕괴 후 멸종"(Collapse/Extinction) 속으로 빠뜨리는 것으로 판명될 수 있다.

이 가능성을 직시할 때, 나는 표현하자마자 삭제하고 싶은 질문들을 던지게 된다. 하지만 이 질문들은 반드시 해야 할 질문들이다. 만약 지구의 80억 명의 인간이 지금 당장은 살아남는 데 성공할 수 있다 해도, 그로 인해 1~2세기 안에 생물권을 더욱 치명적으로 파괴하여 이후 모든 세대의 생존 가능성을 없애버린다면 어쩔 것인가? 현재 인류의 몇십 년간의 편리함을 쥐어짜 내기 위해 미래의 무수한 생명(인간, 동물, 식물,

---

5) 비건 식단의 힘이 현재 상황에서 변화를 일으키는 방법에 대해 더 알아보려면 Climate Healers의 연구를 보라: https://climatehealers.org.

생태계 등)의 헤아릴 수 없는 가치를 할인할 준비가 되어 있는가?6) 차라리 지금 붕괴가 일어나는 게 더 나은 것 아닌가?

이러한 사고 실험은 많은 친구와 내가 깊이 존경하는 이들이 내린 결론을 뒷받침한다. 즉, 파국은, "바꿀 수 없는 것들을 받아들이는 지혜"를 말하는 "평온의 기도"(Serenity Prayer)에서 바꿀 수 없는 것 중 하나라는 것이다. 우리의 이미 달구어지고 점진적인 생태적 한계 초과로 인한 재앙과 더불어 경제적 불평등, 사회적 적대감, 그리고 영적 피상성이 결합하면서 결국 가파르고 뚜렷한 문명 붕괴(civilizational collapse)로 이어질 것이며, 어쩌면 단기간 내 인류의 멸종(near-term human extinction)까지도 초래할 수 있다. 그들은 "그 차이를 아는 지혜"가 이런 불가피성을 아는 것이라고 말한다. 우리가 바꿀 수 없는 것을 받아들일 때, 적어도 남은 시간 동안 평온을 가지고 살아갈 수 있으며, 종으로서 가능한 한 우아하게 퇴장할 기회를 가질 수 있다.

요약하면, 그들은 시나리오 4("붕괴 후 멸종")에서 벗어날 방법은 없으며, 나머지 사람들이 평온 속에서 이를 받아들일 수 있도록 모범을 보이려 한다. 물론, 이런 말을 가볍게 내뱉는 염세주의적인 괴짜들도 있을 것이다. 하지만 내가 말하는 사람들은 그런 부류가 아니다. 그들은 선량하고, 명석하며, 정보를 잘 갖춘 사람들이다. 그들은 냉혹한 현실로부터 눈을 돌리지 않는 비범한 용기를 보여준다. 그들은 소름 끼칠 정도로 거대한 증거의 무게를 정면으로 받아들이고 있다.7)

---

6) 경제학자들이 미래 인간 생명의 가치를 할인하는 방식에 대한 통찰을 원한다면, Lisa Heinzerling, "Discounting Life," *Yale Law Journal*, vol. 108, no. 7 (May 1999), p. 1911-1915를 보라. https://www.jstor.org/stable/797456. 또한 여기에서도 제공된다: https://clore.ac.uk/download/pdf/215591161.pdf.

7) 2019년, 다르마(Dharma) 스승 캐서린 잉그램(Catherine Ingram)은 "Facing Extinction"이라는 감동적인 에세이를 썼다. 그녀는 이 에세이에서 자신이 이 현실을 받아들이며 겪은 생각과 감정을 솔직하게 공유한다. 그녀가 이 에세이를 낭독한

나는 그들이 최악의 결론을 성급하게 내리고 있는지 알지 못한다. 나는 시나리오 4의 불가피성을 받아들이는 것이 자기실현적 예언이 될까 걱정된다. 다시 말해, 너무 많은 선한 사람이 더 적은 재앙적 시나리오를 위해 일하는 것을 포기하면, 현재 상황에 무관심한 사람들이 더 심각한 재앙적 시나리오를 초래할 수도 있기 때문이다. 희망이 없더라도 투쟁을 계속하는 것이 인류를 구하지 못하더라도, 그렇지 않으면 파괴될 생태계의 일부를 구할 수 있을지도 모른다.

나는 왜 계속해서 "평온의 기도"로 돌아오는 걸까? 나는 우리가 현재의 파국적인 경로(current doom trajectory)를 용기를 내어 바꿀 수 있을지, 아니면 평온함으로 받아들여야 하는지 확신할 수 없다. 나는 아직 그 지혜를 얻지 못했다. 내가 아는 유일한 것은, 나는 도덕적 방향을 설정하고 싶다는 것뿐이다. 다른 사람들이 다른 선택을 하더라도 판단하지 않고, 나 스스로 도덕적 길을 따르고 싶다. 그렇다면 이 질문은 개인적인 것이 된다. 내가 해야 할 일은 무엇인가?

나에게 도덕적인 선택이란, 중독 회복 프로그램에 참여하는 사람들이 하는 것과 같다. 그들은 평온함을 구하는 기도를 하며, 용기가 필요하다는 것을 인정하고, 평온함이 필요하다는 것을 인정하며, 지혜가 필요하다는 것을 인정한다. 그리고 그들은 자신의 무력함을 인정한다. "내가 살고 있는 방식이 결국 나를 죽일 것이다." 그들은 말한다. "그래서 나와 같은 혼란 속에 있는 사람들과 함께하겠다. 그리고 우리는 함께 구원받을 날을 기다리며, 한 걸음씩 나아갈 것이다."

그 첫 번째 단계는 두 번째 단계로 이어진다: **우리보다 더 위대한 힘이 우리에게 제정신을 찾게 해줄 수 있다고 믿게 되었다.**

영상은 다음 링크에서 확인할 수 있다: https://www.youtube.com/watch?v= bN-O-01dXqE.

이제 당신은 내가 여기서부터 하나님이 기적적으로 우리를 구원해 주실 것이라고 말할 거라 생각할지 모른다. 하지만 그것은 내가 하나님을 이해하는 방식이 아니고, 우리의 현재 상황을 이해하는 방식도 아니다. 나에게 희망이라는 개념이 복잡한 것이라면, 하나님이라는 개념은 특히 우리와 같은 상황에서는 더욱 복잡하다. 우리가 "하나님이 해결해 주실 거야, 그러니까 우리는 아무 걱정할 필요 없어. 할렐루야!"라고 말한다면, 그것은 "앞이 보이지 않으니 그냥 포기하자!"라고 말하는 사람들과 같은 배에 타고 있는 것이라고 생각한다. 그런 경건한 태만(pious complacency)이, 완고한 부인(stubborn denial)과 성급한 체념(premature resignation)이라는 두 가지 길과 같은 곳으로 우리를 데려다준다고 나는 생각한다.

그러니 지금 당장 하나님을 들먹이지 말자. 적어도 그 이름을 말하지는 말자. "우리보다 더 위대한 힘"이라는 개념에 머물러 보자. 이것이 우리가 첫 번째 단계로 나아가는 방식에 대해 어떻게 받아들여질지 궁금하다.

현재 형태의 인류는 특정한 이야기, 신념, 가치, 관습, 제도들에 의해 조직되고 형성되어 왔으며, 이 모든 것이 수십억 인구가 의존하는 세계적인 문명을 만들어냈다. 그러나 이제 우리는 이 문명이 중독적이며, 지구를 파괴하고 결국 우리 종을 멸종시킬 것이라는 사실을 깨닫고 있다. 불행하게도, 우리가 이 위기에 대응하는 방식조차도 우리를 형성한 이야기, 신념, 가치, 관습, 제도들에 의해 영향을 받는다. 그 결과, 우리의 해결책은 결국 우리가 해결하려는 위기를 더욱 악화시키는 역할을 하게 된다. 우리는 무력하다. 우리끼리만 남겨진다면, 우리는 정말로 절망적일 것이다.

그리고 다음과 같은 두 번째 단계를 상상해 보자.

장기적인 생존 가능성을 실현하거나 가까운 미래의 멸종이라는 트라우마를 마주하기 위해 우리는 새로운 자원—새로운 지혜, 용기, 미덕, 가치, 관습, 사고방식—즉, 새로운 힘이 필요하다. 우리 문명의 기존 도구상자 안에서 나온 것이 아닌, 그 너머에서 오는 무언가만이 우리가 다시 안전해지고, 생존할 수 있는 새로운 삶의 방식을 형성할 수 있도록 도와줄 것이다. 또는 최소한, 우리가 차분히 우리의 종말을 받아들이고 마주할 수 있도록 도울 것이다. 우리는 이 새롭게 필요한 자원이 무엇인지 정확히 알지 못하지만, 그것이 존재한다는 사실을 믿고, 그것이 우리를 돕기에 충분할 것이라고 신뢰해야 한다. 우리는 살아 있는 한, 그것이 우리를 온전한 제정신(sanity)으로 인도할 것이라고 믿어야 한다.

이 첫 번째와 두 번째 단계가 실패할 수도 있다. 만약 그렇다면, 시나리오 4가 우리를 기다리고 있으며, 우리는 그때가 오면 가능한 한 차분하게 받아들여야 할 것이다. 하지만 우리가 이 두 단계를 밟는다면, 우리는 현재 보이지 않는 세 번째 단계를 찾아낼 만큼 오래 살아남을 수 있을지도 모른다. 그리고 그다음에는 네 번째, 다섯 번째 단계로 이어질 수도 있을 것이다—지금은 상상조차 할 수 없는 단계들 말이다. 이 과정은 일부 후손들이 지구와 서로 간에, 그리고 자기 자신과 생명 그 자체와 함께 용기 있고 차분하며 지혜롭게 살아가는 방식으로 이어질 수도 있다. 또는, 우리가 종으로서의 이야기를 끝맺어야 하는 시나리오로 이어질 수도 있다.

점점 더 많은 사람이 "이제 충분해. 우리는 위기를 악화시키는 방식으로 대응할 수는 없어!"라고 말하고 있다. 이제는 너무 늦었을지 모른다는 사실을 인정해야 할 때다. 우리는 지금 깊이 들어가 우리의 현재 상황, 우리의 병, 우리의 중독의 가장 깊은 뿌리를 직면해야 할 때다. 이러한 인정이 우리에게 아직 보이지 않는 새로운 가능성으로 나아가게 할 수도 있다. 그렇지 않을 수도 있다. 하지만 우리의 시나리오 중 어떤 것도 좋은 것은 아니다. 그래서 우리는 지식 너머의 신뢰 속에서 우리의 무력함을 인정한다.

나의 친구이자 동료인 짐 핀리(Jim Finley)는 "인정의 변혁적인 힘"에 대해 이렇게 이야기한다. 그는 모든 회복 공동체에서 "당신이 인정하면, 받아들여진다. 당신이 인정하지 않으면, 받아들여지지 않는다"[8]는 점을 강조한다. 그 의미는 중요하다. 왜냐하면 "당신이 인정하면, 당신은 살고, 인정하지 않으면, 죽을 수도 있기" 때문이다.

우리의 상황이 회복 불가능할 정도로 심각하다고 결론 내린 사람들은 종종 "파국론자"(doomers)라고 조롱받는다. 그러나 그들은 내가 나의 무력함, 우리의 무력함을 더욱 깊이 직면하도록 도와준다. 그들은 우리가 우리의 상황을 "해결"할 수 있다는 자신감이 높아질수록 실패할 가능성이 더 커진다는 점을 보게 해준다. 우리의 위기에 대한 대응이 위기를 더욱 악화시킬 수 있기 때문이다. 이때 역설적인 가능성이 등장한다. 우리가 우리의 무력함을 식년하는 정도에 따라, 현재 우리가 가지고 있는 것보다 더 큰 힘을 발견할 수도 있다. 아마도 그 힘이 우리 중 일부가 생존하도록 도울 수도 있고, 또는 피할 수 없는 종말을 평온하게 받아들이도록 도울 수도 있다.

나는 당신을 더 나은 곳으로 데려가고 싶다. 정말로 그렇다. 그리고

---

[8] James Finley, *Mystical Sobriety* (Albuquerque, NM: Center for Action and Contemplation, 2022).

그럴 것이다. 하지만 먼저, 당신이 나와 함께 이곳에서 조금만 더 머물러 주셨으면 한다. 우리가 바닥으로 내려갈 때 받아들여지는 곳, 우리가 문명으로서 무력함을 느끼는 곳에서 말이다. 우리가 개인으로서 우리의 무력함을 인정하는 곳, 우리의 현재 썩은 사고방식으로는 그 사고방식이 만들어낸 엉망진창을 해결할 수 없음을 아는 곳, 단순히 새로운 "해결책"을 오래된 해결책으로 대체하지 않는 곳, 우리의 상황을 바라보며 미친 듯한 절망을 느끼는 곳, 그리고 우리가 평온을 구하며, 바꿀 수 없는 것을 받아들일 용기를, 바꿀 수 있는 것을 바꿀 용기를, 그리고 그 차이를 아는 지혜를 찾는 곳으로 말이다.

> 친애하는 독자에게,
>
> 아마도 이제 내가 왜 이 장들을 "그대로 놓아두기"(Letting Be)라는 제목 아래 묶었는지 이해하실 수 있을 것입니다. 그것은 기꺼이 새로운 방식으로 눈을 뜰 수 있도록 하는 것입니다. "문명화된" 사람들이 부족하다고 여기는 것에 대해 토착민들이 지닌 지혜를 인정하는 것, 우리의 필멸성을 마주하고 받아들이는 법을 배우는 것, 우리 문명의 중독에 대한 개입을 경험하는 것, 화석연료로 이루어진 우리의 힘과 그에 따른 모순적인 무력감을 느끼는 것입니다.
>
> 이러한 고려는 시간과 공간을 필요로 합니다. 우리가 무언가를 고치고 해결하려는 집착에서 벗어나, 단순히 존재할 수 있는 내면의 안식처로 들어가는 것입니다. 이러한 과정은 우리가 무엇을 하고, 고치고, 해결해야 하는지를 고민하는 것에서 잠시 벗어나, 우리가 누구이며, 무엇이 되기를 원하는지를 바라보도록 요구합니다. 먼지가 가라앉고, 혼란이 지나가도록 내버려 두는 것입니다.

이 장에서 "인정한다"(admit)라는 단어는 중요한 의미를 가집니다. 이 단어에 대해 깊이 생각해보세요.

또한, "중독"(addiction)의 경험도 중요한 주제입니다. 우리의 문명이 중독되어 있다는 진단이 당신에게도 와닿나요?

나는 화석연료가 우리에게 전능하다는 착각을 심어주었다고 생각합니다. 이 개념에 대해 생각해보세요. 우리의 문명을 구성하는 또 어떤 요소들이 우리를 망상에 빠뜨릴 수 있을까요?

이 장의 시작에서 인용된 바요 아코몰라페의 말은 이러한 질문을 반영하고 있습니다. 그의 질문이 당신에게 어떻게 다가오나요?

당신은 이제 "그대로 놓아두기"(Letting Be)에서 "들어오게 하기"(Letting Come)로 나아갈 준비가 되었나요? 아니면 잠시 더 머물러야 할까요?

제3부

들어오게 하기 – 회복의 길

13장

우리가 처음이 아니다

인류 역사 내내 세상은 끝나고 다시 시작되기를 반복해왔다. … 어떤 사람들은 수많은 세상 종말 예언의 역사적 다양성에서 위안을 얻으며, 지금까지 그런 예언이 틀려왔으니 (어쨌든 우리는 아직 여기 있으니) 내일도 계속 존재할 거라고 생각한다. 그러나 이러한 태도는 실제로 종말이 찾아온 빈도를 간과한다. 사실, 종말은 언제나 찾아왔다. 우리 이전의 모든 크고 작은 문명은 어떤 식으로든 멸망했고, 그중 일부는 갑작스럽고 끔찍한 방식이었다. 우리가 특별하다고 생각하는 것은 단순하고 어리석은 일일 것이다.

—수학자이자 붕괴학자 B. 시드니 스미스[1]

로마는 하루아침에 무너지지 않았다. 그것은 수세기에 걸친 일이었다.

—경제학자 우마이르 하크

한 문화가 자신의 붕괴를 견디도록 젊은 세대를 훈련시키는 경우는 드물다.

— 철학자이자 정신분석학자 조너선 리어

---

[1] B. Sidney Smith, "How to Enjoy the End of the World," https://www.youtube.com/watch?v=5WPB2u8EzL8.

7장에서는 산속 차가운 개울에 무릎까지 담그고 있을 때 떠올랐던 깨달음을 공유했다. 플라이 낚시는 깨달음을 얻기에 좋은 활동이다.

얼마 전, 나는 다시 개울에 무릎까지 담그고 이 책을 쓰는 강렬함에서 잠시 벗어나는 시간을 가졌다. 발아래 조약돌을 비추는 황금빛 물살을 바라보았다. (플라이 낚시 동료가 이런 조언을 해준 적이 있다. "발이 있는 곳에 머물라.") 그때부터 나는 자주 멈춰 서서 단순히 내 발밑의 공간에 집중하곤 한다. 발밑의 둥근 돌 하나하나가 한때는 내 뒤의 눈 덮인 산맥의 일부였다. 산맥은 바위로 부서져 내렸고, 오랜 세월 다른 바위들과 부딪히며 점차 부드러워졌다. 내 오른발 옆에는 흰 석영이 있었고, 왼발 옆에는 운모가 박힌 회색 편암이 있었다. 그 두 개 사이에는 회색과 흰색이 섞인 얼룩 편암이 있었으며, 바로 앞에는 분홍빛 석영이 섞인 검은 편마암이 있었다. 나는 이 개울의 돌들이 18억 년 이상 되었다는 글을 읽은 적이 있다. 엄청난 시간이 흐르는 동안, 이 돌들은 오래전에 사라진 산의 지층에서 흘러 내려와 내 발밑에 놓이게 되었다.

나는 그 돌들을 바라보며, 반짝이는 물 위에 비친 내 몸―근육과 피와 뼈로 이루어진―을 보았다. 물살이 내 앞에 있는 오래된 자갈 사이로 흐르고 있었다. 내 삶 전체는 이 돌들에 비하면 너무나 하찮고, 찰나와 같으며, 한순간의 번쩍임과 같아 보였다. 인류의 역사도 마찬가지였다. 그 깊은 사색의 순간, 나는 시간의 광대함을 느꼈고, 그 광대함에 어지러움을 느꼈다. 그 광대함은 익숙한 감각이었다. 마치 맑은 밤하늘 아래 서 있을 때나 깊은 협곡 가장자리에 서 있을 때 느끼는 감각과 비슷했다. 나는 이 돌들에 대해 경외심을 느꼈다. 너무 오래되고, 너무나 견고한 존재가 내 연약하고 덧없는 육신과 대비되었다.

목사이자 설교자로 살아온 내 인생에서, 성경에 나오는 시편의 구절들이 떠올랐다.

내가 주의 하늘, 곧 주의 손가락으로 만드신 달과 별들을 보니
사람이 무엇이기에 주께서 그를 돌보시나이까? (시편 8:4)
모든 육체는 풀과 같고
그의 모든 아름다움은 들의 꽃과 같으니라. (이사야 40:6)
주님 나의 종말과 나의 날들의 길이를 알게 하사
나로 나의 연약함을 알게 하소서. (시편 39:4)
우리는 주 앞에서 나그네며 떠도는 자들이라
우리의 날들은 땅 위의 그림자 같아서 희망이 없나이다. (역대상 29:15)
우리는 어제부터 있었을 뿐이며, 아는 것이 없나니
우리의 날들은 땅 위의 그림자 같으니라. (욥기 8:9)
흘러간다, 흘러간다. 모든 것이 덧없이 흘러간다! (전도서 1:2)[2]

잠시, 저 오래된 둥근 돌들과 고대 성경의 시편들이 도움을 준 덕분에, 내 마음으로는 이해하지만 완전히 받아들이기 힘든 사실을 깊이 느꼈다. 즉 물론, 우리 문명은 내 발밑을 흐르는 개울처럼, 풀밭을 가로지르는 바람처럼, 혹은 덧없이 사라지는 그림자처럼 지나가 버릴 것이다. 물론, 나의 개인적인 인생과 마찬가지로, 우리 문명도 결국에는 소멸할 것이다. 물론, 이 사실을 알고 있었지만, 바로 그 순간, 물속에 비친 내 모습과 흐르는 물, 그리고 그 아래의 돌들을 바라볼 때처럼 강렬하게 느낀 적은 없었다.

문명을 연구하는 사람들은 모든 문명이 비슷한 주기를 거친다고 말

---

[2] 전통적인 번역에서는 이 구절을 "헛되고 헛되며, 모든 것이 헛되다!" 혹은 "무의미하다, 무의미하다, 모든 것이 무의미하다!"로 번역한다. 그 히브리어 단어의 원래 의미는 "안개"(mist), "김"(vapor) 또는 "숨"(breath)이다. 나는 영어로는 fleeting 또는 transitory가 더 적절한 번역일 거라고 생각한다.

한다. 이 주기의 단계는 자연 속에서, 예를 들면 숲의 변화 과정이나 별의 생애 주기에서도 볼 수 있는 패턴과 유사하다. 생태학자들은 이를 적응 주기(adaptive cycle)라고 부른다. 먼저, 생태학자들이 착취 단계 또는 성장 단계(growth phase)라고 부르는 시기가 온다. 이 단계에서는 쉽게 이용할 수 있는 에너지와 다른 자원이 풍부하게 존재하며, 이를 새로운 방식으로 활용(착취)할 수 있다. 예를 들어, 별이 형성될 수 있도록 응축되는 공간 먼지가 많거나, 숲이 성장하는 데 필요한 비옥한 토양, 강수량, 햇빛이 풍부한 경우가 이에 해당한다.

다음으로, 생태학자들이 보존 단계(conservation phase)라고 부르는 시기가 찾아온다. 새로운 정착 과정이 그 구조를 유지하고 가능한 한 오랫동안 안정 상태 또는 항상성(homeostasis)을 유지하려고 한다. 이 단계에서는 성숙한 극상림(climax forest)이나 성숙한 별과 같은 안정적 형태가 나타난다. 그러나 일정 기간의 상대적인 안정 이후, 조건이 변하게 되며 해체 단계(release phase)가 시작된다. 이 시기는 안정이 무너지고 쇠퇴하며, 붕괴나 소멸로 이어진다. 이 단계는 숲이 갑작스럽게 불타거나, 기후변화나 기생충 감염으로 인해 점진적으로 죽어가는 과정에서 볼 수 있다. 나무가 쓰러지면, 더 이상 햇빛을 독점하지 못하고, 분해되면서 줄기와 가지에 저장해 두었던 화학적, 광물적 자원을 방출한다.

별이 그 연료를 소진하기 시작할 때도 해체 단계를 볼 수 있다. 작은 별의 경우, 외곽층이 팽창하고 중심이 수축하다가 결국 중력이 외곽층을 유지하기에 부족해지면, 그 물질이 우주로 방출되어 성간 먼지(interstellar stardust)가 된다. 이 과정에서 새로운 원자가 퍼지고, 은하의 화학적 구성이 바뀐다. 더 큰 별들은 더욱 극적인 방식으로 물질과 에너지를 방출하며 폭발하여 초신성(a supernova)이 되고, 새로운 원소들이 퍼지면서 그 갤럭시의 화학적 구성이 변화한다.

그러면 생태학자들이 재조직화 단계(reorganization phase)라고 부르는 과정이 시작된다. 이는 붕괴 이후의 새로운 조건들이 물질과 에너지의 새로운 배열을 가능하게 하는 시점이다. 극한 상황을 겪은 숲에서 새로운 생태계가 형성되거나, 오래된 별에서 분산된 가스와 먼지가 모여 새로운 별 시스템이 탄생하는 것과 같다. 만약 과거의 수많은 오래된 시스템들이 이용 가능한 에너지를 활용하고, 가능한 한 오랫동안 그 구성을 보존하고, 다시 방출하여 여러 번 재조직화하지 않았다면, 오늘날 인류는 존재하지 않았을 것이다.[3]

성장/착취, 안정성/보존, 붕괴/해체, 그리고 재조직화라는 패턴은 충분한 정보가 남아 있는 과거의 거의 모든 문명에서 찾아볼 수 있다. 메소포타미아에서 수메르인, 아카드인, 아시리아인, 바빌로니아인이 이 패턴을 따라 흥망성쇠를 겪었다. 지중해에서는 미노아인, 미케네인, 그리고 그리스-로마인들도 마찬가지였다. 인도에서는 마우리아 왕조와 굽타 왕조가 그랬고, 동남아시아에서는 크메르제국이, 중국에서는 주나라, 한나라, 당나라, 송나라가 이 패턴을 따랐다. 신대륙과 태평양의 섬들에서는 마야, 미시시피 문화, 푸에블로, 호호캄, 티와나쿠, 이스터 섬 사람들이 그랬다. 문명이 붕괴로 향하게 만드는 요인은 외부적이든 내부적이든 다양할 수 있다. 적의 침입이나 화산 폭발일 수 있고, 기후변화나 토양 황폐화, 경제적 불평등, 대규모 이주, 내전, 전염병 등이 원인이 될 수도 있다. 각 문명의 붕괴 원인은 다르지만, 그 패턴은 놀라울 정도로 비슷하다.[4]

---

[3] 이 4단계 반복 과정의 가장 좋은 예시는 그것이 단순한 직선이 아니라, 무한 루프처럼 옆으로 기울어진 그림 형태라는 점을 보여준다. 좋은 예시는 여기에서 확인할 수 있다: https://www.resalliance.org/adaptive-cycle.

[4] Safa Motesharrei et al., "Human and Nature Dynamics," https://www.sciencedirect.com/science/article/pii/S0921800914000615. 또한, Joseph Tainter, Jared Diamond, Yves Cochet, Agnes Sinai, Jem Bendell, David Wallace-Wells, B. Sidney Smith 등의 붕괴학(collapsology) 연구도 참고할 수 있다.

나의 신앙 전통에서는 이를 "파스카 신비"(paschal mystery)라고 부르기도 한다. 즉, 탄생과 성장, 고통과 죽음, 그리고 부활이다.

오늘날 우리의 글로벌 문명은 약 500년 전 유럽 국가들이 세계 곳곳의 지역 문명을 정복하고 식민화하면서 그들을 자신들의 제국 경제 속에 공고히 함으로써 성장 단계를 시작했다고 볼 수 있다.[5] 이 성장 단계는 그 생태학적 이름에서 알 수 있듯이, 심하게 착취하는 것이었다. 신흥 세계 문명에 가장 가치 있는 외부 자원인 화석연료는 적절한 시기에 등장하여 문명을 이전의 어떤 문명도 이루지 못한 규모와 복잡성의 수준으로 나아가게 했다. 주변 지역 문명들이 점점 더 복잡해지는 정치적, 경제적, 문화적 초문명(super-civilization)에 의해 통합(혹은 흡수)되었다. 상대적인 항상성(homeostasis)은 이러한 보존 단계에서 불안정하게 유지되었으며, 끊임없이 변화하는 제도, 조약, 동맹, 공급망, 사회 운동, 기술, 그리고 살상력이 점점 강해지는 무기로 무장한 군대 등을 통해 이루어졌다.

그리고 이제, 우리는 보존 단계의 말기 또는 (더 가능성이 높은) 해체 단계의 초입에 와 있다. 현재의 세계 시스템은 성장과 항상성을 유지하는 것이 점점 더 어려워지고 있다. 이것은 역설적이며 동시에 비극적이다. 우리가 화석연료로 문명을 계속 가동하면, 문명이 의존하는 생태적 균형을 파괴하게 된다. 하지만 동시에, 화석연료 없이는 문명을 쉽게 멈출 수도 없다. 지배층과 대중 모두가 현재 상태를 너무나 편안하게 여겨, 이를 조금이라도 더 유지하고 싶어 하기 때문이다.

우리가 스스로 호모 사피엔스(Homo sapiens)라는 이름을 붙인 지 300

---

[5] 이 세계적 식민지 확장은 다양한 요소들 덕분에 가능했다. 여기에는 새로운 운송 기술(대양 항해선과 이후 등장한 육운의), 새로운 무기 기술(총과 대포), 새로운 통신 기술(인쇄기), 새로운 금융 기술(식민지 개척이 전례 없는 부를 창출하며 자본 시장과 은행이 이를 활용하는 새로운 방식을 개발함), 종교적 정당화(발견의 교리), 그리고 물론 새로운 에너지원의 돌파구(화석연료)가 포함되었다.

년도 채 되지 않아, 우리는 이 이름이 실제가 아니라 이상적인 목표였음을 인정해야 하는 상황에 봉착했다.6)

　나는 이 책을 쓰면서, 그리고 당신이 이 책을 읽으면서, 우리 고대 조상들이 이미 알고 있던 사실을 배우고 있다. 모든 인간 문명, 그리고 개별 인간의 삶은 한낱 풀잎처럼 덧없이 사라진다. 하루 동안 피었다가 시드는 꽃처럼, 오후의 그림자가 점점 길어지다가 사라지는 것처럼 말이다. 우리는 스스로 신처럼 될 수 있으리라 꿈꿨고, 적응 패턴의 예외가 될 수 있으리라 생각했다. 하지만 인간의 "예외주의라는 거품"(bubble of exceptionalism)은 이미 많은 사람에게서 터졌으며, 결국 모든 사람에게도 터질 것이다. 우리는 착취와 보존의 주기가 영원히 지속될 것이며, 해체와 재조직화를 영원히 막을 수 있을 것이라고 생각했다. 그러나 이제 많은 사람은 그것이 불가능하다는 사실을 깨닫기 시작했다.

　우리에게는 슬픈 순간이다. 심지어 두렵기까지 하다.

　하지만 이런 방식으로 겸허해지는 것은 기묘하게도 위안을 준다. 마치 오랜 시간 힘들게 유지해 온 결혼이 끝나고 난 뒤, 그 결혼생활이 우리가 그토록 지키려고 싸웠던 만큼의 가치가 없었다는 것을 깨닫는 부부처럼 말이다. 우리는 한 가지 크나큰, 말하지 못했던 두려움과 마주했다. … 바로 이 결혼이 없으면 우리는 아무것도 아닐 것이라는 두려움. 그러나 붕괴가 지나간 후, 우리는 각자 살아남았고 새로운 시작을 할 기회를 얻었다는 사실을 알게 되었다. 우리는 비극 속에서 기회를 발견한다. 다시 시작하고, 재조직하는 기회 말이다. 우리는 **호모**이자 **사피엔스**라는 우리의 이상에 조금 더 가까이 다가가게 될지도 모른다.

　나는 여전히 개울 속에 서서 아래를 바라보고 있고, 그 순간 한 문장이 머릿속에서 떠오른다. "우리는 이곳에 온 첫 번째 사람들이 아니다."

---

6) "호모 사피엔스"는 1758년 칼 린네(Carl Linnaeus)에 의해 처음 사용되었다.

과거에도 문명은 붕괴되었고, 일부 사람들은 살아남았다. 이제 우리의 차례다.

낚시 여행을 마치고 집으로 돌아온 후, 나는 은퇴한 성공회 주교이자 촉토족 원로인 스티븐 찰스턴이 들려준 이야기를 접하게 되었다.

나는 기독교의 종말론, 즉 세상의 마지막과 끔찍한 종말에 대한 비전에 대해 짧은 논평을 써달라는 요청을 받았다. 나는 아메리카 원주민 문화가 이와 같은 비전을 이야기하기에 독특한 위치에 있다고 말했다. 우리는 이미 그러한 경험을 한 몇 안 되는 문화 중 하나이기 때문이다. 역사 속에서 우리는 현실이 무너지는 순간을 목격했다. 침략자들이 우리의 고향을 파괴했고, 우리는 집단학살, 강제 수용소, 종교적 박해, 그리고 상상할 수 있는 모든 인권 유린을 겪었다. 그럼에도 우리는 여전히 존재한다. 세상의 종말조차도 우리가 알던 어둠조차도 우리를 완전히 무너뜨릴 수 없었다. 그러므로 우리의 메시지가 강력한 이유는 그것이 단지 우리만을 위한 것이 아니라, 어둠 속에서도 빛을 갈망하는 모든 인간의 마음을 향한 것이기 때문이다.[7]

찰스턴은 자기 조상이 다른 사람들보다 우월하다고 주장하는 것이 아니라, 그들의 고통이 해체와 재조직화의 시기에 우리 인간 조건을 이해하는 창이 된다고 분명히 밝힌다. 그는 이렇게 말한다. "그들의 고통 속에서 [나의 조상들은] 모든 인류의 유한하고 취약한 조건을 구현했다." 그들은 그 시기의 고통이 엄청나다는 것과 세계의 종말에도 살아남을 수 있음을 보여주었다. 그러나 상상할 수 없는 사회적, 심리적 혼란이 없지

---

7) *Ladder to the Light* (Broadleaf, 2021). *We Survived the End of the World* (Broadleaf, 2023)도 보라.

않았다. 가슴이 찢어지는 비극과 상실이 없지 않았다. 그러나 살아남을 수 있다는 것을 보여주었다.

개울물이 흐르듯 나의 생각도 빠르게 흘러간다. 나는 왐파노아그(Wampanoag), 포와탄(Powhatan), 또는 타이노(Taino) 부족의 어머니가 매사추세츠, 버지니아, 히스파니올라라고 불리는 땅의 해변에 서서, 대포를 실은 배들이 도착하는 것을 보면서 아마도 느꼈을 감정의 아주 작은 단편을 느낀다. 배에는 무장한 남자들이 타고 있으며, 그들은 단 몇 년 만에 그녀의 조상들이 수백 세대 동안 쌓아온 모든 것을 파괴할 것이었다. 이것이 바로 라코타(Lakota) 혹은 샤이엔(Cheyenne) 부족의 아버지들이 대평원에서 수레 행렬을 이루며 지나가는 무장한 정착민들을 지켜보면서 느꼈을 감정이다. 그 정착민들은 수백만 마리의 들소를 사냥하고, 총알 한 발 한 발이 그들의 경제와 삶, 그리고 문명, 아이들의 미래를 앗아갈 것이었다.[8]

"우리는 예전에 여기에 있었다." 나는 나의 친구이자 동료인 오티스 모스 3세(Otis Moss III) 목사의 말을 떠올린다. 그는 우리에게 그의 흑인 조상들도 세계의 종말을 견뎌냈다고 상기시킨다. 나는 네덜란드나 영국의 노예선이 납치한 아들과 딸, 손자, 손녀를 싣고 떠나는 것을 바라보는 서아프리카 출신의 한 할머니가 어떤 기분이었을지 상상해 본다. 그들과

---

8) 1800년, 북아메리카에는 약 6000만 마리의 들소가 서식하고 있었으며, 플로리다에서 알래스카까지 퍼져 있었다. 그러나 1900년이 되자 들소는 멸종 직전에 이르렀고, 단 세 마리만 남았다. 셔먼 장군(General Sherman)은 들소의 완전한 말살을 주장했으며, 1870년대 초반 미국 내무부 장관은 다음과 같이 설명했다. "들소를 하나라도 죽이면, 인디언도 하나 사라진다." 즉, 들소를 멸종시키는 것은 원주민을 절멸시키기 위한 전술이었다. 더 많은 정보는 다음을 보라. J. Weston Phippen, "Kill Every Buffalo You Can! Every Buffalo Dead Is an Indian Gone," *The Atlantic* https://www.theatlantic.com/national/archive/2016/05/the-buffalo-killers/482349/, 그리고 오자크 밸리 바이슨 농장(Ozark Valley Bison Farm)의 관련 기사는 http://www.ozarkbisons.com/aboutbison.php.

함께 그녀의 모든 후손도 사라진다. 다시는 그들을 볼 수 없다. 그녀는 울고, 절규한다. 무릎을 꿇고 몸을 앞뒤로 흔든다. 그녀의 세계가 끝나고 있다. 그녀의 눈물은 전 세계 수천 명의 다른 어머니들과 아버지들의 눈물과 합쳐진다. 그들 모두 이런 혼란을 겪었으며, 그들의 세계가 끝나는 것을 오래전에 경험했던 사람들이다.9)

이제 나는 여기 개울 속에서 허리를 굽히고 손을 무릎에 대고 서 있다. 지난 500년 동안 우리 문명이 자연을 착취하고 보호하는 것을 외면해 온 세월이 눈물의 강물처럼 흘러간다. "교만이 타락의 앞잡이"이며, 개인과 집단이 뿌린 대로 거둔다는 성경 말씀이 조금이라도 진실이라면, 뉘우침 없는 문명의 붕괴는 피할 수 없는 운명일 것이다. 나의 기도는, 더 끔찍한 피해가 오기 전에, 인간과 동물, 식물들이 살아남아 다시 조직화하고 다시 시작할 수 있을 만큼 환경적 건강이 남아 있기를 바라는 것이다. 그래야 가장 나쁜 일이 벌어진 후에도 다시 태어날 수 있기 때문이다.

불과 몇 초, 어쩌면 20초, 어쩌면 60초가 지났을 뿐인데, 이런 생각과 감정들이 너무 빠르게 밀려와 말로 표현하기 어렵다. 나는 발아래 흐르는 호박색 물을 바라본다. 그리고 문득, 지금의 문명을 구하는 것에 더 이상 관심이 없다는 사실을 깨닫고 놀란다. 적어도 현재의 형태로서의 문명을 구하는 것에는 관심이 사라졌다. 나는 무언가 다른 것에 관심이 있다. 하지만 그것이 무엇인지 아직은 설명할 수 없다.

나는 고개를 들어 개울을 건너며, 문명의 붕괴를 경험했던 선조들, 즉 아버지, 어머니, 조부모들을 떠올린다. 그들은 이전에도 이런 상황을 겪었고, 생존했다. 그런 생존자들이 우리의 스승이 되어야 한다. 그들은 우리의 영감이 되어야 한다. 그들은 세상의 끝에서 살아남는 방법을 알고

---

9) Ottis Moss III, *Dancing in the Dark* (Simon & Schuster, 2023), 그리고 마이클-레이 매튜스와 함께 한 *Prophetic Resistance* 팟캐스트 인터뷰: https://faithinaction.org/podcast/episode-69-rev-dr-otis-moss-iii/.

있었다.

나는 둑을 올라 풀밭에 앉는다. 그리고 생각한다. 우리는 여기 처음 온 것이 아니다.

우리는 전에도 여기에 있었다. 우리는 처음이 아니다.

그렇다면 우리가 마지막이 될 것인가?

우리 개인의 생존이 핵심이 아니다. 지금 우리가 문명이라고 부르는 이 물질과 에너지의 구조도 핵심이 아니다. 중요한 것은 다음 세대가 다시 시작할 것이라는 점이다.

계곡을 바라보면서 나는 앞 장에서 언급했던 성경 구절이 떠오른다. "누구든지 자기 목숨을 구하고자 하는 사람은 잃을 것이요, 나를 위해서 자기 목숨을 잃는 사람은 찾을 것이다"(마태 16:25). "나를 위해서"라는 말은 예수를 또 하나의 전형적인 자기중심적인 선동가처럼 들리게 만들 수도 있다. 즉, 다른 사람들이 자신의 이기적인 목표를 위해 기꺼이 죽기를 바라는 사람처럼 보일 수도 있다. 하지만 그것은 우리가 아는 예수의 모습과는 일치하지 않는다. 내가 생각하기에 예수가 의미한 바는 다음과 같다. "당신은 이 문명, 이 시대, 이 경제의 일원으로서 삶을 살아간다. 당신의 삶은 그 안에서 의미를 가진다. 만약 당신이 그것이 삶의 유일한 의미라고 생각한다면, 당신은 그 삶에 집착할 것이다. 그리고 이 구조가 무너지면, 당신의 삶도 함께 무너질 것이다. 그러나 내가 어떻게 살아가는지를 보라. 나는 더 큰 의미의 틀, 즉 이 작은 문명보다 훨씬 더 거대한 이야기를 위해 내 삶을 쏟아붓고 있다. 이 문명은 곧 종말을 맞이할 것이다. 만약 당신이 나와 함께 이 문명이 그냥 지나가도록 놓아두고(letting go), 현실을 있는 그대로 놓아둔다(letting be)면, 당신의 삶이 애당초 어떤 의미를 가지고 있었다는 사실을 발견하게 될 것이다."

우리가 착취와 보존을 내려놓는다면 ⋯ 만약 우리가 다른 사람들을 위해, 미래 세대를 위해, 우리와 함께 살아가는 생명체들을 위해 놓아준다면 … 우리는 우리의 에너지를 우리가 알지 못하는 더 큰 무엇인가에 쏟을 수 있다. 그것이 무엇일지는 알 수 없다. 우리는 그저 꿈꿀 뿐이다.

친애하는 독자에게,

이 장의 서두에서 나는 **시간의 광대함**을 경험한 이야기를 나누었습니다. 당신도 비슷한 경험을 해본 적이 있나요?

그 광대한 시간 속에서 나는 우리가 이곳에 존재한 첫 번째 존재가 아니라는 사실을 깨닫습니다. 이 깨달음이 나에게 어떤 영향을 미칠까요? 당신에게도 도움이 될까요? 만약 그렇다면 어떻게 도움이 될까요?

적응 주기의 네 단계, 즉 착취, 보존, 해체, 재구성 단계를 검토하고, 이를 숲, 개인의 삶, 또는 우리 문명의 관점에서 설명해 보세요. 우리가 해체 단계에 있을 때, 보존으로 돌아가려는 시도를 멈추고, 대신 재구성에 초점을 맞추어야 한다는 생각에 대해 당신은 어떻게 반응하시나요?

우리의 네 가지 시나리오, 즉 붕괴 회피(Collapse Avoidance), 붕괴 후 재탄생(Collapse/Rebirth), 붕괴 후 생존(Collapse/Survival), 붕괴 후 멸종(Collapse/Extinction) 시나리오에서 재구성이 의미하는 바는 무엇일까요?

14장

안전한 착륙과 새로운 시작을 상상하기

억압자들은 자신들의 지위를 유지하고, 자신의 행동에 대한 책임을 회피한다. 이는 우리의 에너지를 계속 소모하게 만드는데, 우리가 이 에너지를 더 잘 사용하면 우리 자신을 재정의하고, 현재를 바꾸고 미래를 건설할 현실적 시나리오를 구성할 수 있을 것이다.

―페미니즘 작가 오드리 로드[1]

사람들에게 거대한 사회적 사업에 동참하도록 요청할 때, 우리는 그들에게 약속해야 한다. 그들이 노력 끝에 도달할 사회는 그들이 떠나온 사회보다 더 정의롭고 공정한 사회일 것이라고.

―기후비상대응팀(Climate Emergency Unit)[2]

월리다 임마리샤(Walidah Imarisha)는 "모든 조직화는 과학 소설이다"라고 했다. 나는 그 반대도 진실이라고 생각한다. 즉, 우리의 조직 해체, 우리의 고착화, 그리고 우리의 망가짐을 고칠 수 없는 것은 상상력의 실패 때문이며, 새로운 세계의 가능성을 믿지 못하는 데서 비롯된다. … 작가들은 탈출구를 상상한다. ―멜리사 플로러-빅슬러[3]

---

[1] Audre Lorde, *Sister Outsider: Essays and Speeches* (Penquin Classics, 2020).
[2] https://www.climateemergencyunit.ca/emergencymarkersframework.
[3] Melissa Florer-Bixler, "Science fiction writers imagine the way out," *The Christian Century*. https://www.christiancentury.org/article/voices/science-

나는 '시인'이라는 말을 가장 넓은 의미에서, 의미 있는 공간을 창조하는 창조자로 이해한다. 그런 시인의 가능성은 곧 가능성의 새로운 장을 창조하는 가능성 자체다. 새로운 시작을 위한 토대를 마련하는 가능성을 배제할 위치에 있는 사람은 아무도 없다.

―철학자이자 정신분석학자 조너선 리어(Jonathan Lear)

나는 한 번도 공개적으로 말한 적 없는 이야기를 하려고 한다.

2016년 도널드 트럼프가 대통령으로 선출된 다음 날, 나는 컴퓨터에 새로운 파일을 열고 소설을 쓰기 시작했다. 내가 왜 그랬는지는 몰랐다. 하지만 반드시 해야 한다는 것을 직감적으로 알았다. 제정신을 유지하기 위해서였다. 나의 상상력을 건설적 방향으로 활용하기 위해서였다. 내 상상이 절망의 소용돌이에 빨려 들어가지 않도록 하기 위해서였다.

내가 선택한 장르는 공상과학 소설(SF)이었다. 하지만 나는 또 하나의 세계 종말에 관한 소설을 쓰는 것이 아니었다.

대신, 나의 소설은 해체와 재조직화를 탐구했다. (이전 장에서 언급한 적응 주기를 떠올려 보라). 하나의 세계가 끝나는 동시에 또 다른 세계가 시작되는 이야기였다. 그것은 파국 이후의 삶에 대한 소설이었다. 이 소설은 점차 삼부작으로 확장되었고, 세 권의 책이 출판되면 이 책과도 좋은 짝을 이룰 것이라 생각한다.

세계 종말을 상상하는 소설과 영화, 즉 "혹성 탈출"(*Planet of the Apes*), "더 로드"(*The Road*), "돈 룩 업"(*Don't Look Up*) 같은 작품들은 중요하다. 이런 묵시문학적 작품들은 안일한 사람들을 깨운다. 그러나 일단

fiction-writers-imagine-new-way-out/.

사람들이 깨어난 후에는, 종말이 그들을 응시하는 순간마다—이를테면 아침에 이를 닦을 때마다—다른 종류의 상상을 해야 한다. 파국 이후의 삶을 상상해야 한다. 격변 후의 **안전한 착륙**(safe landings)을 상상해야 한다.

내가 처음 "안전한 착륙"이라는 표현을 접한 것은 세계기후연구계획(WCRP)을 통해서였다. WCRP는 유엔 및 기후변화에 관한 정부 간 패널(IPCC)과 협력하여 우리의 현재 기후 문제에 대한 과학적 연구를 수행한다.4) 그 프로젝트 중 하나는 "인간과 자연 시스템이 도달할 수 있는 '안전한 착륙지'로 가는 경로들"을 탐색하는 것이다. 여기서 중요한 점은 복수형이 사용되었다는 것이다. 그들은 "여러 **안전한 착륙지**들로 가기 위한 **여러 경로**를 찾고 있다." 즉, 단 하나의 완벽한 길, 마법 같은 해결책, 단 하나의 은색 총알(one silver bullet)을 찾는 것이 아니다.

나의 지혜로운 친구이자 유쾌한 동료인 캐머런 트림블(Cameron Trimble)은 기업가이자 목사, 컨설턴트, 그리고 열정적 조종사다. 그녀는 정곡을 찌르는 말을 했다. 그것은 곧 여러 가지 길을 알고 있다면 언제든 원하는 길을 찾을 수 있다는 것이다. 그녀는 이렇게 설명한다.

> 오늘날 우리의 세계는 소용돌이치는 난기류 속에 휘둘리는 것과 다름 없다. … 우리는 경제 붕괴, 기후 붕괴, 인종 갈등, 정치 붕괴, 기술 대결, 그리고 종교적 실망을 경험해 왔다. 우리는 현대적 삶을 정의해 온 많은 것들이 무너지고 새롭게 열리는 시기를 살고 있다.5)

그녀는 비행 교관이 난기류에서 비행하는 법에 대해 해준 말을 회상

---

4) https://www.wcrp-climate.org/safe-landing-climates.
5) Cameron Trimble, "In Times of Turbulence, Fly Loose, " "행동과 관상 센터"가 발행하는 *Oneing* (Spring 2023), p. 35.

한다. "앞으로 난기류를 만나게 될 것이고, 그 과정에서 당신의 비행기에 대해 배우게 될 겁니다. … 만약 조종간을 너무 꽉 쥐면, 기체의 공기역학적 성능이 감소합니다. 당신이 그렇게 조종하면 오히려 비행이 덜 안전하고, 덜 안정적이며, 덜 균형 잡히게 됩니다. 그러니 기억하세요. 상황이 거칠어질 때는, 느슨하게 날아야 합니다." 하나의 해결책에 집착하며 통제감을 되찾으려 하기보다, 우리는 상상력을 풀어놓아야 한다. 그래야 난기류를 헤쳐나갈 여러 가지 방법을 상상할 수 있고, 다양한 안전한 착륙 경로를 그릴 수 있다.6)

캐머런의 이 말은 내가 이 책을 네 가지 시나리오, 즉 붕괴 회피, 붕괴 후 재탄생, 붕괴 후 생존, 붕괴 후 멸종 시나리오를 중심으로 구성한 이유 중 하나를 설명해 준다.

첫째, 나는 우리가 단 하나의 선택지, 즉 현재의 생각들과 권력 구조를 그대로 유지하며 기존 질서를 조금 더 오래 지속하려는 선택지만을 상상하지 않기를 원했다. 그뿐 아니라, 나는 우리가 단 두 가지 선택지, 즉 유토피아와 디스토피아만을 상상하는 것을 넘어서길 원했다. 나는 우리가 세 가지 선택지, 즉 좋은 선택, 나쁜 선택, 그 중간의 선택을 상상하는 것조차 넘어설 수 있기를 원했다.

이 책에서 탐구한 네 가지 시나리오는 마치 지평선 위에 놓인 네 개의 이정표처럼 구성되었다. 그것들은 우리가 발밑에서 시선을 들어 더 넓은 미래를 바라보도록 하는 구성물이다. 하나, 둘, 혹은 세 개의 가능한 미래를 넘어 네 개의 시나리오를 설정한 것은 나의 선택이며, 그런 점에서 이것은 인위적인 것이다. 그러나 이는 지나친 단순화를 거부할 만큼 충분히 복잡하며, 무엇이 관건인지를 볼 수 있도록(나는 그렇게 되길 바

---

6) Cameron Trimble, "In Times of Turbulence, Fly Loose, " *Oneing* (Spring 2023), p. 35. pps. 32, 35-36, 37. 성직자들을 위한 그녀의 저서 *Piloting Church* (CBP Press, 2019)도 보라.

란다) 충분히 간단하다. 그 네 가지 시나리오 사이에는 무한한 단계가 존재하며, 그것들 너머에는 많은 서로 다른 미래가 펼쳐질 수 있다는 것을 우리 모두 알고 있다.

네 개의 이정표는 네 가지 가능한 착륙 지점을 나타내며, 그 어느 것도 안전하지 않지만, 일부는 다른 것보다 더 안전하다.

1장에서, 나는 ≪모든 것을 바꿔야 한다≫(Everything Must Change)를 쓸 때 처음으로 생태적 붕괴와 문명 붕괴의 가능성을 보았다고 설명했다. 나의 첫 반응은 활동을 더욱 강화하는 것이었다. 즉, 우리가 할 수 있는 모든 일을 동원하여 우리 삶과 사회를 붕괴에서 지속 가능성으로 전환할 수 있도록, 우리의 상황을 가능한 한 많은 사람에게 알리는 것이었다. 지난 몇 년 동안 나는 사람들이 지혜, 정의, 연민, 품격, 정직, 그리고 상호 존중을 추구하도록 촉구해 왔다. 이러한 가치들이 확산되고 충분히 많은 부분에서 문명을 변화시켜 우리가 벼랑 끝으로 떨어지지 않도록 하기 위해서였다. 나의 첫 반응은 이성적이고 일반적인 것이었다고 생각한다. 그것은 1번 시나리오의 난기류를 통과하여 안전한 착륙으로 가는 길이었다. 즉, 문명이 근본적으로 재설계되어 붕괴를 피할 수 있는 길이었다.

하지만 만약 "붕괴 회피" 시나리오를 실행할 수 없게 된다면 어쩔 것인가? 패배와 절망 속에서 웅크리고만 있어야 하는가? 우리가 여러 곳의 안전한 착륙 지점으로 가는 여러 경로를 이해한다면, 상상력을 새로운 길로 전환할 수 있다. 즉, 더 나은 삶의 방식을 위한 씨앗을 현재 체제의 퇴비 속에 뿌리는 것이다. 우리는 붕괴를 막으려는 시도에서 벗어나 이성, 회복력, 도덕성이 살아 있는 생명의 뗏목과 방주를 건설하는 방향으로 우리의 창의적 에너지를 전환할 수 있다. 그러면 우리는 격동의 시기를 견뎌내며 인간적인 가치를 공유하고 창조적인 비전을 가진 사람들과 함께 살아갈 수 있다. 우리가 살아남는다면, 새로운 삶의 방식을 낳는 조력자가 될 수 있다. 즉, 생태적 공동체가 싹트는 과정에서 인간이 살아갈 수 있는 다양한 방식을 실험하는 개척자가 될 수 있다. 그렇게 해서 우리는 지구팀(Team Earth)의 일부로 남을 수 있으며, 단순히 과거처럼 한계 초과를 반복하는 진부한 각본을 쓰는 것에서 벗어날 수 있을 것이다.

하지만 "붕괴 후 재탄생" 시나리오마저 불가능해진다면 어쩔 것인가? 그렇다면 우리는 창의적인 에너지를 다른 세계에서 살아남는 다양한 방식으로 전환해야 한다. 즉, 탈산업적, 탈민주적, 탈자본주의적, 탈기술적 세계로 변화한 다른 세계를 위해 우리의 에너지를 집중하는 것이다. 그 세계는 지금 우리가 사는 세상보다 오히려 우리의 먼 조상들의 세계와 더 많은 공통점을 가질지 모른다. 그렇다면 우리 조상들의 본보기를 통해 그들에게 영감을 받아서 우리는 앞으로 나아갈 여러 길을 찾거나 만들 수 있으며, 우리가 선택하지 않은 상황에서도 선택할 수 있는 길이 있음을 알 수 있다.

하지만 인간의 무지, 오만, 그리고 어리석음이 심지어 "붕괴 후 생존" 시나리오조차 실현할 수 없을 정도라면 어쩔 것인가? 그렇다면 우리는 우리의 이야기를 어떻게 끝낼 것인지 선택해야 한다. 우리가 인간 종의 마지막 날을 살아가게 된다면, 현재 우리의 상황을 만든 그 이기적이고 약탈적인 폭력적인 인간성을 반복할 것인가? 우리가 마지막 장에서, 마지막 남은 통조림 캔이나 마지막 남은 플라스틱 통에 든 냉동 영양식을 움켜쥐고 있는 만화 속의 골룸(Gollum, ≪반지의 제왕≫에 등장하는 괴물) 같은 모습처럼, 총을 쏘아대며 최후를 맞이할 것인가? 아니면 너그러움, 친절함, 그리고 인간적인 장엄함의 아름다운 모습을 보이며 떠나기를 원하는가? 우리의 깊은 이상을 구현하고, 서로의 손을 맞잡고, 나무, 새, 물고기, 도롱뇽, 그리고 이끼들을 기뻐함으로써 인류세(Anthropocene)의 동반 자살 사건(murder-suicide event)에서 살아남을 기회를 찾을 것인가?7)

우리에게 충분한 길들이 있다면 언제나 원하는 길을 택할 수 있다. 그렇기 때문에 여러 불쾌한 시나리오에서도 좋은 삶의 방식을 상상하는 것이 말이 된다.

나는 이처럼 바람직하지 않은 시나리오들을 상상하는 것이 유쾌하지 않다는 것을 안다. 하지만 오랫동안 직원들이 여러 사람 있는 교회의 목사로 일하면서 배운 것은, 그렇게 상상하는 것이 해볼 가치가 있다는 점이다. 내가 목회하던 동안, 새로운 직원을 채용할 때마다 나는 그 새 직원과 함께 이상주의에 휩싸였다. 나는 "이 사람은 내가 지금까지 채용한 최고의 직원이 될 거야! 이전 직원이 남긴 모든 문제를 해결해 줄 거야!"라고 생각했다. 동시에 그 신입 직원은 "이곳은 내가 일한 곳 중 최고야, 이 교회는 내가 다닌 교회 중 최고야, 그리고 이 목사는 내가 함께 한 지도자 중 최고야! 이전 직장에서 함께 한 그 나르시시스트 목사의 단점은 전혀 없을 거야!"라고 생각했다. 이처럼 서로 높은 기대를 품으면 성공할 거라고 생각하지만, 실은 반대였다. 우리의 높은 기대치는 실망과 원망으로 변할 준비가 되어 있었던 것이다. 그래서 수많은 불행한 결말을 겪은 후, 나는 접근 방식을 바꾸기로 했다. (나의 전직 직원들에게 사과드립니다! 좀 더 빨리 배웠어야 했어요.)

내가 좀 더 겸손했다면, 신입 직원과 만나 다음과 같이 말했을 것이다. "자, 계약서에 서명하고 공식적으로 시작하기 전에, 이 관계가 어떻게 끝날지를 상상해 봅시다. 당신은 여기서 은퇴할 때까지 일할 수도 있고,

---

7) 랜디와 에디스 우들리는 "인류세"(Anthropocene)라는 용어에 대해 다른 대안을 제시한다. "많은 과학자가 우리는 인류세에 살고 있다고 말한다. … 하지만 기후변화의 책임을 모든 인간에게 돌려서는 안 된다. 모든 인간이 자연을 부정적인 방식으로 영향을 준 것은 아니기 때문이다. 그것은 마치 반에서 두 명의 아이가 말썽을 피웠다고 해서 반 전체에게 벌을 주는 것과 마찬가지다. 유럽 중심적 사고방식에 의해 지배되는 지질 시대를 우리는 '유럽인 시대'라고 부르기로 선택한 것입니다." *Journey to Eloheh*, Broadleaf, 2024.

우리가 당신을 위한 송별 파티를 열 수도 있습니다. 또는 갑자기 직장에서 사망하여 우리가 당신의 장례식을 치를 수도 있습니다." 이상하게도, 이런 말에 신입 직원들은 종종 웃음을 터뜨릴 것이다. "하지만 더 현실적인 상황은, 시간이 지나면서 당신이 이 교회 공동체에서 점점 덜 행복해지거나, 혹은 나나 나의 후임자가 당신의 업무 성과에 점점 덜 만족하게 되는 경우일 겁니다. 결국, 고용 관계가 끝날 때쯤이면 우리 둘 중 적어도 한 사람에게는 꽤 힘든 시간이 될 겁니다."

신입 직원들은 보통 이 말을 듣고 다소 놀란 표정을 지을 것이다. 그러면 나는 이렇게 물었을 것이다. "그처럼 어려운 상황이 벌어진다면 우리가 어떻게 처리할지에 대해 이야기해 봅시다. 분명한 사실은, 언젠가 나는 당신을 실망시킬 것이고, 당신도 나를 실망시킬 것이기 때문입니다. 처음부터 우리는 피할 수 없는 문제들을 어떻게 해결할지 고민해야 합니다. 그리고 우리의 협력 관계가 끝나는 방식에 대해서도 이야기해 봅시다. 우리는 처음부터 좋은 마무리를 위해 준비할 수 있습니다. 이해하시겠지요?"[8]

아이러니한 점은, 고통스러운 상황을 대비하면 대비할수록, 실제로 그런 일이 발생했을 때 덜 고통스럽다는 것이었다.

당신과 나는 이 장에서 우리가 절대 원하지 않는, 선택할 수도 없는 극도로 불쾌하고 고통스러운 상황들을 상상해 보았다. 이는 환경적 한계 초과와 문명 붕괴의 교차점에서 발생하는 극심한 혼란의 상황이었다.

녹아내리는 극지방 빙하로 인한 기후변화, 해수면 상승, 해안 침수. 급격한 기후변화로 인한 멸종, 흉작, 광범위한 경제적 충격.

---

8) 처음부터 마지막을 생각하라는 것은 Stephen R. Covey, *The 7 Habits of Highly Effective People* (Free Press, 1989): 김경섭 옮김, ≪성공하는 사람들의 7가지 습관≫ (김영사, 2023)을 통해서였다.

홍수, 산불, 극단적인 날씨로 인한 대규모 이주.
백인우월주의자들의 이민자와 소수 민족에 대한 공격.
권력을 추구하는 선동가들이 퍼뜨리는 음모론적 거짓말과 어리석음.
주식시장 변동, 은행 예금 인출 사태, 신용 및 은행 파산, 통화 붕괴.
정치 지도자들의 연쇄적 실패로 인해 공공 기관이 도미노처럼 무너짐.
대중 매체가 대규모 속임수를 퍼뜨려 대중의 망상과 집단 광기 유발.
공포와 분노를 이용하는 권위주의 정권이 등장하여 결국 민주주의를 대체하거나 약화시킴.
식량 부족, 물 부족, 공급망 붕괴.
보건 및 의료 시스템의 쇠퇴와 폭력 증가.
기상이변이나 테러로 인한 전력망 및 인터넷 붕괴.

이런 상상이 예상했던 것보다 쉬웠다는 점은 불행한 일이다. 우리는 이미 이러한 혼란의 징후가 진행 중임을 목격하고 있기 때문이다. 이 문제가 테이블 위에 놓여 있어 일종의 안도감을 느낄 수도 있겠지만, 그럼에도 불구하고 이 과정이 감정적으로 힘들었다는 것을 알고 있다. 솔직히, 여기서 멈춘다면 우리가 더 나아질 수 있을지 모르겠다. 원치 않는 시나리오를 상상하는 것은 우리를 상당히 두려운 장소로 이끌 수 있다. 그러나 그것은 상상력의 도전 과제의 절반에 불과하다. 이제 우리는 보다 창의적인 부분을 다룰 차례다. 즉, 이 거친 시기를 항해할 방법을 상상하는 것이다. 이제는 반대편에서 안전하게 착륙하는 방법을 상상할 때다.

존 마이클 그리어(John Michael Greer)는 문명의 붕괴에 관한 주요 사상가 중 한 사람으로, 문명의 붕괴가 급격하고 극적인 경우도 있지만, 그렇지 않은 경우도 많다는 점을 우리에게 상기시켜준다. 많은 붕괴는 점진적이고 계단식으로 진행된다. 문명이 복잡성과 "진보"의 정점에 도달했을 때, 대부분의 사람은 그것이 정점이라는 사실을 깨닫지 못한다. 그들은 자신이 직면한 문제를 항상 있었던 문제라고 여기며, 누군가가 그것을 해결해 줄 거라고 생각한다.

하지만 점차 문명의 복잡성을 유지하기에는 점차 너무 비용이 많이 들거나 불가능해지면서, 그 문명은 문제를 해결하지 못한다. 한 단계 아래로 내려가며, 퇴보하게 된다. 삶의 질이 조금씩 낮아지고, 그러다 일정 기간 그 수준에서 안정되다가 새로운 혼란이 발생하면 다시 한 단계 더 하락한다. 로마제국이 쇠퇴한 지 두세 세대가 지난 후까지도 사람들은 그것이 쇠퇴하고 있다는 사실조차 깨닫지 못했을 수도 있다. "제국은 괜찮아!"라며, "저 빌어먹을 훈족과 서고트족이 계속 침입하는 거야!" 혹은 "우리가 단지 나쁜 황제들을 몇 명 거쳤을 뿐이야!", "전보다 좋은 군인을 구하기 어려워졌어!"라고 말했을 수도 있다.

진보가 세대를 걸쳐 정상화될 수 있듯이, 쇠퇴도 정상화될 수 있다. 사람들은 점차 패배와 실패, 좌절, 그리고 기타 굴욕적인 일들에 대한 기대치를 낮춘다. 결국 치명적인 타격이 가해지고, 문명은 회복할 수 없을 정도로 약해진다. 로마제국의 경우, 첫 번째 치명적인 타격은 410년 서고트족의 알라릭(Alaric)이 군대를 이끌고 로마를 약탈했을 때였다. 그 후, 476년 오도아케르(Odoacer)가 로마에서 반란을 일으켜 황제를 폐위시키고, 원로원은 목숨을 부지하기 위해 도망쳤고, 그렇게 이야기는 끝났다.

알라릭의 침략 당시, 기독교 지도자 중 한 명이었던 히에로니무스(Jerome)는 충격을 받았다. 그는 "나는 희망과 절망 사이에서 흔들리고 있었다. … 로마제국이 참수당했을 때 … 전 세계가 단 한 도시에서 사라졌다. … 로마가 멸망할 수 있다면, 과연 무엇이 안전할 수 있겠는가?"라고 썼다. 반면, 또 다른 기독교 지도자인 아우구스티누스(Augustine)는 신자들에게 설교하며 "형제들이여, 낙심하지 마십시오. 이 땅의 모든 왕국은 결국 끝이 날 것입니다"라고 말했다.

과거를 연구하는 것은 쇠퇴의 시기를 넘어서는 삶의 방식을 상상하는 데 도움을 줄 수 있다. 예를 들어, 로마제국이 서서히 붕괴되는 동안, 그리고 그 이후에도, 수도원 공동체들이 북아프리카의 사막에서부터 아일랜드의 푸른 언덕까지 생겨났다. 그들은 도서관이 불타고 있던 시대에 배움의 섬(islands of learning)을 만들었고, 폭력이 난무하던 시대에 비폭력의 섬을 만들었다. 수도원 공동체의 여성들은 능력과 존엄성을 유지할 수 있는 환경을 조성하여, 세상 밖에는 조야한 가부장 문화가 지배하고 있었음에도 불구하고 스스로 이끌고 살아갈 수 있는 공간을 만들어냈다. 그것이 혼란의 시대를 헤쳐나가는 방법이다.

우리가 수도사들에게서 배울 수 있는 것처럼, 식민지화되고 노예화된 사람들에게서도 배울 수 있다. 그들은 수세기에 걸친 잔혹한 억압을 어떻게 견뎠을까? 그들은 영적 공동체로 후퇴할 수도 없었다. 우리는 한밤중에 몰래 모였던 '브러시 아버'(brush arbor)나 '허쉬 하버'(hush harbor) 현상에서 배울 수 있다. 노예들은 이런 비밀 모임에서 자유롭게 말하고 (비록 조용하게라도), 노래하고, 신음하고, 기도했다. 내 친구이자 동료인 바바라 홈스(Barbara Holmes)는 그들이 행했던 것을 "위기의 관상"(crisis contemplation)이라고 부른다.9) 그것이 더욱 증폭되는 혼란을 헤쳐나가는 또 하나의 방법이다.

우리는 또한 불안정한 시기에 공동체 정신을 강화하는 방법을 배울 수 있다. 이것은 제도화되지 않은 대규모 모임의 역사에서 찾을 수 있다. 중세 시대의 즉흥적인 춤과 환희의 폭발적인 행사부터 오늘날의 버닝 맨(Burning Man), 그린벨트(Greenbelt), 와일드 구스 페스티벌(Wild Goose

---

9) Barbara Holmes, *Crisis Contemplation* (CAC, 2021). 그녀는 *Joy Unspeakable* (Fortrss, 2017)에서 미국의 흑인 교회 전통이 어떻게 토착민들의 지혜를 유지한 또 다른 공동체였는지를 설명한다. 이것은 이 책 8장과 9장을 상기시켜준다.

Festival) 같은 축제까지 다양하다.10) 이러한 역사적인 방식에 더해, 우리는 소셜 미디어와 인터넷을 활용하는 방식(우리가 항상 그것을 가질 수 있는 것은 아니지만), 즉 이제 막 시작된 방식이지만 아직 상상조차 되지 않은 방식들을 추가할 수도 있다.

앞으로 우리가 상상력을 발휘해 나가면서 적어도 세 가지 겹치는 단계가 있을 것이라고 생각한다. 첫째, 우리의 시스템이 정점의 복잡성을 지나 단계적으로 하락할 때, 우리는 쇠퇴에 저항하는 방법, 고장 난 시스템을 고치는 방법, 잃어버린 기반을 회복하는 방법을 상상하게 될 것이다. 이것은 중요한 작업이다. 둘째, 시스템이 돌이킬 수 없을 정도로 붕괴하면, 사람들은 상실과 슬픔을 극복하는 방법, 서로를 지원하기 위해 자발적으로 조직하는 방법, 빈자리를 채우고 자원을 공유하는 방법을 상상하게 될 것이다. 셋째, 기존의 상태로 돌아가는 것이 불가능하다는 것이 명확해질 때, 점점 더 많은 사람이 새로운 무언가를 상상하게 될 것이다. 그것은 단순히 망가진 시스템을 고치는 것이 아니라, 혼란한 시대를 살아남아 완전히 새로운 세상을 창조하는 것이다.11)

만약 당신이 시간 여행을 통해 중세 유럽, 이를테면 1325년으로 이동하게 된다면 어떤 일이 벌어질까 상상해 보라. 사람들이 당신을 보고 묻는다. "당신은 어디에서 왔습니까? 거기는 어떤 곳인가요?" 그때 당신이 이렇게 말한다고 상상해 보라. "내가 온 곳에서는 사람들이 병원에 가서 질병을 치료받을 수 있어요. 심장이식이나 신장이식도 가능합니다. 내가 온 곳에서는 사람들이 거대한 날개 달린 마차를 타고 바다를 건너고,

---

10) Barbara Ehrenreich, *Dancing in the Streets: A History of Collective Joy* (Holt, 2007).
11) Cameron Trimble도 비슷하게 말했다. "우리는 '망가진 시스템을 고치려 하는 것이 아니라 완전히 새로운 세상을 소환하는 것이다." "In Times of Turbulence, Fly Loose," *Oneing* (Spring 2023).

말이나 소가 필요 없는 마차를 이용해 매와 사슴보다 빠르게 이동해요. 내가 온 곳에서는 손가락을 움직이거나 말을 하면 집 안의 불이 켜지고, 촛불이나 불꽃 없이도 밤을 밝힐 수 있어요. 장작불이나 연기 없이도 요리도 할 수 있지요. 내가 온 곳에서는 왕이나 여왕이 없어요. 사람들은 스스로 지도자를 선택하고, 여성들도 남성과 동등한 권리를 가집니다. 모든 아이가 최소한 12년 동안 학교에 다닐 수 있고, 모두가 읽고 쓸 수 있어요. 내가 온 곳에서는 작은 상자를 주머니에 넣고 다니면서 수백만 곡의 음악을 듣고, 수백만 페이지의 글을 읽을 수 있어요. 그 작은 상자를 이용하면 지구 반대편에 있는 사람과도 같은 방에 있는 것처럼 대화할 수 있죠. 내가 온 곳에서는 사람들이 달까지 여행하고 다시 돌아올 수도 있어요."

사람들은 당신의 말을 마치 환상처럼 들을 것이다. 당신을 비웃거나 미친 사람 취급할 수도 있다. 어떤 사람들은 당신이 마녀나 마법사처럼 들린다고 생각해서 장작을 모으기 시작할지도 모른다.

하지만 만약 몇몇 사람들이 흥미를 느끼고 당신을 몰래 만나러 온다고 상상해 보자. 그들은 당신에게 "어디에서 왔습니까?"라고 묻는다. 당신은 대답한다. "바로 여기에서요. 다만, 미래에서 왔을 뿐이죠." 그들이 다시 묻는다. "그런 미래가 가능해지려면 무엇이 필요합니까? 천사나 기적, 마법이 있어야 가능한가요?" 당신은 이렇게 대답할 것이다. "당신들의 정치 체제가 무너져야 합니다. 많은 전쟁과 끔찍한 유혈 사태가 있을 겁니다. 결국 왕이나 여왕, 영주나 농노, 귀족이라는 개념 자체가 사라질 겁니다." 그들의 충격을 상상해 보라.

당신은 계속 이어간다. "교회는 지금처럼 막대한 권력과 부를 가지지 않을 것입니다. 사실, 한 교회와 하나의 위계질서가 있는 것이 아니라, 교황과 추기경의 권위를 인정하지 않는 수천 개의 교회가 생길 겁니다.

많은 사람이 교회에 가지도 않을 거며, 어떤 지역에서는 서로 다른 종교를 가진 사람들이 평화롭게 함께 살아갈 겁니다. 하지만, 그곳에 도달하기까지는 수많은 전쟁과 끔찍한 유혈 사태가 있을 겁니다."

대화가 계속될수록, 그리고 당신이 더 많이 말할수록 그들은 점점 더 불안해진다. 처음에는 마법 같고 매력적이며, 너무 좋아서 믿기 어려웠던 이야기가 점점 낯설고 두렵고, 생각조차 하기 힘든 끔찍한 이야기처럼 들리기 시작한다. 그들은 자신들의 세계와 너무나 다른 세계에서 행복할 수 있다는 것을 상상하지 못한다. 그들은 이렇게 말한다. "당신의 세계는 우리의 세계가 아닙니다. 우리는 지금 있는 그대로의 것들에 만족합니다. 그런 이야기는 다시는 하지 마세요."

이제 700년 후의 미래에서 누군가 우리에게 온다고 상상해 보라. 수많은 전쟁과 엄청난 유혈 사태, 그리고 상실을 겪고 난 후의 세계에서 말이다. 그들이 우리에게 돈이 없는 세계에 대해 말한다고 상상해 보라. 혹은 전쟁이 없는 세계, 국가가 없는 세계, 인종차별이 없는 세계, 가난이 없는 세계, 총과 폭탄이 없는 세계, 화석연료와 생태적 한계 초과가 없는 세계에 관해 말이다. 우리는 어떻게 반응할까? 우리는 그런 세계를 상상조차 할 수 있을까?

만약 그들이 그런 세계에 도달하려면 기존 세계의 붕괴가 필요하다고 말한다면, 우리는 어떻게 대답할 것인가? "아니요, 붕괴는 사양할래요. 내가 관심 있는 유일한 길은 모든 것을 지금 그대로 유지하면서 약간 더 나아지게 만드는 겁니다."

한 세계의 끝과 또 다른 세계의 시작에서 살아간다는 것은 끔찍한 일일 수 있다. 만약 당신이 핸들을 너무 꽉 쥐고, 받아들일 수 있는 미래가 오직 하나뿐이라고 고집한다면, 공포에 빠질 것이다. 그러나 상상력이 있다면, 새로운 저항 방식과 적응 방식, 그리고 새롭게 태어날 세계를 상상할 수 있다. 안전한 착륙을 상상할 수도 있다.

나는 상상력이 풍부한 사람들에게서 공통적인 점을 발견했다. 현재 시스템을 어떻게 수리하거나 개선할지 상상하는 사람들, 시스템이 붕괴할 때 어떻게 적응할지 상상하는 사람들, 그리고 완전히 새로운 세계를 상상하는 사람들은 종종 서로에게 좌절감을 느낀다. 각 그룹은 자기들의 일이 너무나도 시급하고 중요한 나머지, 다른 사람들이 모든 것을 내려놓고 자신들과 함께해야 한다고 느낀다. 그들은 왜 다른 사람들이 돕지 않는지 궁금해한다. 그들의 실망과 불안은 이해할 만하다.

그러나 우리는 세 영역, 즉 수리, 적응, 그리고 상상의 영역에서 신선한 상상력을 발휘하는 훌륭한 사람들이 필요하다. 조금이라도 안전한 착륙이 가능하다면, 그것은 이 세 그룹이 서로 존중하며, 수십억 가지의 창조적인 일을 수십억 개의 다양한 장소에서 일하면서 서로 협력할 때에만 가능할 것이다.

우리가 지나가도록 내려놓은 것(내려가는 길)에서, 그대로 존재하는 것(통찰의 자리)으로, 그리고 들어오게 하는 것(회복의 자리)으로 이동할 때, 앞으로의 세상이 더 정의롭고, 더 평화롭고, 더 인간적인 세상이 될 것이라고 보장할 수 없다. 심지어 우리가 살아남을 것이라는 보장조차 없다.

그러나 우리는 정의, 평화, 그리고 함께 아파하는 연민을 위해 일할 것을 다짐할 수 있다. 우리가 이 세상의 어디에 있든, 우리가 살아 있는 한 말이다. 우리의 헌신을 실천하는 첫 번째 행동은 그러한 세상을 상상하는 것이며, 더 나아가 그러한 세상을 여러 개 상상하고, 그곳에 도달할 수 있는 다양한 길을 상상하는 일에 헌신하는 것이다.

친애하는 독자에게

당신의 저널에 기록하거나 독서 모임에서 함께 이야기하며, 이 장에서 발췌한 네 문장을 깊이 생각하고 답변해 보길 권합니다:

"충분한 길이 있다면 언제나 원하는 길을 찾을 수 있다."

"고통스러운 상황에 더 많이 대비할수록, 실제로 그 일이 닥쳤을 때 덜 고통스럽다."

"우리는 쇠퇴를 막을 방법, 망가진 시스템을 고칠 방법, 비록 일시적일지라도 잃어버린 것을 회복할 방법을 상상할 것이다. … 우리는 상실과 슬픔을 견디는 방법, 서로를 돕기 위해 자발적으로 조직하는 방법, 부족한 부분을 채우고 자원을 나누는 방법을 상상할 것이다. … 우리는 새로운 세상을 상상할 것이다."

"우리의 헌신을 실천하는 첫 번째 행동은 그러한 세상을 상상하는 것이며, 더 나아가 그러한 세상을 여러 개 상상하고, 그곳에 도달할 수 있는 다양한 길을 상상하는 일에 헌신하는 것이다."

15장

두세 사람이면 시작할 수 있다

우리는 모두 서로를 집으로 데려다주고 있을 뿐이다.

—람 다스(Ram Dass)

우리의 시인들과 철학자들이 수세기 동안 우리에게 말하려 했던 비밀은, 우리의 그리움이 소속감으로 가는 가장 위대한 문이라는 것이다. … 우리가 슬픔을 조금 더 존중할 수 있다면, 아마 그것을 알 수 있을 것이다. … 모든 것 중에서도 슬픔은 우리가 절실히 부족한 "영혼들 간의 연대"를 만들어낼 힘이 있다.

—수전 케인, *Bittersweet: How Sorrow and Longing Make Us Whole*

어떤 경우든, 권력과 결합된 무지는 정의의 가장 사나운 적이다.

—제임스 볼드윈(James Baldwin)

나는 한적한 지역의 작은 공항으로 가는 소형 통근 비행기에서 창가 자리에 막 자리를 잡았다.

이십 대 초반으로 보이는 젊은 남성이 다가오더니 내 옆자리에 털썩 앉았다. 그는 긴장한 듯 짧게 눈인사를 하고 나서 안전벨트를 채우는 것을 도와달라고 부탁했다. 그리고 떨리는 목소리로 말했다. "선생님, 혹시 긴장되시나요?" 나는 그가 장애가 있는 사람이라는 것을 직감했고, 혹시 첫 비행인지 물었다. 그는 고개를 끄덕이며 말했다. "저는 항상 버스를 타요. 비행기라는 게 정말 무섭거든요, 특히 이런 작은 비행기는요." 그의 솔직함과 취약함이 너무 감동적이었고, 나에게 의지하려는 모습이 마음에 닿았다. 나는 미소를 지으며 말했다. "옆자리 잘 잡았어요. 나는 비행기를 자주 타니까, 어떻게 될지 알려줄게요."

나는 그가 앞으로 어떤 경험을 하게 될지를 머릿속으로 그려보며, 무엇이 그를 두렵게 할지를 예상하려 했다. 그래서 나는 이륙 전에 기체의 움직임과 느낌이 어떨지 설명하기 시작했다. 이륙해서 바퀴가 접히면 약간 흔들릴 거라고 그에게 준비시키고, 예상되는 난기류에 대해 이야기하며 재미있게 들리도록 말하려 했다. 승무원이 그에게 음료와 간식을 제공할 것이며, 그의 선택을 물어볼 거라고 설명했다. 그리고 착륙이 어떨 것인지 미리 그려주며, 그것이 내가 가장 좋아하는 부분이라고 말했다.

이륙하는 동안 그는 내 팔뚝을 잡았고, 바퀴가 접힌 다음에 손을 뗐다. 비행하는 내내 그는 다음에 무엇이 일어날지를 확인했다. 도착지에 착륙하여 비행기가 터미널로 이동할 때 그는 미소를 지으며 말했다. "그렇게 나쁘진 않았어요. 다시는 버스를 타지 않을 거예요!" 우리는 계단을 내려와 활주로에 발을 디딜 때 하이파이브를 했다. 그는 "절대 잊지 않을 거예요, 선생님"이라고 말했고, 나도 같은 말을 했다. 그리고 그 약속은 지켜졌다.

나는 그의 이름을 잊었지만, 그의 얼굴, 목소리, 미소는 잊지 않았다. 최근 몇 달 동안 종종 그가 떠올랐다. 평소라면 나는 여행 중에 책(독서나 글쓰기)에 몰입하며, 이어폰을 낀 채 지낸다. 하지만 그는 나를 그런 고립에서 끌어냈다. 그의 거리낌 없는 솔직함, 두려움을 숨기지 않는 태도는 나를 서로 연결하도록 초대했고, 그 연결을 통해 우리는 위로와 힘을 나눌 수 있었다. 투명함, 슬픔, 알지 못함, 불안, 두려움 … 우리가 강함이 아닌 취약함 속에서 서로를 마주할 때 무언가가 일어난다.

우리가 두려움에 대해 취약해지고, 고통이나 슬픔을 솔직하게 이야기하며, 도움을 필요로 한다는 사실을 드러낼 때 … 우리는 서로를 비추는 거울 같은 존재가 된다. 우리는 이런 특성들이 전염성이 있다고 말할 수 있다. 격려와 상호 관심 또한 전염성이 있으며, 그것이 위험한 시대에 중요한 이유다. 어떤 사람이 자신의 친절, 통찰력, 미덕, 감정적 건강을 나누면, 그들의 본보기가 또 다른 사람, 그리고 또 다른 사람을 초대하여 같은 행동을 하게 만든다. 이렇게 작은 자발적 공동체는 개별적인 기여의 합보다 더 깊은 통찰, 미덕, 또는 웰빙을 경험할 수 있다. 각 공동체는 집단 지성, 집단적 미덕, 그리고 사회학자들이 말하는 집단적 생기 또는 집단적 기쁨의 혜택을 누릴 수 있다.

불행히도, 집단적 어리석음(collective stupidity)도 존재한다. 사람들이 밑바닥을 향해 경쟁하듯 몰려가고, 서로의 원한, 편견, 복수를 거울처럼 반영할 때 그런 게 발생한다. 우리는 이를 광란의 먹이사슬에서, 희생양 만들기, 경쟁, 인종차별, 분노한 군중 속에서 목격할 수 있다.

우리는 놀라울 정도로 전염성이 강한 집단적 어리석음의 시대에 살고 있다. 나치에 반대했던 독일 신학자 디트리히 본회퍼는 ≪옥중서신≫(*Letters and Papers from Prison*)에서 다음과 같이 썼다.

우리는 어리석음에 대해 무방비 상태다. 여기서 항의나 힘의 사용은 아무런 효과가 없다. 이성적인 설득은 귀를 닫은 이들에게는 들리지 않으며, 자신의 선입견과 모순되는 사실은 굳이 믿을 필요조차 느끼지 않는다. … 어리석은 사람은 악의적인 사람과 달리, 자신만만하고 쉽게 짜증을 내며 공격적으로 변하기 때문에 더욱 위험하다. 따라서,

우리는 악의적인 사람보다 어리석은 사람을 상대할 때 더욱 주의를 기울여야 한다. 다시는 이성을 가지고 어리석은 자를 설득하려 해서는 안 된다. 그것은 무의미하며 위험한 일이다.

마틴 루서 킹 주니어(Martin Luther King, Jr.) 역시 비슷한 말을 했다. "진지한 어리석음과 양심적인 무지는 무엇보다도 더 위험하다." 현재 우리가 처한 상황에 주목해 보면, 매일같이 어리석음의 세례를 받고 있음을 알게 된다. 특히 냉소적인 미디어 인사들이나 기후변화 부정론자들과 같은 이념가들은 과학적 증거를 마치 마술사의 연기처럼 사라지게 만들 수 있는 힘을 가지고 있다. (예수가 "믿음이 산을 옮긴다"고 말했을 때, 그가 의미한 것은 이런 게 아니었다.)

기후변화 부정론과 회의론은 점차 설 자리를 잃어가고 있다. 반대자들은 한 번 반박하다가 또 반박하고, 결국 과학적 합의의 일부 혹은 전부를 받아들이게 된다. 하지만 여전히 우리의 상황을 심각하게 받아들이기를 거부하는 이들도 많다.[1]

본회퍼가 말했듯이, 과학적 증거에 입각한 주장과 반론은 대부분의 부정론자들과 회의론자들에게 거의 영향을 미치지 않는다. 최근 몇 달 동안 나는 그들의 글과 강의를 연구하는 것이 필요하다고 느꼈다. 그래서 그들의 논리를 접하며 과학적 합의에 반하는 아홉 가지 기본적인 주장을 발견했다. 어리석음이 가장 달콤한 듯이, 각각의 주장에는 일말의 진실이 담겨있어서 사람들에게 호소력을 지닌다.

---

1) https://climate.nasa.gov/faq/17/do-scientists-agree-on-climate-change/.를 보라. 기후변화를 인정하면서도 이를 축소하는 사람의 예로는, 비외른 롬보르그의 책에 대한 조지프 E. 스티글리츠의 서평이 있다: Joseph E. Stiglitz, "Are We Overreacting on Climate Change," *The New York Times*, https://www.nytimes.com/2020/07/16/books/review/bjorn-lomborg-false-alarm-joseph-stiglitz.html.

1. 당신들은 아이들을 겁주고 있다! 일부 지식인들은 최근 청소년들의 우울증, 불안, 그리고 자살 충동이 증가하는 원인으로 환경 문제를 진지하게 받아들이는 우리를 비난한다. 그들은 젊은이들이 최근 몇 년 동안 팬데믹, 소셜 미디어와 스크린에서 흔히 볼 수 있는 일탈, 불안정한 직업 시장과 주택 시장, 그리고 (미국의 경우) 학교를 포함한 여러 장소에서의 총기 난사 사건 증가와 같은 다양한 스트레스를 겪어왔다는 점을 간과하는 경향이 있다. 또한 이러한 비극에 대해 "생각과 기도를 보낸다"는 것 외에 아무런 조치를 취하지 않는 정치인들의 충격적인 실패도 문제로 지적할 수 있다. 그러나 이러한 논리적 허점에도 불구하고, 반대 의견을 가진 사람들은 경각심이 과도하게 강조될 경우 정신 건강에 미치는 부정적인 영향에 대해 올바르게 지적하고 있다. 현재까지 아이들에게 환경 문제를 알려주면서 정신적 고통을 유발하지 않는 방법을 완벽하게 찾아낸 사람은 없다. 사실, 우리의 현재 상황을 진정으로 이해한다면 정신적 고통은 자연스러운 반응일 것이다. (기후변화에 대해 아이들과 대화할 수 있도록 간단한 대본을 부록 5에 실었다.)

2. 미디어가 모든 것을 과장하고 있다! 물론 "미디어"는 쉽게 비난의 대상이 되곤 한다. 특히 수십억 명이 페이스북, 트위터, 인스타그램, 틱톡 같은 소셜 미디어 계정을 가지고 있다는 점에서, 우리 또한 "미디어"의 일부가 된다. 선정주의와 공포를 자극하는 내용은 조회 수와 기타 미디어 수익을 끌어들이는 데 효과적이기 때문에, 많은 사람이 과학적 발견을 과장하는 데 미디어를 활용할 것으로 예상할 수 있다. 또한 다른 사람들도 미디어를 이용하여 이러한 과장을 더욱 과장하거나, 불공정하게 정보를 제공할 수도 있다. 신뢰할 수 없는 출처들은 종종 "우리의 최고를 그들의 최악과 비교"하는 경향이 있다. 즉, 그들은 자신들의 동

맹이 제공한 부정확한 정보는 무시하고, 상대 진영의 정확한 보고 내용도 무시한 채, 상대 진영에서 가장 신뢰할 수 없는 인물들이 내놓은 최악의 오류에만 초점을 맞추는 것이다.

3. 기후 위기를 경고하는 자들은 오직 돈 때문에 행동한다! 기후과학자들과 생태학자들이 돈을 벌기 위해 움직이는 것뿐이라고 주장하는 사람들이 있다. 그들은 탐욕스럽고 돈을 위해 거짓말하는 자들이며, 기득권 집단으로부터 자금을 지원받고 있다고 말한다. 하지만 대부분의 기후과학자들과 생태학자들이 중간 정도의 급여나 낮은 임금을 받으며 일한다는 사실은 회의론자들에게 별로 중요하지 않은 듯하다. 또한, 기후 회의론자들 자체가 기득권 집단으로부터 후원을 받고 있다는 점도 무시한다. (이는 자신이 하는 일을 상대방이 하고 있다고 비난하는 익숙한 권위주의적 전술이다.) 그러나 점점 더 많은 사람이 기후 위기와 붕괴 가능성에 대해 인식하면서 기후 위기와 붕괴와 관련된 정보의 시장이 형성되고 있다. 이것은 정보를 전달하는 모든 사람에게 왜곡할 여지를 만들어 준다.

4. 과거의 시나리오와 예측들이 틀렸어! 과거에 과학자들은 자신들이 가진 최고의 지식을 바탕으로 시나리오와 예측을 만들었다. 지식이 발전하면서 어떤 시나리오는 검증되었고, 어떤 것은 폐기되었으며, 또 어떤 것은 수정되었다. 이것이 과학이 작동하는 방식이다. 과거의 과학적인 오류들은 추가 연구를 통해 수정되었으며, 이는 과학에 대한 신뢰를 무너뜨리는 것이 아니라 오히려 강화한다. 하지만 회의론자들은 이를 이해하지 못하는 듯하며, 초기 기후 예측들조차도 놀랍도록 정확했다는 사실을 인정하지 않는다.[2]

---

[2] 현대 기후 과학의 간략한 역사는 1824년 조제프 푸리에(Joseph Fourier)가 온실효과의 존재를 예측한 것에서 시작될 수 있다. 이후 1856년 유니스 푸트(Eunice Foote)는 이산화탄소와 수증기가 열을 유지하는 데 중요한 요소임을 정확히 밝혀냈

5. 환경주의가 종교가 되었다! 나는 종교인과 비종교인 모두가 이렇게 비판하는 것을 본 적이 있다. 전자는 "우리가 진정한 종교이고, 환경주의는 우리의 경쟁자다"라고 말하는 것처럼 보인다. 후자는 "모든 종교는 거짓이며, 환경주의가 종교와 비슷하다면 그것 역시 거짓일 수밖에 없다"라고 말한다. 환경주의자와 반환경주의자 모두 특정 가치관에 입각해서 활동하는데, 이런 가치들은 흔히 종교적 뿌리를 지니고 있다. 이런 사실은 그들의 옳고 그름의 근거가 되지는 않지만, 양편 모두에게 자기 의로움에 사로잡히는 교조주의라는 유혹에 빠지기 쉽게 만든다.
6. 너희는 경제를 파괴할 거야! 이런 반응은 반대자들이 세계 경제체제가 생태계보다 더 현실적이고 중요한 것으로 여기고 있음을 보여준다. 그러나 경제체제는 생태계 안에 존재한다. 그들의 경제가 우리의 생태계를 파괴하고 있다고 말해도 그들은 똑같이 심각하게 생각하지 않는 것 같다. 하지만 단기적으로만 보아도, 현재 형태의 경제체제에 의존하는 80억 명의 사람들의 생존은 지구 평균 기온이 1도, 또는 2도 상승하는 데 달려 있기 때문에, 기후가 심각하게 붕괴되면 수십억 명이 고통받을 것이다. (그리고 기후가 심각하게 붕괴되지 않더라도, 수십억 명은 여전히 고통받을 것이다.)
7. 가난한 사람들을 화석연료의 풍요에서 배제할 수는 없어! 이러한 사고방식은 종종 "자유주의자들을 궁지에 몰아넣기" 식의 태도를 띠고 있다. 즉, "너희 자유주의자들은 가난한 사람들을 걱정해야 한다며? 그런데 아프리카, 아시아, 라틴아메리카의 가난한 사람들에게 화석연료를

다. 1860년대에는 존 틴들(John Tyndall)이 온실 효과의 위험성을 처음 경고했으며, 1896년 스반테 아레니우스(Svante Arrhenius)가 이를 이어갔다. 20세기에 들어서 과학자들은 가이 캘린더(Guy Callendar), 밀루틴 밀란코비치(Milutin Milanković), 길버트 플라스(Gilbert Plass) 등의 연구를 바탕으로 기후 연구를 발전시켰다. 기후 변화의 이해와 정확한 예측은 인류 역사상 가장 인상적인 과학적 성과 중 하나다. 자세한 내용은 https://climate.nasa.gov/evidence에서 확인할 수 있다.

통한 경제적 발전을 누릴 수 없도록 배제하고 싶은 건가? 유럽과 북아메리카에서 너희가 누리는 사치를 그들은 누릴 수 없다고 말하는 것이야말로 계급 차별적이고 인종차별적인 것 아닌가?"라는 식이다. 그러나 이 주장은 현재 화석연료에 기반한 경제적 번영에서 배제되고 있는 수십억 명의 사람들을 간과한다. 이 논리는 종종 인구 증가 문제로 연결된다. 즉, "인구 증가를 늦추는 가장 좋은 방법은 가난한 사람들이 더 풍요해지는 것이고, 풍요한 삶의 가장 빠른 방법은 화석연료를 이용하는 것이다"라는 주장이다. 따라서, "인구가 안정되거나 감소할 때까지 화석연료를 계속 사용하고, 후에 그 결과를 감당하면 된다"는 식의 논리를 펴는 것이다. 이러한 주장은 근시안적이고 불성실한 면이 있지만, 그 안에는 한 가지 도덕적 진실이 담겨있다. 즉, 우리는 이 격변의 시기에 가장 가난한 사람들을 더욱 배려해야 한다는 점이다. 그러나 한편으로 우리는 기후변화로 인한 지구 온난화가 이미 세계의 가난한 사람들에게 엄청난 피해를 주고 있으며, 현재의 길을 계속 따른다면 그들의 고통이 더욱 심화될 것임을 기억해야 한다.

8. 혁신은 과거에도 항상 우리를 구했다! 기후변화를 부정하는 사람들은 흔히 1798년의 토머스 로버트 맬서스(Thomas Robert Malthus)나 1968년의 폴과 앤 에를리히(Paul and Anne Ehrlich)의 암울한 경고를 깎아내리기 위해 그들을 언급하곤 한다. 기후 회의론자들은 이러한 경고들이 기술 혁신에 의해 무력화되었다고 주장한다. 예를 들어, 화석연료 기반의 비료와 농약이 농업 혁명을 일으켜 기아를 줄이고 인구를 증가시켰다는 점을 강조한다. 하지만 이들은 이러한 인구 증가를 촉진한 혁신들이 새로운 위협을 만들어냈으며, 기존의 일부 위협을 감소시켰다 하더라도 그 자체로 문제를 일으켰다는 점을 간과한다. 앞으로도 기술 혁신은 동일한 과정을 밟을 것이다. 즉, 해결책을 제공하지만, 그 해결책들이

새로운 문제를 야기할 것이다. 한편, 맬서스와 관련하여 경제학자 허먼 데일리(Herman Daly)의 통찰력 있는 말을 기억하는 것이 좋다. "맬서스는 여러 번 묻혔고, 맬서스주의의 희소성도 마찬가지였다. 하지만 그렇게 자주 다시 묻힐 필요가 있는 사람은 완전히 죽은 것이 아니다."[3)

9. 우리는 적응할 수 있다! 일부 기후변화 부인론자들은 이렇게 주장한다. "기후변화 자체를 막는 것보다 적응하는 것이 비용이 덜 들 것이기 때문에, 차라리 적응하는 것이 낫다." 그러나 이 주장은 명백히 거짓이지만, 많은 인기 있는 허위 주장처럼 지속적 영향력을 가지고 있다.[4) 그 지지자들은 인간이 과거에 급격한 환경 변화에 적응해 왔다고 주장하며, 기후변화를 심각하게 받아들이는 사람들을 "경고론자"(alarmists)라고 비난한다. 그들은 인간의 창의력에 대한 믿음이 부족하다고 본다. 이들의 주장 중 한 가지는 옳다. 즉 적응은 생존 전략의 일부가 될 것이다. 그러나 기후변화에 대한 적응(adaptation)과 완화(mitigation) 중 하나를 선택하는 것이 아니라 둘 다 활용해야 하는 문제인데도 이를 흑백논리로 접근하는 것은 현명하지 못한 태도다.

다시 말해서, 이러한 반대 주장들 각각은 어느 정도의 진실을 포함하고 있다. 우리는 문명의 한계 초과 현실을 우리의 다음 세대에게 어떻게 전수할 것인지 신중하게 고민해야 한다. 또한 언론의 과장과 선정주의에 대해 경계해야 한다. 누가 그것을 조장하든 간에 말이다. 우리가 현재 이해하는 것 중 일부는 더 많은 연구를 통해 입증될 것이며, 일부는 더 많은 연구를 통해 수정될 것이라는 점을 예상해야 한다. 이것이 과학이

---

3) *Steady-State Economics* (Island Press, 1991), p. 43.
4) https://www.npr.org/2022/04/07/1091258821/the-future-cost-of-climate-inaction-2-trillion-a-year-says-the-government.

작동하는 방식이다. 우리는 돈의 부패시키는 역할에 대해 의심해야 한다. 누가 부패하든 간에 말이다. 우리는 경제를 잘못된 시점에 잘못된 방식으로 불안정하게 만드는 결과를 감당해야 한다. 이는 의도하지 않은 불필요한 고통을 초래할 수 있으며, 기후 관련 행동에 대한 강한 반발을 일으킬 수도 있다. 우리는 진심으로 그들을 보호하려는 시도 속에서도, 세상에서 가장 취약한 사람들에게 의도치 않게 피해를 줄 수 있다는 점을 직시해야 한다. 우리는 이 중요한 순간에 기술 혁신의 중요성을 과소평가할 수 없으며, 실행 불가능한 해결책에 수십억 달러(또는 유로, 엔)를 낭비할 여유가 없다. 특히 그 돈이 더 건설적인 투자에 사용될 필요가 있을 때는 더욱 그렇다.

나는 과학적 합의에 반대하는 사람들이, 최선의 경우, 우리가 모두 들어야 할 메시지를 말하고 있다고 생각한다. 즉, "기후 위기 경고론과 이에 대한 반발적 행동주의 모두 위험할 수 있다"는 점이다. 그러나 우리는 기후변화를 부정하는 것과 불충분한 기후 행동이 훨씬 더 큰 위협이라는 점을 잊지 말아야 한다. 이러한 두 극단 사이에서, 선한 사람들이 할 일이 많으며, 우리는 최대한 지혜롭고 신중하게 그 일을 수행해야 한다.

나는 기후 회의론자들의 말과 글을 읽으며 오싹해지는 느낌을 받았다. 예를 들어, 한 유명한 회의론자의 주장은 다음과 같다. "그것은 과학적 사실이다. 식물은 이산화탄소를 좋아한다. 우리도 그래야 한다! 우리는 기후 위기 경고론자들이 악당이라고 말하는 그런 존재가 아니다! 우리는 식물에게 이로운 이산화탄소를 이렇게 많이 방출하는 영웅들이다. 우리가 지구를 녹화하는 사람들이다! 하지만 저 사악한 기후 위기 경고론자들은 우리를 악당으로 몰아가고 있다!" 이런 식의 발언은 위험할 정도로 오해의 소지가 있음을 드러낸다.[5] 하지만 최근 전 세계에서 나타난 정치

---

5) 예를 들어, Jean-Marie Questiaux의 "REPLY To: Should We Celebrate Carbon

적 발전들이 보여주었듯이, 매력적인 거짓말은 종종 불편한 진실보다 더 큰 힘과 매력을 가진다.

나 역시 그런 매력을 느꼈다는 것을 인정해야겠다. "누가 이런 종류의 선전에 저항할 수 있겠는가? 현실을 받아들이기는 매우 어렵다. 또한 기후 위기에 대해 회의적인 입장을 갖는 것은 젤리 도넛처럼 기름지고 달콤하기 때문이다."

기후 위기에 대한 회의론자들의 주장을 깊이 파고들면서 나는 새삼 깊은 파국을 경험했다. 회의론자들이 과장하고 오도하는 방향으로 나아갈 때, 기후 위기에 대한 현실주의자들은 그들의 수사학적 표현을 반대되는 방식으로 뜨겁게 가열할 유혹을 받지 않겠는가? 이처럼 과열된 수사학이 기존의 정치적 적대감에 영향을 미치지 않겠는가? 사람들이 이미 듣고 싶은 말만 반복해서 듣는 동굴로 후퇴하면서, 이를 다시금 생각하고 또 생각하며, 우리 사회의 양극화되고 긴장된 분위기를 더욱 악화시키는 것이 아니겠는가? 우리의 과열된 지구 기후와 과열된 사회적 기후가 서로를 악화시키는 자체 피드백 루프(feedback loop)에 걸려들어, 우리가 집단적으로 더욱 반동적이고 어리석어지는 방향으로 몰아가지 않겠는가?

작가이자 철학자인 로이 스크랜턴(Roy Scranton)은 이 모순을 다음과 같이 포착했다.

문제에 대한 경각심을 불러일으키고 대중을 교육하는 것은, 고의적으로 조장된 혼란, 깊은 과학적 무지, 만연한 무관심, 그리고 노골적인 적대감 앞에서 효과가 없었다. ⋯ 우리가 직면한 위험을 경고하는 것

Dioxide? By Dr. Patrick Moore"를 보라(https://www.linkedin.com/pilse/reply-should-we-celebrate-carbon-dioxide-dr-patrick-moore-questiaux.). Cristobal Spielmann의 팩트체크 기사도 보라(https://climate360news-lmu.edu/how-to-tell-if-theres-climate-misinformation-on-your-feed/).

은 오히려 불안과 공포를 조장하는 것으로 이어지고, 절제보다는 희생양 찾기와 공격성을 유발하는 결과를 초래했다.6)

이런 맥락에서, 스크랜턴은 나의 무력감을 다음과 같은 간단한 질문으로 표현했다. "멸망해가는 문명에 대해 단지 말이 무슨 소용이 있는가?" 작가에게—혹은 독자에게—가혹한 **말**이다.

만약 당신이 이 비행기에서 내 옆에 앉아 우리가 겪고 있는 생태적, 사회적 혼란에 대해 이야기하면서, "나는 미래를 마주하는 것이 **정말로** 겁나요"라고 말한다면, 나는 이렇게 대답할 것이다.

"나도 겁이 납니다."

우리는 알 수 없는 최종 목적지를 향해 험난한 여정을 떠나고 있으며, 그 길이 순탄할 거라고 기대할 수 없다. 우리는 모두 직시하기 싫은 현실의 차원을 받아들여야 한다. 즉, 인간은 우리가 생각하는 것만큼 이성적이지 않으며, 최선을 다해도 우리의 이성은 한계가 있다는 사실을 말이다.

주변 사람들은 공황 상태에 빠질 것이다. 어떤 사람들은 승무원들에게 비행 중 서비스를 중단한 것에 대해 소리를 지를 것이며, 마치 난기류가 거짓말이라도 되는 것처럼 행동할 것이다. 어떤 사람들은 기장을 교수형에 처하라고 외칠 것이고, 마치 그가 악의적으로 우리를 난기류 속으로 몰아넣은 것처럼 행동할 것이다. 우리 중 일부는 패닉에 빠져 비명을 지를 것이다. "우리는 모두 죽을 거야!"라고 외치면서, 그게 상황을 해결하는 데 도움이 될 것이라 믿는 듯이 행동할 것이다. 어떤 설교자는 "이 난기류는 비상구 좌석에 앉은 사람들에 대한 하나님의 처벌입니다! 지금 내 종교에 가입하지 않으면 멸망할 것입니다!"라고 소리칠 것이다.

---

6) *We're Doomed. Now What?* (Soho, 2018).

장담하건대, 어떤 어리석은 말이든 반드시 누군가가 할 것이다.

모든 음모론과 거짓말이 쏟아질 것이며, 반복될 것이다.

정치적으로 다른 문제에 관심을 돌리고 대중이 스트레스에 의해 쉽게 속을 만한 선동적인 말들도 떠돌 것이다. 너무 놀라거나 충격을 받을 필요는 없다. 그런 것에 감정 에너지를 낭비하는 것은 의미가 없다.

어떤 사람들은 이 난기류 속에서 그들의 최악의 모습을 드러낼 것이다. 반응하지 않는 게 현명하다. 그들은 마치 술집에서 난투극을 벌이는 취객들이나 어린아이의 심한 짜증과도 같다. 그들은 통제 불능 상태에 빠져 있다. 당신이 같이 소리치기 시작하면, 당신도 그들의 광기와 분노를 반영하는 또 한 명의 거울이 될 뿐이다. 그리고 그렇게 되면, 한 명 더 최악의 인간성을 드러내는 사람이 추가될 뿐이다.

이 비행은 거칠게 흔들릴 것이다. 우리가 착륙할 때까지 이 기내에는 평온이 없을 것이며, 우리는 살아남지 못할 수도 있지만, 살아남을 수도 있다. 착륙이 가장 무서울 수도 있다.

이제부터 우리가 선택할 수 있는 유일한 것은, 이 비행기 안에서 우리가 어떻게 반응할 것인가다. 우리는 공황과 집단적 어리석음에 휩쓸릴 것인가, 아니면 균형, 성숙함, 그리고 정신적 안정을 유지할 방법을 찾을 것인가? 우리가 통제할 수 없는 두 가지 요소가 있다. 하나는 이 비행기 밖의 외부 난기류이며, 또 하나는 이 기내의 승객들 사이에서 벌어지는 내부적 난기류다. 하지만 우리가 어느 정도 영향력을 행사할 수 있는 두 가지 요소도 있다. 그것은 바로 우리의 개별적인 행동과 서로를 어떻게 지원할 것인지에 대한 선택이다. 우리는 지금 이곳에서 함께 뭉칠 수 있다. 우리가 처한 상황이 아무리 혼란스러울지라도, 정신적 건강과 상호 지원의 섬을 만들어낼 수 있다. 이는 마치 바다와 기온이 상승하듯, 어리석음이 점점 증폭되는 세상 속에서도 가능할 것이다.

그러니 우리가 통제할 수 있는 것에 집중하자. 적어도 어느 정도는 말이다. 비행기 좌석에 앉은 우리 둘이 서로를 도우면서 하루씩, 한 순간씩 이 상황을 이겨낼 수 있도록 노력해 보자. 조종사, 부조종사, 승무원들, 그리고 다른 승객들이 무엇을 하든 간에, 우리의 최선의 모습이 빛을 비추도록 노력하자. 이런 카오스의 상태에서 침착함의 작은 섬을 만드는 일은 두세 사람이면 만들 수 있다.

파국의 시대에는 사람들이 전에는 상상도 하지 못했던 존재로 변한다. 많은 사람이 집단적으로 어리석음을 공유하는 검은 구멍 속으로 빨려 들어간다. 어떤 사람들은 비난자, 수치심 조장자, 도둑, 폭력배, 범죄자, 자경단원, 테러리스트, 배신자, 도피자, 사재기꾼, 공황에 빠진 울보, 광신적 음모론자, 사기꾼 또는 겁에 질린 비겁자가 된다. 반면, 어떤 사람들은 영웅, 성인, 저항자, 순교자, 조직가, 문제 해결사, 보호자, 지역 사회 구축자, 침착한 존재, 지도자, 치유자, 그리고 오래된 방식의 좋은 이웃이 되기도 한다. 우리가 혼자 길을 찾아나서야 할 때도 있겠지만, 두세 명 혹은 다섯 명, 때로는 쉰 명이 함께 모인다면 상황이 완전히 달라질 수 있다.

비행기 좌석에 앉은 낯선 사람들처럼, 우리도 서로에게 그런 존재가 될 수 있다. **무너져가는 세상에서 제정신의 작은 섬**(an island of sanity)**을 만드는 일은 단 두세 명이면 가능하다.** 그리고 그 시작은 그저 한 사람이 먼저 말을 거는 것, 도움을 요청하는 것, 연결을 갈망하는 것에서 비롯된다. 누군가는 첫마디를 건넬 필요가 있다.

이 책을 읽고 있다면, 당신은 이미 이 과정에서 중요한 한 걸음을 내디뎠다. 그리고 아직 늦지 않았다. 몇 사람을 불러 모아 함께 책을 읽고 배우는 자리를 마련하는 것도 좋은 방법이다. 내가 강력히 추천하는 책 ≪우리가 구할 수 있는 모든 것≫(*All We Can Save*)은 이미 40개국 이상에서 수천 개의 독서 공동체를 탄생시켰으며, 일부는 대면 모임을, 일부는

비대면 온라인 모임을 통해 활동하고 있다. 이들은 유용한 자료들을 제공하는 여러 단체와 협력하고 있다.7)

상호 학습과 지지를 위한 독서 모임을 만드는 것뿐만 아니라, 이제는 우리 주변 이웃들과 더 깊은 관계를 형성해야 할 때다. 우리는 비행기 옆좌석 앉은 내 이웃이 했던 것처럼 하면 된다. 우리가 미래에 대해 걱정하는 부분을 이웃에게 이야기하면 된다. 그리고 그들도 같은 걱정을 하고 있다면, 우리는 지금부터 연결과 신뢰를 구축할 수 있다. 이렇게 하면, 어려움이 닥쳤을 때 우리가 혼자가 아니라는 사실을 알 수 있다. 만약 우리가 동네를 함께 산책하고, 이웃들과 연락처를 공유하는 습관을 들이며, 동네 파티를 연다면, 그리고 기존의 지역 조직에 참여하거나 새로운 조직을 형성하면 이러한 대화에 다른 사람들을 초대할 수 있다.

우리가 속한 지역 단체—우리의 회사, 체육관, 교회, 회당, 모스크, 도서관, 비영리 단체, 학부모회(PTA) 등—에서 인식을 확대할 수 있다. 만약 지방 정부가 제대로 기능하고 있다면, 우리는 선출된 공직자와 임명된 지도자들을 알아가고, 그들이 불확실한 미래에 대한 계획을 세우기 시작했는지 묻고, 도움을 줄 수 있다고 말할 수 있다. 우리는 자원봉사를 할 수도 있다.

지도적 위치에 있는 사람들은 우리가 섬기는 조직에 대한 우려를 전달할 수 있다. 나는 목회자로서 특히 신앙 지도자들에게 이 점을 강조하고 싶다.8) 우리는 미래를 상상하고 지금 무엇을 해야 할지, 그리고 상황

---

7) https://www.allwecansave.earth/circles. 또한 https://www.climatepsychologyalliance.org/index.php/find-support.를 보라.

8) 내가 추천하는 첫 번째 단계는 두 가지다. 첫째, 당신의 교회 지도자들에게 Jim Antal, *Climate Church, Climate World* (Rowman & Littlefield, 2018): 한성수 옮김, ≪기후 교회: 왜, 어떻게≫(생태문명연구소, 2019)를 읽도록 권하는 것이다. 둘째, 기후 지원 그룹을 위해 당신의 건물을 개방하는 것이다. https://www.allwecansave.earth/starting-with-circles, https://www.climatepsychologyalliance.org.

이 더 어려워지고 우리가 공포에 빠지기 쉬울 때 무엇을 해야 할지 이야기할 공간을 만들 수 있다. 캐나다의 정책 전문가 세스 클라인(Seth Klein)은 위기의 시기를 시급한 문제로 인식하는 지도자와 그룹의 여섯 가지 특징을 다음과 같이 제시한다. 1) 필요한 만큼만 지출한다. 2) 목표를 달성하기 위한 새로운 기관이나 구조를 만든다. 3) 인센티브 기반 및 자발적 정책에서 필수 정책으로 전환한다. 4) 위기의 심각성에 대해 진실을 말하고 긴박감을 전달한다. 5) 누구도 소외되지 않도록 한다. 6) 원주민의 권리와 지도력이 필수적이라는 점을 이해한다.[9]

우리는 누군가 더 높은 급여를 받는 사람이 우리 대신 일을 해줄 것이라고 생각할 수 없다. 우리가 어떤 위치에 있든, 우리 각자가 영향력을 행사해야 한다. 그런 다음, 우리가 배우고 있는 것을 공유하고, 서로를 위한 상호 지원 공간을 만들어갈 수 있다.

이러한 시대에 우리가 필요로 하는 준비는, TV 광고를 보고 "50일 생존 식량"을 구입하고, 말린 식량 비축분을 누군가 훔치러 올까 봐 총과 탄약을 쌓아 두는 것이 아니다.[10] 만약 그들이 대비하는 미래가 그런 적대적인 세상이라면, 아마도 그들은 그런 적대적 세상에 도달할 것이다. 만약 살아남는 유일한 사람들이 그런 사람들뿐이라면, 솔직히 말해 별로 살고 싶은 세상은 되지 않을 것이다. 적대적인 생존주의자들은 "나와 내 집단만을 위한 벽을 세우고, 나머지는 신경 쓰지 않겠다"라는 사고방식을 지닌 사람들로서, 그런 사람들만 남은 세상은 현재 우리가 직면한 과잉 소비와 파괴의 길을 그대로 반복하게 될 것이다.

그래서 우리는 서로를 돕고, 함께 모여 정신 건강을 찾으며, 친절을

---

9) https://www.climateemergencyunit.ca/emergencymarkersframework/.
10) https://www.npr.org/sections/thesalt/2015/12/03/456677535/apocalypse-chow-we-tried-televangelist-jim-bakkers-survival-food.

실천하는 사람들이 필요하다. 위기가 찾아오고 우리가 집단적 어리석음에 빠질 유혹을 받을 때, 서로를 지원하고 협력할 준비를 해야 한다.

비행기 승무원들이 안전 지침을 설명할 때 항상 "먼저 자신의 산소마스크를 착용한 후, 다른 사람을 도우라!"고 말한다. 자기를 준비하는 것은 타인을 **배제하기** 위한 것이 아니라, **집단 협력**을 위한 준비 과정이다. 비행기의 비상 착륙 가능성을 설명할 때도 마찬가지다. 승무원들은 개인용 구명 장치가 어디에 있는지, 그리고 구명정을 찾아 펼치는 방법을 설명한다. 목표는 위기 상황에서 함께 살아남고 서로를 돕는 것이다. 그 일을 시작하는 것은 두세 사람이면 가능하다.

친애하는 독자에게,

이 장에서 나는 집단 지성과 집단적 어리석음을 대조하며, 위기의 시기에 우리가 의식적으로 전자를 선택하지 않는 한 후자로 끌려가게 된다는 사실을 깨달았습니다.

이 장은 자신의 두려움을 인정하고 그 취약성을 통해 연결을 만든 한 젊은 남성의 이야기로 시작됩니다. 누군가의 취약성이 사람들을 하나로 모은 비슷한 경험을 떠올릴 수 있나요?

제가 "어리석음"과 "무지"와 같은 강한 단어를 선택한 것에 대해 어떻게 느꼈나요?

저는 나쁜 생각조차도 매력을 가질 수 있으며, 그 매력의 일부는 약간의 진실이 포함되어 있다는 점을 보여주고자 했습니다. 아홉 가지 예시 중에서 가장 흥미로웠던 것은 무엇이며, 그 이유는 무엇인가요?

> 다음 문장에 대해 답해보세요: "무너져가는 세상에서 제정신의 섬을 만드는 데는 단 두세 명이면 가능하다."
>
> 이 장의 끝에서는 사태가 훨씬 더 악화되기 전에 제정신의 섬을 만들기 위한 몇 가지 구체적인 제안을 포함하고 있습니다. 그 가운데 어느 것이 당신에게 동기를 부여한다고 느끼시나요?

이 장에서 나는 이렇게 썼다. "파국의 시대에는 사람들이 전에는 상상도 못했던 존재가 된다. 많은 이들이 서로를 확인하며 공감하는 어리석음의 블랙홀에 빨려 들어간다."

다음 장의 첫 번째 서문은 이에 대한 소름 끼치는 예시를 제공한다.

16장

사는 게 힘들어지면 우리는 더 강해진다

나는 이웃을 잡아먹어야만 한다는 생각을 하기 시작했다. 체인으로 묶어 들어 올리고 토막 낼 방법을 고민할 거라 생각하는가? 나는 할 수 있다. 나는 그들을 교수형에 처하고 내장을 꺼내고 가죽을 벗기고 조각낼 준비가 되어 있다. … 나는 네 왼쪽 엉덩이를 옥수수처럼 씹어 먹을 거다. 네 엉덩이를 평평하게 바비큐로 구울 거다. 나는 너를 먹을 거다. 네 피를 마실 거다. 당신은 이게 무슨 뜻인지 이해하는가? … 지금 당장 당신에게 한 가지 분명히 해두겠다. 신께 맹세코, 내가 마지막으로 하는 일이라면, 당신 목을 졸라버릴 것이다.

—인기 극우 라디오 진행자 알렉스 존스[1]

나는 정말로 신경 안 써. 너는?

—영부인 멜라니아 트럼프의 겉옷 문구[2]

며칠 전 누군가 내게 물었다. "대비를 해야 할까요? 비축해야 할까요? 총을 사야 할까요?" 나는 말했다. "나는 군대에서 저격수였다. 다양한

---

1) https://kutv.com/news/nation-world/video-alex-jones-in-detail-describes-killing-neighbors-to-feed-to-his-kids/. and https://www.youtube.com/watch?v=rZfcXKCIug8/.

2) https://www.cnn.com/2018/10/13/politics/melania-trump-jacket-i-really-dont-care-do-u/index.html/.

무기를 다룰 수 있지만 아무 무기도 갖고 있지 않다. 내 걸 지키려고 이웃을 죽이느니, 차라리 내 이웃과 함께 죽는 편이 낫다."

―생태 신학자 마이클 다우드[3]

알이 새가 되는 것은 어려울 수 있다. 그러나 알인 채로 날아가는 법을 배우는 것은 훨씬 더 어렵다. 우리는 현재 알과 같다. 그리고 우리는 계속해서 평범한, 괜찮은 알로 남아 있을 수는 없다. 우리는 부화하지 않으면 썩을 것이다.

―영국 작가이자 교수 C. S. 루이스

손녀가 울고 있었다. 부모가 외출했고 내가 돌보던 중이었다. 아이는 나를 사랑하고 믿었지만, 나는 엄마나 아빠가 아니었다.

과거에 아이를 키울 때만 해도, 아마도 나는 그녀에게 울지 말고 용감해지라고 했을 거다. 부끄럽지만 인정해야겠다. 나는 "그만해! 울지 마! 아기처럼 굴지 마!"라고 하면서 아이를 부끄럽게 만들었을 수도 있다. 하지만 나중에 (좀 더 일찍 배웠어야 했는데) 친구들이 쓴 책을 통해, 아이들(혹은 누구라도)에게 자신의 감정을 느끼지 말라고 하는 것은 대개 효과가 없다는 걸 배웠다. 스트레스를 받은 아이들에게 자신의 감정을 멈추라고 하는 것은, 이미 감정적으로 한계를 넘어선 아이들에게 불가능한 압박을 주는 것이었다.[4]

나는 아이의 눈물 속에서 인간의 근본적인 필요 중 하나인 안정감과

---

[3] https://www.youtube.com/watch?v=yafao_FWJ8A/.
[4] Amy and Jeffrey Olrick, *The Six Needs of Every Child* (Zondervan, 2020). 또한 그들의 팟캐스트 *Growing Connected*를 보라(https://www.growingconnected.com/the-6-needs/).

애착에 대한 욕구를 느꼈다. 그래서 나는 아이에게 연결감을 느끼게 하고 안심시키려고 했다. "아가야, 이건 정말 어려운 상황이구나, 나도 알아. 나도 네 나이 때 부모님이 외출하시면 이런 기분이었던 게 기억나. 네가 부모님이 그리워서 힘든 게 너무 마음이 아프지만, 나는 여기 네 곁에 있어. 나는 너를 떠나지 않을 거야. 우리가 부모님이 오실 때까지 즐거운 시간을 보낼 수 있도록 최선을 다할게."

그리고 덧붙였다. "아이로 사는 건 가끔 정말 힘들지, 그렇지?" 손녀는 고개를 끄덕이며 눈물을 닦았다. "정말, 정말 그래요." 다시 눈물이 흐르기 시작했지만, 이번엔 다른 눈물이었다고 생각한다. 이번에는 안도감의 눈물이었다. 이제 아이는 온전히 이해받았다고 느꼈고, 그래서 조금 더 안전하고 덜 외로운 기분이 들었고, 그 덕분에 부모가 곁에 없는 것도 덜 고통스럽게 느껴졌다.

"이럴 때 할 수 있는 단 한 가지 방법이 있어"라고 말하자 아이의 눈이 커졌다. 마치 우주의 커다란 비밀을 알게 될 것 같은 표정이었다. "삶이 힘들어질 때, **우리는 더 강해지는 거야**." 놀랍게도 아이의 입가에 미세한 미소가 번지는 것을 보았다. 그리고 나는 덧붙였다. "이제 아이스크림을 먹자." 그날 저녁 내내 나는 가끔씩 "삶이 힘들어질 때 …"라고 말했고, 아이는 그 문장을 완성했다.

솔직히 말해, 요즘 우리는 모두 내 손녀딸과 비슷한 상황에 있는 것 같다. 앞으로는 이런 감정을 더 강하게 느끼게 될 걸로 예상된다. 우리는 한계점까지 밀어붙이는 상황에 반복적으로 맞닥뜨리게 될 것이며, 그런 상황을 극복하기 위해 지속적인 격려가 필요할 것이다. 네 가지 시나리오 중 어떤 것이 펼쳐지든, 힘든 시기가 다가오고 있으며, 우리는 압박 속에서 무너질 수도 있고, 그 상황을 돌파할 수도 있다. 우리는 더 강해지거나, 파괴되거나 둘 중 하나가 될 것이다.

내가 "더 강해진다"라고 말할 때, 그것은 "더욱 악화되는 조건 속에서 점점 더 높은 능력을 발휘할 수 있다"는 뜻이다.

안타깝게도, 어른들은 개인적인 성장이 어린이들만을 위한 것이라고 보통 생각한다. 그들은 자신이 청소년기 후반이나 성인 초기에 능력의 정점에 도달했다고 생각하고, 그 이후의 삶을 그 상태에서 머물거나 (솔직히 말하면) 서서히 쇠퇴하는 방식으로 살아간다. 열여덟 번째, 스물한 번째, 또는 서른 번째 생일을 맞이할 때, 마치 보이지 않는 자격증을 받는 것과 같다. 그 자격증에는 이렇게 적혀 있다. "이 순간부터, 이 자격증을 소지한 자는 현재 보유한 지능, 힘, 덕목 이상의 것을 요구받지 않는 정상적인 삶을 보장받는다." 1장에서 다루었던 "깨어남"은 그런 보장이 없다는 것을 깨닫는 것이다. 특히 우리처럼, 우리가 알고 있던 문명이 끝나기 시작한 시대에 태어난 사람들에게는 더욱 그런 보장이 없다는 것이며, 그것이 우리의 선택이나 잘못이 아닌 삶의 현실이라는 걸 깨닫는 과정이었다. 따라서 우리는 이런 자격증이 아니라, 성인 교육 프로그램에 정식 등록된 학생임을 증명하는 학생증이 필요하다. 그 학생증에는 이렇게 적혀 있어야 한다. "이 사람은 성인 교육 프로그램에서 평생 학습 중이다." 그와 함께, 우리에게는 벽에 걸어둘 대형 포스터도 제공될 것인데, 그 포스터에는 다음과 같은 격언이 적혀 있다. "아이가 어른이 되는 것처럼, 어른도 현자가 되어야 한다."[5] 다시 말해서, 만약 당신이 성장이 끝났다고 생각한다면, 다시 생각해야 한다. 사실, 지혜를 지속적으로 연마하지 않는다면, 당신은 현재의 훌륭한 상태를 유지하지 못할 것이다. 마치 부화하지 않는 달걀처럼, 당신의 멋진 상태도 결국 사라지고 말 것이다. 그리고 안타깝게도, 이는 문명의 쇠퇴와 함께 진행될 것이다.

이러한 개방성, 즉 평생 학습과 성장을 향한 열린 자세는 바로 선

---

[5] John Vervaeke의 강연 "What is Wisdom?"(https://youtu.be/WpVVcVRkLok/.

(Zen) 불교에서 말하는 "초심"(初心, Shoshin), 즉 초심자의 마음을 뜻한다. 예수께서 말씀하신 "너희가 어린아이들과 같이 되지 아니하면 결코 천국에 들어가지 못하리라"는 의미는 무엇일까? 이는 어른들에게 어린아이 같은 무지나 비판 없는 신뢰로 퇴행하라고 권유하는 것이 아니었다. 그런 것은 선동가나 원하는 것일 뿐이다. 예수께서는 오만하거나 자기만족에 빠진, 혹은 잘못 인도된 어른들에게 자신들이 겨우 성인기로 들어선 초보자일 뿐이며, 앞으로도 성인으로서 성장해야 할 많은 시간이 남아 있음을 겸손하게 깨닫도록 초대하셨다. 그가 말한 "다시 태어남"이라는 표현은 그와 같은 초대를 의미했다. 즉, 자신이 모르는 것이 많다는 것을 알고, 이를 인정하는 아이들의 끝없는 호기심을 가지라는 것이다.6) 밥 딜런(Bob Dylan)도 1964년에 비슷한 메시지를 전했다. "넌 헤엄치는 법을 배우거나, 아니면 돌처럼 가라앉게 될 거야"라고 말했다. "시대가 변하고 있으니까."

그러니 앞으로 우리가 빠져들 (혹은 가라앉을) 수밖에 없는 일곱 가지 더욱 악화되는 조건을 간략히 살펴 보자. 이는 우리의 나이에 상관없이, 환경 위기의 드라마가 계속 전개되는 과정에서 벌어질 것이다.

첫째, 우리는 허위 정보가 만연한 시대로 들어섰다. 거짓말쟁이는 거짓말을 하고, 사기꾼은 사기를 치고, 선동가들은 왜곡하며, 이념가들은 진실을 억압하고, 편견을 가진 자들은 잔혹한 행위를 저지르고, 사기꾼들은 사기를 치며, 클릭을 유도하는 콘텐츠들은 선정적인 내용을 퍼뜨릴 것

---

6) 예수가 "다시 태어난다"(born again)는 말을 사용한 유일한 복음서 본문(요한복음 3장)에서, 그는 겸손한 질문이 아니라, "선생이여, 우리는 안다"라는 확신에 찬 말로 질문을 시작하는 어른과 대화하고 있다. 이 "우리"라는 표현은 이미 도달했다고 믿는 성인 내집단을 뜻한다. 이에 대해 예수는 난해한 방식으로 다시 태어난다는 진술을 하였고, 그것이 그를 갑자기 질문이 많은 초보자의 마음으로 돌아가게 만들었다. 그 결과, 그는 질문을 계속하게 되었고, 그 후 짧은 대화에서 그는 어떤 확정적 진술을 하지 않고 오직 질문만 던졌다.

이다. 이런 시대에 우리는 그 어느 때보다 **강한 정신**을 가져야 한다. 게으르고 나약하며 얄팍한 정신을 가진다면, 우리는 속임수의 쉬운 먹잇감이 될 것이다. 우리는 올림픽 선수들이 몸을 단련하듯 지혜를 위한 정신 훈련을 해야 할 것이다.

더 현명해지기 위해서는, 단순히 배우는 것에서 멈춰서는 안 된다. 계속해서 더 깊고 넓게 배우는 법을 배워야 한다. 단순히 지식을 확장하는 것만이 아니라, 사고의 역량을 키워야 한다. "너 주식회사"(You, Inc.)의 이사회에서 팀웍과 집단 지성을 강화해야 한다(3장에서 다룬 내용이다). 논리적 오류와 인지적 편향이 우리와 타인을 얼마나 쉽게 어리석음으로 이끌 수 있는지를 꿰뚫어 봐야 한다(부록 6 참고). 또한 사고하는 것은 본질적으로 사회적 행동이기 때문에 모든 사람을 쉽게 집단 사고에 빠지게 만든다. 단순히 **그들의** 집단 사고뿐 아니라 **우리의** 집단 사고에도 빠지기 쉽다. 관상(contemplation)하는 기술을 발전시키면 자신의 관찰을 관찰하는 법을 배우고, 정신적 고정관념에서 벗어나며, 습관적인 반응에서 분리되어 자신의 관점의 한계를 깨닫고, 인식의 폭을 넓힐 수 있다.

마치 어린아이들이 어른으로 자라기 위해 지혜로운 어른들의 안내가 필요하듯이, 어른들도 더 지혜로운 현자들(sages), 즉 지혜의 길로 이끌어 줄 수 있는 사람들이 필요하다. 본래 이것이 종교의 올바른 역할이다. 건강한 종교는 과거와 현재의 현자들의 깊은 지혜를 우리에게 보여주어 우리가 그들의 삶의 방식을 모방할 수 있도록 도와준다. 즉, 그들이 살았던 시대에 보여주었던 창의적인 통찰력을 우리 시대에도 실천할 수 있도록 도와주는 것이다. 반면, 건강하지 못한 종교는 정반대의 역할을 한다. 우리를 폐쇄적이고 경직된 엘리트들의 옹색한 방으로 끌어들여, 죽은 창시자들의 기존 해석을 끝없이 메아리치도록 만든다. 종교 지도자들은 종종 그런 창시자들에게 충실하다고 믿지만, 실상 그들의 태도와 행동은 창시자들의 창의적이고 혁신적인 본보기를 배신하는 경우가 많다. 그들은 창시자들의 대담하고 생동감 있는 유산을 계승하는 대신, 그 유산을 기반으로 자신들의 제도적 무덤을 짓고 관리한다. 앞으로 수년 동안 우리는 오랫동안 보지 못했던 종교의 더욱 추악한 모습을 목격하게 될 가능성이 크다. 하지만 그러한 추악함이야말로 다른 사람들을 더 아름다운 종교적 표현을 실천하도록 깨우는 계기가 될 것이다.

둘째, 현재 우리의 상황은 두려움과 비열함의 배양접시(petri dish)와 같다. 희생양을 만드는 것에 맞서고, 희생양이 된 사람들과 함께 서면서 폭력의 위험을 감수하는 데는 도덕적 용기가 필요하다. 우리는 종종 이런 도덕적 강인함을 친절(kindness) 또는 자비(compassion)라고 부른다. 흥미롭게도, 복음서에서 예수님이 이 단어를 직접 사용한 경우는 단 한 번뿐이다. 그분은 호세아서의 말씀을 인용하면서 "가서 이것이 무엇을 의미하는지 배우라"고 하셨는데, 이는 하나님이 종교적인 희생제물을 원하지 않으시며 오히려 자비를 원하신다는 뜻이었다.

셋째, 독수리가 죽음의 냄새를 맡고 모여들듯이, 쇠퇴와 고난의 시기에는 선동가, 독재자, 사기꾼, 그리고 다른 기만자들이 두려움과 분노의 냄새를 맡고 몰려든다. 그들은 그러한 감정을 이용하여 부와 권력을 얻을 기회로 삼는다. 우리가 그들의 밑바닥을 향한 경쟁에 동참하고 싶지 않다면, 강한 인격(strength of character)을 길러야 한다. 다른 사람들이 거짓을 용인할 때, 우리는 더욱 정직과 진정성에 헌신하게 된다. 다른 사람들이 뻔뻔스럽게 속이면서 승리하는 데 필사적일수록, 우리는 작은 일에서조차 더욱 정의와 성실에 헌신하게 된다. 다른 사람들이 수치를 무릅쓰고 도둑질을 할 때, 우리는 더욱 관대하게 된다. 다른 사람들이 두려움과 원한을 북돋을 때, 우리는 용기와 은혜를 발산한다.

넷째, 우리는 점점 더 분열이 심해지는 시대에 접어들고 있으며, 모든 사람이 서로를 적으로 여기려는 유혹을 받게 될 것이다. 따라서 강인한 정신, 친절한 마음, 그리고 강한 인성을 기르는 것 외에도, **상호 의존**(interdependence)의 기술을 개발할 필요가 있다. 어떤 사람들은 의존의 먹이가 될 것인데, 그들은 독재자, 권위주의자, 사이비 지도자들에게 의지하려 할 것이다. 어떤 사람들은 독립을 추구하며, 생존용 대피소를 짓고 높은 벽과 철조망에 둘러싸여, AR-15 자동소총을 손에 쥔 채 이웃 중 누구를 죽이고 자신의 비상식량을 차지할지 꿈꾸며 기다릴 것이다. 그들의 자기중심적인 좌우명은 "나는 정말로 신경 안 써, 너는?"이 될 것이다. 또 다른 사람들은 반의존(counter-dependence) 전략을 따르며, 늘 맞서 싸울 적을 찾고, 마지막 순간까지 적이나 가상의 위협과 전투를 벌이는 방식을 선택할 것이다. 그러나 상호 의존은 더 어려운 길이지만, 더 나은 길이다. 이 길은 지혜, 친절, 인격이라는 세 가지 강점을 통합하며, 인종, 계급, 종교, 정치 등의 낡은 장벽을 초월하게 한다. 그렇게 함으로써, 다양한 사람들로 이루어진 강인하고 협력적인 공동체를 건설할 수 있다. 상호 의존을 목표로 하는 사람들은 어려운 시기를 극복하는 유일한 방법이 더불어 **함께 하는** 것임을 알고 있다.

다섯째, 다가올 힘든 시기는 우리를 끊임없이 절망으로 끌어내리려 할 것이다. 그러나 우리가 그 절망을 지혜, 친절, 인격, 그리고 상호 의존으로 마주하고 견뎌내려면, 특히 **서로 다름을 우아하게 인정하는 용기**(the courage to differ graciously)가 필요하다. 우리가 위협을 받아 침묵하도록 강요당하고, 자신의 진실을 말하는 것을 두려워할 때, 우리는 마음을 잃게 된다. 그래서 나의 지혜로운 친구 데이비드 다크(David Dark)는 우리가 "침묵하지 않을 권리"를 주장해야 한다고 말한다. 그래야만 우리는 일어나 말하는 걸 배우고, 자신이 깨어나고, 현실을 받아들이고, 슬퍼하는 등 모든 경험을 말할 수 있다. 나의 경험상, 용기와 품위를 갖고 말하는 사람들은 공격적이지 않고, 방어적이지 않으며, 판단하지 않고, 비난하지 않으며, 명령조로 말하지 않는다. 그들은 자신이 느끼는 것과 보는 것을 말한다. 이것은 우리가 이 시대에 가장 적절하게 떠올려야 할 셰익스피어의 비극 ≪리어왕≫(King Lear)에서 에드거의 마지막 말을 떠올리게 한다. 그처럼 용기와 은혜를 통합하는 것이 내가 이 책에서 (불완전하게나마) 목표로 삼았던 것이다. 우리 각자는 일상에서 침묵하지 않을 용기를, 우아하게 서로 다를 수 있는 용기를, 그리고 우리가 옳다고 믿는 것에 굳게 설 용기를 보여줄 수 있는 방법을 찾을 수 있다. 결과와 상관없이 말이다. (대화를 위한 몇 가지 제안은 부록 3을 참고하라.) 우리가 용기 있고 품위 있는 본보기를 보이면, 다른 사람들도 그에 영감을 받을 것이다.

여섯째, 문명이 정점을 지난 후의 어려운 시기에 우리는 **민첩성**(agility)을 갖춘 강인함이 필요하다. 끊임없는 변화는 이제 우리 삶의 일부가 되었음을 받아들여야 한다. 수백만 명이 재교육을 받아야 하고, 직업을 바꿔야 하며, 직업이라는 개념 자체를 다시 생각해야 한다. 수백만 명이 식단, 여가 활동, 취미, 기념 방식을 바꿔야 한다. 어떤 변화는 상실처럼 느껴질 수도 있지만, 어떤 변화는 놀라운 성장을 가져다줄 것이다.

마지막으로, 지혜, 친절, 인격, 상호의존, 용기, 그리고 민첩성을 더욱 키우기 위해 우리는 인간 정신의 새로운 깊이를 발견해야 한다. 그것을 종교라 부르든, 영성이라 부르든, 관상(contemplation)이나 **중심 잡기**(centeredness)라 부르든 상관없다. 우리는 그것을 더 필요로 하게 될 것이다. 종교의 지속 불가능하고 허약한 요소들이 무너짐에 따라, 점점 더 많은 사람이 영적 전통의 강한 핵심과 강건한 심장을 발견할 기회를 얻게 될 것이다. 내 경험상, 우리가 영적 전통의 깊은 핵심으로 이동할수록, 다른 전통을 가진 사람들과도 공명을 이루게 된다. 그들 또한 내면으로 향하는 같은 여정을 경험하고 있기 때문이다.

배울 것은 많고, 시간은 부족하다. 하지만 조니 미첼(Joni Mitchell)과 마빈 게이(Marvin Gaye)가 노래했듯이, 삶은 배움을 위한 것이다.

그날 밤 손녀의 부모가 늦게 귀가했을 때, 그들은 그녀가 깊이 잠든 것을 보고 안심했다. 손녀는 자신의 두려움을 극복할 수 있다는 것을 깨달았다. 자신이 생각했던 것보다 더 많은 것을 해낼 수 있음을 발견했다. 그녀는 자신의 어려움을 통해 조금 더 성장했다. 그리고 나 역시 마찬가지였다. 나는 우리가 모두 같은 경험을 할 수 있다고 믿는다. 나이에 상관없이, 삶이 힘들어질수록 우리는 더 강해진다. (그리고 약간의 아이스크림은 도움이 될 수도 있다.)

친애하는 독자에게,

이 장에서는 우리가 힘든 시기를 겪을 때 더 강해져야 하는 일곱 가지 방법을 구체적으로 제시합니다. 이를 검토한 후, 요즘 당신에게 가장 와닿는 한두 가지를 선택하고 그 이유를 설명해 보세요.

"아이가 어른으로 성장하듯, 어른도 현자로 성장해야 한다"는 말에 대해 어떤 생각이 드나요?

당신이 사랑하는 아이들을 떠올려 보세요. 만약 그들 중 한 명이 울면서 와서 "나는 지구에서 일어나고 있는 일들이 정말 무서워요. 특히 기후변화가 걱정돼요. 그리고 사람들이 서로에게 심한 말을 하고 미워하는 걸 보면, 내가 안전할 수 있을지 모르겠어요"라고 말한다면, 어떻게 하시겠습니까? 그들에게 공감을 표현하고, 당신이 그들을 지지하고 있다는 확신을 주며, 인생이 힘들어질 때 그들 스스로 강해질 수 있다는 자신감을 심어주기 위해 어떤 말을 해줄 수 있을까요?

제4부

풀어주기 – 민첩한 대응의 길

17장

아름다움이 넘쳐난다

우리의 어린 시절 감각을 되찾고, 사물의 아름다움에 사로잡히도록 우리 자신을 허용하면, 종종 내면세계에서 부정당하는 선함이 자리 잡을 공간을 마련해 준다.

—흑인 전례학자이자 작가 콜 아서 라일리[1]

프로도: 난 못 하겠어, 샘.
샘: 알아요. 모든 게 잘못됐죠. 원래대로라면 우린 여기 있지도 말았어야 해요. 하지만 우리는 여기 있어요. 위대한 이야기들 속에서도 마찬가지였어요, 프로도 씨. 정말 중요한 이야기들이요. 어둠과 위험으로 가득 차 있었죠. 때때로 이야기가 어떻게 끝날지 알고 싶지 않을 때도 있었어요. 어떻게 끝이 행복할 수 있겠어요? 그토록 많은 악이 저질러졌는데 세상이 예전으로 돌아갈 수 있을까요? 하지만 결국, 그것도 그저 지나가는 그림자일 뿐이에요. 어둠조차도 지나가요. 새로운 날이 올 거예요. 그리고 태양이 빛나면 그 어둠을 더 분명하게 몰아낼 거예요. 그런 이야기들이 우리 곁에 남았어요. 그건 중요한 의미가 있죠. 어렸을 땐 왜 그런 이야기들이 중요한지 이해하기엔 너무 작았을 수도 있어요. 하지만 이제는 알아요, 프로도 씨. 이제는 정말

---

[1] *This Here Flesh: Spirituality, Liberation, and the Stories That Make Us* (Convergent, 2022).

알아요. 그런 이야기 속의 사람들은 돌아갈 기회가 많았지만 돌아서지 않았어요. 그들은 계속 나아갔어요. 그들은 무언가를 붙잡고 있었으니까요.

프로도: 우리가 붙잡고 있는 게 뭐지, 샘?

샘: 이 세상에는 선한 것이 있고, 프로도 씨 … 그리고 그것은 싸울 가치가 있어요.

—《반지의 제왕: 두 개의 탑》[2]

우리는 가장 용감한 작가들이 필요할 것이다. … 그들은 파괴에도 불구하고 아름다움을 보아야 하고, 깊은 슬픔을 경험해야 하며, 자욱한 먼지 폭풍 속에서도 변치 않는 진실을 찾아야 할 것이다. … 그들의 이야기는 모든 생명이 동등한 가치를 지닌 존재이며, 그 빛이 어떻게 단지 우리에게만 비추는 것이 아니라 전체에게 비추는지를 이야기해 줄 것이다.

—오스트레일리아 와니 원주민 작가 알렉시스 라이트[3]

나는 한순간에 뉴스 중독자가 되지는 않았다. 점차 빠져들었고, 그럴만한 이유가 있었다. 작가이자 활동가로서, 나는 최신의 불의를 추적해야 했고, 그것에 반대하도록 사람들을 행동하게 만들어야 했다. 최신의 정치적 또는 생태적 분노를 따라가야 했고, 그것에 대해 소셜 미디어에

---

[2] 이 버전은 J.R.R. Tolkien의 원작을 바탕으로 한 피터 잭슨 감독의 2002년 영화에서 발췌한 것이다.

[3] "The Inward Migration in Apocalyptic Times," *Emergence Magazine* (2022년 10월 26일), https://emergencemagazine.org/essay/the-inward-migration-in-apocalyptic-times.

게시하거나, 항의 현장에 나가거나, 작가로서의 내 플랫폼을 활용하여 대중의 여론을 움직이게 할 필요가 있었다.

나는 여전히 그 모든 것들을 믿는다. 여전히 그런 일을 한다. 여전히 뉴스를 보고 읽지만, 이전보다 덜 하고, 이전과는 다르게 한다.

아마 나는 더 이상 뉴스 중독자는 아닌 것 같다. 그것은 파국의 경험을 통해 내가 해방된 여러 가지 변화 중 하나일 거라 짐작한다.

나는 우리의 현재 상황에서 정말로 중요한 뉴스 이야기는 단 두 가지뿐이라는 사실을 받아들였다. 첫 번째는 인류가 붕괴로 향하는 험난한 내리막길, 그 필연적 과정, 결국 한계를 초과한 문명의 운명 이야기다. 이 이야기는 단지 대기 중 온실가스에 관한 것만이 아니다. 독성을 잔뜩 품고 있는 정치가들의 분위기와 똑똑한 체하는 논평가들의 뜨거운 말장난에 관한 것이기도 하다. 단순히 전 세계 기온 상승과 극한 폭풍에 대한 이야기만이 아니다. 우리의 미지근한 영적 분위기와 과열된 종교적 극단주의에 대한 이야기이기도 하다. 단순히 해수면 상승에 대한 것만이 아니다. 경제적 불평등과 인종적 불의가 증가하는 것에 관한 것이며, 단순히 빙하가 녹는 문제를 넘어 인간 사이의 유대가 사라져 가는 것에 관한 이야기다. 그것은 슬픈 이야기이며, 거짓과 기만으로 가득 차 있다.

이런 이야기는 매일 뉴스를 지배한다. 탐욕스러운 정치인들, 광적인 총격범들, 탐욕스러운 거대 기업가들, 사상 최고치를 기록하는 이윤과 기온, 실패하는 제도들, 종교적 스캔들, 가난한 사람들에 대한 착취, 유명인사들의 가십거리, 지구의 파괴 등 수많은 헤드라인 속에서 반복된다. 나는 최근 몇 년 동안 이러한 뉴스가 결코 새로운 것이 아님을 깨달았다. 그것은 그저 오래된 타락과 부정, 날마다 반복되는 다른 제목들일 뿐, 여전히 똑같은 추악한 이야기일 뿐이다. 이런 붕괴의 추한 뉴스 속에 잠겨 있을 때, 나는 항상 **추함은 어디에나 있다**는 똑같은 감정을 느끼며 살았다.

두 번째 이야기는 다르다. 어떤 의미에서는 더 오래된 이야기지만, 또 다른 의미에서는 늘 새로운 이야기다. 그것은 계속되는 아름다움의 이야기이며, 세상에서 항상 새롭게 펼쳐지고 있다. 그런 이야기들은 뉴스에 거의 등장하지 않지만, 아름다움의 경이로운 이야기들은 우리가 찾아볼 수 있다면 매일 곳곳에서 일어나고 있다. 예를 들어, 얼마 전 나는 친척을 방문했고, 그녀의 집에서 이 책을 집필하고 있었다. 작은 책상을 창가에 두고 앉아 있었고, 창밖으로는 하얀 소나무 한 그루가 보였다. 그 나뭇가지 사이에 미국 울새 한 마리가 둥지를 짓고 있었다. 불과 사흘 만에 둥지를 완성했다. 나는 불과 1미터도 되지 않는 가까운 거리에서 그 새가 풀과 진흙을 엮어 튼튼한 집을 만드는 모습을 지켜보았다. 그 둥지는 미래의 새끼들을 위한 사랑의 행위였다. 나는 그 새가 자신의 붉은 가슴을 이용해 둥지를 둥글게 다듬으며, 소중한 푸른 알을 품을 공간을 만드는 모습을 지켜보았다.

나는 다양한 새들이 짓는 둥지들을 상상했다. 아프리카와 북아메리카에서 나무에 매달린 복잡한 둥지를 짓는 직조새(weaver birds)와 꾀꼬리, 땅속 깊이 굴을 파고 알을 낳는 땅굴 올빼미와 물총새, 강가에 솜털 같은 둥지를 만드는 캐나다 거위, 나무 속을 파서 둥지를 마련하는 파랑새와 딱따구리, 바위틈 아래 진흙 콘도미니엄 같은 둥지를 짓는 절벽 제비. 매년 봄, 수백만 마리의 새들이 수백만 개의 둥지를 짓는다. 그리고 각 둥지는 독창적이고, 경이로우며, 세상에서 사랑과 기술, 선함의 이야기를 전하는 존재다. 인간 중에는 장난을 좋아하는 이들도 많지만, 새들은 여전히 경이롭다. 내가 새 한 마리를 진정으로 본다는 것은 그 새가 아름다움을 전하는 전도사처럼 보인다는 뜻이다. 새를 보면 내 몸 깊숙이 느껴진다. **아름다움은 넘쳐난다는 사실**을. 그 순간부터 나는 곳곳에서 아름다움이 피어나는 것을 보기 시작했다.

몇 시간 전, 나는 아침 산책을 했다. 그리고 **아름다움은 넘쳐난다**는 두 단어가 나를 따라다녔다. 어떤 날은 시각에 집중했다. 선명한 꽃들, 빛과 그림자의 패턴, 나무껍질의 색조 변화, 그리고 그 속의 일관성. **아름다움은 넘쳐난다**. 어떤 날은 청각에 집중했다. 비둘기의 구슬픈 울음소리, 집 안에서 들려오는 개 짖는 소리, 나무 사이로 속삭이는 바람, 이웃이 아기에게 말을 거는 소리. **아름다움은 넘쳐난다**. 오늘 나는 후각에 집중했다. 멀리서 피어나는 산불 연기(우리 지역 에버글레이즈 생태계에 필수적인 요소), 누군가의 아침 식사에서 나는 베이컨 냄새, 협죽도 나무에 만개한 꽃에서 풍기는 신비한 향기. **아름다움은 넘쳐난다**.

사람들을 볼 때도 나는 아름다움이 넘쳐나는 걸 본다. 공항에서 아내와 작별 인사를 하는 남편, 공원에서 아기에게 크래커를 먹이는 엄마, 음악 축제에서 손을 잡고 있는 노년의 레즈비언 커플, 카운티 박람회에서 자신의 예술 작품을 전시하는 보석공, 파티에서 유행곡에 맞춰 멋진 춤을 추는 사람들. **아름다움은 넘쳐난다**.

뉴스 중독자였던 시절, 나는 최신의 추한 뉴스에서 묘한 쾌감을 얻곤 했다. 한 번 그 유혹에 빠질 때마다, 나는 불건전한 무언가를 부채질했다. 도덕적 우월감, 분노, 두려움, 절망, 황폐함, 혹은 "우리 대 그들"이라는 적대감 같은 것이었다. 최근 나는 어떤 학자들이 이 현상을 설명하는 기사를 읽었다. 추한 뉴스는 스트레스를 유발했고, 이는 내 세로토닌 수치를 낮춰 행복감이 줄어들고 우울증이 심해지는 결과를 낳았을 가능성이 크다. 동시에, 두려움과 분노를 유발하고, 내부 집단(in-group)에 대한 결속력을 강화하며 외부 집단(out-group)에 대한 적대감을 조장함으로써, 이런 뉴스들은 도파민, 엔도르핀, 옥시토신, 아드레날린과 같은 기분을 바꾸는 호르몬에 대한 의존도를 증가시켰다. 그 결과, 나는 악순환에 빠졌다. 행복감이 줄어들수록, 나는 더욱더 소셜 미디어에서 분노할 만한 뉴스를 공유하여 "좋아요"를 받으려 했고, 더 강한 소속감을 느끼기 위해 분노한 집단에 속하려 했으며, 누군가 싸울 상대를 찾아야 했다. 나는 모든 뉴스가 사라지고 오직 분노를 유발하는 이야기만 남는 소용돌이에 휘말려 들어갔다. 나는 점점 추한 것에 이끌리게 되었다. 그것이 어디에나 보였다. 나는 점점 추함의 감식가, 아니 어쩌면 추함 중독자가 되어가고 있었다.4)

나 자신의 이런 과정에 대해 민감해진 후, 나는 그것을 모든 곳에서 보게 되었다. 집이나 사무실, 식당에 들어가면, 케이블 뉴스에서는 끊임없이 분노를 주입하고 있었다. 차를 타고 친구와 함께 있을 때도, 라디오 토크쇼 진행자는 청취자들에게 누구를 두려워해야 하는지, 누구를 미워해야 하는지, 누구를 비난해야 하는지를 말해주고 있었다. 그렇게 그들은 도덕적 우월감의 내부 집단을 만들고, 도덕적 파산의 외부 집단을 만들어낸다. 공항에서 사람들이 휴대폰을 들여다보며 자신이 좋아하는 사이트나 앱을 체크하는 모습을 자주 본다. 나는 그들이 최신의 추악한 소식을 접하고 있는 것이 아닐까 생각한다. 나는 얼마나 많은 사람이 선호하는 미디어 기기를 켤 때마다 비판적 사고를 꺼버리는지 궁금하다. 행복이 부재한 상태에서 사람들은 감정의 강도를 만족시키기 위해 분노, 반감, 우월감, 갈등을 찾는 것은 아닌가 싶다.

당신도 동의할 것이라 생각한다. 우리가 마음속에 구축하는 내면의 현실은 실제로 우리의 생각 속에 존재하며, 그것이 추하거나 아름답거나, 거짓이거나 진실이거나 할 수 있다. 그것은 우리의 내면적 가치에 영향을

---

4) *Deep Adaptation* (Polity Press, 2021)에서 발췌, Jem Bendell과 Rupert Read 편집, p. 171. 6장 "무의식적 중독"(Unconscious Addictions)의 저자들은 신경생물학적 언어를 사용하지만, 감정은 단순히 한 가지 신경전달물질이나 호르몬으로 설명될 수 없다는 점을 은유적으로 강조하고 있다. 그들이 설명하는 과정은 고대 히브리 격언을 떠올리게 한다: "배부른 자에게는 벌집의 꿀도 싫은 것이나, 주린 자에게는 쓴 것도 달게 여겨진다" (잠언 27:7).

미쳐 외적 행동을 형성한다. 우리는 주변 세계를 우리가 가진 내면 세계와 비슷하게 만들려는 경향이 있다. 우리의 초점에 따라, **추함은 어디에나 존재할 수도 있고, 아름다움이 넘쳐날 수도 있다.**

알렉시스 라이트(Alexis Wright)는 호주 출신의 원주민 작가다. 원주민으로서, 그녀는 원주민들에게 세상의 종말이 수 세기 동안 지속되어 왔다는 것을 알고 있다. 그녀는 식민자와 피식민자 모두가 식민화의 사고방식에서 해방될 필요가 있음을 지적한다. 그녀가 말하길, 자유로 가는 첫걸음은 정신을 탈식민화(de-colonize)하거나 탈자본화(de-capitalize)하는 것이다. 그렇게 함으로써, "다른 사람들이 우리가 어떻게 생각해야 한다고 믿는 방식에 따라 정의되지 않는 강인함"을 키울 수 있다. 그녀는 이러한 해방을 "마음의 주권"(sovereignty of mind)이라고 부른다.

자신의 정신적 주권 영역으로 들어가는 것은, 우리의 사고 능력을 박탈하고 정신을 소모시키며 판단 능력을 차단하는 온갖 간섭들로부터 우리 자신을 보호하는 것을 의미한다. 그렇게 할 때, 우리는 자신의 영혼과 상상력을 통제할 수 있게 된다.

마음의 주권으로 향하는 여정은 **내면으로의 이주**(inward migration)를 요구한다. 이는 우리가 외부의 국가, 문화, 경제, 문명으로부터 일종의 난민이 되는 것을 의미하지만, 여전히 그 안에서 살아가게 된다. 우리는 내면으로 철수한다. 우리는 내면의 경계를 넘는다. 더 이상 우리가 동의하지 않는 이야기와 가치 체계에 따라 세상에서 벌어지는 일들에 동조하지 않는다. 반면에, 우리의 이웃들은 여전히 사고팔고 불태우고 이익을 창출하며, 자원을 착취하는 삶을 계속 살아간다. 그들은 최고의 이윤을 축하하고, 최고 기온을 경신한 것을 무시함으로써, 아일랜드의 시인 셰이머스 히니(Seamus Heaney)가 말한 "마음의 나라"를 만들어낸다.

알렉시스 라이트가 이 "내면으로의 이주"에 대해 이야기하는 것을 들었을 때, 나는 예수와, 자주 인용되지만 좀처럼 제대로 이해되지 않는 개념인 "하나님 나라"(kingdom of God)에 대해 새로운 통찰을 얻게 되었다. "하나님 나라는 너희 안에 있다"라고 예수는 말했다(누가 17:21). 예수는 그것을 의식의 골방(마태 6:6)으로 묘사하며, 그곳에서는 다르게 생각하고, 자신의 욕망과 희망을 진실하게 정리하는 방법을 배우는 곳이라고 했다. 이 내면으로의 이주, 즉 영적 이주를 배우게 되면, 이미 그 길을 걸었으며 자유와 마음의 주권을 발견한 사람들을 찾게 된다. 예수가 마을에서 마을로 여행하며 말씀을 전했을 때, 내면의 이주를 경험한 사람들은 예수를 영혼의 동지로 느꼈음이 틀림없다. "그래, 맞아! 나만 그런 줄 알았어!"라고 속으로 생각했을 것이다. 그들은 예수에게 자기와 똑같은 내면의 언어를 말하는, 보이지 않는 나라의 동료 시민처럼 끌렸을 것이다.

그러면 그들은 예수의 "두세 사람이 내 이름으로 모인 곳에 나도 함께 있다"라는 말씀을 듣고 이렇게 이해했을 것이다. "들어봐, 나는 너희가 수적으로 열세에 놓여 있다는 걸 알아. 그리고 많은 사람이 추악한 이야기 속으로 빨려 들어갔다는 것도 알아. 하지만 나는 너희가 아름다움이 넘치는 다른 이야기 속에서 살아가는 법을 배우고 있다는 걸 알아. 아름다운 이야기를 전하는 데는 나의 물리적 존재는 필요 없어. 너희 스스로 이야기를 전할 수 있어. 두세 명이라도 함께 모여, 세상 속에서 내가 존재하는 방식을 너희도 구현할 수 있어. 너희도 저항의 세포(cells of resistance), 변혁의 전초기지(outposts of transformation), 아름다움의 씨앗 밭(seedbeds of beauty)이 될 수 있다니까!"5)

---

5) 씨앗 밭(seedbed) 이미지에 대한 감사의 인사를 애쉬 바커(Ash Barker)에게 전한다. 그의 신간 *No Wastelands: How to Grow Seedbeds of Shalom in Your Neighborhood*을 보라. 더 많은 정보를 원한다면 https://seedbeds.org/를 보라.

이것이 내가 위험한 시대에서 조직된 종교가 가질 수 있는 최선의 미래라고 상상하는 것이다. 과거에 집착하는 사람들을 돕는 대신에, 종교 공동체는 사람들이 이 내면의 이주를 통해 마음의 주권을 향해 나아가도록 도울 수 있다. 그곳에서는 추함의 정도가 계속 상승하는 것에 맞서서 사람들이 아름다움을 키워가기 위해 아름다움을 보고, 만들고, 그 맛을 풍긴다.[6] 내면의 아름다움을 풍기는 것은 결국 아름다운 외적 행동으로 이끌게 마련이다.

나는 친구 마이클 다우드(Michael Dowd)와 코니 발로(Connie Barlow)를 떠올린다. 그들은 세상의 추악함을 누구보다 잘 이해하고 있지만, 단순히 불평만 하는 것이 아니라 그 추악함에 대한 아름다운 대응을 하고 있다. 그들은 나무의 넘치는 아름다움을 인식하고 있기에, 나무들이 더운 서식지를 피해 더 시원한 곳에서 생존할 수 있도록 북쪽으로 "이동하도록" 돕고 있다.[7] 다른 사람들은 새, 나비, 바다거북, 코끼리, 개구리 등의 생물이나 초원, 숲, 습지, 늪지, 강 유역, 밀림 등을 보호하는 일에 집중하고 있다. 전 세계 곳곳에서 작은 공동체들이 현대판 노아가 되어 자신들의 뒤뜰과 지하실에 "에덴의 조각"을 보존하고 있다. 이는 문명이 멸망하거나 인간 종이 사라질지라도 지속될 아름다움이다.

어떤 사람들은 특정 종이나 생태계를 보호하는 데 집중하는 반면, 어떤 이들은 자신들의 지역 사회와 이웃을 보호하는 데 집중한다. 나는 친구 토드 윈야드(Todd Wynward)가 뉴멕시코의 작은 공동체에서 실천하는 모습을 떠올린다. 그는 자신이 속한 지역을 모델로 삼아 사람들이 어디서든 실천하기를 바란다. 그것은 곧, 과잉 소비라는 추악한 이야기에서

---

6) 나는 *The Great Spiritual Migration* (Convergent, 2016)에서 이것을 탐구했다.
7) 나무 이동에 대한 자세한 내용은 https://thegreatstory.org/climate-trees-legacy.html.을 보라.

벗어나, 생태적, 사회적, 영적 조화라는 아름다운 이야기로 전환하는 것이다.8)

  나는 또, 독재, 금권정치, 과두정치로부터 민주주의를 구하기 위해 일하는 사람들을 떠올린다. 내 친구들인 더그 패깃(Doug Pagitt)과 수녀 시몬 캠벨(Sr. Simone Campbell) 같은 사람들이다. 그들은 책을 쓰고, 운동을 이끌며, 팟캐스트를 제작하고, 선거에 출마하고, 버스 투어를 기획하고, 플래카드를 내걸며, 소셜 미디어에 게시하고, 콘서트와 피크닉을 열면서 자신이 할 수 있는 일을 하고 있다. 또 어떤 사람들은 이웃의 평등을 위해 싸우고 있다. 그들은 희생양이 되고, 비난받고, 배제되고, 지워지는 사람들을 위해 일한다. 하지만 이러한 행동은 본인도 같은 처우를 받을 위험이 있다. 그럼에도 불구하고, 내 친구들인 셰인(Shane)과 케이티 조 클레이번(Katie Jo Claiborne) 같은 사람들은 총을 정원의 도구로 바꾸고, 폭력을 변화시킬 운동을 전개한다.9) 어떤 사람들은 아름다운 것들을 기념하기 위해 직접 모이고, 어떤 사람들은 온라인에서 모이며, 어떤 사람들은 두 가지를 모두 한다. 예를 들어, 내 친구 개러스 히긴스(Gareth Higgins)는 포치 공동체(Porch Community)에서 활동하고 있고, 내 친구 다이애나 버틀러 배스(Diana Butler Bass)는 코티지 공동체(Cottage Community)에서 활동한다.10) 이렇게 많은 아름다운 일을 하는 많은 아름다운 사람들이 있다!

  나는 그늘의 이야기를 자세히 늘려줄 생각은 없다. 너무 많은 이야기가 있으며, 매 순간 새로운 이야기가 끊임없이 탄생하기 때문이다. 하지만 나는 당신에게 잘못된 종류의 복잡한 희망을 주고 싶지는 않다. 그 희망이 격려하는 이야기들을 그저 안주하는 허락으로 바꾸는 일이 되지

---

8) https://www.taostilt.org/.
9) https://sojo.net/media/watch-ar-15-taken-apart-and-turned-garden-tool.
10) https://www.theporchcommunity.net/ 그리고 https://dianabutlerbass.com/the-cottage/.

않길 바란다. 당신이 "좋아, 잘 되었네. 다른 사람들이 일을 해결하고 있으니까. 난 내 원래의 편안한 상태로 돌아가야겠다"라고 느끼거나 생각하지 않기를 바란다.

다른 사람들의 내면으로의 이주에서 비롯된 아름다운 이야기들을 상상해 보라고 요청하는 대신, 나는 당신 자신의 내면으로의 이주에서 비롯된 아름다운 이야기들을 고려해보라고 요청하고 싶다. 끊임없이 쏟아지는 추악한 소식들에 대해 당신이 흥미를 잃는 것을 상상해보기 바란다. 부분적으로는 그것이 지루하기 때문이고, 부분적으로는 그것이 낙담시키고 압도적이기 때문이며, 부분적으로는 그것을 강화하는 가장 좋은 방법 중 하나가 그것에 관심을 기울이는 것이며, 그것을 약화시키는 가장 좋은 방법 중 하나는 관심을 철회하는 것이기 때문이다. 그렇다고 해서 추악함을 부정하거나, 그것이 실제로 존재하지 않는다고 가장하는 것은 아니다. 그것은 분명히 현실이며, 대중적이고 강력하며, 치명적이다. 다만, 추악함이 드러날 때마다 그것을 인식하고, 애도하고, 분노를 느낀 후, 당신은 아름답고 기쁜 것들을 실천하고, 세상에 넘쳐나는 아름다움을 기념하며, 그것을 더하는 일에 헌신해야 한다는 의미다. 세상에는 싸울 가치가 있는 선함이 존재한다.

몇 달 전, 나는 노스캐롤라이나 산속에서 열리는 한 수련회를 돕고 있었다. 마지막 밤, 우리는 너무 오랫동안 하지 못했던 일을 했다. 우리는 모닥불을 피웠다. 마시멜로를 구워 먹고, 팝콘을 나누어 먹었다. 그리고 모닥불 주변에서 사람들은 아름다움을 나누었다.

어떤 사람은 자신이 암기한 웬델 베리(Wendell Berry)의 시를 낭송했다. 또 다른 사람은 메리 올리버(Mary Oliver)의 시를 낭송했다. 한 전문 음악가는 노래를 들려주었다. (앰프도 없이, 단지 그의 목소리와 기타 소리만이 타오르는 캠프파이어 너머로 퍼져 나갔다.) 그리고 그는 기타를 몇몇 아마추어 음악가들에게 건네주었다. 여러 이야기를 나누었는데, 어떤 것은 매우 감동적이었고, 어떤 것은 매우 재미있었으며, 어떤 것은 둘 다였다. 몇몇은 농담을 주고받았다. 참나무 장작 몇 개에서 나온 탄소를 제외하면, 화석연료는 태우지 않았고 전기도 필요하지 않았다. 우리는 서로의 존재만으로도 저녁 시간을 보냈다. 그것도 무료로. 그것은 황홀하고 아름다웠으며, 내가 기억하는 가장 행복한 밤 중 하나였다.

나는 생각했다. *아름다움이 넘쳐나는구나.*

앞으로 몇십 년이 내가 예상하는 것만큼 힘들다면, 보도해야 할 수많은 추악한 뉴스들의 홍수가 있을 것이다. 그러한 뉴스가 우리의 삶을 지배할 수도 있다. 우리의 생명을 소진시킬 수도 있다. 그리고 그것은 하나의 자기충족적 예언(self-fulfilling prophecy)을 만들어낼 수도 있다.

그날 밤 캠프파이어 주위에서, 나는 사람들이 작은 아름다움의 원(small circles of beauty)을 이루며 모이는 모습을 상상할 수 있었다. … 현관 앞, 거실, 숲속 공터, 부엌 식탁, 심지어 교회나 회당, 사원에서도. 그들은 아무것도 필요로 하지 않을 것이다. 화면이나 귀에 꽂는 수신기, 파이프 오르간이나 스테인드글라스 창문, 스모그 기계나 앰프, 소리를 지르는 설교자나 화려한 조명, 또는 전자 그래픽도 필요하지 않을 것이다.

설령 정부가 붕괴하고 전력망이 무너진다 해도, 인터넷이 독재 정권에 의해 감시당하고, 학교가 전체주의적 선전을 가르치는 도구로 전락한다 해도 … 그들은 여전히 모일 것이며, 서로에게 생명을 나누어 줄 것이다. 둘이서, 셋이서, 열 명이, 스무 명이. 그들은 진실을 이야기할 것이다. 그들은 선함을 기릴 것이며 아름다움을 존중할 것이다. 아름다움을 진정한 이야기이며, 원초적 이야기이자, 영원히 아름다운 이야기로 여길 것이다. 그들은 노래를 부르고, 시를 낭송하고, 이야기를 들려주고, 농담을 나눌 것이다. … 그리고 그들은 웃고, 울고, 춤추고, 침묵 속에서 앉아 타오르는 불꽃이 하늘로 올라가는 것을 지켜볼 것이다. 그 원 안에서는 삶이 아름다울 수밖에 없다. 그 원 안에서는 이루 말할 수 없는 기쁨이 있게 마련이다.11) 세상 밖에서 무슨 일이 벌어진다 해도 말이다.

나는 포타와토미 원주민이자 내가 가장 좋아하는 작가 중 한 명인 로빈 월 키머러(Robin Wall Kimmerer)의 말을 떠올린다. 우리가 4장에서 보았듯이, 사랑과 슬픔은 불가분의 관계에 있지만, 그녀는 "잃어버린 풍경을 위해 울기만 해서는 충분하지 않다"고 말한다. 그녀는 이렇게 썼다. "상처 입은 세상조차 우리에게 먹을 것을 제공하고 있습니다. 상처 입은 세상조차 우리를 품어주며, 경이와 기쁨의 순간을 선사합니다. 나는 절망보다 기쁨을 선택합니다. 현실을 외면해서가 아니라, 지구가 매일 나에게 주는 기쁨이 있으며, 나는 그것을 선물로 되돌려주어야 하기 때문입니다."12)

세상에는 너무나 많은 선함이 존재하며, 이는 지킬 가치가 있는 선함이며, 오늘을 살아갈 가치가 있는 넘치는 아름다움이 있다. 어제가 어떠했든, 내일이 어떻게 될지 모르더라도, 혹은 내년이나 다음 세기가 어떨지 몰라도, 지금, 바로 이 순간에도, 아름다움은 우리가 그것을 보려고 할 때 어디에나 존재한다.

---

11) 이 문단은 히브리 선지자 하박국 3장 17~19절의 말씀을 바탕으로 즉흥적으로 창작된 것이다. 세상이 무너져도 기쁨을 키워가는 방법에 대한 더 많은 내용을 알고 싶다면, Barbara Holmes, *Joy Unspeakable* (Fortress, 2017)을 보라. 또한, 퍼렐 윌리엄스(Pharrell Williams)가 참여한 Voices of Fire의 동명 노래(Joy Unspeakable)를 들어보라. https://www.youtube.com/watch?v=pWxDU0y5Awk.

12) *Braiding Sweetgrass* (Milkweed, 2014): 노승영 옮김, ≪향모를 땋으며≫(에이도스, 2021).

친애하는 독자에게,

나는 "추한 뉴스에서 오는 묘한 흥분"에 대해 말했습니다. 당신은 이런 기분을 느껴본 적이 있나요? 혹은 다른 사람들에게서 본 적이 있나요? 추한 뉴스에는 무엇이 그토록 매혹적이고 중독적인 요소가 있는 걸까요?

당신이 사랑하는 아름다운 장소를 떠올려 보세요. 그곳의 어떤 점이 좋은지 말로 표현해 보세요. 그리고 기회가 된다면 그곳을 다시 방문해 보세요.

"아름다운 일을 하는 아름다운 사람들"을 떠올려 보세요. 당신이 알고 있거나 들은 적이 있는 사람 중에서요. 그들의 이야기를 공유해 보세요. 가능하다면 그들에게 감사와 격려의 메시지를 보내보는 것도 좋습니다.

이 장의 마지막 부분에서, 나는 한 무리의 사람들과 모닥불을 둘러앉아 이야기를 나눈 경험을 나누었습니다. 당신이 그런 자리를 계획한다면, 아름다움을 함께 나누기 위해 누구를 초대하고 싶은가요? 그리고 그 이유는 무엇인가요?

"아름다움은 넘쳐난다"는 이 신념(혹은 당신만의 표현)을 최소한 일주일이나 이주일 동안 실천해 보세요. 그리고 그동안 어떤 변화가 일어나는지 관찰해보세요. 톨킨의 프로도와 샘이 말했던 것처럼, "이 세상에는 아직도 선한 것이 남아 있어요, 프로도 씨, 그리고 그것을 위해 싸울 가치가 있어요."

18장

지금 시대를 살아간다는 의미

"내 시대에 이런 일이 일어나지 않았으면 좋았을 텐데."
"나도 그래." 간달프가 말했다. "이런 시대를 살아가는 모든 사람이 그렇게 생각하지. 하지만 그것은 우리가 결정할 일이 아니야. 우리가 결정해야 할 건 주어진 시간을 어떻게 사용할 것이냐 하는 것뿐이지."
—《반지의 제왕: 반지 원정대》

"세상이 난파하고 있을지라도, 용기를 내어 강하게 살아가라."
—12세기 다재다능한 신비주의자, 힐데가르트 폰 빙엔

지금은 인류 역사상 가장 의미 있는 삶을 살 기회가 주어진 시대입니다. 우리가 태어난 시대 덕분에 할 수 있는 행동은 과거에 살았던 대부분의 사람과 비교할 때 훨씬 더 중요한 의미를 갖습니다. 앞으로 50년, 500년, 5000년 동안 지구의 미래는 우리가 앞으로 몇십 년 동안 하는 일에 따라 결정될 것이기 때문입니다. 누구도 쉬운 삶을 원한다고 말하지 않습니다. 우리가 정말 원하는 것은 의미 있는 삶입니다.
—팟캐스터이자 정치 전략가인 톰 리벳-카낙,
그가 자녀들에게 현재 상황에 대해 이야기하며[1]

---

1) *Outrage and Optimism* 팟캐스트의 211회 에피소드에서 발췌(https://www.outrageandoptimism.org/).

나는 어릴 때부터 "나쁜 말"을 쓰지 않도록 교육받고 자랐다. 우리 가족에게 "제기랄!"과 "맙소사!" 같은 표현은 어느 정도 허용되었지만, 나는 고등학교에 가서야 처음으로 심한 욕설(F-word)을 들었던 것 같다. (아마도 대학에 가서야 처음 직접 말해봤을 거다.) 지금도 나는 욕설을 과하게 사용하면 그 의미가 희석되고, 신성한 것들이 훼손되며, 혐오와 증오, 폭력과 절망이 심화된다고 느낀다. 그래서 작가로서 나는 욕설을 거의 안 쓴다. 부정적인 흐름을 키우고 싶지 않기 때문이다.

그러나 때로는 강하고 충격적인 단어만이 순간의 긴박함과 위험에 부응할 수 있다. 강한 언어(신중하게 사용될 때)는 바로 이러한 순간을 위해 만들어졌다. 당신은 2장에서, 그리고 6장에서 다시 언급한 환경운동가 데릭 젠슨의 말을 기억할지도 모른다. 그는 이렇게 말했다. "어느 곳에 서든 환경운동가들이 가장 흔히 하는 말은 '우리는 폭삭 망했어'(We're f*cked)라는 말이다." 오늘날 젊은 세대가 이전 세대가 남긴 온갖 재앙들의 혼란을 바라보며 이 두 단어를 매우 적절하다고 여길 수 있다는 것은 쉽게 상상할 수 있다. "우리는 망했어. 이런 시대에 살아야 한다니!"(What a time to be alive.) 그들은 한숨을 쉬며 이렇게 말할 수 있다. 나는 그들이 그렇게 말하는 것을 비난할 수 없다.

하지만 "이런 시대에 살아야 한다니!"라는 말을 또 다른 방식으로 표현할 수도 있다. 이 표현은 또한 심한 욕설의 적절한 사용과 관련된다. 2019년 발표된 마이클 프란티(Michael Franti)의 인기 있는 노래 첫 번째 구절에서 그는 "오늘 내 머릿속에서 벌어지는 상황"을 한탄한다. 그는 두려움과 증오로 사람들을 분열시키려는 정치인들에게 좌절감을 느낀다. 그리고 이어지는 후렴구는 이렇게 말한다. "이 세상은 엉망이지만, 난 포기하지 않아!"[2)]

마이클 프란티가 이 노래를 부르는 것을 다시 듣고 있으면, 나는 진정한 가사의 외설은 F-단어가 아니라, "포기하는 것"이라는 사실을 깨닫게 된다.

나는 당신도 이 책에서 우리의 여정을 따라가면서 여러 번 포기하고 싶은 유혹을 느꼈을 것이라고 확신한다. 특히 각 장의 내용을 깊이 생각해 본 적이 있다면 더욱 그렇다. 아는 것이 많아지고, 더 많이 신경 쓸수록 포기하고 싶은 유혹은 점점 더 커지는 것처럼 보인다. 12장에서 언급했듯이, 나의 친구 중 많은 이들, 특히 미래를 위한 투쟁에서 가장 헌신적으로 일했던 이들이 그 투쟁의 희생자가 되었다. 그들은 할 수 있는 한 최선을 다해 모든 것을 쏟아부었지만, 결국 완전히 지쳐버렸다.

최전선에서 부상당한 군인들처럼, 그들은 자신이 한 모든 일에 대한 존경과 감사를 받을 자격이 있으며, 그에 걸맞은 쉼이 필요하다. 아마도 언젠가, 충분한 시간을 갖고 자신의 상실과 실망을 슬퍼한 후, 미래를 위한 치열한 투쟁에서 겪은 외상후 스트레스 장애(PTSD)로부터 어느 정도 치유될 수 있다면, 그리고 결과가 아니라 사랑으로 동기부여를 받아 선택하는 기회를 가질 수 있다면, 그들은 다시 활력을 되찾고 투쟁에 다시 참여하는 사람들이 될 수 있을 것이다. 특히, 우리 중 더 많은 사람이 참여하는 것을 본다면 더욱 그럴 것이다. 아니면 그들이 관중석에서 우리를 응원할 수도 있다. 그들이 앞으로 무엇을 하든, 혹은 하지 않든 간에, 나는 이 모든 이유 때문에 이 영웅들에게 깊은 감사를 드린다.

이제까지 열일곱 개의 장을 읽었다면, 나는 앞으로 닥칠 힘든 시기를 큰 손실과 슬픔 없이 지나갈 것이라고 낙관하지 않는다는 것을 당신은 이미 알고 있을 것이다. 또한 2장에서 고려한 네 가지 시나리오가 모두 가능하다는 것도 당신은 알고 있을 것이다. 이러한 시나리오를 마주할 때

---

2) 나에게 이 노래를 가르쳐준 Cliff Berrien과 Tom Eberle에게 감사한다.

오는 감정적 충격을 내가 강하게 느낀다는 것도 당신은 알고 있을 것이다. 아마도 내가 "붕괴 회피"(Collapse Avoidance)의 가능성이 매일 점점 줄어들고 있으며, 또한 단기적인 붕괴 회피가 장기적인 피해를 심화시킬 수도 있다고 믿는다는 것도 당신은 눈치챘을 것이다.

나는 우리가 붕괴의 풀장 깊은 곳으로 점점 더 밀려가고 있다는 엄숙한 흐름을 감지한다고 느끼고 있다. 그리고 나는 단순히 "희망을 가져라"고 가볍게 말하는 사람이 아니라는 것도 당신은 알고 있을 것이다. 희망이란 복잡한 것이기 때문이다.

하지만 나는 사람들이 **왜 희망을 포기하는**지를 충분히 이해하면서도, 나는 **희망을 포기하지 않는**다는 것을 알리고 싶다. 심지어 나는 우리의 **현재 문명**에 대한 희망을 포기할지라도, **당신**을 포기하지 않고, **인류**를 포기하지 않으며, **이 아름다운 세상**을 포기하지 않는다. **희망을 포기하는 것**과 모든 것을 완전히 **포기하는 것** 사이에는 큰 차이가 있다. 20세기의 파국의 소설가인 J. R. R. 톨킨은 그 차이를 이렇게 포착했다.

"그러므로 내가 애당초 해야 한다고 느꼈던 일이 바로 이것이었다"라고 샘은 생각했다. 즉 "프로도를 마지막 발걸음까지 돕고, 그와 함께 죽는 것. 그렇다면, 그것이 나의 임무라면, 나는 그것을 해야 한다." … 그러나 샘 안에서 희망이 죽었을 때조차, 그것은 새로운 힘으로 바뀌었다. 샘의 소박한 호빗 얼굴은 단호해졌고, 거의 엄숙해졌으며, 마치 강철이 단단해지는 것처럼 그의 내면에서도 단단함이 자리 잡았다. 그는 사지가 짜릿하게 반응하는 것을 느꼈다. 그것은 그를 돌과 강철로 만들어, 절망도 피로도 끝없는 황무지도 꺾을 수 없는 존재로 변모시켰다. 새로운 책임감과 함께, 그는 다시 땅을 바라보고 앞으로 나아갈 길을 살폈다.3)

희망이 있든 없든, 그 모든 복잡성을 떠나서, 나는 데릭 젠슨과 마이클 프란티, 프로도와 샘, 그리고 씩씩하고 발랄한 힐데가르트 폰 빙엔과 함께하고 싶다. 나는 용감하고 강하며, "절망도 피로도 꺾을 수 없는 돌과 강철로 된 창조물"이 되고 싶다. 어떤 결과가 오든 **절대 포기하지 않는 것**이 나의 다짐이다. 나는 일흔이 가까워지면서 앞으로 얼마나 더 버틸 시간이 남았는지 모른다. 하지만 주어진 시간이 얼마든, 내가 할 일이 무엇인지를 분별하고, 그것을 온 마음을 다해 행할 것이다. 나는 무엇을 살릴 수 있는 것인지 분별하고, 그것을 구하기 위해 나의 몫을 다할 것이다. 그리고 당신도 할 수 있다면 그렇게 하기를 바란다. 나는 당신이 스스로를 돌보고 지치지 않도록 조절하며 나아가길 바란다. 그리고 당신이 동료들을 공격하는 대신 그들을 소중히 여길 수 있기를 바란다. 그렇지 않으면, 당신은 결국 그 위기를 지속시키는 습관을 반복하게 될 것이다.

우리의 현재 상황이 아무리 고통스럽다 해도, 아야나 엘리자베스 존슨(Ayana Elizabeth Johnson)과 캐서린 윌킨슨(Katharine K. Wilkinson)의 말이 진실을 담고 있다고 생각한다. 그들은 이렇게 말한다. "이토록 중요한 순간을 살아간다는 것은 멋진 일이다."4)

"멋지다"(Magnificent)는 말은 저속한 욕설과는 정반대 단어로, 모욕이 아닌 긍정적인 힘을 담고 있다. 이 말은 6장에서 언급된 역사가이자 활동가인 하워드 진(Howard Zinn)의 지혜를 떠올리게 한다. 그는 우리가 인간 종족의 추악함, 즉 무지, 어리석음, 비겁함, 비열함, 탐욕, 이기심, 잔인함에 너무 쉽게 사기를 잃을 수 있다고 경고했다. 그는 또한 우리가

---

3) J. R. R. Tolkien, *The Return of the King* : 김보원 외 옮김, ≪왕의 귀환≫(아르테, 2024), 11장.

4) *All That We Can Save* (One World, 2020): 김현우 외 옮김, ≪우리가 구할 수 있는 모든 것≫(나름북스, 2022). 마지막 장.

인간의 최악의 특성들이 마치 유일한 본성인 것처럼 행동해서는 안 된다고 했다. 우리는 가장 나쁜 면이 가장 좋은 면을 덮어버리도록 내버려 두어서는 안 된다. 왜냐하면 "인류의 역사는 잔혹함만이 아니라, 연민, 희생, 용기, 친절의 역사이기도 하기" 때문이며, 사람들은 종종 **멋지게** 행동해왔다."

마이클 프란티와 데릭 젠슨이 강력한 속어와 공감하는 것처럼, "**멋지다**"라는 단어는 아야나 엘리자베스 존슨, 캐서린 K. 윌킨슨, 그리고 하워드 진 사이에서 반복적으로 울려 퍼진다. "이토록 중요한 순간을 살아간다는 것은 **멋진** 일이다. 그런 시간과 장소를 기억하라. 그리고 사람들이 **멋지게** 행동했던 그런 순간들은 매우 많다."

마이클 프란티는 그의 노래 마지막 구절에서 이 울림을 이어가며, "십억"(billion)이라는 단어를 사용하여 같은 멋짐을 강조한다. 그는 "십억 명의 서로 다른 사람들이" "십억 가지 서로 다른 일을" 하여, "십억 군데의 장소를 더 나은 곳으로 만들고 있다"고 노래한다.

멋지게 살아가는 것, 십억 명의 사람들이 십억 가지의 다른 일을 하며 … 우리가 구할 수 있는 모든 것을 구하는 것, 이것이 바로 하워드 진이 말하는 "놀라운 승리"일 것이다.

이 "놀라운 승리"는 결과로 측정되지 않는다. 오히려, 그것은 우리가 살아가는 방식으로 측정된다. 즉, 십억 명의 사람들이 "우리 주변의 모든 나쁜 것들에 저항하며" 살아가는 방식으로 측정된다. 그것이 우리가 최소한의 혼란 속에서 "붕괴 회피"를 할 수 있다고 보장하는 것은 아니다. 이는 어떤 확실한 결과에 얽매이지 않은 승리다. 이러한 의미에서, 하워드 진의 "놀라운 승리"는 현실적인 희망이며, 복잡한 희망이지만 결과에 대한 보장을 요구하지 않는 희망이다. 그것은 "거창한 유토피아적 미래"를 가리키지는 않는다. 하지만, 그것은 우리가 싸울 가치가 있는 미래를 가리킨다.

이 프로젝트의 끝이 가까워질수록, 나는 2장에서 소개했던 네 가지 시나리오(붕괴 회피, 붕괴 후 재탄생, 붕괴 후 생존, 붕괴 후 멸종) 중 어떤 것이 우리를 기다리고 있는지에 대해 더욱 확신이 없다. 하지만 확실해진 것이 있다. 즉 우리는 폭삭 망했다(f*cked). 우리는 우리 세계와 문명에 불을 지른 상태이며, 여러 가지 겁나는 방식으로 그렇게 했다. 그리고 우리가 신뢰하는 사회적 기관 중 그 어떤 것도 이 불을 끌 수 있을 것이라는 확신을 주지 못하고 있다. 그런 사회적 기관들은 실패하고 있는 사회적 내러티브나 틀(프레임) 속에서 형성되었기 때문이다. 무한한 성장에 대한 환상, 보장된 행복한 결말을 바라는 꿈, 권력에 대한 망상, 필연적인 진보에 대한 신화 같은 것 말이다.

하지만 나는 스스로 다짐한다. 우리의 인간성은 현재의 내러티브와 제도로만 축소될 수 없다. 그것들이 실패할 때, 우리는 그것들에서 벗어날 수 있다. 우리는 더 나은, 더 정직한, 더 치유하는 이야기를 할 수 있으며, 더 나은, 더 지혜로운, 더 지속 가능한, 더 대표성을 갖춘 윤리적 제도를 만들 수 있다. 작은 것에서부터 시작할 수도 있고, 필요하다면 폐허 속에서 다시 세우거나 재건할 수도 있다.

종교적 이야기든, 정치 경제적 이야기든, 우리가 물려받은 이야기들이 실패하는 것은 우리에게 파괴적 영향을 미칠 수 있다. 그러나 우리의 오래된 이야기들이 실패하는 것은 우리를 해방시키는 것일 수도 있다.

오래된 이야기가 사라지거나, 우리가 그것들에서 벗어날 때, 우리는 자유로워진다.[5] 그러니 소비와 축적의 추한 이야기에서 해방되는 것을 상상해 보라. 그 이야기는 우리가 지구를 소비하고 부를 축적하도록 가르

---

5) 이 사고방식은 초기 기독교 사상가이자 사도인 바울이 로마서 7:1-6에서 사용한 것이다.

쳤다. 지배와 보복의 추한 이야기에서 벗어나는 것을 상상해 보라. 그 이야기는 우리가 다른 사람을 통제하고, 그들이 우리를 해치면 되갚아 주도록 가르쳤다. 고립과 희생의 무력한 이야기에서 자유로워지는 것을 상상해 보라. 그 이야기는 우리가 문제를 피해 달아나거나 공처럼 몸을 웅크리고, 억압자들이 우리의 미래를 결정하도록 내버려 두도록 가르쳤다. 그런 것들에서 벗어난 자유를 상상해 보라!6)

그렇다면, 그 자유를 상상하면서 스스로에게 물어보라. 붕괴의 불길이 그런 이야기들을 태우고 난 후, 우리는 어떤 새로운 이야기를 들려줄 것인가? 우리는 새로운 이야기를 발견하고, 들려주고, 살아갈 수 있을까? 그것은 부활, 회복력, 심지어는 부흥의 이야기일 수 있을까?

호모 콜로수스(Homo colossus), **호모 테오카피투스**(Homo theocapitalus), **호모 아로간스**(Homo arrogans), **호모 묘피투스**(Homo myopitus)—그 거대함을 사모한 인간, 신정 자본주의의 탐욕, 극단적 오만, 그리고 비극적인 근시안적 사고로 건설된 인류의 집이 붕괴되는 것으로부터 우리가 배울 수 있는 지혜는 무엇인가? 우리는 겸손한 인간, 즉 **호모 후밀리스**(Homo humilis)의 새로운 이야기를 들려줄 수 있을까? 결국 우리는 새로운 인간 **호모 노부스**(Homo novus)가 되고, 어쩌면 오랜 수련 끝에 새로운 방식으로 세상을 보는 지혜의 인간 **호모 사피엔스**(Homo sapiens)가 될 수 있을까?

느껴지는가? 새로운, 겸손하고, 지혜로운 인간은 오직 오래되고 오만하며 어리석은 인류문명이 붕괴할 때만 비로소 태어날 수 있다. 마치 불타버린 숲에서 새 생명이 돋아나듯, 새로운 인류는 오직 오래된 인류가 붕괴할 때만 비로소 탄생할 수 있다. 설령 그 새로운 인류가 짧은 생을 산다 해도, 설령 세상을 바꾸지 못한다 해도, 최소한 우리 안에서 꽃피울

---

6) 해로운 이야기로부터의 자유는 내가 개러스 히긴스(Gareth Higgins)와 함께 공저한 두 권의 책(성인을 위한 *Us, Them, and the End of Violence* 및 어린이를 위한 *Cory and the Seventh Story*)에서 다룬 주제다.

수 있다.

친애하는 독자여, 우리는 언제 태어날지를 선택할 수 없다. 만일 우리가 특정 문명 속에서 태어났다면, 그 문명이 어떤 적응 주기에 있는지를 선택할 수 없다. 우리는 그것이 착취/성장 단계에 있는 동안 태어날 수도 있고, 보존/통합 단계, 해체/붕괴 단계, 또는 재구성 단계에 있는 동안 태어날 수도 있다. 톨킨의 《반지의 제왕》에서 간달프가 말했듯이, 우리가 선택할 수 있는 것은 주어진 시간 안에서 무엇을 할 것인가뿐이다. 현재 문명이 겪고 있는 여러 격변 속에서, 그것이 다가오는 총알을 피할 가능성도 있고, 멸종의 버섯구름 속에서 끝날 가능성도 있지만, 우리는 우리에게 주어진 삶을, 우리에게 주어진 이웃과 함께, 우리에게 주어진 장소와 시간 속에서 받아들이고, 온 마음을 다해 사랑할 수 있다.

이러한 시기에는 많은 것들이 너무 늦어지곤 한다. 예를 들어, 대기 중 이산화탄소 농도를 350ppm 이하로 유지하기에는 이미 너무 늦었다. 아직 너무 늦지 않았더라도, 지구의 온도를 과학자들이 2015년 파리에서 제안한 1.5도 상승 이하로 유지하기에는 곧 너무 늦어질 것이다. 이 해안선, 이 생태계, 이 도시, 또는 이 종을 구하기에는 너무 늦어질 것이다. 민주주의나 경제를 구하기에도 마찬가지다. 하지만 사랑하기에는 너무 늦지 않았다. 사랑은 중요하다. 마지막 날에도 중요하다.

사실, 내가 세상의 마지막 날을 상상할 때, 그날의 사랑은 다른 어떤 날의 사랑보다 덜 중요한 것이 아니다. 어쩌면 더욱 중요할 수도 있다. 겁에 질린 아이에게 보내는 사랑, 낑낑거리는 길 잃은 강아지에게 보내는 사랑, 시들어가는 식물이나 다친 새에게 보내는 사랑, 그리고 내면의 두려움에 떠는 자신에게 보내는 사랑 말이다.

내가 지금부터 말하는 것을 오해할 수 있겠지만, 그래도 말하고 싶다. 당신이 이해해 주리라 믿는다. 이제까지 18개의 장을 여행한 후, 나는 지금 살아 있다는 것이 기쁘다. 지금 내가 보고 있는 것을 볼 수 있게 된 것이 기쁘다. 내가 태어나고 싶었던 다른 시대는 생각할 수 없다.

만약 내가 200년 전 태어났다면, 나는 인류문명의 착취 단계에서 살아갔을 것이다. 노예제와 식민지화가 만연했던 끔찍한 시대를 살았을 것이며, 토착민들에 대한 집단학살이 자행되던 시기에 존재했을 것이다. 또한 여성들이 억압받고 LGBTQ 사람들이 숨어 살아야 했던 시대에 살았을 것이다. 나는 이런 일들의 추악함을 전혀 인식하지 못한 채, "시대의 인간"으로서, 계몽주의에 건방을 떨고, 산업주의에 중독되어 살아갔을지 모른다.

만약 내가 50년 전에 태어났다면, 나는 인류문명이 보존 단계에 있던 시기에 살았을 것이다. 당시에는 문명의 서로 다른 세력이 세계의 남은 자원을 두고 두 차례의 세계대전을 벌였다. 나는 내 삶을 그 두 전쟁의 관점에서 이해했을 것이며, 나의 세계관을 부와 권력을 얻고 보존하는 틀 안에서 형성했을 것이다. 그리고 내가 이제야 비로소 깨닫기 시작한 것들을 결코 질문하지 않았을 것이다.

하지만 나는 보존 단계의 절정기에 태어났으며, 우리의 신흥 글로벌 문명이 해체 단계로 접어드는 과정을 목격했다. 나는 냉전시대를 살았다. 강대국들은 핵무기를 쌓아 올렸고, 비폭력을 외치는 운동이 거리로 나선 시기였다. 나는 또한 인권운동 시대를 살았고, 그 이후 평등과 해방의 꿈이 여성, 다양한 능력을 가진 사람들, 그리고 LGBTQ+ 공동체로 확장되는 것을 보았다. 나는 또한 NRA(전미총기협회) 시대를 살았다. 백인들이 총을 들고 내 나라를 백인우월주의적이고, 가부장적이며, 장애 차별적이고, 동성애 혐오적인 나라로 다시 만들려는 망상을 품던 시기였다. 나는 과학자들이 기후변화의 시급성을 이해하기 시작했지만, 수십 년 동안 아무도 주목하거나 믿지 않던 시기를 살았다. 나는 인터넷이 존재하는 시대를 살았다. 대학생 한 명이 나를 한 웹사이트로 안내했는데, 그곳에서 녹아내리는 빙하에 대한 그래픽을 처음 보고 그것이 나를 여기에, 이 문장을 쓰게 된 여정으로 이끌었다. 나는 2001년 9월 11일 뉴욕에서 한 무리의 분노한 사람들을 보았고, 2017년 8월 11일 샬러츠빌, 2021년 1월 6일 워싱턴 D.C.에서도 유사한 절망을 가진 또 다른 무리를 보았다. 나는 제도화된 종교가 매튜 아널드(Matthew Arnold)의 시 "도버 해변"(Dover Beach)의 밀물처럼 후퇴하는 것을 목격했다. 그리고 영화 "트루먼 쇼"(*The Truman Show*)를 떠올리며, 우리의 현재 문명의 돔이 뚫리는 것을 보았고, 그것을 통해 더 크고, 더 깊고, 더 나은, 그리고 더 지혜로운 무언가를 엿볼 수 있었다.

나는 내 다섯 명의 손주들을 생각한다. 그들은 이 세기에 태어났다. 너무 많은 것이 관건이 된 이 시대에 태어난 그들과 내 삶의 시간대가 겹친다는 것이 너무나 기쁘다.

그리고 당신과도 내 시간대가 겹친다는 것이 너무나 기쁘다.

이 순간, 우리는 상호 해방에 참여할 수 있다. 우리는 함께 새로운 이야기와 앞으로 나아갈 새로운 길을 상상할 수 있다. 이 격변의 망가진 시대 속에서도 말이다.

물론, 지금이 쉬운 삶을 살기에 좋은 시기는 아니다. 하지만 의미 있는 삶을 살고 싶다면, 우리는 정확히 맞는 때에 태어났다.

우리는 포기할 수도 있고, 그렇게 하고 싶다면 그렇게 해도 된다. 아니면, 현재 상황의 심각성을 부정하거나 최소화할 수도 있다. 우리는 자유롭다. 하지만 만약 우리에게 비전과 용기가 있다면, 설령 세상이 난파선처럼 보일지라도, 지혜롭고 용기 있게 사는 길을 선택하는 것이 어떻겠는가? 우리가 인간이라면, 우리가 구할 수 있는 모든 것을 구하며, "우리 주위의 모든 악에 맞서며" **멋지게** 살아야 하지 않을까?

친애하는 독자에게

이 장에서 내가 욕설(F-단어)을 사용한 것에 대해 어떻게 반응하셨는지 궁금합니다.

더 나아가, 희망을 포기하는 것과 모든 것을 완전히 포기하는 것의 차이에 대해 어떻게 반응하셨는지도 궁금합니다.

내가 "멋진"(magnificent), "멋지게"라는 단어를 사용한 것에 대해 어떻게 느끼셨나요?

또, 내가 지금 살아 있다는 것이 기쁘다고 말한 것에 대해 어떻게 반응하셨는지도 궁금합니다. 혹시 나와 같은 기분이 드셨나요? (만약 그렇지 않더라도 괜찮습니다. 내가 너무 성급하게 묻는 걸 수도 있겠네요.)

혼자서든, 혹은 독서 모임과 함께든, 나는 당신이 마이클 프란티(Michael Franti)의 노래를 볼륨을 높여 틀고, 어쩌면 작은 댄스파티라도 열어보길 권합니다.

19장

사람들에게 꿈을 말하셔요

우리의 흔적이 어쩌다 이렇게 깊고 위험해져서 우리가 방주(ark)일 뿐만 아니라 홍수이기도 한가?

—신학자이자 윤리학자 래리 라스무센1)

때때로 우리는 결코 성공하지 못할 것처럼 느껴진다. 그리고 우리가 모은 모든 것도. 우리에게 필요한 것은 너무나 적지만.

—싱어송라이터 프랜 맥켄드리, "Let Your Light Shine"2)

전사(warriors)로서 우리의 임무는 가능한 한 오래, 적극적이고 의식적으로 살아남는 것이다. 승리하려면 공격자가 정복해야 하지만, 저항하는 자는 살아남기만 하면 된다. 우리의 싸움은 우리가 받아들일 수 있고 우리를 살찌우는 방식으로 생존을 정의하는 것이다. 즉, 실질적인 것과 스타일이 있는 의미를 부여하는 것이다. 실질적인 것. 우리의 작업. 스타일. 우리 자신에게 충실하기.

—시인이자 활동가 오드리 로드3)

---

1) *The Planet You Inherit: Letters to My Grandchildren When Uncertainty's a Sure Thing* (Broadleaf, 2022)에서 발췌.
2) https://youtu.be/s1DznzeTr6I. 프랜의 삶과 예술에 대한 짧은 헌사: https://brianmclaren.net/celebrating-a-life-of-wonder-goodness-and-creativity/.
3) *A Burst of Light and Other Essays* (Ixia Press, 2019, 원래 1988년 출간). 그녀는

앞 장에서 우리는 욕설(F-단어)의 과거분사를 "끝장났다"의 동의어로 사용했다. 이제 이 책의 끝자락에 다다랐으니 "파국"이라는 단어를 더 깊이 들여다볼 좋은 시점이라고 생각한다. 미리 경고하건대, 내 안의 오래된 설교자가 이 장에서 좀 더 모습을 드러낼 것이다. 사실, 이 장은 일종의 설교지만, 당신이 기대하는 것과는 다를 수도 있다.

"파국"(doom)은 투옥, 상실, 죽음, 처벌과 같은 "불가피한 몰락"을 뜻한다. **파국을 인식한다(또는 느낀다)는 것**은, 비록 몰락의 모든 결과를 우리가 지금 여기에서 아직 경험하지는 않더라도, 그것이 충분히 가깝고 확실하여 이미 우리의 삶에서 기운을 빼앗고 있다는 것을 의미한다.

이 단어는 중세 영어(doome)와 고대 영어(dom)에서 유래하며, 이는 정의를 구현하기 위한 법이나 칙령을 뜻했다. 이런 의미에서 kingdom(왕국)은 왕의 법과 정의가 지배하는 지역을 뜻한다. 당시의 법률서를 ***dombec*** 또는 doom book이라고 불렀다. 예를 들어, 판사나 왕이 죄인을 감옥에 보내거나 사형을 선고하면, 그 순간부터 그 죄인은 ***doomed*** (운명이 결정된) 것이었다. 즉, 비록 즉시 처형되지 않더라도, 그는 심판을 받은 것이다. 1300년대에 이르러 doom은 "운명" 또는 "파국"을 뜻하게 되었으며, 1600년대에는 최후의 심판을 뜻하게 되었다. 최후의 심판날, 즉 Doomsday(종말의 날)는 인간보다 더 높은 권력이 인간의 행동을 평가하고 정의의 칙령으로 판결을 내리는 날이다. 그 선고는 반드시 처벌을 의미하는 것은 아니지만, 문명화된 인간 행동의 결과로 자연스럽고 불가피하게 나타나는 결과일 수 있다. 신약성경 갈라디아서 6장 7절의 말씀을 인용하자면, "자기를 속이지 마십시오. 하나님은 조롱을 받으실 분이 아니십니다. 사람은 무엇을 심든지, 심은 대로 거둘 것입니다."

암을 극복하는 과정에 대해 쓰고 있지만, 다양한 생존 투쟁에 적용될 수 있다.

지구, 즉 행성의 지구권과 생물권은 생명의 전체 네트워크로 구성된 심판자이며 배심원으로서 우리 문명에 대한 판결을 내리고 있다. 비록 우리의 범죄가 여전히 계속되고 있지만 말이다. 우리는 지구의 장기적 건강을 희생시키면서 단기적 부를 소수에게 넘겼다. 이는 경제적 이데올로기의 각본에 따른 것이다. 우리는 오랫동안 이를 무지하게 받아들였다. 그러나 이제 눈을 뜨고 보니, 우리의 문명은 점점 더 많은 피해를 가속화하고 있다. 우리는 가난하고 억압받는 자들의 울부짖음을 외면하고, 탄소를 태우고 기후를 과열시키며, 습지를 말리고, 토양을 황폐화하고, 어업 자원을 고갈시키며, 공기를 오염시키고, 땅을 유린하고, 물을 오염시키며, 동물 개체 수를 줄이고, 종들을 멸종으로 내몰고 있다. 그리고 우리 조상들이 남긴 유산과 비교하면 극히 적은 생태적 유산만을 우리 아이들에게 남기고 있다.

우리의 영리하고 성공적이며 편리한 문명—우리가 마치 노아의 방주(Noah's ark)처럼 우리를 안전하게 인도해줄 것이라 믿었던 문명—이 사실은 홍수가 되어버렸다는 것을 깨닫게 된다. 6,600만 년 전에 대규모 소행성이 생명권을 파괴했던 칙술루브(Chicxulub, 유카탄반도에 있는 직경 180km, 깊이 20km의 충돌구-편집자)가 되돌아오는 것이다.

우리 문명에 대한 지구의 심판은 법에 근거한다. 그 법은 왕, 의회, 법정이 만든 것이 아니라, 우주의 구조 속에 깊이 새겨져 있고 태초부터 작동해온 법으로서 물리 법칙, 복잡한 시스템의 법칙, 생명 시스템의 법칙, 인과의 법칙 등이다. 지구의 심판은 법령의 형태로 표현되지 않고, 기온 상승, 폭풍, 기근, 가뭄, 화재 등의 형태로 나타난다. 이러한 죄과들은 우리가 행동을 바꾸지 않는 한 계속해서 더 커질 것이다. 그러나 우리의 행동은 마음과 사고방식이 바뀌지 않는 한 변하지 않을 것이다. 변화의 첫걸음은 우리가 겸허해지는 것이다. 즉, 우리가 살아남기 위해서는 이 행성과 조화를 이루어야 하며, 지구를 우리의 뜻에 맞추려 하기보다 우리가 지구의 법칙에 적응해야 한다는 점을 인정해야 한다. 우리는 일정한 한계를 지키며 살아야 하며, 우리보다 더 큰 힘에 대해 책임을 져야 한다.

우리는 스스로 지혜로운 존재, 운명의 주인, 지구를 지배하는 신과 같은 존재로 여겨왔다. 그러나 이제 지구는 우리의 지도자들을 어리석은 자들, 즉 교만하고 무지한 자들로 심판하고 있으며, 그 심판은 정당하며 이미 시작되었다.

"어리석은 자들"이라는 단어는 예수님의 가장 인기 없는 비유 중 하나를 떠올리게 한다. 그것은 바로 누가복음 12장 13~25절에 나오는 이야기다. 이 이야기를 그 맥락과 함께 깊이 생각해볼 필요가 있다.

무리 가운데서 어떤 사람이 예수께 말하였다. "선생님, 내 형제에게 명해서, 유산을 나와 나누라고 해주십시오." 예수께서 그에게 말씀하셨다. "이 사람아, 누가 나를 너희의 재판관이나 분배인으로 세웠느냐?" 그리고 사람들에게 말씀하셨다. "너희는 조심하여, 온갖 탐욕을 멀리하여라. 재산이 차고 넘치더라도, 사람의 생명은 거기에 달려 있지 않다."

이 이야기의 배경은 익숙하다. 축적된 재산은 형제들 사이에 갈등을 일으킨다. 이는 창세기에 나오는 가인과 아벨의 원초적인 형제 갈등을 떠올리게 한다. 예수께 찾아온 형제들은 자신이 노력해서 얻은 부 때문이 아니라, 아마도 돈과 땅과 같은 세습된 특권(즉, 유산) 때문에 다투고 있었다. 갈등의 중심은 재산의 공정한 분배에 관한 것으로서 과거와 현재의 문명에서 끊임없이 제기되는 문제다. 예수께서는 언제나 그렇듯이 잘못된 논쟁에 휘말리는 것을 거부하신다. 그분은 판단하는 것보다 가르치는 데 관심이 있다. 그래서 그는 문제의 근원, 즉 탐욕으로 더 깊이 들어간다. 그리고 더 깊이 들어가면, 삶이 진정으로 무엇인지 이해하지 못하는 것이 문제의 본질임을 알게 된다. 그 후, 예수는 비유를 들려주신다. 이 이야기는 급속한 경제 성장과 그로 인해 발생하는 문제들에 대한 것이다. (우리가 읽다 보면, 예수께서 이 부자가 그 재산을 직접 생산했다고 말씀하시지 않았다는 것을 알게 될 것이다. **땅**이 그렇게 한 것이다. 이 부자는 단순히 땅이 생산한 것에서 이익을 취했을 뿐이다.)

어떤 부자가 밭에서 많은 소출을 거두었다. 그래서 그는 속으로 "내 소출을 쌓아둘 곳이 없으니, 어떻게 할까?" 하고 궁리하였다. 그는 혼자 말하였다. "이렇게 해야겠다. 내 곳간을 헐고서 더 크게 짓고, 내 곡식과 물건들을 다 거기에다가 쌓아 두겠다. 그리고 내 영혼에게 말하겠다. 영혼아, 여러 해 동안 쓸 많은 물건을 쌓아 두었으니, 너는 마음놓고, 먹고 마시고 즐겨라."

이 남자는 문명이 착취와 보존 단계에서 보여주는 자신감과 자기중심적 태도를 드러내고 있다. 그는 자기 자신과만 이야기하며, 다른 사람의 말을 듣거나 그들에 대해 생각하지 않는다. 심지어 문법적으로도 1인칭 단수 대명사가 지배적이다. 즉 "**나**"(I), "**나를**"(me), "**나의**"(my). (심지어 2인칭 대명사도 자신을 가리키는 데 사용된다!) 그는 안정성을 유지하고, 시스템이 지속되도록 GDP 성장을 유지할 방법을 자문한다. 그래야 그는 편히 쉬고, 파티를 즐기고, 여유를 누릴 수 있기 때문이다. 그는 스스로 이렇게 답한다. (재물은 최고의 메아리 방이다): "**성장하라! 더 많은 것을 저장하기 위해 더 큰 헛간을 지어라!**" 그러나 무한한 경제 성장의 꿈을 방해하는 놀라운 일이 발생한다. 궁극적인 현실의 목소리가 들려오며, 그의 최우선 가치(즉, 그의 소유물)에 대해 질문한다.

그러나 하나님께서 말씀하셨다. "어리석은 사람아, 오늘 밤에 네 영혼을 네게서 도로 찾을 것이다. 그러면 네가 장만한 것들이 누구의 것이 되겠느냐?" 자기를 위해서는 재물을 쌓아 두면서도, 하나님께 대하여는 부요하지 못한 사람은 이와 같다.

그 부자의 건강이 악화되면서 재물에 대한 그의 계획이 중단되었다. 그가 쌓아두고 나누기를 거부한 이익은 이제 강제로 재분배될 것이다. 그는 분명 부자였고, 더럽게 부자였지만, 극도로 이기적인 방식으로 살아갔다. 그러나 하나님 앞에서 그는 부자였는가? 지혜로운 부자는 자신의 삶이 촛불과 같으며 언젠가는 그 불꽃이 꺼질 것임을 기억하는 사람이다. 하지만 그 부자는 그렇지 않았다. 그는 가난한 사람과 취약한 사람들을 돌보는 것에는 관심이 없었으며, 따라서 하나님의 사랑을 받는 자로서도 철저히 실패했다. 그는 이 모든 면에서 완전히 파산한 사람이다. 그는 영원히 "어리석은 부자"로 알려질 것이다. 현대적 표현으로는 그를 "바보 억만장자"라고 부를 수도 있다. 그는 유명인이자 궁극적인 자본가로서, 우리의 많은 이웃이 죽도록 일하면서 그와 같은 사람이 되기를 꿈꾼다.

예수는 1세기 초반 사람들에게 이야기하고 있었다. 향후 수십 년 동안, 팔레스타인 사회는 점점 더 분열될 것이었다. 부유한 사두개인, 헤롯 가문, 그리고 성전 엘리트 계급은 (적어도 복음서에 따르면) 타락하고 무능했지만 강력한 로마제국의 지방 관리들에게 충성했다. 종교와 정치가 상호 이익을 주고받는 사기 행각을 벌였던 것이다. 그들의 적수였던 열심당원, 시카리당, 그리고 바리새인들은 가난한 사람들을 선동하여 그들에게 고통을 안겨준 자들에게 반란을 일으키도록 했다. 66년에서 70년 사이, 그들의 반란 연합군은 실제로 로마인을 축출하는 데 성공했다. 마치 다윗이 골리앗을 무찌른 것과 같았으나, 차이점이 있다면 골리앗이 죽지 않았다는 점이다.

70년, 로마군이 돌아와 잔혹하게 반란군을 진압했다. 당시 역사가 요세푸스(Josephus)는 백만 명 이상의 유대인이 죽었고, 생존한 수천 명이 노예로 팔려갔다고 추정했다. 사실, 로마 콜로세움은 이러한 유대인 노예 7만 명에 의해 건설되었다.[4] 그들이 이 거대한 건축물을 세우며 로마 시민들을 즐겁게 하도록 만들면서, 로마인들이 자신들의 종교와 문화를 상징하는 예루살렘 성전을 파괴하고 모독한 것을 떠올리며 슬퍼했다.

이것은 붕괴였다. 그들이 알던 세계의 종말이었다.

이제 이러한 역사적 맥락을 염두에 두고, 다시 예수의 "어리석은 부자" 이야기로 돌아가 보자. 이 비유를 들려준 후, 예수는 제자들을 향해 이야기한다. 그는 "재물이 많은 것"이 생명의 본질이 아니라는 주제를 다시 한번 강조하면서, 또 다른 부자 이야기를 통해 생명이 음식보다 중요하며, 몸이 옷보다 중요함을 가르친다.

그러므로 내가 너희에게 말한다. 목숨을 부지하려고 무엇을 먹을까 하고 걱정하지 말고, 몸을 보호하려고 무엇을 입을까 하고 걱정하지 말아라. 목숨은 음식보다 더 소중하고, 몸은 옷보다 더 소중하다. 까마귀를 생각해 보아라. 까마귀는 씨를 뿌리지도 않고, 거두지도 않고, 또 그들에게는 곳간이나 창고도 없다. 그러나 하나님께서 그들을 먹여주신다. 너희는 새보다 훨씬 더 귀하지 않으냐? 너희 가운데서 누가

---

4) 자세한 내용은 "66년 유대인 대반란"에 대한 설명을 참고하라. https://www.worldhistory.org/article/823/the-great-jewish-revolt-of-66.ce/.

걱정한다고 해서, 제 수명을 한 순간인들 늘일 수 있느냐? 너희가 지극히 작은 일도 못하면서, 어찌하여 다른 일들을 걱정하느냐? 백합꽃이 어떻게 자라는지를 생각해 보아라. 수고도 하지 아니하고, 길쌈도 하지 않는다. 그러나 내가 너희에게 말한다. 자기의 온갖 영화로 차려 입은 솔로몬도 이 꽃 하나만큼 차려 입지 못하였다. 믿음이 적은 사람들아, 오늘 들에 있다가 내일 아궁이에 들어갈 풀도 하나님께서 그와 같이 입히시거든, 하물며 너희야 더 잘 입히지 않으시겠느냐? 그러므로 너희는, 무엇을 먹을까 무엇을 마실까 하고 찾지 말고, 염려하지 말아라. 이런 것은 다 이방 사람들이 추구하는 것이다. 너희 아버지께서는, 이런 것이 너희에게 필요하다는 것을 아신다. 그러므로 너희는 하나님의 나라를 구하여라. 그리하면 이런 것들을 너희에게 더하여 주실 것이다.

솔로몬 왕, 즉 이스라엘의 억만장자 왕으로서 부와 지혜로 유명했던 그는 노예들을 부려 성전을 짓게 했으나, 예수의 말씀에 따르면 단순한 들꽃 하나의 존엄성에도 미치지 못했다는 것은 상당히 충격적이다. 그는 부유한 어리석은 자의 비유에서 나오는 사람과 같은 범주에 속하는 것처럼 보인다. 세상의 문명(또는 나라)들처럼, 그는 진정 중요한 것을 놓쳤다. 즉, 이웃, 자기 자신, 땅, 그리고 하나님과 조화를 이루며 살아가는 단순한 삶이다. 예수는 이 말씀을 통해 무너져내리는 인간 체제에 대한 집착을 거두어야 할 때라고 암시한다. 이제는 하나님의 생태계, 즉 까마귀와 들꽃이 창고나 은행 계좌 없이도 걱정과 스트레스 없이 살아가는 신성한 생명의 그물망에 대해 초점을 맞출 때다.

자기중심적인 문명, 곧 창고와 은행에 쌓아두는 체계는 결국 무너져내리는 것이 불가피하다. 어리석은 부자의 비유가 우리에게 일깨워주듯이 말이다. 반면에 하나님의 경제는 … 서로 의존하고 나누는 하나님의 생태계로서 거룩하고 조화로운 삶의 배열 속에서, 들꽃과 까마귀가 살아가고 번창하는 가운데 지속된다. 여기가 바로 우리가 마음을 기울여야 할 곳이다. 우리의 내적인 에너지를 집중해야 하는 장소다.

두려워하지 말아라. 적은 무리여, 너희 아버지께서 그의 나라를 너희에게 주시기를 기뻐하신다. 너희 소유를 팔아서, 자선을 베풀어라. 너희는 자기를 위하여 낡아지지 않는 주머니를 만들고, 하늘에다가 없어지지 않는 재물을 쌓아 두어라. 거기에는 도둑이나 좀의 피해가 없다. 너희의 재물이 있는 곳에 너희의 마음도 있을 것이다.

예수께서 말씀하시는 하나님의 나라 또는 천국은 죽은 후에 가는 장소가 아니다. 그것은 더 높고, 더 크고, 더 광대한, 지금 여기에서의 삶의 방식이다. 그것은 들의 백합 같은 식물, 공중의 새와 같은 동물, 그리고 인간을 포함한다.[5] 이 더 높은 생태계는 최신 여론 조사나 경제 예측에 개의치 않는다. 인간의 체제가 무너져도 계속될 것이다.

그러므로 예수께서는 말씀하신다. 취약하고 실패하는 인간 체제에 너희의 자본을 투자하지 말라. 대신, 더 넓은, 인간을 넘어선 생명 체계에 너희의 에너지를 재투자하라. 그렇기에 이웃을 사랑하는 것이, 특히 가난한 이웃을 사랑하는 것이 그렇게 중요한 것이다. 은행 계좌에 많이 쌓아두는 것보다, 필요로 하는 사람들에게 더 많이 주는 것이 낫다. 돈은 없지만, 관대한 관계 속에서 부유한 것이 더 낫다.[6] 그것이 바로 하나님을

---

[5] 예수는 "하나님 나라"를 "카이사르의 제국"과 대비해 사용했으며, "천국"을 "로마 제국"과 대비해 사용하였다. 두 용어는 같은 현실을 가리킨다. 또한, 영어 단어 kingdom과 empire은 똑같은 그리스어 단어 '바실레이아'(basilea)를 번역한 것이다.

[6] 내 부문디 친구 클로드 니콘데하(Claude Nikondeha)는 예수 시대에 구제를 베푸

사랑하는 것이 중요한 이유이기도 하다. 하나님은 예외 없이 모든 사람을 사랑하시며, 생물권의 모든 생태계에서 모든 생명을 사랑하신다. 당신이 하나님과 이웃을 사랑한다면, 당신은 진정으로 중요한 것을 사랑하는 것이다. … 어리석은 부자처럼, 자신과 돈만 사랑하는 것과는 다르다.

사람들은 종종 "파국"(doom)이라는 단어를 "우울"(gloom)이라는 단어와 연결 짓는다. 나는 그 이유를 알 것 같다. 만약 우리가 마음을 어리석은 부자들의 경제에 완전히 투자하고 있다면, 그 체제에 대한 심판은 우리에게도 내려진다. 만약 우리가 삶의 의미를 두고 있는 체제가 붕괴하도록 운명 지어졌다면, 우리의 삶도 무의미해진다. 하지만 우리가 부유한 자들의 인간 체제에서 벗어나 더 큰 체제를 신뢰한다면, 즉 무엇보다 먼저 하나님의 생태계에 초점을 맞춘다면, 우리는 필요한 모든 것을 얻게 될 것이다. 걱정할 필요도, 두려워할 필요도 없다. 우리의 삶은 하나님의 생태계 속에서 제자리를 찾음으로써 의미를 갖게 된다.

그것은 내일 무슨 일이 벌어지든 간에 여전히 사실이다.

1963년 8월 28일, 25만 명의 사람들이 워싱턴 D.C.에 모였다. 대중 연설자로서, 나는 그날 마틴 루서 킹 주니어 박사를 부러워 하지는 않았을 것이다. 그는 열여섯 번째 연설자였고, 사람들은 뜨거운 태양 아래에서 오랜 시간 동안 앉아 있거나 서 있었다. 기온은 섭씨 30도였다.

연설이 시작되기 직전, 그의 지지자 중 한 명이었던 가스펠 가수 마할리아 잭슨은 그 순간이 단순한 형식적인 연설이 아니라 역사적인 순간이 될 것이라 생각했던 것 같다. 흑인 교회의 신자들이 흔히 하듯, 그녀는

는 것이 왜 그렇게 중요한지 이해하는 데 도움을 주었다. 부룬디는 세계에서 가장 가난한 나라 중 하나로, 전통적으로 은행이 불안정하고 신뢰할 수 없었다. 오늘날의 글로벌 주식시장과 마찬가지로(아이러니하게도 security markets이라 불린다), 거품과 붕괴에 취약했다. 그러므로 친구들과 궁핍한 사람들에게 돈을 투자하는 것이 훨씬 낫다. 경제가 무너질 때, 친구들이 당신을 도울 수 있기 때문이다. 예수는 누가복음 16장, 특히 9절에서 이 점을 강조한다.

설교자를 격려해주고자 했다. 그녀는 킹 박사와 여러 차례 함께했고, 과거에 그가 더 뜨겁고 열정적으로 말했던 기억이 있었다. 그래서 그녀는 소리쳤다. "마틴, 사람들에게 그 꿈 이야기를 들려주세요."[7]

킹 박사는 그녀를 바라보았고, 둘은 짧은 순간 눈을 마주쳤다. 그는 연설 원고를 옆으로 밀어두고, 즉흥 연설을 하기로 작정했다. 엄청난 청중을 바라보며 그는 이렇게 말하기 시작했다. "나에게는 꿈이 있습니다." 그 자리에 있던 사람들은 그 순간 에너지가 달라졌다고 말한다. 즉흥적으로 이어진 461개의 단어는 지금도 여전히 울려 퍼지고 있다.

우리는 파국에 대해 이야기해야 한다. 우리는 그것을 직면해야 한다. 최악의 시나리오를 피하기 위해 우리가 할 수 있는 모든 것을 해야 한다. 하지만 결국, 파국이 핵심이 아니다. 꿈이 핵심이다. 파국이 지나간 후에도 삶은 계속될 것이다. … 어쩌면 우리 없이도 계속될 것이지만, 내가 소망하는 것은 겸손해지고 현명해진 인간과 함께 계속되는 것이다. 그래서 우리가 파국과 씨름할 때, 파국이 마지막 말이 되지 않도록 하자. 삶에 집중하고 꿈을 기억하자. 꿈에 관해 사람들에게 말하자.

> 친애하는 독자에게,
> 당신은 어리석은 부자(또는 바보 억만장자)의 비유에 어떻게 반응하나요? 아마도 누가복음은 유대인 반란이 진압되고 예루살렘이 70년경 파괴된 후 10~20년 사이에 쓰였을 것입니다. 따라서 저자가 이 이야기를 그 사실에 대한 논평으로 엮었을 가능성이 큽

---

[7] 나의 동료이자 친구인 바바라 홈즈 박사에게 이 이야기, 즉 마할리아 잭슨과 킹 박사의 일화를 다시 떠올리게 해준 것에 대해 감사를 전한다. 이 이야기의 더 자세한 내용은, 그날을 회상하는 클라렌스 B. 존스의 월스트리트 저널 라이브 인터뷰에서 확인할 수 있다. https://youtu.be/KxlOlynG6FY/.

니다. 이 이야기가 이스라엘 사회의 붕괴를 겪은 생존자들에게 어떤 영향을 미쳤을지 상상해 보세요.

이 장에서 나는 우리가 정체성을 분리하고, 동의를 철회하며, 현재 문명에 대한 야망을 떼어놓기 시작할 것을 제안합니다. 이것이 우리가 문명을 미워해야 한다는 뜻은 아닙니다. 문명에는 치명적 결함이 있지만, 가치 있는 요소도 많으므로 우리는 그것을 사랑하고, 가치 있는 것들을 지켜야 합니다. 우리는 우리의 일상적 책임을 다하고, 이웃을 사랑하며, 정의를 위해 투쟁하고, 이 문명의 구성원으로서 평화를 위해 노력해야 합니다. 또한 우리는 문명이 한계 초과 상태에 있으며, 과잉에 빠진 문명이 더 큰 창고를 짓겠다고 자랑하는 부자와 공통점이 많다는 사실을 인정해야 합니다. 우리가 이러한 분리, 철회, 그리고 거리 두기를 실천한다면 어떤 모습이 될까요? 현재 시스템에서 성공하기 위해 애쓰는 조건을 바꿔서, 문명의 불길 속에서 다시 태어날 더 나은 삶의 방식을 상상하고 구현하는 것은 어떤 의미일까요?

우리 문명이 현재 형태로는 멸망할 운명이라고 해도, 그것이 곧 인류 전체가 멸망한다는 의미는 아니라는 점을 이해하려면 일정 수준의 거리 두기가 필요하다는 점을 이해하시나요? 파국이 결국 그 과정을 밟아갈 것이지만, 생명은 계속될 것이라는 사실을 이해하려면 거리 두기가 필요하다는 점이 보이시나요?

당신은 마할리아 잭슨과 마틴 루서 킹 이야기에서 무엇을 느끼나요? 그리고 "사람들에게 꿈에 대해 이야기하셔요, [당신의 이름을 여기에 넣으세요]"라는 말을 들을 때 당신에겐 어떤 의미인가요?

20장

당신의 빛을 발견하고 비추셔요

우리는 어두운 시대로 접어들고 있으며, 당신은 자신의 빛이 되어야 한다. 잔혹함과 폭력을 당연한 것으로 받아들이지 말라. 설령 그것이 공인된 것이라 할지라도. 연약한 사람들을 보호하고, 두려워하는 사람들을 격려하라. 용기가 있다면, 다른 사람들을 위해 나서라. 만약 용기를 낼 수 없다면—그리고 용기를 내는 것은 종종 어려운 일이지만—친절하라.

—인류학자이자 작가, 사라 켄즈이어

당신은 세상의 빛이다.

—토착민 예언자이자 관상적 활동가, 예수

우리가 생명 현상을 오해할수록, 그리고 그것을 이상한 결론과 복잡한 목적으로 분석할수록, 우리는 더욱 슬픔과 부조리, 절망 속에 빠져든다. 그러나 그것은 별로 중요하지 않다. 우리의 절망이 사물의 실상을 바꾸지는 못하며, 또한 언제나 그곳에 존재하는 우주의 춤(the cosmic dance)의 기쁨을 훼손하지도 못하기 때문이다. 사실, 우리는 그 춤 한가운데에 있으며, 그 춤은 우리 안에 존재한다. 그 춤은 우리가 원하든 원하지 않든 우리의 핏속에서 고동치고 있다.

—토머스 머튼, *New Seeds of Contemplation*

> 오, 어서 와요. 어떤 식으로든 이미 이루어졌던 일이니 … 그 문을 열고 당신의 빛을 비추어요.
>
> ―싱어송라이터 프랜 맥켄드리, "Let Your Light Shine"[1]

나는 앞 장을 "꿈"이라는 단어로 마무리했다. 이 장에서는 어둠 속에서도 내가 품고 있는 꿈을 나누고자 한다. 하지만 먼저, 이 글을 쓰면서 깨달았던 하나의 깨달음을 공유하고 싶다. 그 과정은 나에게 계시와도 같았고, 과학을 좋아하는 사람으로서 거의 신비로운 경험이었다. 이미 당신에게는 너무도 당연하고 익숙한 이야기일 수 있겠지만, 나에게는 새로운 현실 속으로 세례를 받는 것처럼 다가왔다. 그것은 바로 **모든 것이 에너지**라는 깨달음이었다. **우주는 에너지의 우주적 춤**(a cosmic dance of energy)**이다**.

나는 이 말을 문자 그대로 받아들인다. 즉, 물질이란 (비유적으로 말하자면) 얼어붙은 에너지이며, 모든 물질적인 것은 잠재적 에너지를 담고 있는 그릇이라는 뜻이다. 나는 고등학교 과학 수업에서 배운 내용을 더욱 깊이 깨닫게 되었다. 즉, 에너지는 고체든 액체든 그 형태를 불문하고 결코 생성되거나 소멸되지 않는다는 것이다. 에너지는 흐르고, 변화하고, 변형되며, 수천 가지 형태로 존재하다가 마침내 내가 지금 쓰고 있는 이 글자들의 형태가 되고, 당신이 그것을 읽고 있는 것이다.

이 은하계 가장자리에 있는 태양계의 이 작은 행성에서 생명은 새로움(novelty)과 다양성(diversity)을 향해, 상호의존(interdependence)과 공동체를 향해, 어쩌면 아름다움과 의식, 사랑을 향해 에너지를 흐르게 하는 방

---

[1] 노래: https://youtu.be/s1DznzeTr6I. 프랜의 삶과 예술에 대한 헌사: https://brianmclaren.net/celebrating-a-life-of-wonder-goodness-and-creativity/.

식으로 진화해왔다. 우리는 이런 에너지 진화의 일부로 생성되었다.

우리 인간이 하는 모든 일은 에너지와 관련이 있다. 우리가 음식을 먹으면 어떤 방법으로든 그 에너지를 추출해낸다. 물을 마시면, 물은 신체에서 에너지를 방출하는 것을 돕기 위해 필요한 액체 미네랄을 취하는 것이다. 물은 에너지 생산 과정에서 나오는 노폐물을 배출하는 역할도 한다. 우리가 일할 때, 더 많은 에너지를 얻기 위해 에너지를 소모한다. 우리가 운동을 하거나 새로운 정신적, 감정적 기술을 배울 때, 우리는 미래를 위해 잠재적 에너지를 축적하기 위해 현재의 에너지를 소비한다. 우리가 사랑에 빠지고 사랑을 나눌 때, 우리의 에너지를 다른 사람과 합치게 된다. 때로는 우리의 결합된 에너지가 새로운 생명을 창조하며, 그 아이는 우리가 사라진 후에도 에너지의 모험을 계속 이어갈 것이다.

우리가 음식으로 섭취하는 에너지는 원래 태양 에너지였다. 식물이 광합성을 통해 태양 에너지를 화학적 형태로 변환하였고, 이로 인해 동물이 사용할 수 있는 에너지가 되었다. 식물과 동물이 죽으면, 그 잔해는 다시 다른 생명체들에게 에너지를 제공한다. 태양 자체의 에너지는 최초의 특이점(singluarity)에서 폭발한 빅뱅의 에너지에서 비롯된 것이다. 성경 창세기의 깊은 시에서 읽을 수 있듯이 "빛이 있으라"는 말씀이 곧 그것을 의미한다. 만약 오늘날 창조주가 동일한 선언을 한다면, 이렇게 말할지도 모른다. "에너지가 있으라!"

음악과 예술은 창의적으로 에너지를 조직하는 방식이다. 말하고 글을 쓰는 것도 에너지다. 지금 이 순간, 당신과 나는 놀라운 에너지 교환에 참여하는 것이다. 이런 창조적이며 소통하는 협동이 우리에게 에너지를 불어넣으며, 심지어 지금부터, 그리고 우리가 사라지고 난 후에도 다른 사람들에게, 새로운 창조성의 불꽃을 일으킬 수 있다.

우리가 권력이라고 부르는 것—정치적 권력—도 에너지다. 종교적 또는 영적인 권력도 마찬가지다. 사랑의 힘도 그렇다.

인간에게 사랑은 프리즘을 통과하는 빛과 같아 다양한 색깔로 표현된다. 우리 자신을 향한 사랑, 배우자를 향한 사랑, 어린 시절 가장 친했던 친구를 향한 사랑 … 버스에서 본 낯선 사람을 향한 사랑, 경쟁하면서 같은 에너지를 두고 다투는 상대나 적을 향한 사랑 … 오래된 골든 리트리버나 할아버지가 심은 사과나무를 향한 사랑 … 오래된 집, 강의 굽이, 특정한 바위, 해변의 수평선, 골프 경기, 첼로 소리를 향한 사랑 … 사랑하는 것, 창조적인 에너지를 통해 경험하는 이 모든 사랑도 일종의 에너지이며, 빛, 중력, 전자기력만큼이나 실제적인 것이다.

에너지에 대한 우리의 끌림은 역사를 통해 우리를 앞으로 나아가게 했다. 불의 힘을 발견한 선사시대 조상들은 초기 공학자들이었다. 곡식을 재배하고 저장하고 운반하며, 태양 에너지를 활용해 추운 겨울 동안 보존할 수 있는 형태로 만든 고대 농부들도 그러했다. 돛을 올리거나 태양 아래서 과일을 말리거나, 석탄을 태우거나, 빵을 굽거나, 우라늄을 실험했던 최초의 인간들 모두 에너지를 다루고 있었다.

우리는 왜 여행을 할까? 왜 학교를 세우고, 책을 읽고, TED 강연을 듣고, 팟캐스트를 듣고, 현장 강연과 설교에 참석할까? 그것은 지식 자체가 에너지의 한 형태이기 때문이다. 우리는 왜 놀까? 자유롭고 자연스러운 에너지의 흐름이 그 자체로 보상을 주기 때문이다. 우리는 왜 잠을 잘까? 내일 더 많은 에너지 모험을 떠나기 위해 우리의 몸이 스스로 재생할 수 있도록 하기 위해서다.

이 느린 깨달음 속에서, 나는 우리가 현재의 상황에 빠진 것이 단순히 악이나 어리석음, 탐욕 때문만이 아니라는 사실을 깨달았다. 물론 이 모든 요소가 한몫했지만, 결국 우리는 에너지를 향한 욕망에 의해 이 혼란 속으로 빠져든 것이다. 에너지를 향한 이런 욕망은 악(evil)이 아니다.

그 욕망은 삶의 일부다. 착취, 보존, 해체, 재구성 패턴과 마찬가지로, 우리는 그것을 어디에서나 볼 수 있다. 삶은 우리가 말할 수 있는 대로, 창조적인 에너지 발견과 지속 가능한 사용에 대한 지속적인 실험이며, 진화는 끊임없는 시행착오의 과정이다. 이 깨달음은 나로 하여금 우리 종(species)에 대한 비난과 수치심의 일부를 내려놓도록 도왔다. 나는 우리 종의 일원으로서 느껴왔던 비난과 수치심 대신, 새로운 에너지가 흘러들어오는 것을 흥미롭게 느끼고 있다. 그것은 자비의 에너지(mercy energy), 은총의 에너지(grace energy), 연민의 에너지(compassion energy)다. 1장과 2장으로 돌아가 보면, 나는 여전히 깨어나고 있으며, 여전히 다가오는 현실을 환영하고 있음을 깨닫는다.

에너지에 대한 이런 갑작스러운 깨달음은 마치 새로운 관점으로 세례받은 것처럼 느껴졌다. 어쩌면 당신도 알 수 있을 것이다. 즉 우리의 현재 상황, 곧 성장과 쇠퇴, 팽창과 붕괴 사이에서 충돌하는 문명의 일부가 되는 것은 전적으로 에너지와 관련된 문제다. 우리는 그것을 줄이지 못하는 것처럼 느끼고, 그것을 너무 빠르게 사용하며, 한 가지 에너지원이 고갈되면 또 다른 것을 찾으려 한다. 현재 우리의 상황은 에너지 드라마(energy drama)다. 이는 지구상의 생명 진화에서 중요한 순간이다.

이 깨달음은 현재 순간을 포함한다. 이 책을 이해하기 위해 당신이 투자하는 에너지를, 그리고 내가 이 책을 쓰기 위해 투자하는 에너지를 본다. 우리는 이것을 사랑의 에너지(love energy) 표현이라고 볼 수 있다. 나는 이 책에서, 그리고 내가 쓴 모든 책에서 사랑의 인도를 받으며 글을 쓰려 했다. 당신이 이 책을 읽는 이유는 당신이 배움을 사랑하기 때문이며, 이는 사고의 산물이기도 하며, 에너지의 투자로서 좋은 에너지 반환을 기대하는 것이기도 하다. 더 깊은 차원에서, 나는 글을 쓰고 있고, 당신은 **파국 이후의 삶**에 대한 이 책을 읽고 있다. 우리가 삶을 사랑하기 때문이다. 우리는 넘쳐나는 아름다움과 필수적인 선(goodness)의 무한한 표현을 사랑하지만, 그것들이 위협받고 있다. 우리는 창조적 에너지를 조화롭게 정렬하여 사람들이 사랑하는 것들을 지켜 번성할 수 있도록 하고 싶다. 그것이 바로 사랑이 하는 일이다. 그래서 우리는 지금 여기에서, 우리가 하고 있는 일을 하는 것이다. 사랑의 에너지 때문에. 어쩌면 우리 안에서, 진화의 줄기가 새로운 가능성을 탐색하고 있으며, 그것이 우리의 난관에서 앞으로 나아갈 길을 찾는 것일지도 모른다.

우리에게 친숙한 세상이 무너져내리는 위험한 시대에, 우리에게 에너지를 공급해줄 것으로 항상 의존했던 것들이 더 이상 의존할 수 없게 될지 모른다. 주유소가 문을 닫을 수 있으며, 전기가 끊어질 수도 있고, 식료품 가게가 텅 빌 수도 있다. 학교들이 축소되거나 약화될 수도 있다. 우리가 공동의 사회 에너지를 관리하도록 권력을 맡긴 정치 시스템은 더욱 부패하여 에너지를 고갈시키거나, 공정하게 관리하지 못하고 해체될 수도 있다. 우리의 종교 시스템도 비슷한 길을 걸을 가능성이 있다.

그래서 가능한 한 빨리, 우리 각자는 할 수 있는 한 **우리의 빛을 찾아 비추어야 한다**. 우리가 12장에서 고려했던 "평온의 기도"의 정신 속에서, 우리 각자는 우리가 바꿀 수 있는 것을 바꿀 기회를 가지며, 그것은 우리 내면에서 "작동하는" 에너지를 어떤 것으로 삼느냐에서 시작된다. 다시 말해, 우리는 개인적인 에너지 변환이 필요하다고 말할 수 있다. 더러운 에너지(오만, 경쟁, 두려움, 혐오, 탐욕, 욕정, 지배, 복수)에서 깨끗한 에너지(사랑, 기쁨, 평화, 인내, 친절, 선함, 부드러움, 신실, 절제)로의 전환이 필요하다.[2] 과학자와 엔지니어들이 새로운 에너지 기술에 대한 중요한 연구를 수행하고, 활동가와 정치인들이 사회 및 정치적 에너지의 균형을 개인적, 기업적 부에서 생태적 건강으로 전환하는 중요한 작업을 수행

---

[2] 이 목록은 신약성경 갈라디아서 5장 22~23절에서 언급된 "성령의 열매"이다.

하는 동안, 나 또한 중요한 개인적, 영적 작업을 할 수 있다. 즉, 나는 내면에서 깨끗한 에너지 혁명을 수행할 수 있다.

사라 켄지어(Sarah Kendzior)는 권위주의에 대해 연구하는 인류학자다. 그녀는 혼란스러운 시대에 사람들이 두려움에 빠지고, 그들의 두려움이 일종의 심리적 에너지가 된다는 사실을 알고 있다. 음악가들이 소리의 에너지를 다루는 기술을 익히고, 의사들이 생물학적 치유 에너지를 익히는 것처럼, 권위주의자들은 두려움과 분노의 에너지를 조종하는 데 능숙하다. 붕괴가 진행될 때, 두려움과 분노가 깊어지면, 우리는 권위주의자들이 등장하여 더욱 인기를 얻고 강력해지는 것을 예상해야 한다. 그들은 우리의 두려움을 이용하고, 우리의 분노를 연료로 삼아 성장한다.3) 우리가 우리의 두려움과 분노라는 심리적 에너지를 통제하는 법을 배우지 않는다면, 다른 사람들이 그것을 이용해 자기 자신의 이기적이고 파괴적인 프로젝트에 활용할 것이다. 그렇기에 켄지어는 해외에서 연구했던 권위주의가 자기 나라에서도 강력해지는 것을 목격했을 때, 저항할 것을 다짐했고, 다른 이들이 저항할 수 있도록 돕기로 결심했다. 그녀는 다음과 같이 썼다.

권위주의는 단순히 국가 통제의 문제가 아니다. 그것은 당신을 갉아먹는 어떤 것이다. 그것은 당신을 두렵게 만들고, 그 두려움은 당신을 잔인하게 만들 수 있다. 그것은 당신이 순응하고 복종하도록 강요하며, 당신이 결코 받아들이지 않을 것들을 받아들이게 하고, 결코 하지 않을 행동을 하게 만든다.

당신이 그런 행동을 하는 이유는 모두가 그렇게 하고 있기 때문이

---

3) 현재 형태의 권위주의에 대한 더 많은 정보는 Ruth Ben-Ghiat과의 인터뷰에서 확인할 수 있다: https://the.ink/p/is-the-trump-indictment-a-sign-of/.

고, 당신이 신뢰하는 기관들이 그렇게 하라고 말하고 있기 때문이며, 당신이 그렇게 하지 않았을 때 무슨 일이 벌어질지 두렵기 때문이고, 무언가 잘못되었다고 외치는 당신 머릿속의 목소리가 점점 희미해지다가 결국 사라지기 때문이다.

그 목소리는 당신의 양심이며, 도덕성이고, 개별성이다. 아무도 그것을 빼앗아 갈 수 없다. 당신이 그것을 허락하지 않는다면 말이다. 그들은 물질적인 면에서 당신의 모든 것을 빼앗을 수 있다. 즉 당신의 집, 직업, 말하고 자유롭게 움직일 수 있는 능력까지도. 그러나 그들은 결코 당신이 누구인지를 빼앗을 수 없다. 그들은 결코 당신을 진정으로 알 수 없으며, 그것이 바로 당신의 힘이다.

하지만 이 힘을 보호하고 행사하기 위해서는 그들의 방법이 스며들어 당신이 외설적이고 상상도 못 할 것들을 정상으로 받아들이기 전에, 지금 당장 당신 자신을 알아야 한다.[4]

그런 맥락에서 그녀는 "당신은 당신 자신의 빛이 되어야 한다"고 말한다. 나처럼 나이 많은 설교자에게는 그녀의 말이 예수께서 하신 말씀을 반향하는 것이었다. 예수는 세상이 무너져 내리던 또 다른 위험한 시대에 살았다. 예수는 "너희는 세상의 빛이다"라고 말씀하셨다. 당신 안에서 그 빛을 발견하고 그것을 빛나게 할 때, 그것은 단순히 당신이 누구인지, 왜 여기에 있는지, 무엇을 사랑하는지를 기억하는 데 도움이 될 뿐만 아니라, 다른 사람들에게도 도움이 된다. 주변 사람들은 당신의 빛을 보고,

---

[4] "We are heading into dark times. This is how to be your own light in the Age of Trump," *The Correspondent* 기사. https://thecorrespondent.com/5696/we-re-heading-into-dark-times-this-is-how-to-be-your-own-light-in-the-age-of-trump/16111114266432-e23ea1a6. Andrea Chalupa와의 팟캐스트: https://gaslitnation.libsyn.com/.

당신의 살아 있는 에너지를 보며, 우주 속에 빛이 있다는 것을 기억한다. 그것을 우주라 부르든, 영(Spirit)이라 부르든, 하나님이라 부르든, 무엇이라 부르든 간에 … 그 빛은 그들 안에서, 그리고 그들을 통해서 빛날 수 있다. 밤이 어두울수록, 별은 더 밝게 빛난다.5)

존 마이클 그리어(John Michael Greer)는 문명 붕괴에 대한 가장 명확하게 설명하는 학자 중 한 사람으로, "지금 붕괴해서 혼잡을 피하라!"6)고 말한다. 내가 생각하기에 그가 의미하는 바는 다음과 같다. 즉, 우리가 정상이라고 부르는 것, 우리가 안정적이고 견고하며 믿을 수 있다고 생각하는 것이 우리가 예상하는 것보다 더 빨리 흔들릴 수 있다는 점을 이해하라는 말이다. 많은 사람처럼, 적당히 지내다가 붕괴가 닥칠 때 아무런 대비 없이 공황 상태에 빠지는 대신, 지금부터 내면의 작업을 수행해야 한다. 이 책을 읽는 것이 당신에게 그러한 내면의 작업을 하는 데 도움이 된다고 나는 믿는다.

우선, 당신은 깨어나기 시작한다. 현실을 받아들이게 된다. 더욱 의도적으로, 그리고 능숙하게 자신의 마음을 다스리는 법을 배운다. 시인과 예술가들이 당신의 슬픔을 달래도록 초청한다. 하나의 이야기가 끝났을 때, 그 이야기를 벗어난다. 희망이 복잡하다는 것을 받아들인다. 이러한 내면의 작업을 통해 현재의 상황, 현재의 문명 형태, 현재의 에너지 체계처럼 지나가고 있는 것들을 내려놓을 수 있다.

그런 다음, 당신은 통제할 수 없는 것을 받아들이는 단계에 도달한다. 통제할 수 없는 것을 받아들이면서 통찰력을 갖게 된다. 보는 법을 배우고, 토착민들의 지혜를 소중히 여기는 법을 배운다. 더 이상 성경이

---

5) 이 말은 도스토옙스키의 ≪죄와 벌≫에 나온다. 그는 이렇게 말한다. "슬픔이 깊을수록, 하나님께 더 가까이 간다!"
6) John Michael Greer, *Collapse Now and Avoid the Rush!* (Founders House, 2015).

나 다른 성스러운 경전을 옛 방식대로 읽지 않고, 그 경전들이 제공하는 깊은 생태학적 지혜를 발견하기 시작한다. 점점 더 모든 것을 선과 악의 단순한 이분법으로 판단하지 않게 된다. 자신의 삶을 촛불처럼, 덧없지만 생명의 불꽃으로 축복받은 것으로 바라보기 시작한다. 그리고 죽음 자매(Sister Death)를 두려워해야 할 존재가 아니라, 모든 생명이 신뢰할 수 있는 동반자로 보게 된다. 이것이 당신이 첫 번째 단계를 시작하는 데 도움을 줄 것이다. 첫 번째 단계는 자신의 무력함을 인정하는 것이며, 그것이야말로 새로운 힘과 새로운 에너지를 발견하는 유일한 방법이다.

그 과정은 앞으로 나아가는 길이며, 창조적 회복력의 길이지만, 삶이 더 쉬웠던 "좋았던 옛 시절"의 향수를 불러일으키는 길이 아니다. 우리는 이 길을 걷는 최초의 사람들이 아니며, 생물학적, 영적 조상들의 용기와 회복력에서 영감을 받을 수 있다. 우리가 두려움에 에너지를 소진하지 않을 때, 안전한 착륙과 새로운 시작을 상상할 수 있으며, 자신과 미래 세대를 위해 그렇게 할 수 있다. 두세 사람이 함께 모이는 힘을 깨닫고, 사랑의 에너지를 뿌리는 씨앗이 될 수 있음을 경험하게 된다. 우리는 전혀 알지 못했던 깊은 소속감의 경험을 나눌 수 있게 된다. 시대가 험악해지면 우리는 성품이 더욱 강해질 필요가 있음을 깨닫게 되는데, 여기에는 항상 친절한 가슴이 포함되며, 우리는 이런 이해를 다른 사람들, 특히 젊은이들과 두려움에 사로잡힌 사람들과 나눌 수 있다.

예상치 못하던 상태에서 이처럼 두려운 파국과 만남으로써, 우리는 자유로워짐을 느낄 것이다. 지속 불가능하고 에너지에 중독된 문명이 우리에게 부과한 제약과 전제들로부터 해방되는 것이다. 아름다움은 항상 넘치고 남아 있기 때문에 우리가 그 남아 있는 넘치는 아름다움을 알아차리고 그것을 축하할 때 우리의 창조적 에너지가 흘러나온다. 갑자기 우리는 이런 힘든 시기에 살아가는 것이 불운한 것이 아니라, "이토록 중요한 시대에" 살아가고 있다는 것이 특권임을 깨닫게 될 것이다. 마침내 과도한 소비가 끝나든, 아니면 문명이 끝나든, 우리는 어쨌든 생명이 계속될 것임을 깨닫는다. 그리고 이 과정에서, 우리는 자신의 존재를 새롭게 깨달을 수 있다. 관상적 행동가였던 토머스 머튼이 말했던 의미를 조금이나마 이해하게 될 것이다.

우리가 생명 현상을 오해할수록, 그리고 그것을 이상한 결론과 복잡한 목적으로 분석할수록, 우리는 더욱 슬픔과 부조리, 절망 속에 빠져든다.

점점 더 분명해지는 것은 우리가 현재 문명에서 직면한 파국은 우리가 오해한 결과라는 사실이다. 에너지에 대한 오해, 과소비에 대한 오해, 그리고 무엇이 더 중요한지(생태적, 사회적 건강)와 덜 중요한지(금전적 부)에 대한 오해 말이다. 우리는 우리의 문명이 이러한 오해에 중독되었음을 깨닫게 된다. 우리의 문명은 삶을, 에너지를 빠르게 소비하고 축적하는 것으로 정의해왔지, 지혜롭게 공유하는 것으로 정의하지 않았기 때문이다. 우리는 우리의 문명이 슬픔, 부조리, 절망 속으로 무너져내리는 것을 보고 있다. 그리고 우리는 인간으로서 새로운 기민함, 회복력, 단순함을 발견할 필요가 있다고 느낀다. 머튼이 그다음에 말한 "그러나 그것은 별로 중요하지 않다"는 말이 처음에는 충격적으로 들릴 수도 있다.
도대체 우리 문명이 지속되는 것, 경제가 유지되는 것, 기술이 승리하는 것, 호모 사피엔스로서 우리의 지혜를 증명하는 것보다 무엇이 더 중요하다는 말인가? 머튼은 이렇게 말을 이어간다.

그러나 그것은 별로 중요하지 않다. 우리의 절망이 사물의 실상을 바꾸지는 못하며, 또한 언제나 그곳에 존재하는 우주의 춤(the cosmic dance)의 기쁨을 훼손하지도 못하기 때문이다. 사실, 우리는 그 춤 한 가운데에 있으며, 그 춤은 우리 안에 존재한다. 그 춤은 우리가 원하든 원하지 않든 우리의 핏속에서 고동치고 있다. … 우리는 의도적으로 우리 자신을 잊어버리고, 보기 흉한 모든 엄숙함을 바람에 날려버리고 그 모두의 춤에 동참하도록 초대받고 있다.

그리고 그 순간 깨달음이 빛나기 시작한다. 우리의 문명이 요점이 아니다. 우리 종(species)이 중요한 것이 아니다. 우리가 존재해야 한다면, 그것은 우리 자신을 위해서가 아니라 전체의 건강을 위해서, 우주의 춤의 기쁨을 위해서, 에너지와 빛, 사랑의 춤을 위해서다.

공룡과 고대의 숲은 죽기 위해, 화석이 되기 위해, 우리 문명을 발전시키기 위해 존재했던 것이 아니다. 그들의 삶은 그 순간을 위해, 그리고 우주적 춤에서 중요했다! 바다, 대기, 토양, 그리고 오늘날 이 지구에 존재하는 수십억의 생명체들은 우리 문명을 유지하기 위해 존재하는 것이 아니다. 그들은 우주의 춤에서 반드시 필요한 참여자다. 우리의 역할은 그들을 지배하고 착취하는 것이 아니라, 그들과 함께 춤추는 것이다!

우리가 장기적으로 생존하고 단기적으로는 제정신을 유지하고 싶다면, "생명 현상을 오해하는" 우리의 집착, 우리 문명이 작동하는 방식에 대해 오해하는 집착으로부터 벗어나야 한다. 이런 해방을 위해 부처부터 마이스터 에크하르트까지 관상가들이 사용한 말은 "초연함"(detachment)이다.[7] 이 책을 따라온 여정에서 당신은 우리가 이름 붙이지 않았을 때조차도 점점 더 초연함으로 깊이 들어가고 있었음을 깨닫게 될 것이다.

---

[7] 이 주제에 관한 에크하르트의 글을 읽고 싶다면, https://german.yale.edu/sites/default/files/meister_eckhart_on_detachment.pdf.를 보라.

하지만 초연함은 우리를 분리된 상태로 내버려 두기 위한 것이 아니다. 오히려 정반대! 초연함이란 우리가 삼라만상으로부터 분리되어 있다는 모든 망상에서부터 벗어나는 것(disentangling)을 뜻하며, 그렇게 함으로써, 우리는 더 이상 구경꾼처럼 벽에 붙어 있지 않고, 우주라고 부르는 에너지 교환의 춤에 동참할 수 있다. 우리가 삼라만상으로부터 분리되어 있다는 모든 망상으로부터 벗어나는 것이야말로, 세상이 무너져내릴 때 우리가 지혜와 용기를 가지고 함께하게 되는 문이다.

이 문을 지나면, 내가 이 책을 통해 밝히려 해왔던 꿈으로 들어간다.

이것은 나의 꿈이며, 어쩌면 당신의 꿈이자 우리의 꿈일 것이다. 세상이 흔들리고 무너져내리는 이 혼란의 시대에, 우리 모두 기꺼이 마음을 열고 함께할 수 있는 꿈, … 가난한 자와 부유한 자, 인종과 성별, 사는 곳과 관계없이, 종교와 교육의 차이를 넘어설 수 있는 꿈이다. 나는 우리 중 일부라도, 아니 우리 중 충분한 수가 단순히 인류라는 원 안에서만이 아니라 이 광대한 지구만큼이나 큰 영역 안에서 함께 모여, 지구의 다채로운 문화와 색을 지닌 아이들로서 우리 자신을 다시 발견하기를 꿈꾼다. 우리는 "지구팀"의 일원이다.

나는 토착민의 지혜, 성 프란치스코와 성녀 클라라, 부처님과 예수님의 지혜, 그리고 모든 신앙의 과학자와 생태학자, 영적 선각자들의 지혜가 모든 마음에 환영받는 세상을 꿈꾼다. 그러면 우리는 이 행성을 바라보며 경제적 자원만을 보는 것이 아니라, 우리의 신성한 관계 … 형제 돌고래와 자매 혹등고래, 웅장한 인디고빛 바다에서 유영하는 존재들을 바라보게 될 것이다. 또한 하늘을 나는 자매 갈매기와 형제 군함새를 보며, 푸른 하늘 아래에서 경이로움을 느낄 것이다. 우리는 모든 땅을 신성한 땅으로 바라보고, 형제 초원과 자매 숲의 존재 앞에서 경건히 걸으며, 형제 흰머리독수리와 자매 바다거북, 자매 참새와 형제 제비나비를 우리의 관계로 느낄 것이다.

내 꿈속에서, 우리가 가장 아름다운 성당에 들어섰을 때 느끼는 경외심을, 가을 산과 봄 늪지대, 눈 덮인 겨울 초원, 그리고 여름의 구불구불한 개울을 따라 걸으며 똑같이 느낄 수 있기를 바란다. 내 꿈에서, 우리 도시에서도 하늘을 우러러보며 경이로움을 느끼고, 과학과 영성이 조화를 이루어 햇빛의 신성함, 바람의 신비, 빗물의 상쾌함, 그리고 계절의 리듬을 경탄할 수 있게 된다. 끼니마다 우리가 먹는 음식이 자라난 들판과 과수원, 강과 농장과 깊이 연결될 것이며, 흙을 일구어 우리의 식탁을 차려준 농부와 노동자들에게 깊은 감사와 기쁨을 느낄 것이다.

내 꿈에서, 서로와 살아 있는 지구와의 생명력 넘치는 연결이 가장 근본적이고 중심적이며 신성한 것이 된다. 그리고 경제, 정부, 학교, 종교 등 모든 것이 이런 근본적인 연결을 중심으로 새롭게 정립될 것이다. 내 꿈에서, 우리는 하나님이 삼라만상과 분리된 존재가 아니라, 우리가 삼라만상을 통해 만나고 경험하는 살아 있는 빛이며 신성한 에너지라는 것을 알게 될 것이다. 과거, 현재, 미래의 흐름 속에서 구현되고 육화되며, 사랑의 에너지 속에서 가장 친밀하게 알려진 존재로 말이다.

많은 사람이 이 꿈을 이해하지 못할 것이다. 어떤 이들은 이 꿈을 조롱하거나 반대할 수도 있다. 하지만 이 꿈을 살아낼 수 있는 사람들에게는, 이것이 풍요로운 삶, 의미 있는 삶이 될 것이다. 어떤 시나리오가 펼쳐지든, 미래가 어떻게 되든, 이 삶은 아름다움으로 가득할 것이다.

내가 사랑하는 그 춤은 계속된다. 우리가 참여하든 아니든 말이다. 그렇다면 우리가 살아 있는 동안 왜 그 춤에 함께하지 않겠는가? 왜 지금도 우리가 할 수 있는, 한 번뿐인 거룩한 순간에 우리의 빛을 찾아 함께 빛나지 않겠는가?

친애하는 독자에게,

이 책을 쓰기 시작했을 때, 나는 마지막 몇 장이 어떤 행동 촉구의 메시지를 담거나, 그 행동 계획에 대해 명확히 밝힐 거라고 생각했습니다. (그 계획에 대한 내용은 다음 마지막 장에서 더 다룰 것입니다.) 하지만 나는 이 책이 에너지, 초연함, 그리고 우주의 춤에 대한 신비로운 축하로 이어질 줄은 예상하지 못했습니다!

당신의 저널에서든, 친구들과 함께든, 이 마지막 장들이 당신에게 어떤 느낌을 주는지 곰곰이 생각해 보시길 바랍니다. 에너지에 대한 나의 깨달음에서부터 시작해 보세요. 그것이 다소 막연하게 느껴질지라도, 당신에게 흥미롭게 다가오나요?

"먼저, 당신은 깨어나기 시작합니다"로 시작하는 단락에서 나는 이 책 전체를 짧게 요약하는 다섯 개의 단락을 작성했습니다. 그 단락들이 지금까지의 여정을 되돌아보는 데 도움이 되는지 살펴보세요.

앞 장의 끝에서, 나는 마할리아 잭슨이 마틴 루서 킹 목사에게 "사람들에게 꿈에 대해 말하셔요"라고 했던 이야기를 나누었습니다. 이 장의 끝에서, 나는 당신 앞에 서 있다고 상상했습니다. 그리고 마할리아가 나에게 했던 것과 같은 격려를 당신에게 전했습니다. 나는 무엇을 쓸지 계획하지 않았습니다. 즉흥적으로, 있는 그대로 썼습니다. 내 안에서 자연스럽게 흘러나온 것입니다. 내 꿈에 대한 표현이 당신의 마음에는 어떻게 다가왔나요? 당신만의 꿈을 직접 표현해 볼 수도 있지 않을까요? 당신의 꿈을 500단어 이하로 표현해 보세요. (킹 박사의 즉흥적 연설 마무리 부분의 길이였습니다).

> 한 현명한 친구가 내 삶을 이끌어준 통찰을 나누어 준 적이 있습니다. 그는 먼저 목사이자 설교자로서, 그리고 나중에는 작가로서 이렇게 말했습니다. "배움은 가르침의 결과가 아니라, 사고(생각)의 결과다." 이 장을 마치고 책의 마지막 장을 읽기 위해 준비하면서, 당신은 무엇을 생각하고 있나요?

21장

우리는 걸어가며 길을 만든다

우리는 여러 가지 불확실성을 마주하고 있지만, 우리가 할 수 있는 일도 많다.

―기후 불안 심리치료사 캐롤라인 히크먼1)

나는 모든 사람이 깨닫기를 권합니다. … 지구는 보호받아야 할 환경이며, 경작해야 할 정원입니다. 인류와 자연의 관계는 탐욕, 조작, 착취로 이루어져서는 안 됩니다. 그 관계는 창조물과 창조 사이의 신성한 조화를 보존하며, 존중과 배려의 논리 속에서 이루어져야 합니다.

―교황 프란치스코

세상의 종말을 예상하라. 웃어라.
웃음은 헤아릴 수 없는 것이다.
모든 사실을 고려했더라도 기쁨을 느껴라.
부활을 실천하라.

―농부이자 시인 웬델 베리, "매드 파머 해방 전선 선언문"

---

1) 캐롤라인 히크먼(Caroline Hickman)은 기후 불안 트라우마를 전문으로 하는 심리치료사다. 그녀는 "Are Climate Doomers Right?"라는 영상에서 소개되었다. https://youtu.be/JB6smZzFgVY.

생태적 한계 초과와 문명 붕괴에 대해 배우기 시작했을 때, 나는 무엇보다도 누군가가 나에게 무엇을 해야 하는지 알려주길 원했다. 무너져 내리는 세상에서 좋은 사람이 되고 싶었고, 문제의 일부가 아니라 해결책의 일부가 되고 싶었다. 그러기 위해서는 "계획"(The Plan)을 알아야 했다.

수년 동안, 나는 환경 치유, 영적 회복, 사회 정의 운동의 주요 지도자들과 회의하고 대화를 나누는 자리에 참여했다. 수없이 많이 어떤 사람을 복도 끝으로 데려가거나 점심을 대접하면서 "누가 그 계획을 아는가? 정확히 우리가 무엇을 해야 하는지를 누가 말해 줄 수 있는가?" 물었다.

내가 알아낸 사실은 다음과 같다.

아무도 그 "계획"을 가지고 있지 않았다.2)

현재의 상황이 단순히 탁월한 전략적 계획으로 **해결될 수 있는 문제가** 아니기 때문이다. 특히, 우리 경제와 반생태적 사고방식에 의해 형성된 사람들의 상상력에서 나온 계획이라면 더욱 그렇다. 설령 우리가 모두 어떤 버전의 "계획"을 받아들인다 해도, 그 계획은 현재의 위기 속에서 만들어진 것이므로 결국 위기를 영속화하는 결과를 낳을 것이다. 그렇다고 해서 계획을 세우는 것이 무의미하다는 것은 아니다. 다만, 우리는 현재의 상황을 진화적 과정 속에서 **거쳐 가면서 살아야 하는 매우 크고 복잡한 역경**으로 보아야 한다는 말이다.

진화는 A에서 Z로 이어지는 하나의 주된 계획을 따르지 않는다. 그것은 포도나무의 덩굴손처럼, 나무의 가지처럼, 신경계의 수상돌기처럼 뻗어나간다. 작동하지 않는 실험들은 실패하고, 마치 포도나무 가지처럼 말라 죽는다. 하지만 새로운 가지들이 돋아나 빛을 향해 뻗어나간다. 검

---

2) 실제로 여러 저자가 여러 계획을 제안했지만, 어느 것도 계획으로 받아들여지지 않았다. 예를 들어, 빌 게이츠의 ≪기후재앙을 피하는 법≫(김영사, 2021), 폴 호컨의 ≪플랜: 드로다운≫(글항아리 사이언스, 2019), ≪한 세대 안에 기후 위기 끝내기≫(글항아리사이언스, 2022), John Doerr, *Speed & Scale* (2021)을 보라.

증된 전략들은 유지되고 계속 진화한다. 그렇다면, 한 명의 억만장자나 정부 위원회가 설계한 하나의 계획을 기대하는 대신, 우리는 수천 개의 계획이 만들어지고, 우리가 변화하는 만큼, 그리고 환경이 변화하는 만큼 수만 번씩 조정될 것이라고 예상해야 한다. 현재 이 순간에도 수백만 개의 유연한 조직과 프로젝트가 수백만 명의 사람들에 의해 시작되고 운영되고 있으며, 그 각각이 우리의 현재 상황을 해결하기 위한 하나의 실험이다. 이미 수많은 선한 사람들이 엄청난 일을 해내고 있으며, 매일 더 많은 사람이 그 대열에 합류하고 있다.

아마도 이 수백만 개의 계획들이 언젠가 하나의 계획으로 합쳐질 수도 있을 것이다. 마치 카오스 이론의 실험처럼, 예측할 수 없었던 질서가 결국 나타나는 것처럼 말이다. 그렇다 해도, 이 글을 읽는 당신은 지금쯤 자신의 계획을 개발하거나 개선하고 싶어 할 수도 있다. 부록 4에서 나는 당신도 그렇게 할 수 있도록 간단한 형식을 제안했다. 기억해야 할 가장 중요한 것은, 당신의 계획이 역동적이고 실험적이며 진화해야 한다는 점이다. 현재 상황은 복잡하고, 미래는 불확실하기에 시간이 지나면서 계획은 변화할 것이다. 마야 안젤루(Maya Angelou)가 말했듯이, "최선을 다하세요. 더 나은 것을 알게 되면, 더 나은 것을 하세요."

예를 들어, 당신은 처음에 "붕괴 회피" 시나리오(시나리오 1)를 가능하게 만드는 계획에 집중할 수 있다. 몇 년 후, 시나리오 1에 대한 희망을 잃게 된다면, "붕괴 후 재탄생" 시나리오(시나리오 2)를 가능하게 만드는 방향으로 초점을 옮길 수도 있다. 시간이 지나면서, 시나리오 2를 계속 추진하면서 동시에 "붕괴 후 생존" 시나리오(시나리오 3)가 더욱 끔찍해지지 않도록 조치를 취할 수 있다. 그러나 언젠가는 "붕괴 후 멸종" 시나리오(시나리오 4)에 집중하여, 인간이 살아남지 못하더라도 일부 새와 포유류, 파충류와 양서류, 곤충과 물고기, 나무와 양치식물, 이끼라도 살아남을 수 있도록 노력할 수도 있다. 하지만 상황이 바뀔 수도 있고, 다시 시나리오 2로 초점을 옮기게 될 수도 있다. 결국, 우리의 모든 계획이 중요하지만, 그보다 더 중요한 것은 우리가 절대 포기하지 않는 태도와 유연한 참여, 그리고 어떤 시나리오가 펼쳐지든 계속해서 빛을 비추고 춤추겠다는 다짐이다.

우리가 하는 모든 일은 중요하다. 다른 사람들이 하는 일도 마찬가지다. 자신의 계획에 온 마음을 쏟고 있을 때, 다른 사람들이 함께하지 않는다고 화를 내고 싶을 수도 있다. 하지만 사람들에게 공격적으로 행동하는 것은 역효과를 낳는다. 어느 누가 무례한 사람들의 팀에 합류하고 싶겠는가? 그리고 사실, 우리가 해야 할 일이 반드시 다른 사람들이 해야 할 일과 같지 않을 수도 있다. 나는 이 교훈을 나의 영웅 중 한 분인 성 프란치스코로부터 배웠다. 그분은 젊은 시절에 "아무도 내가 무엇을 해야 하는지 보여주지 않았다"라고 썼다. 즉, 아무도 그에게 "계획"을 강요하지 않았다. 그분은 자신의 길을 찾아 헤매다가 마침내 그 길을 발견했다. 그리고 생애 말년에는 이렇게 말하셨다. "나는 내가 해야 할 일을 했다. 이제는 그리스도께서 여러분이 해야 할 일을 가르쳐 주시길!"

이렇게 말하고 싶다. *지금 당신이 개인으로서 하고 있는 일은 정말 중요하다. 그리고 우리가 함께 모여서 하는 많은 일은 더욱 중요하다.*

현재의 상황을 인식하는 사람이라면 누구나 여러 가지 방식으로 세상에 관심을 기울이고 참여할 것이다. 나는 글을 쓰는 것을 통해 이 아름다운 세상과 그 안의 모든 생명체에 대한 나의 사랑을 표현함으로써 다른 사람들도 건설적인 행동에 참여하게 되기를 희망한다. 더 구체적으로, 나는 새와 거북이, 송어, 그리고 그들이 사는 숲과 습지, 강을 사랑한다. 그래서 나는 다른 사람들과 함께, 야생 동물과 서식지 보호 활동을 하는 단체에서 자원봉사를 한다.[3] 나는 또 인종, 성별, 성적 지향, 종교적 다양성을 아우르는 안전, 평등, 연대에 깊이 헌신하고 있다. 이는 정치가 나를 미치게 만들 때도 있지만, 정치적 행동을 위해 다른 사람들과 함께해야 한다는 것을 의미한다.4)

나는 또한 영적 및 종교적 개혁과 혁명에 깊이 헌신하고 있으며, 그래서 "남부의 빛"(Southern Lights)이라는 회의를 공동 주최하며 대중 강연을 한다.5) 나는 우리가 근본적인 이야기의 변화, 의식의 전환, 내적 에너지의 변환이 필요하다고 믿는다. 그래서 내가 "행동과 관상 센터"(Center for Action and Contemplation)에 많은 시간을 투자하는 것이다.6) 나는 이처럼 위험한 시대에 특히 아이들과 대학생들이 특별한 관심을 받아야 한다고 생각해서, 다른 사람들과 함께 부모와 교회를 위한 자원 네트워크인 "선을 위해 아이들 키우기"(Raising Kids for Good)7)와 대학생 네트워크인 "조에"(Zoe)8)라는 프로그램을 만들었다.

이러한 헌신(그리고 글쓰기!)이 현재 내가 감당할 수 있는 전부다. 한편, 당신도 당신만의 열정을 가지고 있을 수 있다. 예를 들면, 지역의 유아 교육, 하천 보호, 이스라엘-팔레스타인 문제, 유권자 억압 방지 등의 이슈에 관심이 있을 수 있다. 당신은 내가 왜 교육위원회 회의에 자주 참석하지 않는지 궁금할 수 있고, 나는 당신이 왜 바다거북 둥지 감시 활동에 나오지 않는지 궁금할 수도 있다. 하지만 내가 기억하는 것은 **지금 내가 하는 작은 부분이 중요하며, 우리가 함께하는 모든 작은 행동은 더욱 큰 의미를 가진다**는 사실이다. 마이클 프란티가 말한 것처럼, "10억 명의 서로

---

3) https://rookerybay.org/.를 보라.
4) heeps://www.votecommongood.com/.를 보라.
5) https://southernlightsconference.com/.를 보라
6) https://cac.org/.를 보라.
7) https://rkfg.org/.를 보라.
8) https://www.zoeoncampus.com/.를 보라.

다른 사람들이 10억 개의 서로 다른 일을 통해 10억 군데를 더 나은 곳으로 만들 수 있다." 모든 것이 중요하다. 그리고 그것은 놀라운 방식으로 영향을 미친다.

    예를 들어, 나는 최근에 해달을 너무 사랑해서 해달의 개체 수를 복원하는 데 헌신한 사람들의 이야기를 들었다. 그런데 무슨 일이 일어났을까? 해달의 개체 수가 회복되자 해달은 더 많은 성게를 먹기 시작했고, 성게의 개체 수가 조절되자, 성게가 먹는 다시마 숲이 더 건강하고 튼튼해졌다. 다시마 숲은 훌륭한 탄소 흡수원이다. 따라서 해달을 보호함으로써 기후변화의 한 가지 측면을 해결한 것이다!9) 우리는 해악이 연쇄적으로 확산될 수 있다는 것을 잘 알고 있다. 한 명의 거짓말쟁이가 다른 사람들도 거짓말을 하도록 유혹할 수 있는 것처럼, 치유도 연쇄적으로 확산될 수 있다는 점을 기억해야 한다.

    그래서 내가 당신에게 "계획"(The Plan)을 **제공할 수 없다**는 것만이 아니라, 단 하나의 위에서부터 내려오는 거대한 계획은 현재 상황에서 가능하지도, 바람직하지도 않다는 것이다. 우리에게 닥친 복잡한 문제는 우리가 함께 다층적인 복합적인 방식으로 대응할 것을 요구한다. 나는 방금 이런 통찰을 담은 아름다운 노래를 들었다. "당신이 길을 알 필요는 없습니다. 길이 스스로를 알고 있습니다."10)

---

9) 해달에 대한 더 많은 정보는 다음 링크에서 확인할 수 있다. https://www.fws.gov/story/2022-09/sea-otters-are-unlikely-helpers-our-fight-against-climate-change/. 또한, 해달-성게-다시마 이야기가 매우 복잡하다는 점을 기억하는 것이 중요하다. 예를 들어, 해수면 온난화는 성게를 증가시켜 다시마를 더욱 고갈시킬 수 있다. 따라서 해양 온난화를 줄이는 것이 먼저인지, 다시마를 보존하여 탄소를 감소시키는 것이 먼저인지에 대한 논의는 여전히 진행 중이다. 관련 기사: https://regenerationinternational.org/2020/07/03/what-kelp-forests-can-do-for-the-climate/.

10) 이 노래는 공동체 음악가인 린지 스콧(Lyndsey Scott)이 만든 것이다. 노래를 듣고 가사를 확인하려면, https://thebirdsings.com/thewayknows/.를 보라. 아름다운

나는 "계획"보다 더 가치 있는 것을 제안하고 싶다. 그것은 바로 **모든 것이 중요하며, 어떤 것들은 더욱 중요하다는** 확신이다. 따라서 우리는 중요한 것과 더욱 중요한 것에 집중하는 다양한 방법을 살펴볼 것이다. 이 장의 확장된 버전은 BrianMcLaren.net에서 확인할 수 있으므로, 필요하다면 다른 사람들과 공유할 수도 있다. 더 좋은 것은, 이 목록을 공유하는 과정에서 배우게 될 것이라는 점이다. 길이 우리에게 무엇을 가르치는지 알게 될 것이다.

1. 염려를 표하는 것은 중요하며, 헌신을 표현하는 것은 더욱 중요하다. 캐서린 헤이호(Katharine Hayhoe)는 당신과 내가 현재 상황에서 할 수 있는 가장 중요한 일은 그것에 관해 말하는 것이라고 했다.11) 그래서 누군가가 "어떻게 지내세요?"라고 물으면 우리는 이렇게 답할 수 있다. "저는 건강하고, 동기부여를 받고 있고 … 매일 아침 일어나 우리가 지구와 서로에 대한 관계를 어떻게 변화시킬 수 있을지 고민해요." 또 다른 사람이 "주말 어떻게 보냈어?"라고 물으면 이렇게 말할 수 있다. "생태학적 한계 초과에 대해 깊이 생각하게 하는 책을 읽었어요. 혹시 들어본 적 있어요?" 또 누군가가 "요즘 뭐 새로운 일 있어?"라고 물으면 이렇게 말한다. "기후변화와 환경 문제를 진지하게 생각하는 후보들을 당선시키려는 단체에 가입했어요. 올해 출마한 몇 명의 후보들에게 정말 기대가 돼요. 제가 그들에 대해 얘기해도 될까요?" 정치적 부패나 정치적 교착상태에 대해 누군가가 불평한다면 당신은 이렇

공연과 영상은 https://youtu.be/Effy3Hyiohg/.을 보라.

11) Eliza Griswold의 *New Yorker* 기사(2021년 9월 16일). 이 기사는 캐서린 헤이호에 관한 기사이며, 나와 그녀는 모두 플리머스 형제단 출신이다. https://www.newyorker.com/news/on-religion/how-to-talk-about-climate-change-across-the-political-divide/.

게 답한다. "지금처럼 해결되는 일이 거의 없어서 정말 가슴이 아파요. 하지만 이렇게 혼란스러운 상황일수록 저는 오히려 더 긍정적이고 창의적인 대안을 제시하려고 다짐하게 돼요." 이런 식으로 진심을 다해 우리만의 방식으로 말하다 보면, 자신이 품고 있는 미래에 대한 꿈을 다른 사람과 나눌 수 있다. 우리가 보여주는 헌신의 예는 그들에게 반대할 수 없는 매력을 갖고 있기 때문에, 압박감을 주지 않고도 참여를 이끌어낼 것이다.

2. 우리의 불안도 중요하지만, 우리의 시민의식은 더욱 중요하다. 치명적인 시나리오를 피하려면 신속하고 근본적인 정치적, 구조적 변화가 필요하다. 그렇기에 우리가 불안을 느끼고 있다면, 오히려 무관심한 사람들보다 앞서 있는 것이다. 만약 불안하지만 아직 행동하지 않고 있다면, 지금이 책임감 있는 시민으로서의 헌신을 새롭게 할 좋은 때다. 정치인과 정당은 종종 "대량살상무기" 같은 이슈를 꺼내 우리의 주의를 딴 데로 돌리려 할 것이다. 그러나 우리는 무엇이 중요한지 알고 있다. 차악이라도 투표할 수밖에 없다 하더라도 투표하자. 현재 상황을 제대로 이해하고 대처할 후보를 찾기 어렵다면, 스스로 후보로 출마하는 것도 생각해볼 만하다. (많은 곳에서 출마 장벽은 매우 낮으므로, 위축될 필요는 없다!) 출마가 어렵다면, 지방자치 단체나 국가 차원에서 우리가 할 수 있는 일에 개입해보자.[12] 정치적 해결은 거의 언제나 실망하게 되며 마침내 완전히 실패할 수 있지만, 만일 우리가 행동하지 않았다면 훨씬 더 악화되었을 상황이 우리의 노력으로 조금이나마 나아졌다면, 우리의 정치적 노력은 여전히 선하며 아름다운 것이다.

3. 우리가 이미 배운 것이 중요하고, 계속해서 호기심을 유지하는 것은

---

[12] 좋은 참고자료는 David Pepper, *Saving Democracy* (St. Helena Press, 2023)를 보라.

더 중요하다. 당신은 이 책과 다른 자료들을 통해 현재 세계 상황에 대해 이미 많은 것을 배웠다. 바라건대 당신의 호기심을 충족하는 데 그치지 않고 자극을 받아, 앞으로도 계속해서 평생 배움을 이어나갈 수 있으면 좋겠다. 세계 상황이 변함에 따라 우리의 호기심은 계속해서 최신의 상태를 유지하도록 이끌어줄 것이다. 그뿐 아니라, 이러한 세계 상황에 대한 호기심은 우리가 사는 지역의 상황과 생태계를 탐구하도록 이끌 수도 있다. 우리는 지역의 강줄기에 대해 배우게 될 것이고, 그곳에 서식하는 멸종 위기종들, 주된 오염원, 환경과 사회 정의를 위해 활동하는 단체들, 그리고 이웃 간의 공동체를 강화하고 땅과의 연결성을 강화하려는 단체들에 대해서도 알게 될 것이다.13) 8장과 9장에서 다루었던 토착민 정신을 깊이 탐구하면서 토착민 지도자들의 글과 음악, 예술, 행동주의를 통해 배움을 더 깊게 하면 좋을 것이다. 우리가 속한 생태계 안에 넘쳐나는 아름다움을 음미하고 즐기자. 현재 벌어지고 있는 피해를 슬퍼하고 그것에 대응하자. 우리가 사는 지역의 땅에 속하는 것처럼, 지구 전체에도 속한 존재로서 살아가자.

4. **우리가 이미 기여한 것이 중요하고, 앞으로 계속될 우리의 기여는 더 중요하다.** 우리가 이미 이룬 것을 축하하자. 이 책을 읽고, 목소리를 내고, 의식적으로 투표하고, 이 모든 배움을 통해 영적으로 더욱 깊게 성장해가는 우리의 행동은 큰 의미가 있다. 그리고 나면, 우리 모두가 현재 상황을 고려할 때 말이 되는 새로운 삶의 방식을 모델링하는 데 성장할 여지가 있다는 것을 깨닫게 될 것이다. 우리는 올해 자신의 식

---

13) 지붕에서 떨어지는 빗물은 어딘가의 작은 개울로 흘러간다. 그것이 바로 당신이 사는 지역 강줄기의 시작점이다. 개울은 강으로 이어지고 강은 바다로 흘러간다. 이러한 유역을 통해 상류와 하류의 모든 존재와 연결되어 있으며, 궁극적으로는 지구상의 모든 존재와 연결되어 있다. 더 많은 정보를 원하시면 Ched Myers의 자료(https://watersheddiscipleship.org/)와 미국 환경보호청의 자료(https://www.epa.gov/waterdata/hows-my-waterway)를 참조하라.

단을 어떻게 개선할 수 있을지 궁금해질 것이다. 이는 우리의 건강뿐만 아니라 지구의 건강을 위해서도 중요하다.14) 우리 집의 냉난방은 어떻게 되고 있는지, 그리고 에너지 효율성을 매년 어떻게 개선할 수 있을지도 배우게 될 것이다. 또한, 다른 질문들도 떠오를 것이다. 교통수단은 어떤가? 어떻게 하면 교통수단 선택을 덜 해롭고 더 치유적인 방향으로 만들 수 있을까? 어떻게 하면 물을 덜 사용하고 더 많이 치유할 수 있을까? 어떻게 하면 덜 사고 덜 버릴 수 있을까, 특히 재활용하거나 재사용할 수 없는 것들을? 만약 여분의 공간이 있다면, 어떻게 그것을 집이 필요한 사람들과 나눌 수 있을까? 삶의 모든 영역에서 진전을 이루지 않았다는 이유로 다른 사람들이 우리를 위선자라고 부른다고 해서 걱정할 필요는 없다! 물론 우리는 위선자다! 우리 중 누구도 자신의 가치와 이상에 완벽하게 일치하지 못한다. 따라서 우리 모두는 어느 정도 위선적이다. 하지만 성장하는 위선자가 되는 것이, 아무것도 하지 않고 그저 다른 사람들이 하는 좋은 일을 비판하는 비평가나 냉소주의자가 되는 것보다 훨씬 낫다. 비판하는 것만으로는 아무것도 변하지 않는다. 변화하고 성장하는 것이 중요하다!

5. 우리가 직장에서 받는 급여와 혜택은 중요하지만, 우리의 일이 타인과 지구에 제공하는 혜택은 더욱 중요하다. 오늘날처럼 위험한 시대에, 왜 환경을 해치거나 쓸모없는 쓰레기를 생산하는 직업을 계속해야 할까? 대신, 우리가 믿을 수 있는 일을 하고, 유급이든 무급이든 의미 있는 변화를 만들어낼 수 있는 일을 하는 것이 어떨까? 지금 당장 직업을

---

14) Climate Healers는 Sailesh Rao가 설립한 단체로, 지구를 치유하는 데 도움이 되는 식단으로 바꾸는 것을 돕는 가장 좋은 단체 중 하나다. 이들의 모토는 "도움을 주세요: 지구를 치유하세요. 식물을 먹으세요. 단순하게 사세요. 나무를 심으세요."(HELP: Heal the planet. Eat plants. Live simply. Plant trees"다. 더 많은 정보는 https://climatehealers.org/. 에서 확인할 수 있다.

현실적으로 바꿀 수 없다면, 우리가 속한 회사나 업종에서 필요한 변화를 가져오는 방식으로 변화를 만들 수도 있다.

6. 우리의 투자 수익은 중요하지만, 우리의 구매, 투자 및 기부가 미치는 영향은 더욱 중요하다. 우리는 왜 이윤에만 사로잡힌 회사들과 거래하는 대신에 지구와 그 직원들, 그리고 고객을 잘 돌보는 기업과 거래하지 않는가? 우리가 만일 높은 이율을 주는 은행 계좌, 투자신탁, 주식에만 투자했다면, 왜 덜 해로운 투자 대신에 더 도움을 주는 투자로 바꾸도록 상의하지 않는가? 만일 당신이 기부를 많이 하지 않는다면, 왜 공동선을 위해 공헌하는 비영리 단체나 사회적 가치 창출 벤처에 투자하기 시작하지 않는가?15)

7. 우리에게 자녀가 있는가 여부도 중요하지만, 모든 아이를 얼마나 돌보는지는 더욱 중요하다. 어떤 사람들은 이 위험한 시대에 아이를 낳아서는 안 된다고 생각한다. 반면에, 어떤 사람들은 반드시 아이를 낳아야 한다고 믿는다. 어떤 선택을 하든, 우리의 자녀 유무가 모든 아이를 돌보는 것을 막아서는 안 된다. 우리가 이 지경에 이른 것은 이웃과 미래 세대에 대한 부주의 때문이었다. 이 문제에서 벗어나려면, "젊은이를 위한 우선적 선택"(a preferential option for the young)을 실천하고, 일곱 세대 이후까지의 미래를 고려하는 마음가짐이 필요하다.

8. 우리의 개인적 행동도 중요하지만, 우리가 참여하는 기관과 사회운동은 더욱 중요하다. 직원이든, 자원봉사자든, 기부자든, 세상을 좋은 방향으로 변화시키는 기관과 사회운동을 찾아 지원하자. 완벽한 기관은 없고, 우리도 완벽하지 않다. 그러나 불완전한 우리가 할 수 있는 최선은 가장 좋은 불완전한 기관을 지원하는 것이다. 사람들의 건강을 해치는 회사의 CEO가 되기보다는 좋은 (비록 불완전한) 병원의 식기세척

---

15) 이 주제에 대한 더 자세한 내용은 https://divestinvest.org/를 참조하라.

원이 되는 것이 더 낫다. 부패한 대통령이나 이기적인 CEO의 고액 연봉 비서실장이 되기보다는 좋은 (비록 불완전한) 팟캐스터의 후원자가 되는 것이 더 낫다.

9. 우리의 실수나 실패는 그것을 통해 무엇을 배우느냐보다 중요하지 않다. 처음 시도하는 일에서 당황스러운 실패나 막다른 길을 만나는 것은 놀라운 일이 아니다. 그렇다면 그냥 방향을 바꾸고, 실패에서 배우며, 더 현명하고 나은 방법을 계속 찾아보자. 나는 당신에게 부끄러운 실패담을 들려줄 수도 있다. 나는 그런 일이 매우 현명하고 도움이 될 거라고 생각했지만, 결국 방향을 바꿔야 할 필요가 있음을 깨달았다. 우리는 이처럼 막다른 골목에서 벗어남으로써 길을 찾곤 한다.

10. 조직화된 종교는 중요하며, 우리의 영적인 조직화는 더욱 중요하다. 내가 다른 곳에서 썼듯이, 나는 조직화된 종교가 이미 더 나은 미래를 만드는 데 중요한 역할을 하고 있다고 믿는다. 그리고 그것이 "공익을 위한 종교 조직화"로 이동할 경우 더 크고 나은 역할을 할 수 있다.16) 종교 기관의 내부든 외부든 혹은 그 경계에 있든, 우리는 각 신앙 안에서 더 사랑스럽고 공정하며 관대한 세상을 만들기 위해 협력할 수 있다. 또한, 세속적 신앙을 포함한 모든 신앙을 가진 사람들과 협력할 수도 있다.17)

11. 우리가 무엇을 생각하는지는 중요하며, 사랑하는 방식은 더욱 중요하다. 세상에는 자신이 옳다고 확신하는 사람들이 많으며, 그들은 현재 상황에 대해 매우 확신에 차 있고 자신이 얼마나 옳은지를 스스로 감탄한다. 이처럼 진실하지만 잘못된 사람들은 종종 거의 또는 전혀 알지

---

16) 나의 책 *The Great Spiritual Migration* (Convergent, 2016)을 보라.
17) 세속적 신앙에 대한 더 많은 내용은 Martin Hägglund, *This Life: Secular Faith and Spiritual Freedom* (Anchor, 2020)을 보라.

못하는 사람들보다 더 큰 해를 끼치기도 한다. 우리는 이 작업에 사랑을 가져와야 한다. 즉, 우리 자신을 위한 사랑, 동료들을 위한 사랑, 심지어 반대하는 사람들을 위한 사랑이다. 이것이야말로 영적 공동체가 (조직화된 종교 안팎을 불문하고) 함께하는 것이 중요한 또 다른 이유다. 그렇게 하면 우리는 사랑에 뿌리를 두고 사랑 속에서 살아갈 수 있다.

12. **우리의 분노는 중요하며, 슬픔과 기쁨은 더욱 중요하다.** 분노는 중요하다. 마치 통증이 우리 몸을 해로움으로부터 보호하도록 동기를 부여하는 것처럼, 분노는 우리가 사랑하는 것을 해치는 요소를 줄이도록 동기를 부여한다. 그러나 적절하게 관리되지 않은 분노는 중독이 되어, 흔히 자기 의로움에 사로잡힌 적대감(self-righteous hostility)으로 변질될 수 있다. 나의 친구 리처드 로어 신부는 오랫동안 이에 대해 경고해 왔다. 그는 종종 우리의 분노는 제대로 처리되지 않은 슬픔이라고 말한다.[18] 우리가 슬픔을 다시 발견할 수 있다면, 그것은 우리를 부드럽게 만들고 우리가 사랑의 마음에서 행동하도록 도울 것이다. 사실상 슬픔으로 찢어진 가슴은 흔히 사랑을 쏟아낼 정도로 가장 많이 찢어져 열린 가슴이다.[19] 그러나 분노처럼 슬픔도 우리를 압도할 수 있다. 그래서 기쁨이 중요하다. 넘쳐나는 아름다움을 통한 기쁨, 매일 십억 명의 사람이 십억 가지 일을 함으로써 십억 군데를 아름답게 만드는 것을 통한 기쁨, 현실이 암담해질수록 더욱 빛나는 아름다운 꿈의 기쁨이다.

13. **우리의 주장은 중요하지만, 우리의 합의는 더욱 중요하다.** 더 정의롭

---

18) 역자 주: Richard Rohr, *The Tears of Things: Prophetic Wisdom for an Age of Outrage* (Convergent, 2025).

19) Parker Palmer가 이 주제에 대해 아름답게 쓴 글을 읽을 수 있다. https://couragerenewal.org/library/the-broken-open-heart-living-with-faith-and-hope-in-the-tragic-gap/. 또한 Adam Bucko, *Let Your Heartbreak Be Your Guide* (Orbis, 2022)도 보라.

고, 너그럽고, 사랑이 넘치며 생태적으로 재생 가능한 세상을 만들기 위해 일하는 우리는 전략, 타이밍, 전술 등에 대해 큰 논쟁을 벌일 수 있다. 하지만 우리는 현재 상황을 이해하고 해결하는 것이 중요하다는 데 동의한다는 사실을 잊어서는 안 된다. 이 논리는 나 자신에게도 적용된다. 내가 이 책에서 쓴 내용 중 어떤 것이든 (또는 많은 것에 대해) 당신이 동의하지 않더라도 계속해서 당신을 소중히 여기고 싶다. 당신도 같은 마음이면 좋겠다.

14. 가족은 중요하며, 회복력 있는 공동체는 더욱 중요하다. 혼란스러운 시대에는 우리의 악화되는 상황에 대해 움츠리는 방식으로 대응하며, 핵가족을 데리고 어딘가에 벙커를 짓고 숨어버리는 "파국론자"나 "생존주의자들"을 더 많이 만나게 될 것이다. 하지만 지금 함께 모여 신뢰의 원(circles of trust)을 확장하고, 중첩된 회복력 공동체(communities of resilience)를 구축하는 것이 훨씬 더 낫다. 그래야만 우리가 필요할 때 서로를 지지하고 살아남을 수 있다. 핵가족과 확대 가족은 출발점으로는 좋지만, 그곳이 최종 목적지는 아니다. 교회 및 기타 신앙 공동체, 이웃 모임, 마을 및 도시 정부가 함께 모여 아프리카 속담을 실천할 수 있다. "빨리 가고 싶다면 혼자 가고, 멀리 가고 싶다면 함께 가라."

15. 내가 이 페이지에서 지금 말하는 것은, 당신이 다음 페이지를 넘길 때 스스로에게 하는 말보다 중요하지 않다. 성 프란치스코의 말을 빌리자면, "나는 내 마음을 이 일에 쏟아부음으로써 내가 해야 할 일을 했다. 이제 당신이 할 일을 찾아서 온 마음을 다해 그것을 하라." 걱정하지 마라. 우리는 결코 실패하지 않는다. 왜냐하면 우리가 하는 모든 아름다운 일들은, 어떤 상황이 펼쳐지든 의미가 있기 때문이다.

문명이 어떻게 전개되든, 우리 각자는 자신의 심지, 밀랍, 그리고 불꽃 속에서 지금 해야 할 일을 찾아서 할 수 있다. 우리가 할 수 있는 한, 지금 이 순간에 최대한 빛나고, 우리가 받은 매년, 우리가 깨어 있는 매일, 우리가 들이쉬는 숨결마다 그렇게 빛날 수 있다. 미리 "계획"을 알 필요는 없다. 우리는 그저 자신의 길을 걸어가면 된다. 걸음을 내딛다 보면 길은 저절로 펼쳐질 것이다. 마치 수십억 개의 가지에서 뻗어 나오는 덩굴이 빛을 찾아 나아가는 것처럼 말이다. 최종 목적지는 어디일까? 그것은 우리의 통제 범위를 넘어선, 우리의 이해 능력을 초월하는 것이다. 그래서 우리는 지금 이 순간을 음미하며, 이 삶을, 이 시대를 살아간다. 깨어나서 신비가 풀려가는 과정을 지켜보는 것, 그것만으로도 충분한 선물이다. 바로 여기, 바로 지금.

후기

나는 최근에 우리의 현재 상황에 대해 동료 작가인 데브라 리엔스트라(Debra Rienstra) 교수와 이야기를 나누었다. 그녀는 이렇게 말했다. "우리처럼 책을 쓰는 데서 문제는, 책이 출판될 때쯤이면 이미 시대에 뒤떨어진다는 거죠."1)

나는 이 책의 마지막 문장을 쓰는 이 순간과 당신이 읽는 순간 사이에 무슨 일이 일어날지 상상할 수 없다.

이 책의 배경이 된 파국의 분위기가 당신이 읽을 때쯤이면 과장된 것으로 보일 가능성도 있다. 지금은 엄청나게 커 보이는 문제들이 가라앉아 있고, 왜 우리가 2020년대 중반에 그렇게 걱정했는지 의아해할지도 모른다. 내게는 상상하기 어렵지만, 가능성은 있다.

또한, 지금 분열되고 산만한 대중이 당신이 이 책을 읽을 때쯤이면 단결하고 정렬되어 있을 가능성도 있다. 지구에 사는 80억 명의 인간 중 상당수가 함께 모여, 소수의 부유한 과두정치 세력이 우리를 경제적, 정치적, 미디어 시스템 속에서 인질로 삼고 자신들의 이익을 위해 운영하는 현실을 비폭력적인 힘으로 막아냈을 수도 있다. 물론, 나는 그럴 가능성이 크다고 보진 않지만, 내가 틀렸다면 더할 나위 없이 기쁠 것이다.

또 다른 가능성은, 지구가 홍수, 가뭄, 폭염, 화재, 기근, 그리고 해수면 상승이라는 언어로 말하는 것이 너무나 크기 때문에 모두가 (거의 모

---

1) 그녀의 책 *Refugia Faith* (Fortress, 2022)를 보라.

두가) 절망의 늪에 빠져 허우적거릴 수도 있다는 것이다.

나는 당신이 처한 상황을 알지 못하며, 알 수도 없다. 그러나 내가 이 책에서 제공하는 원재료들이, 비록 불완전하더라도, 당신이 그것들로부터 생명력을 불어넣는 무언가를 만들어낼 수 있도록 충분하리라 믿을 뿐이다.

내 친구이자 동료인 짐 핀리(Jim Finley)는 종종 한 가지 우화를 들려준다. 이는 우리가 상상할 수 있는 가장 끔찍한 일이 어떻게 깨어남의 문이 될 수 있는지를 보여준다. 그의 허락을 받아, 나는 이 이야기를 조금 각색하여 "파국 이후의 삶"에 대한 마지막 명상으로 공유하고자 한다. 짐은 이 이야기를 "깨어남"(The Awakening)이라고 부른다.

상상해 보자. 당신은 거대한 배에 타고 있고, 많은 사람이 함께 광활한 바다를 건너고 있다. 배에서는 큰 파티가 열리고 있다. 음악이 흘러오고, 사람들은 춤을 추고 있다. 그런데 부주의한 순간에 당신은 배의 뒷편에서 바다로 떨어지고 만다. 그러나 아무도 당신이 떨어진 것을 눈치채지 못한다.

당신은 필사적으로 팔을 흔들며 소리치지만, 음악이 너무 커서 아무도 듣지 못한다. 당신은 배가 점점 멀어져가는 것을 바라볼 뿐이다.

당신은 물에서 오래 버틸 수 없다는 것을 안다. 그러나 떠 있을 수는 있다. 그래서 당신의 전략은 그들이 당신이 없다는 사실을 깨닫고 찾아 돌아올 때까지 떠 있는 것이다.

그런데 물 위에 떠 있으려면 힘을 빼야 한다. 긴장하면 가라앉기 때문이다. 그래서 당신은 광활한 바다 위에 등을 대고 떠 있다. 거대한 파도가 오르락내리락하는 가운데, 몸의 긴장을 풀고 느긋하게 떠 있는 것이다. 당신은 어떻게 긴장을 풀고 느긋할 수 있는가? 당신은 **매**

우 진지하게 긴장을 풀고 있을 것이다. 왜냐하면 그것이 곧 생명을 구하는 방법이기 때문이다!

시간이 흘러 어둠이 내린다. 당신은 여전히 물 위에 떠 있으며, 얼굴을 하늘로 향한 채 밤하늘을 바라본다. 하늘에는 그 어느 때보다도 밝은 별들이 가득하다. 시간이 흐르고 또 흐르며, 거친 파도에 몸을 맡긴 채 당신은 아침이 오기를 기다린다.

그런데 뜻밖에도, 어둠 속에서 어떤 감각이 불현듯 찾아온다. 그 감각은 마치 어디선가 갑자기 온 듯하다. 당신은 위를 바라본다. 밤하늘에는 마치 다이아몬드처럼 반짝이는 별들이 가득하다. 그리고 그 순간, 파도가 마치 지구의 호흡처럼 느껴진다. 그리고 갑자기, 당신은 모든 것의 일부가 된 듯한 느낌을 받는다. 깊은 바다 위에 떠 있는 동안, 하늘 깊은 곳 아래에서, 당신은 상상도 못할 깊이가 당신 안에서 열리는 것을 느낀다. 그리고 그 깊이 속에서, 당신은 무슨 일이 일어나든 간에, 지금 이 순간에 당신이 살아 있다는 것을 절절히 깨닫는다. 당신은 지금 이 순간, 이 경험 속에서 살아 있다. 당신은 삶과 죽음을 초월한 무한한 너그러움에 감싸여 있다는 것을 느낀다. 그것은 당신이 살아 있든 죽든 상관없이 당신을 지탱해 줄 것이다. 탄생과 죽음, 시작과 끝, 이 모든 것이 하나로 합쳐져 지금 이 순간 살아 있고, 감사하며, 깨어 있다는 불가사의한 선물로 다가온다. 당신은 이 신비로운 깨달음에 압도되어 아무 말도 할 수 없고, 결국 눈물을 흘리기 시작한다.

곧, 새벽이 밝아오고, 당신의 눈 한쪽 구석에 그 배가 당신을 찾으러 되돌아오는 모습이 보인다.

사람들이 당신을 배 위로 끌어올릴 때, 당신은 그들을 껴안고 "고마워, 고마워, 정말 고마워!"라고 말한다. 그리고 웃기 시작한다.

당신은 그들이 당신을 찾아줘서 너무 기쁘다.

   그날 밤, 당신은 따뜻한 식사를 한다. 뜨거운 샤워를 하고, 어두운 방 안의 침대에 누워 있다. 당신은 그들이 당신의 생명을 구해줘서 너무 감사함을 느낀다. 그러나 당신은 깊은 곳에서 깨닫는다. 사실 당신의 삶은 그저 배에서 구해진 것이 아니라, 바다 한가운데, 별이 빛나는 밤하늘 아래에서, 파도가 오르고 내리는 그 순간에 이미 구원받았다는 것을 말이다.

감사의 말씀

먼저, 이 책에서 직접적으로 언급된 연구자, 과학자, 작가, 예술가, 기자, 팟캐스터, 활동가, 조직가 및 기타 분들께 감사드립니다. 또한 직접 인용하지는 않았지만 이 책에 기여한 분들의 작업에도 감사드립니다. 케이트 데이비스(Kate Rae Davis, Center for Transforming Engagement 디렉터, https://transformingengagement.org/)와 제프리 올릭 박사(Dr. Jeffrey Olrick, 임상 심리학자이자 작가, https://www.growingconnected.com/)에게도 감사를 전합니다. 두 분은 나의 원고에 대해 통찰력 있는 피드백을 제공해주셨습니다.

하나님, 이웃, 그리고 자기 자신에 대한 사랑이 지구와 정의에 대한 사랑과 본질적으로 연결되어 있음을 가르치는 동료 성직자 및 영적 지도자분들께도 진심으로 감사드립니다. 그중에서도 특별히 짐 안탈(Jim Antal), 캐서린 헤이호(Katharine Hayhoe), 패트릭 캐롤런(Patrick Carolan), 존 캅(John Cobb), 필립 클레이턴(Philip Clayton), 그리고 프란치스코 교황님께 감사드립니다.

특히, 마이클 다우드 목사님(Rev. Michael Dowd)에게 깊은 감사를 표합니다. 나는 그를 수년 전 만났고, 그는 항상 이 책에서 다루는 문제들을 저보다 몇 걸음 앞서 고민해 왔습니다. (이 책을 마지막으로 편집하는 과정에서, 나보다 조금 젊었던 마이클이 갑작스럽게 심장마

비로 세상을 떠났다는 소식을 들었습니다. 나는 이 책이 그의 용기와 지도력을 기리는 데 도움이 되길 바랍니다.)

또한, 내가 깊이 존경하는 빌 매키븐(Bill McKibben)에게 깊은 감사를 드립니다. 그는 일찍부터 기후 위기에 대한 경고의 목소리를 내기 시작했고, 수십 년 동안 현재 벌어지고 있는 일들이 일어나지 않도록 헌신해 왔습니다. 또한 이 투쟁에 함께하는 "제3막"(Third Act)의 모든 분(https://thirdact.org/), 그리고 정의롭고, 너그럽고, 재생 가능한 세상을 위해 활동하는 모든 활동가, 특히 그레타 툰베리의 용감하고 탁월한 본보기에 영감을 받은 모든 젊은 활동가에게도 감사를 전합니다.

내 편집자인 엘리자베스 디스가르드(Elisabeth Dyssegaard)와 세인트 마틴스 출판사(St. Martin's Press)의 모든 동료에게 진심 어린 감사를 전합니다. 나는 2023년 7월, 역사상 가장 뜨거운 온도를 기록한 달에 이 책의 초고를 엘리자베스에게 보냈습니다. 그녀는 "사람들에게는 지금 이 책이 필요하다"고 느꼈다며 출간일을 6~7개월 앞당길 수 있겠느냐고 물었습니다. 이 요청은 우리 모두에게 많은 집중적인 작업을 요구했지만, 그것은 또한 저자와 편집팀 사이에 존재할 수 있는 파트너십을 보여줍니다. 이 파트너십은 독자들이 필요한 것을 제공하는 데 초점을 맞추고 있습니다. 나는 나의 문학 에이전트인 로저 프리트(Roger Freet)와도 같은 파트너십을 느낍니다. 그는 한때 나를 "독자의 옹호자"라고 묘사한 적이 있습니다.

또한 "행동과 관상 센터"(Center for Action and Contemplation)의 동료들, 우리가 빵만으로 생존할 수 없는 것처럼 기술이나 정치, 경제, 운동, 혹은 그 어떤 단일한 학문만으로는 생존할 수 없다는 사실을 이해하는 모든 분께 깊은 감사를 표합니다. 그리고 이 책의 후기에 그의 아름다운 우화를 포함할 수 있도록 허락해 준 짐 핀리(Jim Finley) 박사에게도 개인적으로 감사드립니다.

    마지막으로, 사랑하는 독자 여러분께 감사드립니다. 내 머리와 마음속에서 흘러나온 이 시간을 함께해 주시고, 나에게도 여러분의 머리와 마음속에서 이 시간을 보낼 수 있는 영광을 허락해주셔서 감사합니다. 수년간 글을 쓰고 수많은 페이지를 채웠지만, 여전히 이런 연결이 가능하다는 것, 그리고 이 에너지가 흐를 수 있다는 것이 기적처럼 느껴집니다.

부록 1

우리의 상황 파악을 위한 최고의 자료들

이 책을 쓰기 오래전부터 나는 생태학, 경제적 평등, 그리고 인종, 계급, 성별, 종교, 이념, 문화, 연령, 국적에 따른 갈등과 관련된 문헌과 온라인 자료를 정리하는 데 오랫동안 몰두해 왔다. 이 책을 집필하는 동안, 나는 연구를 지속적으로 갱신하고 확장하며 심화시키기 위해 노력했다. 그 결과, 훌륭한 자료들이 너무 많아 새로운 자료가 매시간 등장하는 상황에서 단순히 몇 개의 추천 자료만을 선정하는 것이 거의 불가능하게 느껴졌다. 이에 따라, 수많은 훌륭한 콘텐츠 제작자들에게 미안한 마음을 전한다. 나는 각 카테고리를 다섯 개로 제한해야 했기 때문에 많은 자료를 제외할 수밖에 없었다. 내가 선정한 다섯 가지 자료들은 서로 완전히 의견이 일치하는 것은 아니지만, 다양한 분석을 통해 가용한 증거를 진지하게 받아들이고 있으며, 이를 통해 현재 우리의 상황을 넓은 시각에서 이해할 수 있도록 도와줄 것이다.

책 목록

1. *Overshoot*, 저자 윌리엄 캐턴 주니어(William Catton, Jr., University of Illinois, 1982). 이 책은 기후변화를 더 넓고 깊은 생태학적 맥락에서 설명하는 필수적인 고전 텍스트다.

2. ≪우리가 구할 수 있는 모든 것: 기후위기 앞의 진실, 용기 그리고 해법≫(*All That We Can Save*, 편집, Ayana Elizabeth Johnson, Katharine K. Wilkinson, One World, 2020: 김현우 외 옮김, 나름북스, 2022). 이 책은 다양한 배경과 관점을 가진 여성 작가들이 함께 한 앤솔로지(선집)로, 머리와 가슴 모두에 울림을 주는 내용을 담고 있다.

3. *We Survived the End of the World*, 저자 스티븐 찰스턴(Steven Charleston, Broadleaf, 2023). 우리가 현재 직면한 상황에 대해 토착민의 지혜를 적용한다.

4. ≪기후 교회 왜? 어떻게?≫(*Climate Church, Climate World*, by Jim Antal, 2018, 한성수 옮김, 생태문명연구소, 2019). 특히 신앙 공동체의 지도자들과 신앙인들에게 초점을 맞춘다.

5. ≪심층적응: 기후대혼란, 피할 수 없는 붕괴에 어떻게 적응할 것인가≫(*Deep Adaptation*, edited by Jem Bendell and Rupert Read, 김현우 외 옮김, 착한책가게, 2022)는 쉽지 않은 책이지만, 붕괴의 위협을 심각하게 받아들이는 다양한 기고자들의 목소리를 담고 있다.

비디오/오디오

1. 마이클 다우드의 유튜브 채널 TheGreatStory.org. 마이클은 "파국 이후 대화"(Post-Doom Conversations)를 진행하며, 그의 편집 방침을 "포스트 둠/비관 없음"이라고 설명한다. 이 채널은 붕괴가 불가피하며 가까운 미래의 인류 멸종 가능성을 현실적인 문제로 다루고 있다. 마이클은 가장 불편한 진실들을 직시하며 주요 인사들과의 지적인 대화를 큐레이팅한다.

2. 시드 스미스(Sid Smith)의 "세상의 종말을 즐기는 방법"(How to Enjoy the End of the World). 이 시리즈는 암울한 전망을 따뜻하고 연민 어

린 톤으로 전달한다.

3. 포스트 카본 연구소(Post Carbon Institute)의 영상/팟캐스트 시리즈 "What Could Possibly Go Right?" 이 시리즈는 경제, 에너지, 환경, 형평성 등의 문제들이 얼마나 깊이 얽혀 있는지 탐구하며, 보다 낙관적인 접근 방식을 취한다.
4. 과학자들의 대화를 직접 듣고 싶다면? 기후 관련 위협에 대한 과학자들의 논의를 들을 수 있는 세계 기후 연구 프로그램(World Climate Research Program, WCRP)의 유튜브 채널이 있다.
5. 데이비드 버레이스(David Borlace)의 "Just Have a Think." 이 인기 유튜브 채널은 21세기 위기에 대한 대응 방안을 탐구한다. 데이비드는 철저한 조사와 분석을 통해 정보를 잘 정리하여 전달한다.

팟캐스트

1. *Breaking Down: Collapse*는 문명의 붕괴와 관련된 다양한 측면을 독자들에게 부드럽지만 단호하게 소개하는 접근하기 쉬운 팟캐스트다. https://collapsepod.buzzsprout.com/. 이 팟캐스트의 진행자들은 최근 후속 팟캐스트 *Building Up: Resilience*를 출시했으며, 다양한 플랫폼에서 이용할 수 있다.
2. *How to Save a Planet*은 기후변화와 관련된 다양한 주제에 대한 인터뷰와 대화를 담은 방대한 아카이브를 제공한다. https://gimletmedia.com/shows/howtosaveaplanet/episodes/.
3. *The Climate Pod*은 정치, 경제, 행동주의, 문화, 과학 및 기후위기의 중심에 있는 사회 정의 문제를 다루는 전문가들과의 대화를 제공한다. https://podcasts.apple.com/us/podcast/the-climate-pod/id1469270123.

4. *The EcoCiv Podcast*는 보다 지속 가능하고 평화로우며 정의로운 사회를 만들기 위해 필요한 변화에 대한 대화를 진행한다. https://ecociv.org/the-ecociv-podcast/.

5. *Outrage and Optimism*: 제목이 시사하듯이, 이 팟캐스트는 불편한 현실을 정직하게 바라보면서도 낙관적인 시각을 통합하려 한다. https://www.outrageandoptimism.org/.

부록 2

소모임, 수업, 설교, 수련회에서 이 책 사용하기

각 장 끝의 "친애하는 당신에게" 부분에 실린 내용은 소그룹이나 수업(대면 또는 온라인)에서 대화의 출발점으로 쉽게 활용할 수 있게 만든 것이다. 진행하는 간단한 방법은 리더나 진행자가 각 질문에 대해 한 사람씩 응답하도록 요청하거나, 각 구성원에게 가장 마음에 드는 질문을 선택해 답하도록 할 수 있다. 물론, 말할 준비가 되지 않은 사람들에게는 부담을 주지 않고 자유롭게 패스할 수 있도록 해야 한다.

또 다른 방법으로, 사람들이 특히 흥미롭거나 의미 있다고 느끼는 문장이나 단락에 밑줄을 긋거나 직접 필사하도록 장려할 수도 있다. 그런 다음, 그룹에서 각 참가자는 선택한 구절을 공유하고 그것이 왜 흥미롭거나 의미 있었는지 이야기하며 토론을 진행할 수 있다. 모든 구성원이 각 발언자의 말을 존중하고 경청할 수 있도록 할 필요가 있다. 한 사람이 자기 생각을 나눈 다음에 그가 선택한 사람에게 혹은 자원한 사람에게 발언 순서를 넘길 수 있다.

이 책을 깊이 읽기 위한 이상적인 기간은 13주(또는 한 학기)이며, 다음과 같이 진행할 수 있다:

1주차: 서문, 1장
2주차: 2~3장
3주차: 4~5장

4주차: 6~7장

5주차: 8~9장

6주차: 10~11장

7주차: 12~13장

8주차: 14~15장

9주차: 16~17장

10주차: 18~19장

11주차: 20~21장

12주차: 후기, 부록, 및 리뷰

13주차: 파티 또는 캠프파이어

더 빨리 읽는 독자들이나 수련회 환경에서는 책을 다섯 번의 세션으로 나누어 읽고 함께 논의할 수도 있다. 예를 들어, 책의 1~4부를 네 번의 세션으로 나누어 검토한 후, 마지막 세션에서는 전체 리뷰와 마무리 의식을 진행할 수 있다. 아래는 마무리 의식에 대한 두 가지 제안이며, 당신의 그룹과 환경에 더 적합한 마무리 의식을 만들어볼 수도 있다.

1. 그룹의 각 구성원이 책을 읽고 그룹 활동에 참여한 경험을 서로 나눈다. 각 발표자는 촛불을 켜거나, 돌무더기에 돌을 추가하거나, 포스터 종이에 단어를 적거나, 선물을 주고받는 등의 의식을 통해 발표를 시작할 수도 있다. 각 발표자는 "제 말은 여기까지입니다"라고 마무리하며, 다른 사람들은 "우리가 잘 들었습니다"라고 응답할 수 있다.
2. 각 참가자는 (미리 준비하거나 모임에서) 부록 4의 "나의 계획"에서 세 가지에서 다섯 가지 요소를 선택해 작성한 후, 이를 그룹과 공유한다. 발표자는 "이것이 나의 계획입니다"라고 마무리하며, 다른 사람들

은 "우리가 당신을 응원합니다"라고 응답할 수 있다.

어떤 형식이든, 그룹이 첫 번째 세션에서 가이드라인이나 기본 규칙을 정하고, 이후 각 세션에서 이를 검토하거나 다시 언급하는 것이 좋다. 다음은 내가 참여했던 그룹에서 유용하게 사용했던 다섯 가지 기본 규칙이다.

1. 준비해서 온다. 준비가 되지 않았더라도 참석한다. 하지만 처음에는 준비되지 않았음을 솔직히 말함으로써 준비한 척할 필요가 없어진다.
2. 시간을 지키도록 정한다. 예를 들어, 각 사람이 질문에 대해 방해받지 않고 3분, 5분, 또는 7분 동안 말할 수 있도록 정할 수 있다. 원하지 않으면 발언을 거절할 수도 있다. 또한, 침묵도 중요한 대화의 일부로 존중한다. 시간을 엄수한다.
3. 참여하되 말을 혼자 독점하지 않는다. 일반적으로, 모든 사람이 한 번씩 발언할 때까지 두 번 말하지 않는 것이 좋다. 평소 말수가 적은 사람이라면, 조금 더 노력해서 이야기하도록 노력한다.
4. 호기심을 가지되, 논쟁은 삼간다. 다른 사람이 말한 후 진심 어린 질문을 하는 것은 좋지만, 말하는 도중에 끼어들거나 논쟁하지는 않는다. 가능하면 질문을 시작할 때 "궁금한 점이 있습니다"라는 표현을 사용한다. (이 방법은 Jim Henderson의 3Practices.com에서 비롯되었다.) 하지만 상대방의 말을 정정하거나, 반박하거나, 고치려 하거나, 해결하려 하지 않는다.
5. 감사하는 마음을 가지고 비밀을 존중한다. 함께하는 사람들의 솔직함, 용기, 그리고 진솔한 태도에 감사한다. 또한, 그들의 사생활을 존중하고, 명확한 허락 없이 공유된 정보를 다른 곳에 이야기하지 않는다.

나는 "회합의 길"(Way of Council)의 지침 네 개를 강력히 추천한다. 이는 온라인에서 쉽게 찾을 수 있으며 다음과 같다: 1. 마음으로 듣기, 2. 마음에서 우러나온 이야기하기, 3. 간결하게 말하기, 4. 즉흥적으로 이야기하기

만약 목사, 신부, 또는 랍비로서 이 책을 바탕으로 설교나 강의를 준비하고 싶다면, 자신에게 가장 깊이 와닿은 세 개에서 다섯 개의 장이나 주제를 선택하는 것이 좋다. 책을 참조하는 것은 괜찮지만, 본인의 생각과 감정, 그리고 이야기를 중심으로 풀어나가길 권한다. 당신의 회중은, 한 번도 만나본 적 없는 저자의 말보다는 당신의 진심에서 우러나온 이야기에 훨씬 더 관심이 많을 것이다.

부록 3

용기 있는 대화를 위한 세 가지 방법

21장에서 우리는 현재 상황에 대해 가능한 한 목소리를 내는 것이 중요하다고 강조했으며, 16장에서는 필요할 때 "우아하게 서로 다름을 용기 있게 표현하는 것"을 개발하는 것에 대해 다루었다. 여기서는 당신이 "침묵할 권리"를 사용하지 않도록 도와줄 간단한 세 가지 대화 스크립트를 소개하겠다.

1. 누군가가 해로운 말, 사실과 다른 말, 혹은 부정확한 말을 할 때, 이렇게 말해보라. "와, 저는 다르게 생각해요." 이 말은 논쟁이 아니라 자기 자신을 표현하는 방식이기 때문에 효과적이다. 또한, 공격적이지 않고, 비난하는 느낌을 주지 않으며, 상대방을 부끄럽게 하지 않는다. 이 말을 하면 종종 상대방이 이유를 물어볼 것이다. 특히 사적인 자리에서는 이유를 설명하는 것이 적절할 수 있다. 하지만 공적인 자리에서는 상대가 방어적으로 반응할 가능성이 크므로 논쟁이 발생할 수도 있다. 그렇기 때문에 이렇게 대답하는 것이 좋다. "지금은 깊이 들어갈 필요는 없어요. 그냥 저는 다르게 본다는 걸 알아주시면 좋겠어요. 만약 궁금하시다면 언제든지 전화 주세요. 기꺼이 개인적으로 이야기 나누지요." 이렇게 하면 당신의 관계가 반드시 동의하는 것에 의존하지 않는다는 것을 보여줄 수 있으며, 상대방을 논쟁이 아니라 호기심의 영역으로

365

초대하는 효과를 가져올 수 있다.
2. 사람들이 당신에게 "어떻게 지내요?" 또는 "요즘 뭐 새 소식 있어요?"라고 물을 때, 종종 단순한 사교적인 대화일 경우가 많다. 하지만 상황이 적절하고 상대가 진심으로 관심을 보인다면 당신은 솔직하게 대답할 수 있다. 자신의 감정을 표현할 수 있는 단어를 선택하는 것이 좋다. 예를 들어, "물어봐 줘서 고마워요. 나는 요즘 … 불안하고, 들뜨고, 가슴이 아프고, 동기부여가 되기도 하고 … 그런 기분이에요"라고 말한 후, 그 이유를 설명할 수 있다.
3. 때로는 필요한 의미 있는 대화를 시작하는 가장 좋은 방법은 허락을 구하는 것이다. "개인적인 질문을 해도 될까요?"라고 물어보고, 상대방이 허락하면 이렇게 이어간다. "나는 (주제를 넣으세요—기후변화, 정치적 분열 또는 부패, 인종차별과 백인 우월주의, 경제적 불평등 등)에 대해 정말 걱정하고 있어요. 당신도 같은 생각인가요?"

여러 가지 다른 좋은 방법들도 있을 수 있지만, 나는 이 세 가지가 간단하고, 솔직하며, 직접적이고, 조작하지 않으며, 효과적이라는 점에서 가장 좋다고 생각한다. 이 주제에 대해 더 알고 싶다면, EcoAmerica의 "효과적인 기후 의사소통을 위한 5단계"를 확인해 보라. 다음 링크에서 확인할 수 있다. https://ecoamerica.org/climate-action-sheet/5-steps-to-effective-climate-communication/.

부록 4

당신의 계획

21장에서 나는 이렇게 썼다. "내가 생태적 한계 초과와 문명적 위기, 붕괴에 대해 배우기 시작했을 때, 무엇보다도 누군가 나에게 무엇을 해야 할지 알려주기를 원했다. … 나는 '그 계획'(The Plan)을 알고 싶었다." 그리고 나는 아무도 '그 계획'을 가지고 있지 않다고 주장했다. 적어도 우리 모두를 위한 계획은 지금 이 순간에는 없다는 것이다. 이는 우리 중 많은 사람이 자신의 계획을 디자인하고 싶어 한다는 것을 뜻한다.

아래에는 우리가 이를 시작하는 데 도움이 될 수 있는 세 단계의 틀을 제시한다. 첫째, 이것은 할 일의 목록이 아니다! 부디 지금 당장 모든 20개의 질문에 답하려고 하지 **말라**. (특히 엄청난 동기부여를 느끼지 않는다면). 그것은 너무 부담스러울 수 있다. 대신, 나는 당신과 당신의 가족이나 친구들이 현재 가장 끌리는 **몇 가지를 선택할** 것을 추천한다. 둘째, **연구하고 그 질문들에 대한 계획을 세운 뒤, 눈에 잘 띄는 곳에 두어라**. 예를 들어, 욕실 거울이나 책상 위에 두거나, 일정에 기록해 주기적으로 검토할 수 있도록 하라(예: 일주일 혹은 한 달에 한 번). 셋째, 첫 번째 계획 요소들을 당신의 일상에 통합한 후, 새로운 도전을 할 준비가 되면 **또 몇 가지를 선택하라**. 이러한 과정을 반복하며 계획을 개선하고 업데이트할 수 있으며, 계속해서 동기부여를 느낄 때까지 이를 지속할 수 있다.

다시 한번 강조하자면, 이것은 할 일의 목록이 아니다. 당신이 압박감을 느끼거나 죄책감을 가질 또 다른 의무를 추가하려는 것이 아니다. 이는 단순히 당신이 진정 변화를 원할 때, 그리고 그 변화를 실행할 준비가 되었을 때, 의도적으로 행동할 수 있도록 돕기 위한 방법일 뿐이다.

1. 이 책에서 배운 내용을 되새기고 반성하는 계획. (부록 2의 지침을 활용하여 그룹을 구성하는 것이 좋은 출발점이 될 수 있다.)
2. 자신의 목소리를 사용하고 침묵하지 않을 권리를 행사하는 계획. (아이디어는 부록 3을 참고하라.)
3. 생태학적 한계 초과와 붕괴 시나리오, 권위주의, 인종차별, 부와 권력의 불평등, 비폭력과 평화 구축 및 관련 주제에 대해 계속 배우는 계획. (더 많은 아이디어는 부록 1을 참고하라.)
4. 자신의 건강과 지구 환경을 위해 식단을 개선하는 계획.
5. 가정의 에너지 사용 및 생산을 개선하고, 마당이나 토지를 보유하고 있다면 환경과 이웃의 복지를 극대화하는 계획.
6. 자신의 교통수단을 개선하는 계획.
7. 화석연료, 전기, 물, 플라스틱, 의류 등의 소비를 줄이는 계획.
8. 직업을 개선하거나 변경하는 계획.
9. 지출 및 금융 투자 방향을 생태적이고 윤리적인 기업과 금융 상품으로 전환하는 계획.
10. 투표, 시민권, 정치적 권력, 그리고 회의나 시위 등의 현장에서의 영향력을 행사하는 계획.
11. 어린이와 미래 세대에 대한 관심을 높이는 계획. (아이디어는 부록 5를 참고하라.)
12. 주요 기관을 지원하고 개선하는 계획.
13. 주요 사회 운동 및 단체를 지원하고 개선하는 계획.

14. 자신의 종교적/영적 삶을 재확립하고 더욱 깊이 있는 관계를 형성하는 계획. (8장과 9장 참고.)

15. 사랑을 삶의 주요 동기로 삼고 더욱 깊이 뿌리내리는 계획. (6장 참고.)

16. 자기 관리 및 분노, 슬픔, 두려움과 같은 어려운 감정을 다루는 계획.

17. 동맹, 반대자 및 확신하지 못한 사람들 사이에서 논쟁과 합의를 관리하는 계획.

18. 회복력 있는 여러 공동체를 구축하는 계획. (15장 참조.)

19. 기쁨, 감사, 그리고 선과 진실, 아름다움의 축하를 육성하는 계획. (17장 참조.)

20. 이 계획을 되돌아보고, 기념하며, 개선하는 계획.

EcoAmerica의 "기후 행동 안내"에서 당신의 계획에 통합할 수 있는 다양한 구체적인 아이디어를 찾을 수 있다. https://ecoamerica.org/resources/climate-action-sheets/.

부록 5

어린이들에게 현재 상황에 관해 말하는 방법

나는 8세에서 14세 사이의 손주들에게 보내는 편지를 작성했다. 이 편지가 당신이 사랑하는 아이들을 지원하는 데 아이디어와 영감을 주기를 바란다. 당신은 이 편지를 그대로 사용하거나 일부를 발췌하여 활용할 수도 있고, 당신만의 방식으로 수정할 수도 있다. 나는 다음과 같은 방식으로 접근했다.

- 이야기를 통해 주제를 도입한다.
- 독백이 아닌 대화를 유도하기 위해 질문을 던진다.
- 더 깊이 있는 대화를 위한 공간을 제공하되, 강요하지 않는다.
- 어려운 감정을 표현할 수 있도록 배려한다.
- "꿈에 대해 말하셔요"라는 은유(Team Earth)를 사용한다.
- 아이들의 삶에 비난, 수치심, 두려움, 죄책감을 덧붙이지 않는다.
- 아이들이 지금 할 수 있는 것들을 제안한다.
- 아이들에게 지금은 어린아이로서 지내도 괜찮다고 말해주고, 어른이 되는 것은 나중의 일임을 알려준다.
- 우리의 관계를 안전과 사랑의 공간으로 삼는 데 초점을 맞춘다.

사랑하는 손주들에게

너희 중 몇몇은 내 아버지, 즉 너희 증조할아버지를 기억할지도 모르겠다. 내가 어렸을 때, 저녁을 먹고 나면 아버지는 나에게 TV 뉴스를 함께 보자고 하셨단다. 나는 친구들과 밖에 나가서 놀고 싶었지만, 아버지는 나를 소파에 앉혀놓고 꼭 30분 동안 뉴스를 보게 하셨지. "세상에서 무슨 일이 일어나고 있는지 이해해야 한다"라고 그분은 말씀하셨단다.

하지만 나는 동의하지 않았다. "어른들이 거대한 세상을 돌볼 수 있겠지"라고 생각했다. 나는 어린아이였고, 그저 밖에서 놀고 싶을 뿐이었다. 아버지는 그 점을 이해하셨지만, 그래도 나를 TV 앞에 앉히셨다. 비록 내가 내켜 하지 않았지만, 저녁마다 전쟁, 정치, 빈곤, 범죄, 비즈니스, 과학적 발견, 날씨, 지진과 토네이도 같은 자연재해, 그리고 기타 최신 뉴스에 대해 조금씩 배우게 되었다.

이제야 아버지가 왜 뉴스를 보라고 하셨는지 이해할 수 있다. 아버지는 내가 생각보다 더 빨리 어른이 될 거라는 사실을 알고 계셨다. 어릴 때부터 세상이 어떻게 돌아가는지 배우면, 더 나은 어른이 될 수 있다고 생각하셨던 게다. 그리고 언젠가 내가 세상을 더 좋은 곳으로 만드는 데 도움이 될 거라고 믿으셨다. 적어도 내가 속한 작은 부분에서라도 말이다.

너희는 내 아버지가 왜 그런 생각을 하셨는지, 그리고 내가 왜 그때 그런 기분이었는지 이해할 수 있겠니?

얘들아, 내가 이 편지를 쓰는 이유는 우리가 살고 있는 세상에서 지금 중요한 일이 벌어지고 있기 때문이란다. 사람들은 그것을 기후변화 또는 지구 온난화라고 부르지.

너희도 한 번쯤 들어봤을 거야. 가끔 걱정이 되거나, 그에 대해 이야기하고 싶을 수도 있겠지.

혹은 이렇게 생각할 수도 있어. "이건 내 문제가 아니야. 나는 그냥 아이일 뿐이야. 어른들이 알아서 해결하겠지." 어떻게 느끼든 괜찮아. 하지만 기후변화가 무엇인지 좀 더 알고 싶다면, 내가 도와줄게.

내가 생각하는 가장 쉬운 설명은 이거야. 아주 최근까지 대부분의 어른은 세상이 어떻게 돌아가는지에 대한 가장 중요한 기본적인 사실을 이해하지 못했단다. 바로 지구는 단순히 우리가 사는 행성이 아니라, 우리가 함께하는 팀이라는 점이야.

지구팀(Team Earth)은 모든 식물과 동물로 이루어져 있고, 공기, 땅, 물, 얼음, 햇빛도 포함되지. 수백만 년 동안, 지구팀은 너무 덥거나 너무 춥지 않게, 너무 습하거나 너무 건조하지 않게 균형을 유지하려고 노력해 왔단다. 나무와 풀도 그 역할을 하고, 얼음과 바다도 중요한 역할을 하지. 꿀벌과 들소 역시 그들의 역할을 한단다. 바다와 바람도 마찬가지야.

하지만 아주 오래전에, 많은 사람은 자신들이 지구팀의 일원이라는 사실을 잊어버렸단다. 그들은 자신들이 원하는 대로 행동했고, 그것이 다른 동물들, 식물들, 공기, 땅, 물, 얼음에 어떤 영향을 미치는지 신경 쓰지 않았지. 때때로 그들은 다른 사람들이 다치는 것도 개의치 않았단다. 그들은 작은 팀을 만들었고, 여러 가지 방식으로 지구팀을 해쳤단다. 그들은 지구팀이 패배하면 결국 모든 인간도 패배한다는 사실을 깨닫지 못했던 거지.

그래서 우리는 이미 좋지 않은 상황에서 태어난 거란다. 오랫동안, 그리고 우리가 깨닫지도 못하는 사이에, 우리 문명은 우리가 좋은 삶을 살기 위해 의존하는 균형을 해쳐 왔단다. 사람들은 아무런 악의를 가지지 않고도 매일 하는 일들을 통해 공기를 뜨겁게 만들고 바다를 데우고 있는 거지. 매일 사람들이 하는 일들이 식물과 동물, 땅, 물, 공기를 해치고 있다는 말이야. 많은 사람이 다치기도 하지. 우리가 하고 있는 일들은 현명하지 않고 옳지도 않고, 공정하지도 않단다.

점점 더 많은 어른과 아이들이 우리가 무엇을 할 수 있을지, 어떻게 변화를 만들 수 있을지, 그리고 다시 지구팀의 일원이 될 수 있을지를 고민하고 있단다. 너희들도 같은 마음일 거라고 생각해.

물론, 일부 어른들은 지금까지 해오던 대로 계속하려고 하지. 그것이 익숙한 방식이기도 하고, 그들에게 많은 돈을 벌어다 주기 때문이란다. 그들은 지구팀이 받는 피해에 대해 생각조차 하지 않는 거지. 그들은 오직 자기들만의 작은 팀만을 걱정하면서 말이야. 그것은 안타까운 일이지만, 왜 그렇게 생각하는지 이해할 수 있겠니? 어쩌면 언젠가는 그들도 지구팀에 합류하게 될지도 모른단다.

내가 어렸을 때, 아버지와 함께 뉴스를 볼 때마다 기자들은 우리나라가 멀리서 전쟁을 벌이고 있다고 말했단다. 그래서 나는 두려웠지. 내가 자라서 전쟁에 나가야 할지도 모른다는 생각을 했단다. 그리고 너희들도 기후변화(지구 온난화)에 대한 뉴스를 들을 때 비슷한 두려움을 느낄 수도 있다고 상상해 본단다. 그리고 너희는 누구에게 이 이야기를 해야 할지 모를 수도 있을 거야.

나는 너희들이 언제든지 이 문제나 다른 주제에 대해 나에게 이야기할 수 있다는 것을 알았으면 해. 물론, 부모님과도 이야기할 수 있고. 만약 너희가 지금 아이로서 지구팀의 훌륭한 멤버가 되기 위해 할 수 있는 일이 무엇인지 나에게 묻는다면, 내가 들려줄 최고의 다섯 가지 생각은 이런 것들이란다.

첫째, 세상에서 어떤 일이 일어나는지에 관심을 가진 너 자신에게 스스로 칭찬을 해 줘. 그리고 좋은 사람이 되고 싶어 하고, 지구팀의 일부가 되고 싶어 하는 너 자신에게 더 큰 칭찬을 해 줘. 정말 대단한 일이야! 팀에 온 걸 환영해!

둘째, 지구에 대해 더 많이 배울 수 있도록 노력해 봐. 햇빛, 대기와 기후, 땅과 토양, 바다와 얼음, 눈과 비, 시내와 강 … 그리고 모든 것이 어떻게 함께 연결되어 있는지를 알아보는 거야. 우리가 지구팀의 일원이라면, 지구를 더 잘 이해하는 게 당연한 일 아니겠니?

셋째, 식물과 동물에 대해 배우고, 그들이 어떻게 함께 지구의 하나의 거대한 생명망을 이루고 있는지 알아보도록 해. 많은 아이가 비디오 게임, 소셜 미디어, 스포츠팀 등에 바빠서 지구팀에 대해 거의 생각하지 않아. 그럴 수도 있지만, 우리가 얼마나 식물과 동물에 의존하고 있는지를 이해하면 인생이 훨씬 더 의미 있어질 거야.

넷째, 두렵거나 혼란스러운 감정이 들 때는, 신뢰할 수 있는 사람과 이야기해 보렴. 부모님, 나이가 많은 가족 구성원, 선생님, 목사님이나 상담사 같은 사람이 될 수도 있어. 그리고 언제나 잊지 마, 나는 항상 네 곁에 있다는 걸!

다섯째, 너희가 친구들에게 좋은 본보기가 될 수도 있어. 너희가 배우고 있는 것과 하고 있는 일을 그들과 나누는 거야. 친구들이 기후변화나 어른들이 그것에 대해 다투는 것 때문에 걱정하거나 두려움을 느낀다면, 너희가 그들에게 이야기할 수 있는 사람이 되어 줄 수 있어.

너희가 나이를 먹을수록, 지구팀의 좋은 어른이 되기 위해 할 수 있는 일들을 더 많이 배우게 될 거야. 언젠가 너희가 자녀와 손주들에게도 세상에서 어떤 일이 일어나고 있는지 가르쳐 주려무나. 그들도 지구팀에 합류하도록 도울 수도 있겠지.

무엇보다도, 내가 너희를 얼마나 사랑하는지, 그리고 너희와 함께 지구팀의 일원이 된 것이 얼마나 기쁜 일인지 항상 기억해 주렴.

커다란 곰돌이 포옹을 보내며, 팝팝 할아버지가

부록 6

편향들의 간단한 목록

사람들은 왜 종종 현실을 직시하는 것을 미루다가 결국 너무 늦어지는가? 우리가 어떤 것을 위협으로 인식하면, 우리의 생존, 가족과 친구들의 생존, 심지어 우리의 번영과 편안함에 대한 위협이든 간에, 우리 몸은 강한 반응을 보인다. 코르티솔과 아드레날린 같은 호르몬이 분비되어 싸우거나(fight) 도망치거나(flee), 얼어붙거나(freeze), 무리를 짓거나(flock), 복종하는(fawn) 반응을 준비하게 된다. 싸움 반응은 우리를 방해하는 소식을 전하는 사람을 조롱하거나 혐오하도록 에너지를 불어넣거나, 그들을 '진보주의자', '선동가', '이단자', '극단주의자', '괴짜' 등의 경멸적인 꼬리표로 치부하게 만든다. 도피 반응은 불편한 뉴스가 나올 때 TV 채널을 돌리거나, 우리를 불안하게 만드는 책을 덮도록 유혹할 수 있다. 동결 반응은 "헤드라이트에 맞은 사슴" 같은 느낌을 주어, 우리를 마비시키고 무력하게 만들 수도 있다. 군집 반응은 우리가 불편해하는 위협이나 문제를 믿지 않는 사람들을 찾아 그들과 함께하면서 심리적 안전을 느끼도록 할 수 있다. 복종 반응은 라디오 토크쇼에 전화하거나 정치 집회 또는 종교 모임에 참석하여, 강하고 자신감 넘치는 지도자에게 우리의 복종을 보이고, 그로부터 "우리는 괜찮다, 우리는 옳다, 우리는 안전하다!"는 확신을 얻도록 만들 수 있다.

375

이처럼 싸움, 도피, 동결, 군집, 복종 반응이 우리 몸을 휘감으면, 우리 뇌에 있는 세 가지 주요 위원회(3장에서 설명한 것처럼)가 원치 않는 정보를 처리할 대처 전략을 세우기 시작한다. 때때로 이러한 신속한 심리적 협상은 현실을 기꺼이 다루도록 만들거나, 때로는 그 현실을 부인하거나, 왜곡하거나, 더 받아들이기 쉽게 만들기도 한다.

최근 몇 년 동안 나는 우리가 흔히 겪는 왜곡, 방어기제, 또는 편향의 목록을 수집해 왔다. 다음은 내가 현재까지 정리한 목록으로, 각각의 편향이 우리가 현재 상황을 이해하는 방식을 어떻게 왜곡하는지 간략히 설명한 것이다.

1. 확증 편향(Confirmation Bias): 우리의 두뇌는 새로운 아이디어를 기존의 아이디어, 과거 정보, 신뢰하는 권위자와 얼마나 잘 맞아떨어지는지에 따라 검토하고 걸러낸다. 이렇게 함으로써 시간과 에너지를 절약할 수 있어, 새로운 데이터가 나타날 때마다 모든 것을 다시 생각할 필요가 없어진다. 그 결과, 우리는 기존의 사고방식, 신념 체계, 또는 패러다임을 유지하려 하며, 이에 맞지 않는 정보를 배제하는 경향이 있다. 대부분의 사고방식은 필연적인 발전과 행복한 결말을 당연하게 여기므로, 불행하거나 불확실한 결말을 가진 이야기는 의심스럽다고 판단하게 된다. 또한, 나이가 많은 사람일수록 적어도 어린 시절에는 생태적 변화를 고려하지 않고 살아왔기 때문에, 기존의 사고방식과 다른 "한계 초과"(overshoot) 같은 개념이 등장하면 우리의 두뇌는 이를 받아들이기도 전에 거부하려 한다. 예를 들어, 경제 성장이 좋은 것이며 필수적이라고 평생 들어온 사람이 "경제 성장이 환경 붕괴를 가속화한다"는 주장을 접하면, 그 개념을 받아들이기조차 어려워하는 것이다.
2. 복잡성 편향(Complexity Bias): 인간의 두뇌는 복잡한 진실보다 단순한

거짓을 더 선호하는 경향이 있다. 급격하게 불안정해지는 지구 시스템(지구권 및 생물권)에 대한 방대한 양의 정보를 접하면, 그 내용뿐만 아니라 그 복잡성 자체가 우리를 기피하게 만든다. 이런 상황에서 정치인, 과학자, 종교 지도자가 "내가 해결할 수 있다", "우리에게 이를 해결할 기술이 있다", "하나님이 이런 일이 일어나도록 그냥 두지 않으실 것이다"라고 말하면, 우리의 두뇌는 방대한 복잡한 데이터보다 이런 단순한 확신을 더 받아들이기 쉽다.

3. **공동체 편향**(Community Bias): 우리의 공동체나 집단 내부가 원하지 않는 것을 보는 것은 매우 어려운 일이다. 이는 사회적 확증 편향(social confirmation bias)이라고도 하며, 집단의 신념이 진실보다 우선하도록 만든다. 만약 자본주의 경제에서 자라나면서 자본주의가 선하고 다른 모든 대안은 악하다고 배우면, 자본주의에 대한 어떤 비판도 우리의 집단(부류)을 공격하는 것처럼 느껴질 것이며 방어적인 태도를 보이게 될 것이다. 만약 당신이 주로 백인 문화에서 성장했다면, 백인의 역사나 백인의 특권에 대한 비판이 당신의 집단을 공격하는 것처럼 느껴질 것이며, 이에 대해 방어적으로 반응할 것이다. 만약 당신이 정부가 화석연료 보조금을 중단해야 한다고 확신하지만, 당신의 가족, 교회, 정당, 그리고 직장이 그러한 보조금의 지속을 지지한다면, 당신은 거부당할 것이라는 두려움 때문에 자신의 생각을 말하기 어렵고, 심지어 자신의 의견을 바꿔서라도 공동체의 생각과 일치하려 할 수도 있다.

4. **상보성 편향**(Complementarity Bias): 사람들이 당신에게 친절하면, 당신은 그들이 보고 말하는 것에 더 개방적이게 된다. 하지만 그들이 친절하지 않다면, 그렇지 않을 것이다. 따라서, 만약 당신이 기름을 많이 소비하는 자동차를 운전하거나 고기를 많이 먹거나 비행기를 자주 타는 이유로 다른 사람들로부터 비판받는다고 느낀다면, 기후변화의 심

각성에 대한 그들과의 논쟁을 피하려 할 가능성이 크다. 당신은 당신에게 공감하지 않는 사람들과 동일시되는 것을 원하지 않기 때문이다.

5. **접촉 편향**(Contact Bias): 만약 당신이 누군가와 접촉하지 않는다면, 그들이 보는 것을 보지 못할 것이다. 즉, 만약 당신의 모든 친구가 기후변화를 부인하거나 아니면 기후 절망 속에 빠져 있다면, 또는 당신의 친구들이 원자력이나 지구 공학이 모든 문제를 해결할 것이라고 믿는다면, 혹은 단순히 재활용을 하면 환경문제가 해결될 것이라고 생각하는 사람들뿐이라면, 그리고 만약 당신이 당신과 다른 관점을 가진 사람들과 개인적인 관계가 없다면, 당신은 쉽게 자신이 속한 집단의 말만 듣고 외부의 의견을 무시할 것이다.

6. **보수/진보 편향**(Conservative/Liberal Bias): 공동체 편향과 접촉 편향으로 인해, 우리의 두뇌는 세상을 우리가 속한 정당이 보는 방식으로 바라보는 것을 좋아한다. 정당들은 비슷한 시각을 가진 사람들을 모으는 경향이 있다. 사회심리학자들은 진보 정당이 "양육하는 부모"의 관점을 가진 사람들을 모으는 반면, 보수 정당은 "엄격한 아버지"의 관점을 가진 사람들을 모으는 경향이 있다고 지적했다. 진보주의자는 정의와 공감을 기반으로 한 도덕적 주장을 주로 가치 있게 여기지만, 보수주의자는 순결, 충성, 권위, 전통 같은 가치를 기반으로 한 논증에도 높은 가치를 둔다. 보수주의자들이 지구의 기후 붕괴의 중력을 이해하기 시작하면, 대기업들이 환경을 해치는 것을 중지시키기 위해 정부가 더 강해져야 한다는 것을 인식할 것이다. 그러나 보수주의자들에게 큰 정부는 적이며, 대기업은 친구이기 때문에, 보수주의자들은 지구의 기후 붕괴 현실에 관해 계속 생각하는 것이 어려울 것이다. 아니면 자유주의자들이 현재 형태의 정부는 주로 화석연료 기업들과 기타 이익 단체들의 통제를 받고 있기 때문에 정치인들이 기후 붕괴에 필요한 대담한 조치들을

하지 못한다는 사실을 인식하게 되면, 그들은 마비 상태에 빠질 위험이 있다. 그 이유는 정부가 자신들의 부족 사이에서 진보를 추진할 일차적 기관이기에 정부의 지도력이 없다면, 그들은 무력감을 느낄 수밖에 없기 때문이다.

7. **의식 편향**(Consciousness Bias): 우리의 뇌는 특정한 관점에서 세상을 바라본다. 한 사람의 의식 수준—이원론적, 실용적, 비판적, 통합적—은 어떤 것들을 볼 수 있게 하고, 다른 것들은 볼 수 없게 만든다. 우리가 이원론적 단계에 있다면, 우리는 우리가 선한 편에 속하며, 화석연료를 사용해도 괜찮다고 가정한다. 왜냐하면 우리는 선한 사람들이고, 우리가 하는 일이 옳다고 믿기 때문이다. 만약 우리가 실용적 단계에 있다면, 우리는 모든 문제를 해결할 수 있거나 해결할 수 없는 문제로 생각하고, 기존의 구조와 가정 안에서 올바른 기술이나 전략만 찾으면 된다고 여긴다. 그래서 "우리는 기후변화와의 전쟁에서 승리할 것"이라고 믿는다. 만일 우리가 비판적 단계에 도달했다면, 기존의 구조나 가정 자체가 문제일 수 있다는 사실을 깨닫고, 기존 구조 내에서 사용되는 모든 전략이나 기술도 비판적으로 검토해야 함을 이해하게 된다. 이 단계에서는 생태적 한계 초과 현상이 압도적일 수 있으며, 우리는 절망하거나 마비되거나 순응하게 될 수도 있다. 만일 우리가 통합적 단계에 도달한다면, 우리는 이원론, 실용주의, 비판적 사고의 강점과 약점을 모두 받아들이고, 이를 창의적으로 현실을 직면하는 데 활용할 수 있게 된다.

8. **역량 편향**(Competency Bias): 우리의 뇌는 우리가 평균 이상이라고 생각하는 경향이 있다. 그 결과, 우리는 우리가 얼마나 무능하거나 유능한지를 정확히 알지 못하는데, 실제로는 우리가 생각하는 것보다 덜 유능하거나 더 유능할 수도 있다. 우리가 성장하면서 교육받고 훈련받으며

보상을 받은 문명이 실제로 지구와 조화를 이루지 않는다면, 우리는 우리의 사고방식이 그 시스템에 의해 제한받고 있다는 사실을 깨닫지 못할 수도 있다. 우리가 문명의 규칙들에 따라 활동하는 데 유능한 것 때문에 환경의 규칙들과 한계들에 맞추어 사는 데는 무능할 수 있다. 그러나 우리는 무능함을 밝힐 기준을 갖고 있지 않다.

9. **자신감 편향**(Confidence Bias): 우리의 뇌는 망설이는 진실보다 자신감 있는 거짓을 더 선호한다. 우리는 자신감을 능력으로 착각하기 때문에, 자신감 넘치는 사람들의 거짓말에 쉽게 속는다. (이들 중 많은 사람이 사기꾼으로, 자신감을 이용해 다른 사람을 조종한다.) 과학자들이 겸손하게 주장할 때보다, 사기꾼이나 선동가들이 대담한 주장을 펼칠 때 우리는 더욱 쉽게 속아 넘어간다.

10. **음모론 편향**(Conspiracy Bias): 우리가 수치심을 느낄 때, 우리는 우리를 악한 음모의 희생자로 만드는 이야기들에 취약해진다. 우리의 뇌는 우리가 영웅이거나 피해자인 이야기들을 좋아하고, 절대 악당으로 보기를 원치 않는다. 인간 문명이 지나치게 자원을 소비하며 살아가는 이야기는 우리를 영웅으로 만들기 어렵기 때문에, 우리는 차선책으로 피해자가 되는 것을 선택한다. 외부에 악당을 만들고 우리 자신을 무력한 피해자로 설정하면, 결국 우리는 스스로 힘을 잃게 된다.

11. **편안함/편의/자기만족 편향**(Comfort/Convenience/Complacency Bias): 사람들은 대부분 낙관적인 정보를 환영한다. 그러한 정보는 우리가 긴장을 풀고 행복할 수 있도록 해주기 때문이다. 반면, 우리의 뇌는 우리가 적응하거나, 노력하거나, 불편을 감수해야 하는 비관적인 정보를 거부한다. 미래에는 우리가 원하는 것보다 덜 편안하고 덜 편리한 상황이 펼쳐질 가능성이 높다. 하지만 우리는 이를 부정하고 현실을 회피하는 자기만족의 거품 속으로 들어가려는 유혹을 받게 된다.

12. 재앙/부정적 편향(Catastrophe/Negativity Bias): 우리의 뇌는 생존을 최우선으로 하기 때문에, 즉각적이고 치명적 위험에 대비하는 것이 중요하다. 이로 인해 우리는 스트레스를 받을 때 나쁜 뉴스와 부정적 경험을 더 잘 인식하고 기억하는 반면, 긍정적인 소식과 좋은 경험은 최소화하는 경향이 있다. 이러한 성향은 우리가 부정적인 정보의 자석처럼 작용하게 만들어 절망의 소용돌이에 빠지게 할 수도 있으며, 긍정적인 선택지가 나타나더라도 이를 인식하지 못하게 만든다. (재앙 편향과 자기만족 편향은 서로 긴장 관계를 이루며 작용한다.)

13. 항상성/정상성/기준선 편향(Constancy/Normalcy/Baseline Bias): 우리의 뇌는 정상성이라는 기준선에 고정되어 있으며, 정상이라고 느껴지는 것은 언제나 상수였으며 앞으로도 상수로 남아 있을 거라고 상정한다. 무슨 일이든 반복적으로 발생하면 우리에게는 정상적인 것이 된다. 이러한 편향은 우리로 하여금 기록적인 고온, 빙하 붕괴, 또는 어떤 종의 멸종에 대한 최신 보고에 쉽게 익숙해지도록 만든다. 충격적인 뉴스가 우리에게 익숙해지면, 그것은 거의 보이지 않게 되고 더 이상 중요하게 여겨지지 않는다. 그것이 정상적이고 따라서 무시할 만한 것으로 인식되기 때문이다. 그 결과, 우리는 너무 늦을 때까지 임계점들을 알아채지 못하게 된다. 환경 파괴와 악화가 지속적이며 정상적인 것이라고 가정하기 때문이다. 우리는 마치 채권자로부터 연체 통지를 너무 자주 받아서 이에 익숙해진 사람이 결국 자동차가 압류되고 집에서 쫓겨나는 순간에야 충격을 받는 것과 같다.

14. 현금 편향(Cash Bias): 우리의 두뇌는 경제의 틀 안에서 세상을 바라보도록 설계되어 있다. 따라서 돈을 버는 데 도움이 되는 것은 좋은 것이라고 생각한다. 우리가 생계를 유지하는 방식에 방해가 되는 것을 인식하는 것은 매우 어렵다. 한계 초과의 가장 큰 도전 과제 중 하나는 우

리가 실패한 것이 아니라 성공했기 때문에 붕괴에 직면하고 있다는 점이다. 우리는 우리를 부유하고, 안전하며, 단기적으로 편안하게 만들어준 경제체제의 규칙이 결국에는 손실, 위험, 그리고 고통을 초래할 것이라고 상상하기 어렵다.

15. **확실성/마무리 편향**(Certainty/Closure Bias)： 우리의 두뇌는 불확실한 상태를 견디기 어려워한다. 따라서 우리는 불확실성 속에서 사는 것보다 근거 없는 확신을 받아들이는 경향이 있다. 기술 낙관론(techno-optimism)이든, 멸종에 대한 비관적 확신이든 간에, 확실성은 우리의 두뇌에 강한 매력을 가지고 있다. 알지 못하는 상태를 유지하는 능력은 실제로 연습이 필요한 기술이다.

16. **영리함/기만 편향**(Cleverness/Deception Bias)： 우리의 두뇌는 기만이 여러 형태로 나타날 수 있다는 것을 알고 있다. 낙엽 속에 위장한 독사에서부터 도움이 필요한 친구를 가장하여 우리의 은행 정보를 훔치려는 인터넷 사기꾼까지, 우리는 자신을 보호하기 위해 사기꾼보다 더 영리해져야 한다. 하지만 이것은 지속적인 경계를 요구하는 일이기도 하다. 우리가 속임수에 대해 더 인식하게 될수록, 우리의 도전은 더 어려워진다. 우리는 남들보다 더 영리해져야 할 뿐 아니라, 우리 자신의 편향보다도 더 영리해져야 한다! 그 결과, 우리는 너무 습관적으로 회의적이 되어 낙관적인 소식을 전하는 사람들까지도 불신하게 된다. 속임수를 피하려는 우리의 욕구가 희망과 격려마저도 무심코 거부하게 만들 수 있다.

당신이 상상할 수 있듯이, 이 책을 쓰면서 나는 연구 과정에서 만난 전문가들과 자료들 속에서 편향을 경계하려고 최선을 다했다. 또한 나 자신의 편향을 인식하는 것에도 주의를 기울였다. 나는 종종 예수님의 말씀을 떠올린다. 즉, 다른 사람의 눈에서 티끌을 빼내기 전에 먼저 자신의 눈에서 들보를 제거하라는 가르침이다. 다시 말해, 다른 사람들의 편향을 지적하기 전에, 먼저 자기 자신이나 자신이 속한 집단의 편향을 마주하는 것이 타당하다. 편향에 대한 인식은 결국 자기반성과 겸손의 연습이 된다.

기후변화와 생태학적 한계 초과를 부정하는 심리에 대한 더 많은 정보를 원한다면, 다음을 참고하라. "Are We Wired to Deny Climate Change?"(*The Agenda*, 2022년 11월 8일, https://www.tvo.org/video/are-we-wired-to-deny-climate-change. 조지 마셜(George Marshall)의 *Don't Even Think About It: Why Our Brains Are Wired to Ignore Climate Change* (Bloomsbury, 2014)도 읽어보길 추천한다.

〈프로젝트 2050〉

〈프로젝트 2050〉은 한국기독교연구소의 세 번째 자매출판사로 2025년 트럼프 취임 직후에 등록했습니다. 기독교인들뿐 아니라 일반 독자들을 위해, 특히 극우 세력이 민주주의를 위협하는 가운데 등장한 트럼프 2기에 대응할 인문, 사회과학의 출판 필요성 때문입니다. 해리티지재단이 만든 트럼프의 2025년 집권 전략이 〈프로젝트 2025〉였기에, 윤석열 정부 2년 반 동안 수많은 퇴행을 경험한 현실에서, 트럼프는 최소 4년 동안 세계의 생명과 정의와 평화를 훨씬 더 위협하게 될 것입니다. 모든 생명이 잠재성을 발휘하는 신성한 과제와 조너선 색스의 "문명의 붕괴"에 관한 권면처럼, 앞으로 무슨 일을 당해도 하나님을 탓하거나 달래려 하지 말고, 종교 전통을 재해석하고, 결코 이성을 잃지 말고, 25년 후를 내다보며, 또한 최악의 사태에 대비하도록 미력하나마 노력하기 위함입니다.

〈AweDEI 기획〉

인류문명은 DEI(Diversity Equity Inclusion), 즉 다양성, 형평성, 포용성의 확장 과정이었지만, 지구 적자로 인한 경제 적자와 기후 붕괴, 문명의 붕괴가 심해질수록, 많은 사람이 불안, 분노, 적대감에 사로잡히고, 이미 역사 반동적 현상이 나타나고 있습니다. 트럼프를 비롯한 전 세계 극우 세력은 DEI 문명을 전면적으로 파괴하고 있지만, DEI는 생명 진화의 원리이며, DEI의 기초는 Awe, 즉 외경심과 경이감으로서, 이것이 우리 자신과 이웃들과 모든 생명에 대한 존중과 공경심으로 연결되어 다양성, 형평성, 포용력의 원동력이 됩니다. 또한 ChatGPT의 번역은 꽤 정확하여 틀린 부분만 바로잡고 문장을 다듬으면 될 정도로 번역 출판 작업을 훨씬 용이하게 만들어 주었습니다. 이런 문제의식과 과학 기술의 도움으로 출범한 〈AweDEI〉 기획에 지속적인 관심을 부탁드립니다.